新世紀
法學叢書

修訂四版

社會保險法論 Social Insurance Law

鍾秉正

學歷／
德國特里爾大學法學博士
德國特里爾大學法學碩士
國立中興大學法商學院（今國立臺北大學）法學學士

現職／
國防大學管理學院法律系教授
國立臺北大學兼任教授

學術專長／
社會法、行政法、憲法

三民書局

郭　序

　　當德國在 1883 年制訂健康保險法之後，不只德國，甚至世界的法律史，已從民法時期進入後民法，甚至社會法時期。當德國在 1911 年制訂帝國保險條例之後，德國的後民法與社會法法律時期已漸次成熟。當歐美國家紛採社會保險制度並制訂相關法律，尤其美國在 1935 年制訂社會安全法之後，社會法乃成了二十世紀世界法律史最為重要的標竿。當德國在 1975 年制訂社會法法典總則並陸續制訂各分則以後，更說明社會法法律時期的成熟。當臺灣在 1950 年實施勞工保險，並分別在 1953、1958 年制訂陸海空軍人保險條例、勞工保險條例及公務人員保險法，臺灣的法律也進入了後民法與社會法時期。同樣的，當臺灣在 1995 年實施全民健保之後，臺灣的社會安全制度，也漸臻成熟。

　　由此可見，社會安全已成為臺灣社會制度與社會生活的重要成分，社會法也已成為法律制度的重要內涵。雖然如此，社會法的教育、學術研究，皆極度有限，甚至呈現低度發展的現象。如此，不只有礙社會安全制度，甚至整體經社體制的發展，竟連既有的社會安全制度也難以貫徹。如何強化社會法的教育與研究，遂成法學界，尤其社會法學界的重大與急迫使命。

　　在此一大旱望雲霓的場景下，此書的問世，乃是一件令人鼓舞的盛事。咸信，此書將對社會法的教育、學術及實務工作具有極大的貢獻。約莫在 1989 年，也就是我返國服務之前，得知鍾教授負笈德國特里爾 (Trier) 大學並以社會法為專攻領域，即深慶得有同道。數年後，他學成返國業並聘為玄奘大學法律系的專任助理教授，則慶幸臺灣得有更多專業社會法學者。在過去數年，鍾教授在社會法的教育、研究，可謂盡心盡力，而得有相當傑出的成就。在學術研討會、學術期刊所發表的論文，無不表現出一位專業社會法學者的應有水準。除了對於社會保險的研究，他對老人津貼、社會救助的研究，更是具有開拓性的成果。

　　值此鍾教授新書出版之際，除了深表賀忱，也期望鍾教授能有更多的相關著作，更期望國內的法學界，尤其社會法學界也能有更多的社會法學術產能。

郭明政

2005 年 9 月 12 日謹誌於政治大學法學院勞動法與社會法研究中心

修訂四版序

　　回顧本書初版時間為 2005 年，當時社會法仍屬新興法學領域，不僅投入研究的學者不多，開設相關課程的系所亦少，故直至 2012 年方有第二版之印行。孰知其後因律師國家考試改革，將社會法與勞動法並列為選考科目之一，亦帶動此一學科之開設需求，乃使本書於 2014 年即進行第三版修訂。這期間也有為數不少的學者投入此一領域，同儕更成立「社會法與社會政策學會」，學術活動之頻繁，不亞於其他傳統法學領域。近年更由於諸多社會政策與改革的推動，一時使社會法成為熱門學科。如今回顧，冷暖在心。

　　本次修訂除了配合法規更新外，主要是增加第八章「社會保險的爭訟」，目標在介紹德國專門的社會法院以及相關訴訟程序。反觀我國訴訟實務發展，近年勞工爭訟案件躍為大宗，故設立勞動專庭之建議已然成形；而關於社會保險、社會福利等案件量也與日俱增，法界亦應對社會法案件採取更專業的態度。由於德國審判實務的分流，對於社會法法律關係之定義採取較嚴謹之態度，故本次修訂亦就社會保險法律關係作進一步分析，增加「勞工保險法律關係」之部分，以作為後續學理討論之基礎。另外，2016 年政黨輪替之後，改變預定實施的長照保險，轉而以「長照計畫 2.0」取代。因此，本書第七章關於長照保險之介紹仍舊定位為「前瞻」，也期待關係國民照護需求的長照保險能再行推動。執政黨的另一改革重點則是 2018 年的年金改革，但主軸在軍公教的第二層保障，故本書僅略加介紹。其實早在 2014 年公保年金化之時，首波年金改革已然啟動，至於尚未敲定時程的勞保年改，才是重中之重。

　　在勞工保險方面，由於 2008 年起給付的年金化，已逐漸擔負起社會安全之重責大任。且隨著被保險人人數之增加、保險人之改制為行政機關以及投保薪資之提高，勞保已成為社會保險之核心制度。此亦為國考將勞工保險條例列為社會法命題大綱之主因。我國勞工保險除了尚未進入時程的

年金改革外，近年另一改革焦點為「職災保險單獨立法」之推動。此乃因應勞動型態之轉變，各種非典型之勞動關係與日俱增，原本將普通事故與職災事故合併立法的模式，已無法因應職災風險的特殊性。如此看來，本次修訂改版之後，恐怕馬上又要面臨修改的問題。三民書局願意繼續支持本書之出版，恐怕「作功德」的成分居多矣！

鍾秉正

2019 年 8 月於北勢溪畔

自 序

筆者在學校開設社會法相關課程時,總喜歡以雨果的《悲慘世界》作為開場白。在欣賞完賺人熱淚的烽火兒女情之後,再帶領學生進入社會法的課題,因為社會法中最具代表性的社會保險就是發源於 19 世紀末的歐洲大陸。當時由於工業革命與資本主義的蓬勃發展,民法三原則獲得充分地運用:資本家秉於「所有權絕對」而盡其剝削之能事,勞工則由於「契約自由」而只能任勞任怨,縱使出了意外也因為「過失責任」而毋庸雇主負責。相對應的是社會主義思想開始發展,勞工組成工會以與資本家相抗衡,而如劇中主角「馬力歐」般有理想、有抱負的大學生便是最佳的傳播者與領導者。社會法中有關照顧勞工以及弱勢者的理念固然是來自於社會主義,但是將此一想法轉換成法律制度並且由公權力來推動,卻也是民族國家打壓社會主義運動的手段。

回想當時歐陸的國家之所以能夠統一,而且還能成為國際政治上的要角,有賴於法律制度的建立,「法治國」的觀念於斯發揚光大。而國家法治的推行則要靠像故事中的「賈維」警探般奉行「依法律行政」的公務人員,「警察國家」於焉成型。國家藉由完備福利制度的建構,再交由公務人員來推動政策,從而對國民擔當起「從搖籃到墳墓」的照顧責任。不要忘記的是,當時的公務人員與國家之間乃處於「特別權力關係理論」之下。例如德國就是在鐵血宰相俾斯麥的主導下,首先於 1883 年建立了史上第一個強制性的社會保險制度。這樣的理念還在後來的「威瑪憲法」中明確成為憲法的規範,而且在 1949 年的「基本法」中仍舊標榜德國是個「社會國」。

比起民法可以回溯到羅馬時期的發展歷史而言,社會法只是法學領域中一個「有理想、有抱負的青年」。而若是以社會法在國內剛剛起步的情況來看,更只稱得上是法學界的新生兒。可是,國人對於社會法領域內的典型制度並不陌生。例如我國歷史上由來已久的「賑災」措施,以及現行社會救助法中的各種規定,都是該領域中「社會扶助制度」的展現。而扮演

社會安全重要角色的「勞保」、「公保」、「全民健保」以及「公務員退撫制度」等,都屬於社會法中有關「社會預護制度」的內容。至於近年來時常成為政治議題的「老人年金」以及與學生權利有關的「助學貸款」等,則是所謂的「社會促進制度」。最後就是政府對於歷史與社會事件所造成的創傷的因應,學說上稱之為「社會補償制度」,其中的典型為「戒嚴時期受損權利之回復」以及「犯罪被害人補償」等。

　　本書雖然以「社會保險」為題,但實際上還包含相當篇幅的社會法總論,因為唯有如此才能跳脫傳統個案性的思維,帶領讀者進入一個完整的學理體系,從而釐清諸多似是而非的觀念。身為一個 21 世紀的學子,您是想成為奉公守法的「執法者」賈維呢?還是要當一個有理想、有抱負的「社會青年」馬力歐呢?答案就在這本書裡頭。

鍾秉正

2005 年 9 月於新竹香山

社會保險法論
Social Insurance Law

Content

目次

郭　序

修訂四版序

自　序

導　論

第一章　社會法基礎理論

第二章　社會法與憲法基本權利

第三章　社會保險基礎理論

第四章　社會保險的對象

第五章　社會保險的給付

第六章　社會保險的財務

第七章　前瞻——長期照護保險與相關法制

第八章　社會保險的爭訟

導　論

壹、工業化社會中的社會福利制度

一、工業革命前的發展歷史

　　比起民法、刑法以及其他法學領域來說，社會福利法制的發展歷史其實相當短，其約略可以溯及至 18、19 世紀的「工業化」時期，因為社會福利法制主要就是在反省工業化社會所帶來的種種缺失。相對來說，在工業化之前的農業社會當中，那些由於工作意外、年老或死亡所產生的社會安全問題，則因為當事人擁有田產以及來自其事業繼承者的奉養，多半可以獲得解決。當時縱使是在手工業或是小型商業的領域中，也由於勞、雇之間的密切關係以及行會 (Zunft) 的嚴密組織，而使得相關的社會安全問題可以用「內化」的方式來解決❶。尤其是在傳統的農村生活中，光是其結構龐大的家族組織就足以吸收大部分的社會安全問題，更遑論農業社會中的各種互助模式所提供的照顧。換句話說，在工業化之前的社會中，無論是老、弱、傷、殘等事件的當事人，皆能夠在此一封閉的環境內得到源自於風俗上的或者是道德上的生活照顧，自然亦無由發展出大規模的社會福利措施。

　　然而，傳統組織的社會福利也有例外的發展情形，主要的例外就是中外皆有而且存在歷史已經相當悠久的「社會救濟」制度。此一例外的產生原因在於：不論結構再如何龐大的家族，或是組織如何嚴密的行會，都只能適合承平時期的需求。一旦遇有天災、人禍等非常時期，所有傳統的社會組織都將面臨瓦解的命運，其原本應有的社會安全功能也就無法再發揮。因此，不論是古今中外，皆可以見到各種由國家主持的社會救助措施，而

---

❶　昔日的手工業或行商乃是父子相傳，縱使有學徒或雇員也是以類似於家族倫理或社會道德的觀念來相互照顧，其運作模式無異於傳統的農業社會。例如現今社會安全制度中基於「雇主責任」所建立的職災保護以及企業年金等，其發展歷史即可溯及至中世紀。

其首要目的都是在解決「貧窮」的問題。凡是聰明的主政者都曉得，其國境之內如果發生大規模而且持續性的貧窮現象，不久就會危及其政權的穩定性。而且歷史上許多政權的更迭也大多直、間接地與社會的貧窮問題有關，執政者自然要多所警惕，而各種救濟以及扶助的措施也都是籠絡民心的最佳手段。

除了國家的濟貧措施之外，「宗教信仰」與「宗教組織」在社會福利上的功能也是不容忽視的❷，宗教從中世紀以來就在濟貧任務上扮演了相當重要的角色。例如在西方基督教的信仰當中，救濟不幸之人乃是重要的宗教使命❸，信徒以施捨等善行來消除己身的罪孽，並藉此求得上帝的眷顧，乃至於可以達到永生的目的。尤其是在中世紀「政教合一」的情形下，教堂普遍擔任了社會救濟的行政工作，而修道院也大量地修建孤兒院、養老院、殘病收容所等福利機構。其實，在西方社會一直要到 16 世紀的宗教改革以後，國家才真正開始立法介入濟貧的工作❹。而且，當時所產生的貧窮現象並不被承認是一種社會問題，反而多被當成是上天對於個人懶惰或不道德行為的一種懲罰。甚至富人參與濟貧的態度也是出自於本身的優越感，而不見社會共同體理念中所表彰的「福利意識」。

相對於西方基督教的思想，東方的宗教教義中也有類似的濟貧觀念。例如寺院在提供人們精神慰藉的同時，也不斷鼓勵信眾努力行善以抵消輪迴的業障，甚至還經常動員信仰組織，積極地展開賑災與濟貧的福利事業。另外，由於我國在歷史上未曾有過明顯的政教合一現象，因此在解讀宗教

---

❷ 見拙著，〈宗教團體社會事業及法制之探討——兼論宗教團體法草案之相關規定〉，《玄奘法律學報》第 16 期，2011 年 12 月，頁 243 以下。

❸ 例如德國憲法實務即於天主教青年團體所發起的 「舊物回收運動」 (Aktion Rumpelkammer) 相關判決中，認定其屬於宗教自由的保障範圍，目的在落實《新約》 中所強調的博愛 (Nächstenliebe) 精神。 BVerfGE 24, 236; Sachs, Verfassungsrecht II, Grundrechte, 2. Auflage, 2002, Art. 4 Rz. 7 ff.。

❹ 英國自 1531 年起制定「濟貧法案」；1601 年才通過成文化的「濟貧法」；1696 年又通過「習藝所法案」。見林萬億，《福利國家——歷史比較的分析》，1994 年 10 月一版，頁 13 以下。

的社會福利任務時，也不妨將傳統「儒家」的思想合併討論。我國儒家思
想源自於中國的宗族觀念，其後又被歷代主政者引用為政治制度的基礎思
想，甚至作為選舉人才與建立文官制度的依據。儒家影響中國以及其周遭
國家的程度之深，足以與基督教在西方文明的地位相提並論❺。我國自漢
武帝「獨尊儒術」以來，所謂的社會福利思想就是指儒家的「仁政」理念，
而最典型的措施就是平日積蓄米糧用以因應荒年之需的「倉儲制度」。當時
不僅在朝廷設置有「常平倉」，地方郡、縣也都設有「社倉」，而民間則自
行勸募設有「義倉」。此外，中國古代還由官方設置各種慈善機構以作為養
老、育幼的用途。不過，在發展初期也大多是由宗教團體（尤其是佛教寺
院）來辦理，後來才逐漸由國家出資來維持❻。然而，當時不論是官方的
或是民間的社會救濟措施，不免都寓有相當濃厚的「道德色彩」，而且將社
會救濟當作是「社會控制」的一種手段。以上所述，大抵不出中國自古以
來「以儒家為藉口，行法家之實」的施政方式，而國家也只是將社會福利
制度當作「教民」或「牧民」的工具而已。由此看來，不論是西方或東方，
此一時期仍未曾出現類似於今日所標榜的以「人性尊嚴」為出發點的社會
福利理念。

二、現代福利國家（社會國）的產生

　　西方在 18 世紀後期工業革命之後，工廠作業上普遍以機器代替人工，
而且透過大量生產的方式使得資本家在經濟上更具優勢。相較之下，一般
的平民因為脫離了原有耕作的土地，而且本身又缺乏創業的資本，最後只
能在工廠內以勞力換取工資來維持一家的生計。又由於當時的工廠經營者

---

❺　西方基督教思想不僅影響個人出生、成年、結婚、死亡等生命禮儀，同時亦一
　　度關係著國家政權的合法性。相較之下，我國儒家思想亦曾扮演著類似的角
　　色。

❻　唐宋救濟貧病老人、幼兒有所謂的「悲田養病坊」、「居養院」；醫療方面則有
　　「惠民藥局」提供義診處方。明清則設有「養濟院」、「普濟院」、「留養所」、
　　「育嬰堂」等。見林萬億，《福利國家》（前揭書），頁 145 以下。

為了獲得更多的利潤，往往極盡能事地降低生產成本以提高產品的競爭力，最終則以廣大勞工的勞動成本作為犧牲品。面對此一情形，當時的勞工卻只能自求多福，其一旦遭遇工作事故，甚或因此而殘廢、死亡，全家的生活就會陷入困境。因此，這時期社會所形成的社會福利需求，不論在「質」或「量」上都不同於以往的農業社會。

面對此一新類型的社會安全問題，傳統上源自於中世紀的濟貧措施只能消極地期待人民恢復自立，而無法積極地預防社會上普遍的貧窮現象。再加上資本主義盛行的結果，更擴大了社會貧、富之間的階級對立現象。因應而生的則是 19 世紀後期在歐陸所形成的，以馬克思理論為主的「社會主義」思想，另外在英國則有「費邊社主義」的產生❼。由於社會主義運動者主張「階級鬥爭」的手段與「工人無祖國」的理念，直接威脅到傳統政權以及當時興起的民族國家運動，自然不受各國當權者的歡迎。而德國在打壓社會主義運動之餘，乃「以其人之道還治彼身」，趁機以社會福利政策來籠絡勞工階級，首相俾斯麥於是在 1883 年開辦世界上第一個強制性的社會保險。在英國則於 20 世紀初由貝佛里奇爵士提出一連串的福利構想，也為該國往後的社會安全制度打下基石。至於現行有關「福利國家」(welfare state) 或「社會國」(Sozialstaat) 的概念則是在第二次世界大戰之後所產生的。在 1942 年由貝佛里奇所提出名為「社會保險與相關服務」的報告書中，首先揭櫫「建立一個集疾病、意外、失業與養老於一體之社會安全制度」的理想，而且主張揚棄傳統以資產調查為基礎的社會救助模式。此一報告書的影響極為深遠，往後英國的社會安全制度大抵即是以稅收作為財政基礎，而由政府提供全體公民一種合於最低生活標準的保障，因而學理上稱之為「貝佛里奇模式」。相對而言，德國則於第二次世界大戰後新訂的憲法中明定「社會國原則」作為國家目標。其理念乃是承襲自俾斯麥時期以來的傳統，主要手段則是以職業團體作為實施對象，而且運作上與成員的薪資收入相關的社會保險制度，故學理上稱之為「俾斯麥模式」或者是「萊因模式」❽。

---

❼　柯木興，《社會保險》，1995 年 8 月修訂版，頁 22 以下。

三、近代我國社會福利制度的發展

　　觀諸我國近代社會福利政策的發展過程，起初大抵是以大陸時期中國國民黨所提出的「社會政策綱領」為依據，其主要內涵則為「平均地權」與「節制資本」兩大項。但是在當時大陸政局紛亂、各地兵馬倥傯的時空背景之下，相關的社會福利措施大多僅止於「紙上談兵」，並未能真正落實。少數有實質貢獻的乃是民間福利團體，其中有中國紅十字會、中國慈幼協會以及戰時兒童保育協會等救濟機構，在動亂的年代裡取代國家維持一小部分的社會福利功能。相對於此，臺灣在日本統治時期即設立了相當多的社會救濟機構。當時的日本殖民政府為了與西方的殖民主義一別苗頭，乃引進了諸多具備現代理念的社會福利措施。然而，由於民族情緒的影響，日據時期的若干建設基礎在第二次世界大戰之後並未能得到有效的接續❾。

㈠戒嚴時期的發展

　　由於國民政府接管後民主政治的不彰，臺灣的社會福利立法始終是以「由上而下」的方式，而且還經常受到國、內外政治情勢所左右。其發展過程大致上可分為以下三個階段：

　　1.第一階段為國民政府遷臺初期，此時的社會福利行政仍然以「民生主義」作為最高指導原則。其中的社會福利措施主要是以軍、公、教的社會保險與勞工保險為重心，另外再輔之以大陸時期就已經頒布的「社會救濟法」。而其間真正為臺灣地區量身訂做的福利政策則是 1965 年的「民生主義現階段社會政策」。

　　2.第二階段則是由於臺灣經濟逐漸繁榮，國際貿易上的競爭能力逐漸

---

❽　由於萊因河沿岸諸國多採取此一類型之社會安全制度，故以之為名。有關福利國家之模式，見林萬億，《福利國家》（前揭書），頁 107 以下；德國社會安全制度，見郭明政，《社會安全制度與社會法》，1997 年 11 月，頁 1 以下。

❾　關於現代國家實施公共行政所需的「戶政」、「地政」與「警政」等基礎項目，臺灣在日治時期即已奠定相當的基礎。

增加，也引起國際競爭對手國的注意。我國政府為了撫平貿易競爭國所施加的政治壓力，乃於 1973 年通過「兒童福利法」，繼而有其後若干與勞工相關的立法❿。值得一提的是，此一時期中的 1979 年被社會福利學者稱為「社會運動之分水嶺」，起因則是該年所發生的「美麗島事件」。原先臺灣在威權時代的職業團體或公會組織多作為政治管制的工具，自從 1979 年以後，政治上的反對者乃與社會團體形成「策略聯盟」，而為 80 年代爭取社會福利的抗爭運動起了帶頭的作用。

3.在諸多工運、農運、身心障礙以及婦運團體的合作之下，乃有社會福利立法第三階段的發展。其中具代表性的乃是 1980 年代所制定的「社會福利三法」：「老人福利法」、「殘障福利法」、「社會救助法」。此外，我國更於 1984 年通過「勞動基準法」。至此，我國相關的社會福利立法已經大致完備⓫。

㈡健康保險與年金制度

自從我國於 1987 年宣布解嚴之後，由於反對黨的政治競爭以及人民民主意識的抬頭，臺灣的社會福利發展即邁入了新的一頁。此一時期社會福利法制的發展在「質」與「量」上皆不同於以往，而且是透過一種「由下而上」的方式，與臺灣當時的政治環境以及人民的訴求息息相關。其中的第一波主要乃以「健康保險制度」的改革為重心，在這期間內除了將傳統公保、勞保機制的保障範圍擴大之外，還於 1989 以及 1990 年分別通過「農民健康保險條例」 與 「殘障福利法修正案」。 雖然這一波立法仍不免與 1988 年的「五二〇事件」農民流血衝突以及 1989 年「劉俠參選立委」之殘障福利運動有關，但此時也已經可以約略看出「全民健保」的雛形。人

---

❿ 當時的貿易競爭國普遍認為我國經濟上的競爭力乃因企業非法雇用童工以及犧牲勞工權利所致，故透過外交手段施壓，間接促成相關福利立法的加速。近年來我國政府致力於著作權法的訂定，也是為了擺脫「海盜王國」的惡名以及美國動輒引用「特別 301 條款」的壓力。

⓫ 有關社會運動與福利政策之關聯，見林萬億，〈社會抗爭、政治權力資源與社會福利政策的發展〉，於：蕭新煌等編，《台灣的社會福利運動》，2001 年 8 月，頁 71 以下。

民在社會運動與政治活動中都展現出「健康保險」的訴求，最後集其大成的則是 1995 年所通過的「全民健康保險法」。

　　另外一波社會福利制度的發展，導因於民進黨在 1992 年立委全面改選之際，正式提出「福利國」的理念作為競選主軸，其主打政見則為「老人年金」。在發展過程上，首先是民進黨澎湖縣長補選候選人高植澎於 1993 年 3 月以「敬老津貼」之政見一舉贏得勝利，而後在 1993 年 12 月的縣、市長選舉時，民進黨即以發給「老人津貼」的議題作為選戰主軸。相對於在野黨的攻勢，當時身為執政黨的國民黨亦於 1998 年制定「中低收入老人生活津貼發給辦法」，另外在 1995 年則有「老年農民福利津貼暫行條例」的頒定。雖然，我國原先預定於 2000 年開辦的國民年金計畫因為「九二一震災」而喊停，但此一社會福利的立法風潮也延伸至 2000 年執政黨輪替之後，而於 2002 年公布了「敬老福利生活津貼暫行條例」[12]。凡此種種，應該都可以看作是「國民年金保險」實施前的若干過渡措施，直到 2007 年政府始通過「國民年金法」，並於 2008 年 10 月起實施。國民年金的開辦，補足了我國老年安全制度的缺塊，更重要的是催生了勞保老年給付的「年金化」。後者於 2009 年 1 月開始實施，廣大的勞工終於享有持續性的老年經濟安全保障，可與軍公教團體的月退制度相比美[13]。至於其他解嚴後的社會福利立法，則有於 1989 年訂定的「少年福利法」、1992 年的「就業服務法」 以及 1997 年由原先殘障福利法增訂而成的 「身心障礙者保護法」等[14]。

---

[12]　見拙著，〈從敬老福利生活津貼的制定介紹 「社會法」 以及相關老年安全法制〉，《法學講座》第 9 期，2002 年 9 月，頁 102 以下。

[13]　見拙著，〈從「老年安全」看國民年金保險之實施〉，《月旦法學》第 154 期，2008 年 3 月，頁 35 以下。

[14]　2003 年兒童福利法與少年福利法合併為「兒童及少年福利法」，2011 年修正更名為「兒童及少年福利與權益保障法」；2007 年身心障礙者保護法更名為「身心障礙者權益保障法」。有關我國福利政策與立法演進，見江亮演等，《社會福利與行政》，2000 年初版，頁 179 以下；林萬億，《福利國家》（前揭書），頁 180 以下。

㈢年金改革與長照制度

按理，隨著國民年金開辦與勞工保險年金化的實施，臺灣老年經濟安全制度亦應隨之健全。惟因倉促立法形成保障漏洞，使得私校教職員成為「年金孤兒」；再加上政治性考量於所得替代率加碼，竟造成勞保年金初上路即喊出即將破產的窘境。此時「年金改革」之進程已然浮上檯面，其中「公教人員保險法」首先於 2014 年修正，其結果讓私校教職員自此享有年金，亦就公務人員退休所得總額引入「屋頂條款」，明定整體替代率上限為 80%。2016 年政黨輪替之後，重新執政的民進黨即召開全國性之年金改革會議，首波改革對象瞄準軍公教團體。在立法政策上將公務人員退休法與撫卹法合併，主要目的乃是降低年金替代率，並且延後退休年齡。相關改革並及於公立學校教師及職業軍人，至於勞工與農民之年金改革估計要等到第二階段才會啟動。

另外，近年來由於「少子化」與「老年化」的現象不斷加劇，相對應的「生育補助」、「育兒津貼」等福利措施陸續推出，政府更著手規劃下一階段的社會保險重點——政府從 2007 年起以「老人福利法」為基礎所推動的「長期照顧十年計畫」，到「長照服務法」與「長照保險法」的草擬，可使臺灣足以比美德國社會保險的五大支柱（疾病、年金、意外、失業、照護）。然而，屬於機構管理依據的長照服務法業已於 2015 年通過，但長照保險法之立法進程卻於 2016 年新的執政團隊上臺後略有修正。近期先以長照十年計畫為藍本，實施以稅收為財源之「長照計畫 2.0」，至於長照保險的立法則因此而推遲。

總體看來，現今我國的社會福利制度在規模上已經堪與其他先進國家相較，但是在相關法制的整合工作以及福利服務「質」方面的提升上，則仍有待各界努力。

貳、社會法的定義與內容

一、社會法的定義

　　法學領域中與社會福利相關的主要為「社會法」(Sozialrecht)。但是這個科目對國內法律系的學生來說，恐怕絕大多數都說不出個所以然。其實就算是專門從事法學教育或研究工作的學者們，對這一個「法學新名詞」頂多也有所聽聞或略知其梗概而已。然而若是談起社會法的相關規範，例如「全民健保」、「老人年金」、「社會救助」等等，則是人人耳熟能詳的語彙，只是傳統上大多是以「社會福利」一辭來涵蓋上述相關政策。在國家考試應考資格所規定的學分科目名稱中❶，也列有「社會福利法」一科。所以社會法並非「全新」的法規範領域，只是有待法律人積極投入研究，引進並發展相關的法學理論。

　　另外，由於國內大學科系中分別有「社會系」與「社會福利系」，前者大抵重在各種社會現象的研究，後者則以社會福利為重心。因此，吾人也不禁會問：社會法與社會福利法到底有何不同？其實，原則上二者所涵蓋的範圍並無多大差異，前者乃翻譯自德國，而後者則源自於英、美文獻。迄今國內學界多已經將社會法定位為「社會福利」、「社會保障」或「社會安全」之相關法律，只是其學理體系還有待討論建立共識❶。

　　至於德國學界對於社會法的定義則大抵分為形式上的與實質上的兩種。就形式上來說，社會法指的是「由立法者明文規定為社會法，或歸納

---

❶　考選部頒訂，律師高考應考資格。

❶　有關國內學者對於社會法之定義，參見郭明政，《社會安全制度與社會法》（前揭書），頁 115 以下；同作者，〈社會法之概念、範疇與體系——以德國法制為例之比較觀察〉，《政大法學評論》第 58 期，1997 年 12 月，頁 369 以下；郝鳳鳴，〈社會法之性質及其於法體系中之定位〉，《中正大學法學集刊》第 10 期，2003 年 1 月，頁 3 以下。

為此一法學領域者」。此一定義的好處是範圍狹窄、容易確定,其內容不外乎是德國現行「社會法法典」(Das Sozialgesetzbuch; SGB) 所呈現的法規。其缺點則是一般人無法從而得知此一法學領域的重要特徵。至於社會法實質上的定義則是從「社會給付」的方式,以及其目的是否符合憲法保障基本人權的觀點出發。德國學界一般認為,社會法即是能夠實現下列社會安全任務的法規範❶:

　　——保障合於人性尊嚴的生存條件

　　——實現個人自由發展之均等機會

　　——保護及促進家庭

　　——實現個人就業自由以達其生活保障

　　——降低或均衡特別生活負擔

　　此外,在實質定義下所指的社會法應能在個案中實現基本法中「社會國原則」(Das Sozialstaatprinzip) 的要求,而且是由公共行政來主導上述給付任務,以消除或降低個體間的生活差異。

　　本書參考德國文獻與國內學界之見解,也嘗試將社會法定義如下:

　　社會法乃是以社會公平 (soziale Gerechtigkeit) 與社會安全 (soziale Sicherheit) 為目的之法律。其作用在透過社會給付制度的建立與運作,以消除現代工業社會所產生的各種不公平現象。

　　所謂的「社會公平」乃是指每個人都有機會達到與自己能力相當的社會地位。而國家如果想要達到此一行政目的,首先就要為青少年設立學校以及提供其接受職業教育的機會,還有則是為在職人士建立進修的管道。另外,有鑑於「機會平等」的原則,也要設法讓身心障礙者在從事工作時能夠融入社會現狀。最後,藉由對於老人與兒童的照顧制度、對於戰爭受害者乃至於犯罪被害人的補償措施、對於個人生存條件的最低保障,乃至於經由各種社會保險制度所形成的所得重分配機制,也可以達到社會公平的理想。至於「社會安全」則是描述一種人民普遍可以依靠的經濟基礎,

---

❶　德國學界見解,見 Bley/Kreikebohm, Sozialrecht, 7. überarbeitete Auflage, 1993, Rz. 2 ff.。

個人可以在這樣的基礎下自由地構築符合其人性尊嚴的生活樣態。通常透過社會保險的機制以及國家對於個人或家庭的補助措施，應該可以達到這樣的目的。綜合言之，社會公平與社會安全的功能實乃相輔相成，無法單獨看待的❶❽。

二、德國社會法的內容

　　現行社會法一辭既然是繼受自德國，吾人即有必要對於該國社會法的發展成果略加了解。德國自 19 世紀末由俾斯麥首相創立了強制性的社會保險制度之後，歷經兩次世界大戰仍然堅持此一理念，相關法制的發展依舊持續而且相當完備，至今在有關社會福利的文獻中總要帶上一筆❶❾。尤其是該國在第二次世界大戰之後所訂定的憲法——「基本法」(Das Grundgesetz) 中，特別於第 20 條明定「法治國」、「民主國」、「聯邦國」、「共和國」、「社會國」五大憲政原則，自此德國更是以社會國自居。而該國有關社會法定義的討論則始於 20 世紀 70 年代初期「法典化」的過程。其間有學者從實體法的觀點，有的則是從社會政策的功能來考量，但是皆各執一說，一直到 1976 年該國社會法法典訂定之後才算有了定論。自此，德國所謂的社會法即是指社會法法典第 1 篇「總論」第 3 條至第 10 條 (§§ 3–10 SGB I) 所規範的項目：教育與勞動之促進、社會保險、健康損害之社會補償、家庭支出之減少、合理住屋之補助、兒童與青少年之扶助、社會救助與殘障人士之整合。然而，以上各項在經過 30 年以上的立法過程後仍無法完全落實，可見其法典化工程之浩大。

　　綜合來說，德國至今為止已經編纂入社會法法典的有下列各篇：
——第 1 篇　總論 (Allgemeine Teil)
——第 2 篇　求職基本保障 (Grundsicherung für Arbeitsuchende)
——第 3 篇　勞動促進 (Arbeitsförderung)

---

❶❽　見 Schulin/Igl, Sozialrecht, 7. Auflage, 2002, Rz. 1 ff.; Rüfner, Einführung in das Sozialrecht, 2. Auflage, 1991, S. 12 ff.。

❶❾　林萬億，《福利國家》(前揭書)，頁 42 以下。

——第 4 篇　社 會 保 險 總 則 (Gemeinsame　Vorschriften　für　die Sozialversicherung)

——第 5 篇　法定疾病保險 (Gesetzliche Krankenversicherung)

——第 6 篇　法定年金保險 (Gesetzliche Rentenversicherung)

——第 7 篇　法定意外保險 (Gesetzliche Unfallversicherung)

——第 8 篇　兒童與青少年扶助 (Kinder- und Jugendhilfe)

——第 9 篇　身心障礙人士之復健與社會參與 (Rehabilitation und Teilhabe behinderter Menschen)

——第 10 篇　行政程序、社會資料保護、給付者之合作與第三人之關係 (Verwaltungsverfahren,　Schutz　der　Sozialdaten, Zusammenarbeit　der　Leistungsträger　und　ihre Beziehungen zu Dritten)

——第 11 篇　社會照護保險 (Soziale Pflegeversicherung)

——第 12 篇　社會救助 (Sozialhilfe)

尚 未 整 合 入 法 典 的 則 有 聯 邦 教 育 促 進 法 (Bundesausbildungsförderungsgesetz)、聯　邦　撫　卹　法 (Bundesversorgungsgesetz)、聯邦兒童津貼法 (Bundeskindergeldgesetz)、住屋津貼法 (Wohngeldgesetz) 等既有的法律規範，也是屬於社會法的範疇。

　　經由以上的描述，吾人約略可以得知社會法在德國的發展情形。從而對照我國既有以及發展中的相關制度與規範，應該可以有系統地建構屬於我國的社會福利法制體系。但是，德國所獨有上百年的社會法發展史畢竟是無法模仿的，而我國現下的社會福利需求以及共識也不見得與他國相同。是以，經驗的直接套用以及制度上的援引即有其界限。學術上固然可以嘗試以德國社會法制作為切入點，但仍應與我國現實經濟、政治與相關法學發展相配合。

參、問題意識的提出

　　從前文的描述中不難發現社會福利相關法制的龐雜程度，吾人實在無法僅就單一法規範而為個別性的探討，此乃本書所以不厭其煩先行介紹社會法學理體系的原因。而本書所要介紹的社會保險法制也必須放在整體社會法上來討論，才能明瞭其定位以及所承擔的社會安全功能。社會法體系中包含有社會預護、社會扶助、社會促進、社會補償四大項，且分別於社會安全問題上所扮演的角色也是相輔相成的。例如就社會法的「社會公平」與「社會安全」兩大目的來看，前者以社會扶助與社會促進的福利模式較能達到，而後者則多依賴社會預護制度來完成。至於如何才能兼顧社會公平與社會安全？則必須將不同的社會福利制度作妥善的搭配。

　　另外，再從社會法作為「公權力行政」依據的角度來看，同樣是被稱作給付行政，社會保險的強制納保手段卻往往成為人民抗拒的對象，而欲設法撤銷此一「負擔性的行政行為」。反之，在社會救助、社會促進與社會補償等制度上，其給付則被當事人視為「授益性行政行為」，而要透過行政救濟課予機關特定的給付義務。至於在相關「基本權利保障」上，也由於不同社會福利制度實施上的差異性，而使得給付請求權的憲法保障基礎有強弱之別。行文至此，如果再要考慮到實施社會福利所不可或缺的「經濟性問題」以及相關規範所由來與所及的「社會性問題」，乃至於執行時所面臨的「政治性問題」時，已非筆者區區能力所及，而且也將模糊本書所關注的法學討論焦點。

　　職此，僅就政府在實施社會福利制度上所面臨的困境，尤其是在尋求公行政依據以及憲法保障基礎時所產生的疑慮，提出本書若干討論上的主軸：

一、社會福利制度的憲法依據

　　政府實施社會福利制度是否有其憲法上的規範依據？此一依據的性質

乃是一種「主觀公權利」，或者僅是提供反射利益的「客觀公權利」？相關議題尤其在衡量政府有無「立法怠惰」的嫌疑時，顯得格外重要。討論時所關注的重點在於社會福利是否屬於人民之基本權利？換言之，憲法規範中是否有「社會基本權」存在？其將賦予人民享受社會福利之公法權利，而且在政府未能積極提供福利或者相關制度中有瑕疵時，得據以為提出憲法訴訟的基礎。

二、社會福利的保障對象

政府在落實社會福利規範時，其個別制度所欲涵蓋的對象為何？此一「保障圈」的劃定，在社會保險制度中首先即會產生「強制納保」的作用，其強制性規範以及附隨而來的行政裁罰則勢必侵害當事人之「自由權」。反之，社會福利若非全民性的保障制度時，落在保障圈以外的其他人民也可能主張「平等原則」，藉以享受此一福利措施。縱使在不要求對價性的社會救助、社會促進以及社會補償制度上，也將因為「保障圈」的劃定而排除若干人民的請領資格。

三、社會福利的給付問題

人民一旦屬於某一社會福利制度的保障對象時，其如何才能享有該當的福利給付？立法者在個別制度的設計上，必然會就請領資格設計若干積極要件與消極要件，但是過於嚴苛的條件勢必將會阻礙當事人的給付請求權。尤其在以被保險人繳交保險費為基礎所建構的社會保險制度中，此一請求權往往具有「公法上財產權」之性格，自有遂行合憲性檢驗之必要。至於攸關人民「生存權」的社會救助制度，乃是國家保護義務之表現，相關給付問題也應當加以探討。另外，社會福利給付額度上的「不足」與「過度」，也關係著憲法保障的問題，甚至還會觸發預算排擠的「整體公平性」問題。

四、社會福利的財政問題

　　現行社會福利政策並非僅以建學校、開馬路等公共建設的方式來呈現，而是在於個人經濟生活的維持。因此，制度上經常採取直接金錢給付的方式，而此一給付方式所立即產生的衝擊乃是財源問題。維持個別福利制度運作的財源應由何而來？這將牽動政府預算大餅的分配，而且也隱含「稅賦負擔公平性」的問題。另外，在以保險費作為主要財源的社會保險中，其個別財務制度又應該如何運作？任何的變動都將影響該被保險人團體可以享有的給付額度，自然也會涉及憲法上「財產權保障」的課題。

本章參考文獻：

中文部分：

1. 鍾秉正，〈宗教團體社會事業及法制之探討──兼論宗教團體法草案之相關規定〉，《玄奘法律學報》第 16 期，2011 年 12 月

2. 林萬億，《福利國家──歷史比較的分析》，1994 年 10 月一版

3. 柯木興，《社會保險》，1995 年 8 月修訂版

4. 郭明政，《社會安全制度與社會法》，1997 年 11 月

5. 林萬億，〈社會抗爭、政治權力資源與社會福利政策的發展〉，於：蕭新煌等編，《台灣的社會福利運動》，2001 年 8 月

6. 鍾秉正，〈從敬老福利生活津貼的制定介紹「社會法」以及相關老年安全法制〉，《法學講座》第 9 期，2002 年 9 月

7. 鍾秉正，〈從「老年安全」看國民年金保險之實施〉，《月旦法學》第 154 期，2008 年 3 月

8. 江亮演等，《社會福利與行政》，2000 年初版

9. 郭明政，〈社會法之概念、範疇與體系──以德國法制為例之比較觀察〉，《政大法學評論》第 58 期，1997 年 12 月

10. 郝鳳鳴，〈社會法之性質及其於法體系中之定位〉，《中正大學法學集刊》　第

10 期，2003 年 1 月

外文部分：

1. Sachs, Verfassungsrecht II, Grundrechte, 2. Auflage, 2002

2. Bley/Kreikebohm, Sozialrecht, 7. überarbeitete Auflage, 1993

3. Schulin/Igl, Sozialrecht, 7. Auflage, 2002

4. Rüfner, Einführung in das Sozialrecht, 2. Auflage, 1991

第一章　社會法基礎理論

壹、社會法的憲法依據

一、社會法在德國憲法上的依據

㈠德國現行憲法規範依據的不足

德國在一次大戰後所制定的「威瑪憲法」中曾經列有相當多的社會安全條款。在規範方式上，這些條款散見於威瑪憲法第二篇「人民基本權利與義務」之中，並未如同我國憲法「基本國策」一般以專章規定，也因此無法與「人民基本權利」的規定有明確區別❶。從相關規範的內容來看，當年威瑪憲法的社會安全條款涵蓋範圍相當大，其中有「保障婚姻、扶助母性及多子女家庭之義務」（第 119 條）、「非婚生子女之保護」（第 121 條）、「青少年保護」（第 122 條）、「保障勞工及其結社權」（第 157、159 條）、「社會立法義務」（第 161 條）、「勞動權與失業救濟」（第 163 條）等等。但是，也由於這些規定太過於理想化，效力上僅為憲法對立法者的一種「指示」(Richtlinien)，而且必須經由相關法律的制定才得以具體化地實現。因此，該國憲法學界認為威瑪憲法下的社會安全條款僅具有「方針條款」(Programmsatz) 的性質，並無法賦予人民直接的請求權利❷。

有鑑於以往於威瑪憲法有如「畫餅充飢」的規範方式，德國在現行憲法──「基本法」(Das Grundgesetz) 制定的時候，就將相關規定全數刪除。而如今在社會安全相關問題的討論上，該國現行憲法中較常被引用的規範只有兩處：第 20 條第 1 項的「社會國原則」(das Sozialstaatsprinzip) 以及第 74 條中的「立法權限」(Gesetzgebungskompetenzen)。關於基本法中的社會國原則，德國憲法學說一般多認為其內容雖然不夠具體，但是在規範

---

❶　有關德國威瑪憲法之介紹，陳新民，《中華民國憲法釋論》，1999 年 10 月修訂三版，頁 777 以下。

❷　陳新民，〈論「憲法委託」之理論〉，《憲法基本權利之基本理論》上冊，1996年 1 月四版，頁 37 以下。

性質上應該屬於「國家目標條款」(Staatszielbestimmung)，具有一定的拘束力，不僅可以作為行政與立法裁量的指示，還可以提供「憲法價值判斷的依據」 ❸ 。至於該國基本法關於立法權限的條文中則明確提及社會保險 (Art. 74 Abs. 1 Nr. 12 GG)、社會救濟 (Art. 74 Abs. 1 Nr. 7 GG) 以及戰爭受害者的照顧 (Art. 74 Abs. 1 Nr. 10 GG) 等事項。由此一憲法規範也可以看見德國傳統社會福利制度的原型。

由於德國的社會保險與社會救濟相關法制由來已久，而且制憲之時對於戰爭受害者照顧的法律也早已存在，因此「社會」(sozial) 一辭並不是由基本法所新創的，而是結合過往憲政經驗以及現有法制而來的。雖然基本法中有前述規定，但是依照德國現行憲法學說的見解，這兩處憲法規範既不屬於「基本權」(Die Grundrechte) 的保障範疇，同時也無法授與人民可以積極主張的主觀公法權利 (subjektiv-öffentliches Recht)。論其實質作用，僅可授權國家透過立法來落實該項憲法規範的目的，人民卻無法引為請求權之基礎，而要求國家從事一定的作為或不作為❹。

相較於德國在建立社會福利法制與行政實務上的豐碩成就，憲法相關條文卻反而如此稀少，學者 Schulin 將此情形稱為「憲法上的諷刺」(verfassungsrechtliche Ironie)。如此相關憲法規範的缺乏，不僅無法說明未來年金的水準會如何，也無法確定近年新興的「照護風險」是否必須以社會保險的形式來因應，甚至對於某種疾病到底應該採用何種醫療方式，也沒有明確的規定。總而言之，在對於社會福利的內涵以及社會給付標準的建立上，基本法規範本身能提供的著力點甚少。相對來說，德國憲法法院反而成為該國社會法發展的動力來源❺。而且儘管憲法上自由權的主要作

---

❸ 陳新民，〈論「憲法委託」之理論〉(前揭文)，頁 66 以下。陳教授且認為，我國憲法第 1 條以及第 142 條之規定即與國家目標條款類似，故本書以為民生主義原則亦當可與社會國原則比擬。

❹ Papier, Der Einfluß des Verfassungsrechts auf das Sozialrecht, in Sozialrechtshandbuch (SRH), 2. Auflage, 1996, S. 73 ff.; Ipsen, Staatsrecht II (Grundrechte), 4. überarbeitete Auflage, 2001, Rz. 42 ff. ；陳慈陽，《基本權核心理論之實證化及其難題》，1997 年 6 月，頁 63 以下。

用在於對國家侵害的「防禦」(Abwehr)，但是該國憲法實務上仍然不斷援引自由權保障的相關規範，以作為社會法系爭個案在合憲審查時的基礎❻。

㈡憲法「社會國原則」的規範效力

1.社會國原則的由來與定位

德國基本法第 20 條第 1 項揭櫫「社會國」、「法治國」、「聯邦國」、「共和國」以及「民主國」五大原則，主要是作為「國家目標條款」。有關社會國原則的由來，學者 Zippelius 曾為文提及：自由社會國 (freiheitliche Sozialstaat) 的理念乃是對於歷史上「福利國家」(Wohlfahrtsstaat) 與「自由主義國家」(Liberalistischer Staat) 的一種反省。因為後二者曾經產生過以下的危機❼：

「一是對於自由的維護過少，甚至還因此扼殺了人民基本的需求；另一則是對於自由太過放縱，使得濫用的機會門戶洞開。」

在德國有關「福利國家」的說法可以溯及至 17、18 世紀的「警察國家」(Polizeistaat)。當時主張國家應當實現大多數人民的最大利益，甚至標榜它可以「從搖籃到墳墓」，對人民遂行無微不至的照顧義務。而「自由主義國家」則發展於 19 世紀，主要是對於前述警察國家的一種反省，從而將國家的任務僅侷限在對於國民自由權與財產權的維護上。當時主張在一個「市民法治國」中，私人的自由權利原則上不應受到限制，國家公權力在此極度萎縮，只有在必要的時候出現，所以又稱為「夜警國家」(Nachtwächterstaat)。

在社會國原則的要求下，國家不僅要限制個人自由的過度擴張以免影響他人的自由，同時也要尋求利益衝突與各種需求之間的妥協，最後還要在不同領域內保持所有的人都可以享有公平發展的機會。Zippelius 尤其強調，「當自由市場的條件本身受到危害，或者是國民經濟或環境遭受到嚴重的損害時」❽，社會國就要對於市場自由經濟適時地採取介入手段。除了

---

❺　Schulin/Igl, Sozialrecht, 7. Auflage, 2002, Rz. 14。

❻　Schulin/Igl, Sozialrecht（前揭書）, Rz. 16。

❼　Zippelius, Allgemeine Staatslehre, Politikwissenschaft, 14. Auflage, 2003, S. 305。

消極的干預性規範之外，社會國原則也強調國家對於生存照顧 (Daseinsvorsorge) 的積極作為，以滿足重要的民生需求。

有關社會國原則的定位，學者 Katz 在介紹現代國家的功能時，曾有以下的描述❾：

⑴主權功能與和平功能 (Herrschafts- und Friedensfunktion)

也就是說，透過民主組織的建立以及警察與防衛軍力的維持，國家要能夠維護其領土內、外的安全秩序以及防止危險的發生。政府作為國家的「主事者」，尤其要達到國家自主性的維持、整體性的發展、組織性的團結以及保障人民自由權等課題。

⑵秩序功能 (Ordnungsfunktion)

國家應該要能實現一個公正且自由的法秩序，尤其要遵守「法治國原則」(Rechtsstaatsprinzip) 的精神。此外，還要透過基本權利的保障、依法行政原則的落實以及權利救濟管道的保證等，設法消弭國民彼此之間的利益衝突。

⑶塑形功能 (Gestaltungsfunktion)

國家的任務要能符合現代社會的人文精神、生態與科技的要求，藉以積極促進社會整體的利益。政府要以「社會國原則」為基礎，在公權力行使上兼顧國民個人的自由權利與自我實現的機會，並且要能策劃相關的經濟、文化與社會政策，以期保障國民自然的生存基礎。換言之，國家任務乃是在求取社會的平和、群體的福利與目的，乃至於個人保障與整體利益的一種平衡狀態。

2.社會國原則的作用與限制

就作用上來說，德國憲法第 20 條第 1 項的「社會國原則」可以從以下三方面去理解❿：

⑴社會國原則不僅是市場經濟秩序的導正者，本身更是經濟與社會的

---

❽　Zipplius, Allgemeine Staatslehre（前揭書），S. 305。

❾　Katz, Staatsrecht, 14. neubearbeitete Auflage, 1999, Rz. 45 ff.。

❿　Schulin/Igl, Sozialrecht（前揭書），Rz. 21。

創造者。

⑵此一原則並無法替社會國描繪一個確實的願景，而是使社會國以各種不同的樣態呈現出來（社會國的開放性定義）。

⑶社會國原則在作用上，要與同一條文中的法治國原則以及民主國原則相互搭配，尤其要在社會給付行政中遵守法律保留原則。

另外，在政府公權力「依法行政」與「依法審判」的時候，社會國原則甚至可以作為執政者解釋法律以及法官造法的依據，也就是一種「客觀判斷價值」的提供。然而，依照德國聯邦憲法法院的見解：

「社會國原則只是加諸國家一個人民『不可控訴的』(nicht einklagbare) 義務，用以謀求公平的社會秩序。同時也賦予立法者在實現此義務時廣大的形成空間 (Gestaltungsspielraum)。」❶

社會國原則主要是在實踐「社會安全」與「社會公平」兩大任務，這也是前文所提到的社會法的目的。作為一個社會國，德國學說基本上是從下列幾項要素來描繪它應該實現的任務❷：

⑴國家應提供適當的生活條件，例如必要的急難救助與水電設施，藉以保障國民合乎人性尊嚴的最低生活條件。

⑵國家應建立社會福利制度，例如社會保險與各種照護措施，以預防或因應國民可能面對的風險與災難。

⑶國家應致力於社會公平，透過各種機會平等的機制，例如兒童津貼、租稅優惠等措施，以保障社會中的弱勢族群。

⑷對於可歸責於國家的不法侵害或怠惰所造成的損失，國家應提供公法上的補償制度，例如社會補償制度 (soziale Entschädigung)。

一般而言，社會國原則的作用對象主要仍是在約束立法者。其目的是在責令國家應設法調和社會中相互衝突的利益，並且為遭逢急難的人民提

---

❶　見 BVerfGE 59, 231 (263); 65, 182 (193); 75, 348 (359 f.); 82, 60 (80); Schulin/ Igl, Sozialrecht（前揭書），Rz. 21。

❷　Maurer, Staatsrecht I, 3. überarbeitete und ergänzte Auflage, 2003, S. 245 ff.; Katz, Staatsrecht（前揭書），Rz. 218 ff.。

供適當的生活條件，同時還要為人民謀求相當的福祉以及負擔上的平均❸。換言之，為了達到社會安全以及社會公平的目的，國家應在適當的時候提供當事人必要的給付，並且將因此而產生的負擔（通常為財政負擔）作適當的分配。此外，德國憲法的社會國原則也經常以「團結準則」(Solidaritätsmaxime) 的觀念出現，透過整體性的考量作為理由而強制將個人納入福利制度之內，並因此而加諸當事人繳交相關費用的義務。對於這種公權力的強制作用，個人縱使想要援引基本法第 2 條第 1 項的「人格自由發展權」(das Recht auf freie Entfaltung der Persönlichkeit) 以資對抗，也往往遭到該國憲法法院以「符合相對人之保障需求」或者「強制性保障具有顯著之經濟優點」為理由而加以否定。

　　儘管社會國原則的作用如此廣泛，但是個人對於自身所遭遇到的急難問題，還是要先自行設法解決。而在此同時，當事人還必須面對社會行政程序中所規定的「忍受義務」(Duldungspflichten) 與「協力義務」(Mitwirkungspflichten)❹。就憲法上的「受益權」作用而言，德國聯邦憲法法院也不承認人民可以直接從社會國原則導出社會給付的請求權。唯一的例外就是將社會國原則與平等原則搭配援用，從而賦予個人至少有「享受既存行政給付設施」的請求權❺。

㈢「社會基本權」理念的提出

　　有鑑於社會國原則規範效力的薄弱，德國憲法學界也曾經嘗試加強社會國理念在憲法上的地位。例如在兩德統一後的修憲議題上，曾經將社會基本權 (soziale Grundrechte) 納入討論，但是這類與工作、住屋、教育、環境有關的「社會權入憲主張」最後仍然未能實現。而這波修憲的結果只在

---

❸　有關社會國原則之描述，見 Gitter/Schmitt, Sozialrecht, 5. Auflage, 2001, S. 20 ff.。

❹　見 BVerGE 10, 354; 29, 221; Gitter/Schmitt, Sozialrecht（前揭書），S. 21.。

❺　見 BVerfGE 33, 303 (331 ff.)，即有名的 numerus-clausus 判決；中譯文見司法院，《德國聯邦憲法法院裁判選集㈡》，頁 71 （尤其是 95） 以下。Bley/Kreikebohm, Sozialrecht, 7. überarbeitete Auflage, 1993, Rz. 39。

1994 年時增加了基本法第 20a 條有關 「保障自然生存基礎」 (Schutz der natürlichen Lebensgrundlagen) 的規定：

「國家在合於憲法秩序的範圍內應透過立法機關以及依據法律行使職權的行政與司法機關，保護<u>自然的生存基礎</u>，而且為<u>未來的世代</u>負此責任。」

這種強調生態維護以及永續經營的理念固然符合時代潮流，但是其性質仍然不屬於基本權，而只是像前述「法治國」與「社會國」原則一樣，同樣為國家目標條款之一而已❻。

其實這種「社會基本權」理念的提出，主要是對於憲法傳統基本權作用的一種反省。由於基本權的享有必須以相關事實的存在為前提，因此就有為數不少的人民實質上並未受到基本權規範的保障。例如工作自由權在保障選擇工作的自由，但是對於失業者的照顧就顯得有限；財產權的作用在防禦公權力的侵害，但是對於無財產者即無用武之地；居住權重在居住自由與隱私權的保護，這對流浪漢來講反而是種諷刺。是以，德國憲法學者乃希望由現有規範中導出一種「具有社會作用的主觀公法權利」，從而要求國家建立實現基本權所必須的社會安全條件❼。然而，在該國現行基本法基本權一章的規範中，只有第 6 條第 4 項關於「母性之保障」，以及該條第 5 項對於「非婚生子女之平等對待」，可以被歸類為社會基本權的性質：

「每位母親皆擁有要求團體給予保障以及照顧的權利。」

「對於非婚生子女在身體上與精神上的發展，還有其在社會中的地位，應透過立法使其享有與婚生子女相同之條件。」

除此之外，類似的條文只能散見於各邦的憲法之中❽。

一般而言，前述社會基本權的觀念之所以至今仍無法普遍被接受，主要是由於下列因素：

---

❻　Katz, Staatsrecht（前揭書），Rz. 552a。

❼　Ipsen, Staatsrecht（前揭書），Rz. 98 ff.。

❽　Rüfner, Einführung in das Sozialrecht, 2. Auflage, 1991, S. 26 ff.; Schulin/Igl, Sozialrecht（前揭書），Rz. 28。

　　1.基本權的性質不同於一般的法律規範，無法針對個人的需求，例如健康或財富等給予當事人給付。

　　2.充足的財源乃是實現社會基本權的必須條件，其中涉及到國家預算、稅收乃至於各項社會保險的保費政策。倘若賦予個人對於相關給付的主觀公法權利，則難免會侵及民主原則與三權分立的原則。

　　也因此，德國憲法學界與實務界皆主張個人不得援引基本權，以要求國家給予工作或住屋等社會給付。而該國現行憲法也沒有將社會基本權收錄於基本權一章的規範中，而是將相關的保障功能交由立法者以社會權 (soziale Rechte) 的型態，在一般法律規範中，尤其是在社會法法典中來實現[19]。

二、我國社會法的憲法依據

㈠我國憲法基本國策的規定

1.基本國策中與社會法相關的條文

　　相較於德國基本法對於社會法缺乏具體規範依據的情形，受到德國威瑪憲法影響頗深的我國憲法則於第 13 章「基本國策」中仍保存相當多類似的理想性規定[20]。對於此一憲法發展上的淵源，學者林明鏘教授乃提出以下兩項觀察點[21]：

　　⑴我國基本國策並非基於「本土需要」而生的，而係沿襲自德國。

　　⑵德國學界對基本國策所建立的理論體系，對於我國相關規定的詮釋與建構，應具有相當之參考價值。

　　因此，吾人若要尋求我國社會法的憲法依據，應該不出基本國策中第 4 節有關「社會安全」的條文。其中與社會法較為相關的有：

---

[19] Schulin/Igl, Sozialrecht（前揭書），Rz. 28 ff.。參閱郭明政，《社會安全制度與社會法》，1997 年 11 月，頁 115 以下。

[20] 陳新民，《中華民國憲法釋論》（前揭書），頁 781 以下。

[21] 林明鏘，〈論基本國策——以環境基本國策為中心〉，《現代國家與憲法——李鴻禧教授六秩華誕祝賀論文集》，2000 年 3 月，頁 1467。

(1)第 152 條:「人民具有工作能力者,國家應予以適當之工作機會。」

(2)第 153 條第 1 項:「國家為改良勞工及農民之生活,增進其生產技能,應制定保護勞工及農民之法律,實施保護勞工及農民之政策。」

(3)第 153 條第 2 項:「婦女兒童從事勞動者,應按其年齡及身體狀態,予以特別之保護。」

(4)第 155 條:「國家為謀社會福利,應實施社會保險制度。人民之老弱殘廢,無力生活,及受非常災害者,國家應予以適當之扶助與救濟。」

(5)第 156 條:「國家為奠定民族生存發展之基礎,應保護母性,並實施婦女兒童福利政策。」

(6)第 157 條:「國家為增進民族健康,應普遍推行衛生保健事業及公醫制度。」

除了憲法本文之外,現行增修條文中也有與社會法相關的規範,將於後文討論。

2.基本國策中社會福利條款的定位

由於上述的條文列於我國憲法「基本國策」一章之中,在本質上即有別於憲法第 2 章「人民的基本權利」。二者之間可大體作以下的區分❷:

(1)基本權利乃是以保障個人主觀權利為目的,在權利位階上屬於第一層;而基本國策則為客觀的政策指示,在權利位階上則居於第二層。

(2)人民得直接援引基本權利條款以達到自我實現的目的;而基本國策則必須再經過一道「具體化」的過程才有可能落實其內涵。

但是,前述概略的區分方式並無法仔細描述不同基本國策條文間的差異性。因此,吾人必須進一步釐清個別條文的效力。再者,現行憲法增修條文第 10 條中也有類似基本國策的規定,但是其規範用語卻與憲法本文略有出入。例如,憲法第 155 條原本即有關於「社會保險」與「社會救助」的規定,但為了因應全民健保的實施,增修條文第 10 條第 5 項又規定:「國家應推行全民健康保險,並促進現代和傳統醫藥之研究發展。」同條其他規定也提及國家對於「身心障礙者之保險與就醫」應予保障,以及應

❷ 林明鏘,〈論基本國策──以環境基本國策為中心〉(前揭文),頁 1469。

當重視「社會保險」等社會福利工作。憲法增修條文既然如此「另訂」有關健康保險的規定，其效力以及與憲法本文的關係如何，即有加以澄清的必要。

　　雖然我國憲法與德國威瑪憲法頗多相似之處，但是有關社會權的規範卻在基本國策專節規定，不似後者將社會權與基本權混雜在一章。是以，雖然學者經常援引德國學說而否定社會基本權，但也不得不特別關注我國憲法有不同的規範方式。例如陳新民教授即認為，我國憲法已明示社會權的存在，但仍然強調其實踐上的困難度 ❷❸。另外，學者在參考日本憲法學說的時候，也經常將我國憲法第 15 條的「生存權」以及第 21 條的「受教權」，與日本憲法第 25 條、第 26 條的規定相比較，而該國則是普遍認同社會基本權的 ❷❹。我國新近學說發展上也認為，憲法第 22 條具有一種「橋樑功能」❷❺。如果將基本國策中若干社會權規定當作憲法第 22 條的「人民之其他自由與權利」，在支持社會基本權的論述上將更為有力。本書對此亦主張，不應以相關規範於憲法中的所在位置作為唯一的論斷依據。換句話說，人民基本權利不應只限於憲法第 2 章的條文，而是要以憲法整體架構以及相關法規範的情形為考量，才能判定基本國策個別條文的性質與拘束力。而除了「生存權」以外，憲法第 15 條的「財產權」與「工作權」也都具有相當的社會權性質，尤其在「制度性保障」的客觀功能上更應作如此的解釋 ❷❻。

㈡我國憲法基本國策相關規範的效力

　　關於憲法基本國策的性質與規範效力，國內文獻中以陳新民教授〈論

---

❷❸　陳新民，《中華民國憲法釋論》（前揭書），頁 347 以下。

❷❹　許志雄等，《現代憲法論》，2000 年 9 月第二版，頁 179 以下。但是許慶雄教授則有不同見解，見許慶雄，《憲法入門》，2000 年 9 月，頁 146 以下。

❷❺　李震山，〈論憲法未列舉之自由權利之保障──司法院大法官相關解釋之評析〉，於：劉孔中、陳新民主編，《憲法解釋之理論與實務㈢》，2002 年 9 月，頁 15 以下。

❷❻　學者陳慈陽教授將此三項合稱為「社會經濟基本權」，見陳慈陽，《憲法學》，2004 年 1 月，頁 551 以下。

「社會基本權利」〉一文有較為完整的評析❷。此文首先引介國外有關社會基本權的理論，再將我國憲法第 2 章「人民之權利義務」以及第 13 章「基本國策」中的相關規定依照「規範拘束力」分類，已經為後來的研究打下相當的基礎。該文對於基本國策條文有如下的分類：

    1.屬於「方針條款」者（例如第 142 條）；

    2.屬於「憲法委託」者（例如第 143 至 145 條）；

    3.屬於「制度性保障」者（例如第 155、157、160、164 條）。

依照前述分類模式，有關典型社會法內涵的社會保險、社會救助、公醫制度等規定，即屬於憲法明文期待且欲加以保障的「社會基本權利制度」。論其規範效力則是：立法者在制定相關法律時，不得違背此一制度之基本內容與目的，否則即構成違憲之效果❷。然而，倘若實際上仍然欠缺相關法制度時，人民就無法援引該項規定而主張此一「立法怠惰」係違憲。例如，我國對於「公醫制度」即始終未曾有過相關立法，人民也無從主張「制度性保障」。至於憲法第 152 條的規定是否能解釋為「工作請求權」的主觀公法權利呢？陳新民教授對此也持保留的態度。本書則認為，若是將此一規定與憲法第 15 條「工作權」的保障範圍合併理解，至少可以作為督促立法者應制定「就業輔導」與「就業安全」相關法律的一種「憲法委託」。

另外，我國憲法第 157 條所謂的「公醫制度」，就其理念而言其實是一種類似英國的醫療保健制度。該國原本於 1912 年即開辦國民健康保險 (National Health Insurance, NHI)，但是自 1948 年起則以國民健康服務

---

❷　見陳新民，〈論「社會基本權利」〉，《憲法基本權利之基本理論》上冊，1996 年 1 月四版，頁 95 以下；同作者，《中華民國憲法釋論》（前揭書），頁 817 以下。學者林明鏘教授亦曾為文比較「基本國策」、「法律條款」與「方針條款」三者，主張基本國策係介於其他兩者之間，其拘束力雖不及於一般人民，但對於國家機關有「抑制並取代一般法律之效力」。見林明鏘，〈論基本國策——以環境基本國策為中心〉（前揭文），頁 1471。

❷　陳慈陽，《基本權核心理論》（前揭書），頁 67 以下；陳新民，〈論「社會基本權利」〉（前揭文），頁 114。

(National Health Service, NHS) 取代之。其制度的特色在於醫院國營化，醫生則如同公務人員一般，因應的財源主要來自於政府的稅收❷。這種醫療保健的理念雖然自始就明訂於我國憲法條文中，但是卻始終未曾落實為法律，遑論如何保障其制度。本書亦傾向以「方針條款」視之，屬於立憲者當時的理想，而仍然必須以立法者的立法行為為基準，並不具有實質的規範效力。

㈢我國憲法增修條文中相關規範的效力

1.增修條文中與社會法相關的條款

現行憲法增修條文第 10 條有關社會法的規定有下列各項：

⑴增修條文第 10 條第 5 項：「國家應推行全民健康保險，並促進現代和傳統醫藥之研究發展。」

⑵增修條文第 10 條第 6 項：「國家應維護婦女之人格尊嚴，保障婦女之人身安全，消除性別歧視，促進兩性地位之實質平等。」

⑶增修條文第 10 條第 7 項：「國家對於身心障礙者之保險與就醫、無障礙環境之建構、教育訓練與就業輔導及生活維護與救助，應予保障，並扶助其自立與發展。」

⑷增修條文第 10 條第 8 項：「國家應重視社會救助、福利服務、國民就業、社會保險及醫療保健等社會福利工作，對於社會救助和國民就業等救濟性支出應優先編列。」

憲法增修條文中關於全民健保的規定，主要是為了因應 1995 年「全民健康保險法」的實施。吾人若是就 1994 年以來歷次修憲的內容來看，其中與全民健保相關的條文始終被保留著，可見得修憲者對此一社會福利制度皆有相當程度的共識❸。較有疑義的乃是，修憲者在第 10 條第 5 項中只有「針對」全民健保提出增修，如此是否意謂著全民健保制度無法為憲法本

---

❷ 黃源協，〈英國國民健康服務的發展 (1948–1996)〉，《社會政策與社會工作學刊》第 1 期，1997 年 6 月，頁 99 以下；林萬億，《福利國家——歷史比較的分析》，1994 年 10 月一版，頁 107 以下。

❸ 見陳新民，《中華民國憲法釋論》(前揭書)，頁 853 以下。

文第 155 條的「社會保險」規定所涵蓋？或者，該項增修條文僅是強調健保的「全民性」不同於我國以往的社會保險模式？倘若如此，其後「國民年金保險」與「長期照護保險」的實施是否也必須列入再次修憲的內容？如此選擇性的憲法增修方式，只是透露出國人對社會法的陌生以及對社會保險在觀念上的侷限而已。

　　至於「兩性平等條款」主要是為了回應近年來婦女運動團體的要求。比起憲法本文第 153 條的規定，增修條文第 10 條第 6 項則是由人性尊嚴的觀點出發，而且保障對象不只侷限於女性勞動者。另外，該條也擺脫以往憲法第 156 條「婦幼並列」的規範方式，而是強調促進「兩性」的實質平等。再者，第 10 條第 7 項關於身心障礙者的扶助規定，其用語上也有別於憲法本文第 155 條引用「殘廢」的老舊觀念。尤其是對於當事人的保障方式也不再僅以「救濟」的消極措施，而是兼採保險、教育與扶助等手段，目的在積極地使當事人能夠自立與發展。綜合來看，增修條文似乎較能貼近我國現下對於社會福利的要求。

2.增修條文中社會福利條款的定位

　　如果以增修條文第 10 條的整體內容來分析，其中多半屬於國民經濟、社會安全、教育文化等類似憲法第 13 章「基本國策」的規定，其規範效力應當可以參照前文對基本國策的討論方式。對於「全民健保」與「身心障礙扶助」兩項，現行法已經有明確的實施依據，其主要規範為「全民健康保險法」與「身心障礙者權益保障法」。至於「兩性平等」一項，雖然條文中的訓示意味頗為濃厚，但若是與憲法第 7 條的「平等原則」，以及第 153 條第 2 項、第 156 條的規定合併來看，葛克昌教授即主張應當以更為積極的態度來詮釋❸。對於增修條文第 10 條第 6 項的規定，憲法得賦予國家特定之任務，要求機關為積極的作為。因此，憲法增修條文第 10 條第 6 項應具有「國家目標條款」(Staatszielbestimmung) 的性質，而且結合其他基本權利以及法律規定，「亦可間接取得主觀公權利地位」❷。相關立法則有

---

❸　見葛克昌，〈婦女政策之憲法基礎──憲法增修第十條第六項意旨〉，《黃宗樂教授六秩祝賀──公法學篇(一)》，2002 年 5 月，頁 177 以下。

「兩性工作平等法」、「特殊境遇家庭扶助條例」等。除此之外，增修條文中有關「促進產業升級」、「環境與生態保護」、「扶助中小企業」與「優先編列社福預算」等條款，其規範方式既不具有強制性，也未要求立法者應當如何落實，所以僅有類似「方針條款」的宣示效力而已❸❸。

貳、社會法的學理體系與分類

誠如前文所述，社會法比起傳統的民法、刑法等法學領域來說，仍屬於新興的法學科目。由於發展的歷史背景與勞動法略同，德國社會法學界也曾嘗試在傳統的民法與公法之間另闢蹊徑，甚至還試圖將原本勞動法所處理的問題整合進來，而形成所謂的「法學第三領域」。然而，如此的雄心大志畢竟未能達成，時至今日，該國學界大多將社會法定位為公法的範疇，而且可與環境法、建築法、教育法、傳播法、行政經濟法等同列為「特別行政法」的一支❸❹。這在擁有百年以上發展歷史而且以社會國自許的德國猶然如此，對於近年來才嘗試著發展屬於自己社會法學體系的我國來說，更是不容易在傳統法學領域之外另起爐灶。本書在引進德國社會法學理的同時，並以此為基礎整理我國相關的法規制度。其目的一方面是希望能藉此疏理我國至今龐雜的社會福利法制規範，並且嘗試對新興的福利措施加以定位。再一方面則因為社會福利的實現仍有賴於公權力的行使，所以在研究上除了要與憲法、行政法等傳統公法學領域接軌之外，更要突顯出社會法學的特殊性與重要性。

---

❸❷ 見葛克昌，〈婦女政策之憲法基礎——憲法增修第十條第六項意旨〉（前揭文），頁 188 以下。

❸❸ 陳新民，《中華民國憲法釋論》（前揭書），頁 872。

❸❹ 由 Eberhard Schmidt-Aßmann 編著的「特別行政法」教科書中，即將前述各領域納入，有關社會法一篇則由 Franz Ruland 撰寫。見 Ruland, Sozialrecht, in: Eberhard Schmidt-Aßmann (Hrsg.), Besonderes Verwaltungsrecht, 11. Auflage, 1999, S. 727 ff.。

一、德國社會法學理上的分類模式

　　由於社會法所涵蓋內容的多樣性，以及各個特別制度在歷史發展上的不同結果，學說在界定時即有相當的困難性。對此，德國學界也曾嘗試著從社會福利措施的給付範圍 (Leistungsbereich)、給付原因 (Leistungsgrund)以及給付目的 (Leistungszweck) 等三方面來作分類，但是結果並非盡如人意。其原因在於，吾人假如只是以給付範圍來作區分的話，僅能描繪出社會法外在的形式意義，而無法仔細說明其內在不同的給付型態。又如果單是從給付目的來作社會法的分類基礎，其結果又恐失之瑣碎，因為任何一項社會福利措施都可能參雜著多種給付的目的，例如薪資替代、健康維護、緊急救助以及就業輔導等等。因此，當今德國學界盛行的社會法分類大多是以其「給付原因」作為基準，而以此為基準的分類模式在歷史發展過程中又曾經有過以下三種組合❸：

㈠保險、照顧與救濟 (Versicherung、Versorgung、Fürsorge)

　　此一社會法的分類方式，主要是以德國基本法第 74 條第 7 款（救助）、第 10 款（照顧）以及第 12 款（社會保險）的立法權限規定為依據，而學說上又稱之為「古典三分法」(klassische Trias)。此處所謂的「保險」乃是指具有強制性的社會保險。其基本上是擷取商業保險的運作模式，實施對象為面臨相同風險的職業團體，就其成員將來可以預見的保障需求預先作防範，而且以向被保險人收取保費作為保險財務的因應方式。有別於商業保險的是，社會保險既不要求財源必須完全來自於保費，也不強調保險費率與保險給付之間要嚴格遵守「保險統計學上的對價性」，更不用提及商業保險公司的營運收益問題。

　　至於「救濟」制度則是以傳統的社會救助制度為主。其實施重點在保障個人所遭遇到的急難需求，而且在提供給付時不講究對價性，也不追究該項需求的形成原因。最後剩下的「照顧」制度原本應該用於承接無法由

---

❸　有關社會法之各種體系分類方式，見 Rüfner, Einführung in das Sozialrecht（前揭書）, S. 15 ff.; Schulin/Igl, Sozialrecht（前揭書）, Rz. 73 ff.。

前二者所關注到的社會安全問題，例如幼兒津貼、助學貸款以及住屋補助等新興的福利措施。但是，德國當時在法制上卻僅有戰爭受害者的撫卹制度 (Kriegsopferversorgung)。此一發展過程固然與德國對於第二次世界大戰的反省有關，但也因為法規用語的侷限性，使得此一分類方式無法跟上現代社會法的發展腳步。

㈡**預護、補償與衡平** (Vorsorge、Entschädigung、Ausgleich)

　　有鑑於前述古典三分法的落伍，德國著名社會法學者 Hans F. Zacher 首先於 1972 年提出此一新的分類模式 ❸❻。其中的「預護」仍然指的是前述的社會保險一項。至於「補償」的概念則從戰爭受害者的照顧擴充到「社會補償」以及其他類似的補償措施 ❸❼。而此時所新發展出的「衡平」制度，其作用則類似於傳統三分法中「承接者」的角色。因此，凡是不屬於前二者的社會福利措施，都可以歸類為衡平制度。按理，衡平制度的給付乃是在減輕當事人特別的負擔或是幫助某一社會弱勢者，例如幼兒津貼與住屋補助即是典型的社會衡平措施。另外，前述傳統的社會救助給付，以及因應社會需求所發展出的職業訓練與助學貸款等措施，也都全數被歸類為衡平給付一項。如此一來，似乎又使得社會衡平的角色過於膨脹，已有不堪負荷的感覺。類似問題的解決則有待後續學說的發展。

㈢**預護、補償、扶助與促進** (Vorsorge 、 Entschädigung 、 Hilfe u. Förderung)

　　繼前次社會法學理分類的嘗試之後，學者 Zacher 再次於 1983 年提出了所謂「新三分法」(neue Trias) 的觀念 ❸❽。此時有關社會「預護」的內容，除了前述的社會保險以外，還包括了具有類似功能的公務員撫卹制度。

---

❸❻　見 Zacher, Die Frage nach der Entwicklung eines sozilaen Entschädigungsrechts, DÖV, 1972, S. 461 ff.。

❸❼　有關社會補償之學理，見拙著〈「犯罪被害人保護法」之補償規定及其實務分析〉，《臺北大學法學論叢》第 52 期，2003 年 6 月，頁 27 以下。

❸❽　見 Zacher, Einführung in das Sozialrecht der Bundesrepublik Deutschland, 1983, S. 20 ff.。

而社會「補償」則重在公法上的損失補償，在當事人承受了原本是屬於社會整體的負擔，而遭受到健康上的損害時，可以給予相當的補償。至於社會「扶助」仍然是以社會救助制度為主，但又加上若干對於殘障者的扶助措施。而新加入的社會「促進」一項則是關注於國民個別的需求，尤其是對於社會預護所無法達到的「機會平等」(Chancengleichheit) 理想，給予國民在教育、求職、育幼以及居住上的若干補助。這樣的分類方式已經較能符合現代國家社會法制上的需求，也普遍受到德國社會法學界的採用。

　　為幫助讀者對於現行德國社會法體系有整體性的理解，本書特別整理以下對照表（表 1–1）❸❾。但是必須強調，此表僅能提供德國概略的分類模式，在我國現行制度中並不見得都有相同的法規範。

表 1–1：德國社會法體系分類表

社會預護	社會補償	社會扶助與促進
疾病保險 年金保險 意外保險 失業保險 照護保險 公務員撫卹制度	戰爭受害者撫卹 服役者撫卹 預防注射損失補償 暴力犯罪被害人補償 受迫害者扶助	社會扶助 教育促進 家庭支出之降低（兒童津貼、教育津貼、生活補助） 住屋補助 青少年扶助

㈣小　結

　　從前述德國社會法分類的發展過程來看，吾人也可以約略看到社會法與憲法規範上的互動情形。早先的古典三分法乃是直接反映基本法的立法授權規範，但是顯然已經無法因應該國後來在社會福利立法的發展情形。到了新三分法提出的時候，分類上縱然已經能涵蓋現行所有相關規範，但是社會法在憲法中所能對應的規範依據卻反而更少了。面對這樣的發展結果，德國並未採行修憲的憲法變遷模式，反而是透過基本權利保障功能的操作，用以尋求社會福利立法的合憲基礎。換言之，在該國憲法「社會國」理念逐漸被落實之際，對於社會立法的需求性大致上已經被滿足了，故轉

---

❸❾　此表引自 Gitter/Schmitt, Sozialrecht（前揭書）, S. 6。

而注重「社會法與基本權的調和」❹。除此之外，該國也已經捨棄「社會權入憲」的途徑，而是藉由社會法法典的建制與擴充來落實保障人民社會福利的憲法目的。該國如此的發展過程與經驗，適足以提供在發展社會福利上方興未艾的我國來參考。

二、我國社會法體系的建立

對於我國社會法體系的建立，本書採用德國社會法學者 Hans F. Zacher 新的分類模式，也就是「社會預護」、「社會扶助」、「社會促進」與「社會補償」四大項。其中有些制度是國人耳熟能詳的，例如社會保險與社會救助等。但是也有某些制度雖然存在已久，國人要不就是透過「政治有色眼鏡」來解讀，要不就是概括以「社會福利」論之，例如公務員退休制度與助學貸款等。尤其在解嚴之後，許多社會福利措施皆與政治活動有關，批評者動輒以「亂開空頭支票」、「福利賄選」稱之，例如「老人津貼」即是一例。如此種種，有必要以社會法為基礎，提出法學方面的詮釋。

本書以下的介紹或許與國內社會福利學上的分類略有不同，其出發點並不是在推翻原有的學理，而是嘗試以德國「社會法學」的觀點來整理國內的相關規範。況且，比起國內學者從經濟學、政治學與社會學角度研究的豐碩成果來說，法學上的探討仍有相當的空間，本書也期許能在此處更加努力❹。

㈠社會預護 (soziale Vorsorge)

1.社會保險制度

所謂「社會預護」也就是一種「預存式」的社會安全措施，一般常見的類型就是社會保險制度。由於制度運作上具有「財務自主」以及「自助而後人助」的特性，社會保險已經是當今社會法中最主要的領域。我國自從 1950 年開辦勞工保險以來，已經發展出勞工、公務人員、軍人等各項依照不同職業團體所量身訂做的社會保險，而且在國家發展初期也發揮了相

---

❹　Eichenhofer, Sozialrecht, 4. Auflage, 2003, Rz. 124 ff.。

❹　有關社會法體系，見 Schulin/Igl, Sozialrecht（前揭書），Rz. 73 ff.。

當程度的社會穩定功能。另外，與社會保險平行發展的則是以「公務員退撫制度」為代表的退休金制度，在勞工團體方面即為勞基法以及勞退條例的退休金。

　　從給付的內容來看，我國社會保險的特性為「綜合性保險」，也就是在一種保險制度中同時提供被保險人醫療、失業、養老、意外、殘廢、遺屬撫卹等多樣性的保險給付。由於保費費率長期以來未作適當的調整，我國政府在傳統社會保險的實施上承擔了大部分的費用，所以嚴格說來只是「假保險之名而行福利之實」的一種社會福利制度而已。近年來，由於全民健康保險的開辦，陸續還有國民年金保險的實施，不僅要逐步將社會保險制度依照個別的風險種類「單一化」，還要立法明文保險費的調整方式，往後可望更能落實「保險原則」❷。例如我國於 2002 年制定的「就業保險法」就是針對「失業風險」所單獨建立的社會保險，可以說是繼全民健保之後第二個單一化的保險制度❸；而於 2008 年開辦的國民年金則是在因應「老年、失能、死亡」三類相近的長期社會風險。若是參考德國的發展模式，則除了健康保險、失業保險、年金保險與（職業）意外保險之外，我國以後還可能發展出第五項社會保險的類型，也就是照護保險 (Pflegeversicherung)，以因應國民在進入高齡化社會後的保障需求❹。

　　另外，在保險單一化的同時，我國社會保險的保障圈範圍也從原先公

---

❷　社會保險雖然為強制保險，但仍有類似商業保險中保費因應保險支出而為調整的情形，只是其不考慮個別風險而是就整體保費與給付間作調整。近日健保保費醞釀調漲即是保險原則的展現，見「全民健康保險法」第 18 條以下之規定。

❸　我國 2008 年修正前之勞工保險條例第 2 條第 1 款雖將「失業」列為普通事故保險之一項，但卻一直欠缺相關給付規定，僅在該法第 74 條規定：「失業保險之保險費率、實施地區、時間及辦法，由行政院以命令定之。」但該命令亦始終未曾頒布，直至 2003 年起方有「就業保險法」之施行，仍由勞保局辦理。

❹　老人或身心障礙者的照護需求原本屬於個人與家庭的責任，但是近年來社會已逐漸接受此項風險具有高度社會性，建立照護保險的議題也在討論中。見拙著，〈論長期照護制度之憲法保障〉，《法學理論與文化——李岱教授祝壽論文集》，2008 年 10 月，頁 481 以下。

保、勞保等職業團體轉而「全民化」，也就是以全體國民作為強制納保的對象。除了最先實施的全民健康保險以外，早先規劃的國民年金保險，更嘗試建立一種以全部人民作為老年保險對象的制度。如此一來，不僅人人皆可享有醫療保障，其年老之後也都有基本的經濟安全保障。然而，政府最後完成的國民年金制度，就只以傳統社會保險以外的國民作為納保對象，足見年金制度比起健保制度更難整合。至於規劃中的「長期照護保險」也可能是以現行健保制度為基礎，以全體國民作為保障對象❹。保障圈的擴大固然有其需求性，可是全民化的相關問題也因應而生，例如主管保險的政府機關是否有新設的必要？或者是交由現有機關來辦理即可？凡此種種都將涉及政府組織重新劃定的問題。至於職業災害保險以及失業保險則因為與就業相關，未來可能還會由原有的職業保險機構辦理。

2. 公務人員退撫以及勞工退休制度

除了社會保險以外，公務人員透過勤務義務的履行所取得的退休撫卹給付，以及勞工因為工作年資的累積而取得的退休金，也是屬於社會預護的類型。我國在公務員退休制度上原本採用政府完全負擔財務的「恩給制」，1995 年起則改為政府與公務員共同提撥的「儲金制」，後者更具有社會保險的色彩。至於勞基法的退休金則是仿造公務員退休制度所設立的，運作上由雇主負擔退休基金的提撥責任，而後在勞工退休時依其年資發給退休金。理論上來說，此一退休金原本為雇主與勞工間所訂定勞動契約的內容，並不屬於「勞動條件」的一種。因此，德國乃以「企業年金」(Betriebliche Altersversorgung) 稱之，並不屬於典型社會法的內涵，反而一直為該國勞動法學研究的重要課題❻。我國勞基法退休金在過往的實施經驗上並不理想，主要原因是工作年資的累計必須「限於同一事業單位」。由

---

❹ 我國規劃中的長期照護保險，關於其保險對象的範圍有兩種主張。其一為日本模式，即以 40 歲以上之國民為保險對象，主要保障族群為中老年人；其二則為德國模式，以全體國民為保險對象，包含各年齡層的照護需求者。

❻ 見郭玲惠，〈修正勞動基準法與勞工退休金規定之疑議〉，《月旦法學》第 23 期，1997 年 3 月，頁 64 以下。

於我國企業型態多屬中小企業，其平均存活年限不過 12、13 年，再加上勞工「跳槽」的情形十分普遍，更難有機會達到勞基法第 53 條與第 57 條「服務於同一事業 15 年或 25 年以上」的請領條件❼。是以，政府於 2004 年 6 月另訂「勞工退休金條例」，在給付條件上改採「可攜式年資」，而且在給付方式上兼採「年金模式」❽，希望解決勞基法退休金原規範所生的問題。

　　總而言之，社會預護的特徵在於相對人必須有事先的保費繳交，或者類似的勞動付出行為，而這種事先的付出與事後的給付請求權之間有相當程度的「對價性」。反之，在社會救助、社會補償等國家單方面的福利給付上則無須當事人相對性的付出。

㈡社會扶助 (soziale Hilfe)

　　「社會扶助」乃是為了因應緊急事件或突發狀況所產生的困境，主要用以提供人民最低生活條件的保障。在德國社會扶助制度主要為基本法第 1 條第 1 項「人性尊嚴」條款的落實，而我國則是憲法第 15 條「生存權」的體現。社會扶助中常見的措施為社會救助制度，其給付標準通常由地方政府依照當地的生活水平來規定，其目的在維持國民的「基本生活條件」。我國現行「社會救助法」自 1980 年施行以來，首先於 1997 年、2000 年以及 2005 年經歷三次修正，而後自 2008 年至 2011 年則是年年修正。這種在短期間內數度修法的情形，除了說明該制度的功能正逐漸受到重視之外，也間接反映出近年我國社會貧富差距拉大、近貧人口增加等問題。一般而言，社會扶助通常是用以補充社會預護給付的不足，所以在我國社會保險以及退休金制度不斷改革之際，即需要更為健全的社會救助制度❾。我國社會救助在給付方式上，除了持續性的生活扶助以外，社會救助中還有為

---

❼　為因應勞退新制，使屆退勞工有選擇自由，勞基法亦於 2009 年修正，增訂第 53 條第 3 款「工作十年以上年滿六十歲者」可請領勞基法退休金。

❽　規定於勞退條例第 35 條以下之「年金保險」，其性質為商業保險，與 2008 年開始之國民年金或勞保年金等社會保險不同。

❾　社會保險給付以繳交保費為前提，其額度也是以繳費多寡以及為期長短為依據，因此部分因為失業或其他因素而中斷就業者（例如婦女），其年老時常陷入貧窮狀態。

人民特殊情形所設立的特別扶助制度。

其實社會扶助制度的發展歷史相當悠久，其前身即是中世紀西方社會的「濟貧制度」，而我國自古以來也有類似的賑災措施。在給付種類上，我國現行社會救助法中規定有「生活扶助」、「醫療補助」、「急難救助」與「災害救助」四類。其中接受長期性的生活扶助的對象稱為「低收入戶」，申請者必須經過「家庭收入調查」才能確定其資格。總之，社會扶助為一種「普遍性」的福利措施，其保障對象基本上為全體國民，故制度設計上不論及請領人的身分背景，但是必須符合平均收入在一定標準以下的請領資格。其給付發放條件也是「無因性」的，也就是不追究貧窮發生的原因，而且也無須預先的相對給付。至於維持社會扶助制度運作的財源則由國家以預算支應。另外，相對於其他社會福利制度的功能來說，社會扶助在給付制度之順序上，採取了所謂的「補充性原則」(Subsidiaritätsprinzip)❺⓪，其目的在建立一面因應國民經濟生活風險的「最低安全網」。換言之，也只有在其他社會給付皆不能發揮適當功能時，才有啟用社會救助的必要性。

照理說，人民收入低於一定之「最低生活費標準」時即可接受社會救助，若是收入高於此標準者則可以透過社會保險來取得保障。但是，事實上仍然存在有許多「隱藏性救助人口」❺①。例如老年農民、原住民等雖然擁有田產，但卻不見得有足夠的現金收入可以維持生計；而獨居老人、街頭遊民雖然有事實上的需求，但也往往因為家庭中有其他撫養義務人而無法通過形式上的資產調查。對於這些人來說，社會救助的計算門檻顯然太高，而且來自於社會保險的保費義務更可能加重其生活負擔。因此，政府必須以其他量身訂做的扶助制度，例如「老農津貼」、「原住民津貼」、「中

---

❺⓪ 有關補充性原則請參考張桐銳，〈補充性原則與社會政策〉，《黃宗樂教授六秩祝賀——公法學篇(一)》，2002 年 5 月，頁 219 以下。

❺① 按最低生活費原以「平均消費支出 60%」為準，收入在標準以下者約占全體國民 12%，然最終可獲社會救助者僅 1% 左右。近年修法將該標準以「可支配所得中位數」定之，能容納較多受救助者，但亦僅有 1.4% 國民得請領生活扶助。有關計算門檻的檢討，見拙著，〈論社會法之生存權保障功能〉，《社會法與基本權保障》，2010 年 5 月，頁 181 以下。

低收入戶老人生活津貼」等特別措施來因應。這種新興的福利措施往往只依據保障對象的特殊身分，甚至不以其收入多寡為給付條件，已經偏離前述社會救助的「普遍性」與「無因性」。其所追求的也不是社會中的最低安全網或是人民生存權的保障而已，而是要達到國民發展條件的「實質平等」，自此邁向下文的「社會促進制度」。

㈢社會促進 (soziale Förderung)

「社會促進」的實施通常會受到政府社會政策所左右，國家並無非實施不可的義務，因此也具有濃厚的「政治性」。社會促進制度的目的通常在達成憲法基本國策規範中的若干「方針條款」，其往往是對於某些弱勢族群的「優待規範」，例如老人、婦女、兒童、農民以及原住民等。期使個人能夠分享社會整體資源，進而達成機會均等的發展條件。因此，比較起社會救助的「普遍性原則」而言，社會促進則是針對特定團體而「量身訂做」的社會福利制度，例如助學貸款、幼兒券、育兒津貼以及老人津貼等制度。此即釋字第 649 號解釋理由書所提之「優惠性差別待遇」。另外，相較於社會保險所強調的對價性以及社會救助的補充性而言，在因應社會經濟安全相關問題上，社會促進制度反而更可以適時發揮「即時雨」的功效，有別於前二者在程序上的緩不濟急 ❺❷ 。

我國社會促進制度正式發展的歷史甚短，而且起初為了避免給付浮濫而導致財務負擔過重，多借重社會救助的「中低收入戶標準」來篩選給付對象。而事實上不論在德國或我國，該制度的發展也與前述社會扶助的功能不彰頗有關聯，通常是為了因應新興的福利需求，或者提供特殊社會族群的經濟扶助 ❺❸ 。我國社會促進制度近年來則逐步擺脫社會救助的陰影，其中以「敬老津貼」的議題最受注目，該項津貼大抵上也可當作是實施國民年金保險前的「過渡措施」。雖然提出此一津貼的當時僅是作為選戰策略

---

❺❷　社會保險必須以被保險人繳交保費為前提，而社會救助制度中雖然亦有「急難救助」的給付，但也要以急難情況的發生為前提，態度上仍較為消極。

❺❸　有關我國社會促進相關規範之整理分析，見拙著，〈從社會促進制度談教育權之給付作用〉，《中正大學法學集刊》第 30 期，2010 年 7 月，頁 1–45。

之一，但也突顯出在傳統社會福利的保險與救助以外，還有社會促進可作為「第三條路」❺。平心而論，這類型的社會給付通常缺乏較為有力的憲法保障基礎，尤其在基本權利規範上難以找到立足點，最多也只能從「平等原則」或是「基本權的客觀作用」上來探討。縱使有此憲法學上的初步發展成果，社會促進在實施時也難免要留給立法者極大的形成空間，而且法規範上較難賦予人民「主觀公法權利」的基礎，司法救濟上的可實踐性較為不足。另外，由於缺乏當事人的相對給付，以致經常會加重國庫負擔，政府往往必須以加稅來建立財源，如此也給予機關的行政怠惰有推託之詞。

值得注意的是，其他三類社會法制度比較著重於消極的「損失填補」，而社會促進則是在於積極的「機會創造」，防範社會不公平現象於未然。又因為社會促進在表彰社會福利政策上常有立竿見影的效果，也時常成為弱勢團體訴求福利的標的。然而，其財源終究還是要來自於政府的年度預算，乃至於人民所繳交的稅賦，而實施與否以及如何實施則多以當下的福利政策為導向，難免時而有「巧婦斷炊」之虞，甚至會淪為政客籠絡選民的工具。俗語說「羊毛出在羊身上」，想要享受社會福利的人民也應當要有面對「朝三暮四」的理性思考❺。

㈣社會補償 (soziale Entschädigung)

「社會補償」在發展初期原本是為了撫平歷史事件所產生的缺憾，而由國家所推動的一種「社會衡平」措施。在德國典型的補償制度是對於戰爭受害者的補償，此外還有因為預防注射所導致的健康損害以及對犯罪受害者的補償等等。在我國則有對於「戒嚴時期」人民損害的若干補償措施，還有對「二二八事件」受害人的補償。在理論依據上，國家乃是基於其「保

❺ 有關敬老津貼的問題，請參考拙著，〈從敬老福利生活津貼的制定介紹「社會法」以及相關老年安全法制〉，《法學講座》第 9 期，2002 年 9 月，頁 102 以下。

❺ 昔日有善養猴者，後來因財源無著，乃與猴群約定「朝給三顆棗、暮給四顆棗」，群猴鼓譟不悅。後來改口「朝給四棗、暮給三棗」，群猴見朝食配額增加，即滿意不再吵鬧。相較之下，政府的政策亦常擺盪在「社會給付」與「稅收」的增減之間。

護義務」，概括性地承受戒嚴時期或戰爭事件所產生的賠償責任問題，並且以預算成立補償基金，給予受害者「象徵性的補償」。而近年對於「九二一地震」受災戶的補助、「SARS 事件」的損失補償以及討論中對於「慰安婦」的補償等措施，則是加入「社會連帶責任」的理念。國家在此並無積極的侵害行為或消極的不作為，反而是要求由社會整體擔負起該項補償責任。另外，我國自 1998 年起實施的「犯罪被害人保護法」則是使社會補償制度脫離歷史悲情的角度，以更為積極的態度來面對現代社會所產生的犯罪問題，對於犯罪被害人提供補償金與各項保護措施❺❻。2008 年更對以往俗稱「痲瘋病」隔離治療的錯誤政策為反省，制定「漢生病病患人權保障及補償條例」。而為解決醫療糾紛，導入風險分攤、以保險替代責任的理念，2015 年通過「生產事故救濟條例」。其雖名曰「救濟」，但性質上實為社會補償。至此，我國社會補償制度乃繼國家賠償與行政損失補償之後，展現出國家責任的新視野❺❼。

　　以上所提及的社會補償制度皆是屬於「有因性（要因）」的社會福利措施，也就是針對特定事件產生的損害而為補償給付，因此與前述社會救助的「無因性」有別。就給付原因來說，社會補償雖然有點類似社會保險，但是其保障對象並無法像社會保險般可以預知其範圍，而且請領給付時也不要求有繳交保費等「對價性」。在給付目的上，社會補償也有別於其他類型的社會法制度，其給付額度的多少往往不在於實際的「損害賠償」，而是強調社會連帶理念的象徵性「精神補償」。也因此，其財源並非來自於相對人事先繳交的保費或類似的金錢提撥，而是由社會捐贈以及政府編列預算所成立的基金來提供❺❽。

---

❺❻　見拙著，〈「犯罪被害人保護法」之補償規定及其實務分析〉（前揭文），頁 46 以下。

❺❼　有關我國社會補償法制的整理，見拙著，〈社會補償法制之建構——國家責任新視野〉，於：行政院 99 年度法制研討會實錄編，《社會行政法制》，2010 年 12 月，頁 69 以下。

❺❽　例如「二二八事件處理及賠償條例」第 12 條；「犯罪被害人保護法」第 4 條之規定。

㈤我國社會法體系及功能分配

前述各項社會法制度雖然各有不同的發展歷程，而且在維護社會安全功能上也是各司其職，可是彼此之間又有相當程度的關聯性。政府在擬定社會政策時，應當熟悉各項制度的角色功能以及其作用的有限性。一方面要留給人民自由發展的空間，另一方面則要適時給予鼓勵或扶持，尤其在制度銜接上要避免產生「福利漏洞」。但是，吾人也必須承認我國過往在社會福利措施上「頭痛醫頭、腳痛醫腳」的弊病，在實施經驗上仍有待累積與改進。為使讀者易於了解，以下也嘗試以表列方式整理我國社會法體系以及相關制度。但是必須強調，有關社會扶助與社會促進的現行法制分類仍然在摸索當中，附表僅是初步的歸類（見表 1–2）。

表 1–2：我國社會法體系分類表

社會預護	社會扶助	社會促進	社會補償
公教人員保險	社會救助	就學貸款	二二八事件補償
軍人保險	中低收入戶老人津貼	兒童、少年生活扶助	戒嚴時期權利回復
勞工保險	身心障礙者補助	老農津貼	戰士授田證處理
就業保險	特殊境遇家庭扶助	敬老津貼	傳染病防治補償
農民健康保險		生育補助	犯罪被害人補償
全民健康保險		住屋補貼	藥害補償
國民年金保險			漢生病患補償
公務員退撫制度			生產事故補償
勞工退休制度			

另外，為了幫助讀者了解，本書以下更嘗試用簡圖來說明各種社會法制度之間的關係，以及在因應社會福利需求時所扮演的不同角色與功能（見圖 1–1）：

此一簡圖的構想是將人生比喻成馬戲團的「空中飛人」。如此一來社會保險（預護）就是那根「繩索」，可以預防擺盪時所產生的風險。但是表演者也要預先付出，準備適合自己條件的繩索。至於社會扶助則是那最底層的「安全網」，在表演者不幸墜落時可以護住其生命，所以不能有漏洞產生。另外，社會促進制度可以依據當事人的背景設計高低不同的「立足

點」，讓社會中的弱勢族群擁有公平競爭的機會。而最後的社會補償則是基於國家保護義務的一種象徵性的補助，對於個人遭受不幸時提供安慰以及鼓舞的作用。

社會預護：借用風險管理機制達到危險分攤的效果，重在事前付出、事後給付。
社會扶助：以救災濟貧手段達到最低生存保障，由國庫支出，為事後補助措施。
社會補償：以象徵性補助填補特別犧牲，有墊腳石之作用，可鼓舞人心。
社會促進：注重機會均等，積極獎勵弱勢族群發展，由國庫支出。

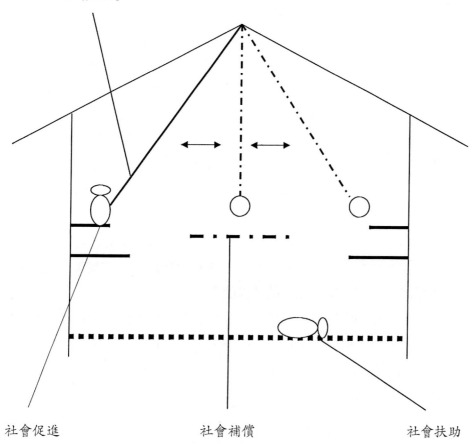

圖 1-1：社會法中不同制度的功能分配

參、社會法上的法律關係

一、法律關係的定義與類型

㈠行政法上的法律關係

所謂「法律關係」乃是指法律所規範人與人之間的具體生活關係，尤其以「權利義務」為其核心要素。至於「行政法律關係」(Verwaltungsrechtsverhältnis) 則是指當事人基於行政法的規範，就具體行政事件所生的法律連結關係。根據不同的行政法規範即可形成各種樣態的行政法律關係，其主要是發生在人民與國家之間，但也可能存在於國家與自治團體、機關與機關之間，甚或產生於人民之間。人民基於此一法律關係即可擁有權利以及負擔義務，因此也可以劃定國家得對相對人行使權力的界限❺❾。一般而言，行政法的規範通常僅為「抽象性」的規定，而人民單純的守法義務也無法形成「具體的」法律關係。因此，必須由機關就具體事件作出「准駁」的表示時，或者是人民要求國家作出一定的決定，方可形成該項法律關係❻⓪。例如釋字第 469 號解釋即將國家賠償請求權人範圍限定在「可得特定之人」。學說上將行政法律關係的類型作以下的區分❻❶：

1.「屬人性」與「屬物性」的法律關係

屬人性法律關係的重心在於「當事人的屬性」。例如處分相對人的資格或能力、社會救助的法律關係以及有關軍人、公務員、學生身分的規範。相反的，屬物性的法律關係則重在「物的屬性」，例如建築物的設備、位置、建照的核發、污染設備的設置許可等。此一區分方式與「法律關係繼

---

❺❾　陳新民，《行政法學總論》，2000 年 8 月修訂七版，頁 117。

❻⓪　Peine, Allgemeines Verwaltungsrecht, 6. neu bearbeitete Auflage, 2002, Rz. 86 ff.。

❻❶　李建良，〈行政法上之基本問題〉，於：李建良等合著，《行政法入門》，2004 年 5 月，頁 149 以下。Maurer, Allgemeines Verwaltungsrecht, 11. Auflage, 1997, S. 160 ff.。

受」的問題特別有關。因為法律關係得否繼受，主要看規範的內容係著眼於「屬人性」或「屬物性」而定。前者例如駕照、身分等，其法律關係將因當事人的死亡而消滅，無法成為繼受的客體。反之，如果規範重點在於物的屬性，例如建築是否符合建築法的管制規範？土地開發是否符合水土保持計畫？由於該法律關係主要是附著於「物」，因此如果有違法使用的情形發生，縱使當事人在遭到機關處分之後才移轉所有權或經營權於他人，後者仍然應當繼受該法律關係，承擔改善的責任。

2. 「一時性」與「持續性」的法律關係

一時性的行政法律關係 (Moment-Verwaltungsverhältnis) 乃是指該行政法律關係所生的權利或義務僅有「一次性」，而不問該關係所生的法律效果是否繼續存在，例如交通違規行為之取締、違章建築之拆除等。相對的，持續性的法律關係 (Dauer-Verwaltungsverhältnis) 則強調法律關係有一定的存續期間，而且在該期間內「反覆發生」權利義務的變化，例如社會保險的法律關係或公務員的身分關係等。另外，持續性行政法律關係中也可能產生類似民法上的債之關係，此時即得借用民法上的相關概念。

另外，德國學者 Maurer 也將持續性的行政法律關係再類型化如下❷：

⑴關於人的 (personenbezogene) 行政法律關係。例如公法社團的成員、公務人員關係、學校關係以及兵役關係等。

⑵關於財產的 (vermögensbezogene) 行政法律關係。例如社會給付關係中的年金請求權、補助關係以及租稅債務關係等。

⑶營造物關係與利用關係 (Anstalts- und Benutzungsverhältnis)。例如水電設施的接通、大眾運輸工具的利用以及其他地方設施的利用等。

不過，三者之間並無法作明顯的區分。

3. 「雙面性」與「多面性」的法律關係

行政法律關係通常是發生在國家與相對人之間，作用上則呈現一種「雙面法律關係」 (bipolare Rechtsverhältnisse)。在這種情形下，國家或者代表

---

❷　Maurer, Allgemeines Verwaltungsrecht （前揭書）, S. 162；陳敏，《行政法總論》，1999 年 12 月二版，頁 193 以下。

國家行使公權力之人在一方，而另一方則為人民或者是共同利益的多數人（見圖 1–2）。相對來說，實務上也有呈現多面向 (polygonale) 行政法律關係的情形，不論在國家這一方或者是人民這一方都可能有不同的參與者，常見的有附第三人效力之行政處分、健康保險之法律關係、都市計畫之變更等❻。例如我國行政程序法第 164 條第 1 項即規定：

「行政計畫有關一定地區土地之特定利用或重大公共設施之設置，涉及多數不同利益之人及多數不同行政機關權限者，確定其計畫之裁決，應經公開及聽證程序，並得有集中事權之效果。」

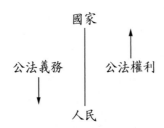

圖 1–2：行政法律關係的雙向性

(二)社會法上的法律關係

誠如前文所述，社會法乃是特別行政法的一支，基本上也適用行政法上法律關係的理論。因此，所謂「社會法律關係」(Sozialrechtsverhältnis) 乃是以實現社會法規範所賦予的社會給付請求權 (Sozialleistungsanspruch) 為目的，而呈現於「給付權利人」與「給付義務人」兩個法律主體之間的法律關係。在該當於社會法規範構成要件的時候，對於當事人所得主張的主觀公法權利，社會給付的義務人即負有「積極裁決」與「提供給付」的義務。可見，社會法律關係的產生乃以「社會給付的請求與提供」為基礎。此處所採社會法律關係之範圍較為狹窄，主要係參考德國之學理實務發展。該國於行政法院外單獨設有「社會法院」作為專業法院，決定審判權之依據為「社會法院法」(Sozialgerichtsgesetz; SGG)。屬於社會法院管轄者即於該法詳細規定，如非法條所列舉之案件類型，其爭訟仍歸一般之行政法院

---

❻　Peine, Allgemeines Verwaltungsrecht（前揭書），Rz. 89。

審理❻4。

　　至於甚麼是「社會給付」呢？舉凡用以滿足社會法上權利的給付都是屬於社會給付的範圍。但是，其適用對象則只限於有請求權的人民，而不及於給付義務人之間的相互協助以及受託為實際給付的第三人（例如醫生或醫院）。換句話說，社會給付的義務人必須擔保相關給付能夠由第三者確實履行，其法律上的地位類似於民法上的「債務人」而非「仲介者」。相對而言，社會給付的請求權人則像是「債權人」。也因為這樣的比喻，學說上也有將社會法律關係稱為 「公法上的債之關係」 (öffentlich-rechtliches Schuldverhältnis)，而且將以人民預先給付為要件的社會保險稱為「雙方債之關係」，而以國家單方面給付的法律關係為「單方債之關係」 ❻5。

1.社會保險法律關係

　　⑴社會保險法律關係的內涵

　　社會法中最常見的法律關係，就是社會保險中被保險人與保險人之間的 「保險法律關係」 (Versicherungsrechtsverhältnis)❻6。此一類型的法律關係成立之後，被保險人就有繳交保費以及提供資料的義務，而在保險事件發生時也擁有請求保險給付的權利。相對的，社會保險的保險人則擁有請求保費的權利，而且負有提供被保險人相關保險給付，或是保證第三人能夠履行給付的義務。

　　作為社會法中重要制度之一的社會保險，由於其具有「強制納保」的特性，人民動輒被迫與該納保機關建立社會保險法律關係。以德國的社會保險為例，其所採取的並非全民性的保險，而是以「非自主性受雇人員」(nichtselbständige Arbeitnehmer) 為強制納保的對象。因此，有部分國民即具有「保險自由」(Versicherungsfreiheit)，允許自由加入社會保險機制。除此之外，由於德國社會保險採用「公辦民營」的方式，主管部會除了立法建立制度與標準之外，有關保險業務的實際運作皆由眾多保險人負責，而保

---

❻4　關於德國社會法院之介紹，參見本書第八章。

❻5　見 Bley, Sozialrecht（前揭書），Rz. 53。

❻6　見 Bley, Sozialrecht（前揭書），Rz. 51 ff.。

險人則多以基金會 (Kassen) 或公法上的營造物 (öffentliche Anstalten) 為名。

在被保險人所組成的各個保險團體中,每一個成員應有權利參與該「公法社團」的自我行政 (Selbsverwaltung)。因此,勞工依據相關法律規定加入個別社會保險團體而形成「成員關係」(Mitgliedschaft)❻❼,而且從成員與保險人所形成的社會保險法律關係之中,被保險人享有保險給付的請求權以及負有繳交保險費的義務。較為特殊的是,德國健康保險中有所謂的「家庭保險」(Familienversicherung),也就是由家庭中主要經濟負擔者投保,而全部家庭的成員即得享有健康保險的給付。此時,該被保險人的家屬雖然並非保險團體的成員,但仍享有保險給付的請求權,從而與該保險人之間形成一種無須負擔保費義務的保險法律關係❻❽。

(2)社會保險法律關係的浮動性

由於社會保險法律關係的存續期間相當長,通常會貫穿被保險人的職業生涯,甚至是終身,所以當事人之間的權利義務即不可能全然不變。例如,保險費的額度可能因薪資成長而增加,而保險給付也會因為保險財務或物價而有所改變。有趣的是,在長期性的年金保險制度中,可以被保險人失能、退休或死亡的時點為「切割點」:前半段的內容為被保險人依其投保薪資,向保險人逐月繳交保費;後半段則反過來,由保險人按月給付被保險人或遺屬相關年金。相較之下,在短期性的醫療保險制度中,被保險人繳交保費之義務與請求給付之權利,二者幾乎可以同時產生。至於失業保險則由繳費期間與給付期間,二者可能形成一種交替出現的現象。

在社會保險持續性的法律關係中,法規依據亦經常會變動,因此權利義務的改變即不生「溯及既往」的問題。縱使是在年金保險的運作下,法律關係並不因為被保險人退休即終止,而僅僅是權利義務地位的轉換而已。亦即被保險人從保費繳納義務人轉變為年金請求權利人。因此,保險人在面臨財務問題時所實施的年金改革措施,即因為保險法律關係依舊持續,

---

❻❼ Kokemoor, Sozialrecht, 5. neu bearbeitete und verbesserte Auflage, 2013, Rz. 118 ff.。

❻❽ Schulin/Igl, Sozialrecht(前揭書), Rz. 209 ff.。

頂多產生「不真正溯及既往」的效果。改革應注意的是比例原則的實踐，還有則是最低保障的機制。

2.我國社會保險的法律關係

雖然我國社會保險實施多年，但對於社會保險法律關係之討論，大抵始於全民健保特約性質之爭議。有關開辦全民健康保險的合憲性問題，業已於大法官會議作成第 472 號、第 473 號解釋後取得認同，但是究竟健保署與被保險人之間、被保險人與特約醫院之間以及健保署與特約醫院之間的法律關係為何？還有待進一步的探究。此外，其他「非全民性」的社會保險，尤其是以職業團體為基礎所建立的預護制度，保險給付義務人與給付權利人之間的法律關係又如何？也與全民性的社會保險有所差異。本書礙於篇幅，僅以勞工保險與全民健保的法律關係為例，概略介紹社會保險當事人之間的法律關係。

⑴勞工保險的法律關係

我國有關社會保險的法律關係，其實可以追溯到勞工保險開辦之初的設計。例如現行「勞工保險條例」第 5 條第 1 項即規定：「中央主管機關統籌全國勞工保險業務，設勞工保險局為保險人，辦理勞工保險業務……。」；第 6 條第 1 項也規定：「年滿十五歲以上，六十五歲以下之左列勞工，應以其雇主或所屬團體或所屬機構為投保單位，全部參加勞工保險為被保險人……。」；以及保險給付相關條文中所規定的「特約醫院」。換言之，在社會保險仍然屬於「綜合保險」的時期，即可從以上規定中得知「勞保局」、「勞工」以及「特約醫院」三者之間的法律關係。其中，勞工與投保單位必須繳交保險費，勞保局則必須擔保給付義務以及提供金錢給付。至於特約醫院則提供醫療給付。

由於勞工保險實施當時受到商業保險之影響頗多，雖然制度上亦賦予勞工投保義務，但主要仍以其雇主或所屬職業團體作為規範對象，地位類似商業保險之「要保人」❻。勞保條例對於投保單位，不僅於第 10 條及第

---

❻　保險法第 3 條規定：「本法所稱要保人，指對保險標的具有保險利益，向保險人申請訂立保險契約，並負有交付保險費義務之人。」

11 條加諸「投保手續」與「列表通知」等義務，並於第 72 條訂有相關罰則。如此偏重行政協力義務之立法方式，使得勞保法律關係的存續與否繫於投保單位一方之作為，實務上甚至以「申報主義」❼稱之。意即保險效力之發生、停止或消滅，完全以投保單位是否按勞保局設計之加、退保申報表，完成列表通知勞保局之作業而定。如有未依規定辦理投保或申報不實之情形，勞工因此所生之損失則由投保單位賠償之，也就是由勞雇雙方依內部民事關係解決。至於經由職業團體投保之無一定雇主或自營作業勞工，其投保義務之前提為加入職業工會或漁會，成為該團體之成員。在我國從事勞動並不以加入工會為前提，因此自營作業者形同擁有「保險自由」（圖 1–3）。也因為勞工保險制度在設計上加重投保單位之責任，以及前述申報主義之運作使然，訴訟實務上多將其法律關係定性為「行政契約」❼。但學說仍有主張勞保法律關係為「公法上債之關係」或「行政處分」❼。

本書認為，勞工保險既為強制性之社會保險，保險法律關係即存在於被保險人與保險人之間。前者負有投保與繳交保費之義務，而後者則負有給付義務。至於加諸投保單位之責任乃是行政法上典型之「協力義務」(Mitwirkungspflicht)，在程序上不論是透過雇主申報或由被保險人自行投保，都無損保險人以單方行為依法作成扣繳保費與核給給付之決定。

---

❼ 周美玲，《勞工保險條例「申報制度」之檢討》，中央大學法律與政府研究所碩士論文，2016 年，頁 20 以下。

❼ 周美玲，《勞工保險條例「申報制度」之檢討》（前揭書），頁 36 以下。

❼ 蔡維音，《社會國之法理基礎》，2001 年 7 月，頁 146 以下；郭明政，〈社會保險法律關係爭議問題之探討〉，於：洪家殷等編，《行政法實務與理論(一)》，2003 年，頁 472 以下；孫迺翊，〈簡評行政法院有關勞工保險「境外僱用」與「申報主義」之見解——以臺北高等行政法院 100 年度訴字第 1767 號判決為例〉，《法令月刊》第 66 卷第 6 期，2015 年 6 月，頁 16 以下。

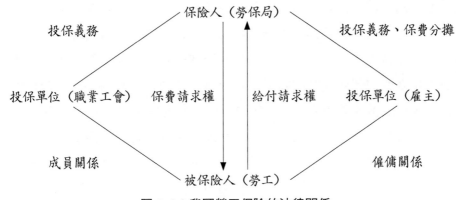

圖 1-3：我國勞工保險的法律關係

⑵全民健保的法律關係

在全民健康保險實施之後，學界更對於健保當事人間的「多角法律關係」提出相當多探討。學者蔡維音教授有將全民健保業務中所涉及之法律關係分為「中央健保署」、「被保險人」、「被保險人之外的保險對象」與「醫事服務機構」四個主體來處理，而有健保署與被保險人間的「保險關係」、投保單位與健保署間的「保費關係」、被保險人與醫事服務機構間的「醫療關係」以及醫事服務機構與健保署間的「特約關係」等種種分析（圖 1-4）❼❸。如以德國對於社會法律關係的狹義見解觀之，則僅有保險關係屬之。有別於早期勞工保險側重投保單位協力之規定，全民健康保險法第 14 條第 1 項則明訂：「保險效力之開始，自合於第八條及第九條所定資格之日起算。」換言之，保險關係之成立既無庸被保險人或雇主提出申報，亦不待保險人之核保准駁。因此，社會法學界通說將此關係定性為「公法上的債之關係」❼❹。

至於大法官釋字第 533 號解釋所涉及的爭點乃是健保特約關係之部分。而為了解決訴訟管轄之問題，解釋文將其定性為「行政契約」，使保險

---

❼❸　蔡維音，〈全民健保之法律關係剖析〉，《月旦法學》第 48 期，1999 年 5 月，頁 67 以下；第 49 期，1999 年 6 月，頁 110 以下。

❼❹　李玉君等，〈全民健康保險法〉，於：臺灣社會法與社會政策學會主編，《社會法》，2015 年 1 月，頁 261 以下。

醫事服務機構與健保署之爭端可尋行政訴訟解決。此一見解大抵參考德國
疾病保險之經驗。該國疾病保險之給付建立在一方為保險人聯合會，另一
方則是各類醫生協會、醫院協會以及藥局間一系列的公法契約。在聯邦層
級訂有框架性的契約或共同建議事項，在邦的方面則締結「綜合契約」
(Gesamtvertrag) 或供給契約 ❼。該國之所以將此契約定性為行政契約，乃
因其為雙方經過集體磋商的結果，與我國全民健保特約由保險人片面提出
之制式契約全然不同。再者，健保署仍可依據「全民健康保險醫事服務機
構特約及管理辦法」對保險醫事服務機構祭出各種健保管理措施。甚至有
違約記點、扣減醫療費用十倍、停止特約、終止特約等不利益之行政處分，
地位全然不對等 ❼。關鍵在於，我國健保署身兼規範者、締約者以及仲裁
者之功能，此種「三位一體」的尷尬局面，導致其間法律關係始終難以釐
清。

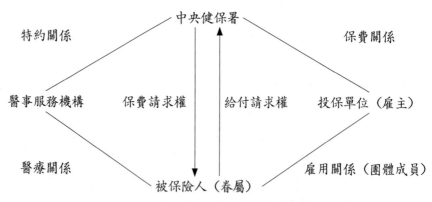

圖 1–4：我國全民健保的法律關係 ❼

3.「社會照顧」的法律關係

在社會扶助、社會促進與社會補償制度中也有類似前述的社會法律關

---

❼ 德國醫生須加入職業團體成為會員，受到團體契約約束較多。在醫療院所方面
   則無組織強制性，所以僅簽署邦的共同建議事項而已。Gitter/Schmitt,
   Sozialrecht（前揭書），S. 88 ff.; Schulin/Igl, Sozialrecht（前揭書），Rz. 267。

❼ 李玉君等，〈全民健康保險法〉（前揭文），頁 263。

❼ 參考自蔡維音，《社會國之法理基礎》（前揭書），頁 170。

係，此時在社會給付的權利人以及義務人之間，德國社會法實務上稱為「照顧法律關係」(Versorgungsrechtsverhältnis)。相對於社會保險而言，權利人在此一法律關係中並不需要負擔繳交保費的義務，但是仍負有各項社會行政上的「協力義務」，例如提供相關資料，甚至是配合「資產調查」等等。至於給付義務人通常是指主管的行政機關或提供社會給付的公法財團，其在申請人符合法定要件時即應當提供相當的給付。

4.社會法上不屬於社會法律關係的情形

社會法律關係通常是以「社會給付行政」(Sozialleistungsverwaltung) 作為具體的實踐手段。當給付義務人違反法律上的義務時，為了除去法律上的違法結果，即應當採取行政處分形式的廢止或撤銷❼❽。此乃由於社會行政的態樣相當多，有些社會法上的關係並不屬於本書所提到的社會法律關係，例如機關對於瑕疵給付決定 (fehlerhafter Leistungsbewilligung) 的撤銷。這種法律關係雖然仍成立於一般人民與給付義務人之間，但是並不是以實踐社會給付請求權為內容，因此只能當作是類似社會法律關係 (Quasi-Sozialrechtsverhältnis) 中的行政處分，而且會產生公法上不當得利返還的法律效果。

還有，社會給付請求權通常是以確定的給付作為標的，然而如果在法定要件尚未完全滿足，而當事人依照實際情形又有相當的需求性時，也可以給予暫時性的社會給付或預支。此時行政機關則得依照行政程序法第 93 條的規定，作成行政處分的附款，如此的法律關係也可稱為「暫時性的社會法律關係」。例如犯罪被害人保護法第 21 條規定，補償委員會對於補償之申請為決定前，「於申請人因犯罪行為被害致有急迫需要者，得先為支付暫時補償金之決定」。

社會法中經常出現的第三人法律關係，因為並不是用以具體實現社會法上的給付請求權，所以也不是此處所謂的社會法律關係。然而，這種社會法上的第三人法律關係往往具有相當的「工具性」，主要是給付義務人為

---

❼❽ Maier, Das unmittelbare Verhältnis zwischen Sozialleistungsträger und Sozialleistungsempfänger, in: SRH, 2. Auflage, 1996, S. 227 ff.。

了提升其行政效能所建立的，例如健保署與特約醫院之間的「委任關係」(Auftragsverhältnis) 即是。

另外，給付義務人與其他給付義務人之間為了平衡財務支出而產生的「代償性」法律關係也是如此，例如健保署與勞保局之間、健保署與強制汽車責任保險的保險人之間的「代償關係」(Ersatzechtzsverhältnis)❼❾。類似的情形還有社會預護制度中所引進的「財務性」第三人關係，最典型的就是社會保險中負擔部分保費義務的企業主。

二、社會給付請求權的種類

1.社會給付的種類

社會給付乃是「社會給付請求權」的訴求內容，同時也是建立社會法律關係所要實現的保障內涵。而社會給付則可以依其內容區分為「福利服務」、「物質給付」與「現金給付」三種。有關社會給付請求權的實現，原則上以提供福利服務與物質給付為優先，而以現金給付為最後的手段。這些非金錢性的 (nichtmonetäre) 給付方式通常也不是由社會給付義務人親自提供，而是由有償的第三人來實現。

⑴現金給付

現金給付主要是直接提供金錢給權利人。倘若是由給付義務人將金錢給予其他從事實際給付工作之人，例如照護保險中的照護工作者，此時則算是福利服務或物質給付的類型。又假如在某些情形下，現金給付與其他二者可以互相交換時，例如「提供安養照顧以取代年金給付」或是「以工代賑」等，則以當時實際的給付方式為準。社會給付中的金錢給付乃以「生活扶助」、「社會津貼」以及社會保險中的「所得替代給付」最為典型。在立法技術上，現金給付之規範依據須符合法律保留原則，行為態樣通常以「羈束處分」為之，機關不應享有裁量空間。

---

❼❾ 全民健康保險法第 94 條關於「職災醫療費用」以及第 95 條關於「交通事故醫療費用」之求償規定。

⑵福利服務

由於社會給付內容的多樣性，此處的「福利服務」乃包含一切形式的人為照顧與幫助，例如醫療行為、各種社會工作、居家照護、職業介紹以及提供諮詢等等。社會給付之所以採取福利服務的方式，通常是因為其性質上的「可替代性」較低，尤其要有專業知識才得以實施，例如健康保險中的各種醫療行為即是。因此，福利服務的社會給付往往必須注重「質」而非「量」，這在法規範的技術上形成一大考驗❽。由於主管機關或社會保險保險人的人力不足，通常會透過各種公私協力的方式委託私人或團體來提供給付。而前者也會藉由評鑑機制以監督提供者的服務品質。

⑶物質給付

社會給付中的「物質給付」是指例如藥劑的給予、住處的提供以及醫院病床的分配等。然而在社會法某些領域中，福利服務與物質給付兩者之間並不容易區分，例如健康保險所安排的住院措施就可能包含住處的提供以及醫療行為兩種類型的社會給付。這樣的情形與民法中的「混合契約」在觀念上有些類似❽。由於物質給付應以滿足當事人之需求為目的，故給付須符合必要性，而給付提供者則擁有相當大的裁量空間。

2.社會給付請求權的競合

在前文所描述的社會法體系中，有許多從不同原因所產生的給付請求權。有些給付屬於「最後給付」，其只以滿足特定的需求為目的，例如社會救助。有些則為了彌補由特別原因所造成的損失，例如社會補償的「要因給付」。還有則是由於社會保險關係的存在，而以某一保險事故發生作為請求權的前提。更有可能的是，當事人所具備的請求權要件，在數個社會給付領域中皆能取得相同類型的給付之下，在制度上便得面臨抉擇。尤其是在福利服務以及物質給付方面，其性質上即無法給予同一個需求多次的給付，此時就要選擇哪一個給付義務人應當優先為給付❽。因應之道通常是

---

❽　法律規範通常僅能因應「量化」的要求，對於「品質」的部分往往容易流於不確定。

❽　見 Rüfner, Einführung in das Sozialrecht（前揭書）, S. 20 ff.。

在法規範中設定若干「禁止重複給付」的除外條款。

在金錢給付方面,其性質上雖然容許對同一事件給予多次給付,但是當事人同時享有來自不同領域的金錢給付時,也可能產生「過度給付」的疑慮。原則上,社會法為了達成社會公平與社會安全的目的,在建構「社會安全網」的角色安排上即有所不同。首先擔綱的是來自社會預護的給付。由於社會保險關係本身就具有相對性,保險給付的功能便只能滿足若干人之特定需求,也就是被保險人發生保險事故時的損失。對於社會保險所無法網羅的群體,或是無法因應的需求,來自社會促進的給付則給予當事人另一層面的幫助。而對於遭逢特殊原因的損害,就由社會補償提供個案中的受害者一種象徵性的給付。倘若以上三者皆無法提供人民必要的需求時,只好由社會救助作為最後的「承接者」。問題是,現實的社會是否真能符合以上的假設?有沒有此一社會安全網所無法照料到的「邊緣者」?答案很不幸是肯定的。

理論上而言,一旦個案情形符合社會法規的構成要件時,該權利人即得請求給付義務人給予應得的社會給付。然而,此一抽象規範並不見得能夠照應到當事人實際上所有的需求,尤其是國家基於財政上的考量以及為了避免「道德風險」的產生時,難免也會有「漏網之魚」。所謂的「從搖籃到墳墓」乃是社會安全所描繪的理想狀態,然而以「人性尊嚴」為出發的現代社會法理念則更應考慮權利人的「選擇自由」以及「發展自由」。換言之,政府應建立完善的法制,而且積極宣傳與推動社會安全機制,以利當事人行使其請求權,但是仍然應尊重其自由意願以及實際需求。各國為了避免人民成為社會風險的「隱藏性人口」,盡量使人民脫離社會安全網的底層,大多逐漸採取積極的社會保險以取代消極的社會救助。

82　見 Rüfner, Einführung in das Sozialrecht（前揭書）, S. 22 ff.。

本章參考文獻：

中文部分：

1. 陳新民，《中華民國憲法釋論》，1999 年 10 月修訂三版

2. 陳新民，〈論「憲法委託」之理論〉，《憲法基本權利之基本理論》上冊，1996 年 1 月四版

3. 陳慈陽，《基本權核心理論之實證化及其難題》，1997 年 6 月

4. 郭明政，《社會安全制度與社會法》，1997 年 11 月

5. 林明鏘，〈論基本國策——以環境基本國策為中心〉，《現代國家與憲法——李鴻禧教授六秩華誕祝賀論文集》，2000 年 3 月

6. 許志雄等，《現代憲法論》，2000 年 9 月第二版

7. 許慶雄，《憲法入門》，2000 年 9 月

8. 李震山，〈論憲法未列舉之自由權利之保障——司法院大法官相關解釋之評析〉，於：劉孔中、陳新民主編，《憲法解釋之理論與實務㈢》，2002 年 9 月

9. 陳慈陽，《憲法學》，2004 年 1 月

10. 陳新民，〈論「社會基本權利」〉，《憲法基本權利之基本理論》上冊，1996 年 1 月四版

11. 黃源協，〈英國國民健康服務的發展 (1948–1996)〉，《社會政策與社會工作學刊》第 1 期，1997 年 6 月

12. 林萬億，《福利國家——歷史比較的分析》，1994 年 10 月一版

13. 葛克昌，〈婦女政策之憲法基礎——憲法增修第十條第六項意旨〉，《黃宗樂教授六秩祝賀——公法學篇㈠》，2002 年 5 月

14. 鍾秉正，〈「犯罪被害人保護法」之補償規定及其實務分析〉，《臺北大學法學論叢》第 52 期，2003 年 6 月

15. 鍾秉正，〈論長期照護制度之憲法保障〉，《法學理論與文化——李岱教授祝壽論文集》，2008 年 10 月

16. 郭玲惠，〈修正勞動基準法與勞工退休金規定之疑議〉，《月旦法學》第 23 期，

1997 年 3 月

17. 張桐銳,〈補充性原則與社會政策〉,《黃宗樂教授六秩祝賀——公法學篇㈠》,
2002 年 5 月

18. 鍾秉正,〈論社會法之生存權保障功能〉,《社會法與基本權保障》,2010 年 5
月

19. 鍾秉正,〈從社會促進制度談教育權之給付作用〉,《中正大學法學集刊》 第
30 期,2010 年 7 月

20. 鍾秉正,〈從敬老福利生活津貼的制定介紹「社會法」以及相關老年安全法
制〉,《法學講座》第 9 期,2002 年 9 月

21. 鍾秉正,〈社會補償法制之建構——國家責任新視野〉,於:行政院 99 年度法
制研討會實錄編,《社會行政法制》,2010 年 12 月

22. 陳新民,《行政法學總論》,2000 年 8 月修訂七版

23. 李建良,〈行政法上之基本問題〉,於:李建良等合著,《行政法入門》,2004
年 5 月

24. 陳敏,《行政法總論》,1999 年 12 月二版

25. 周美玲,《勞工保險條例「申報制度」之檢討》,中央大學法律與政府研究所
碩士論文,2016 年

26. 蔡維音,《社會國之法理基礎》,2001 年 7 月

27. 郭明政,〈社會保險法律關係爭議問題之探討〉,於:洪家殷等編,《行政法實
務與理論㈠》,2003 年

28. 孫迺翊,〈簡評行政法院有關勞工保險「境外僱用」與「申報主義」之見解——
以臺北高等行政法院 100 年度訴字第 1767 號判決為例〉,《法令月刊》 第 66
卷第 6 期,2015 年 6 月

29. 蔡維音,〈全民健保之法律關係剖析〉,《月旦法學》第 48 期、第 49 期,1999
年 5 月、6 月

30. 李玉君等,〈全民健康保險法〉,於:臺灣社會法與社會政策學會主編,《社會
法》,2015 年 1 月

外文部分：

1. Papier, Der Einfluß des Verfassungsrechts auf das Sozialrecht, in: Sozialrechtshandbuch (SRH), 2. Auflage, 1996

2. Ipsen, Staatsrecht II (Grundrechte), 4. überarbeitete Auflage, 2001

3. Schulin/Igl, Sozialrecht, 7. Auflage, 2002

4. Zippelius, Allgemeine Staatslehre, Politikwissenschaft, 14. Auflage, 2003

5. Katz, Staatsrecht, 14. neubearbeitete Auflage, 1999

6. Maurer, Staatsrecht I, 3. überarbeitete und ergänzte Auflage, 2003

7. Gitter/Schmitt, Sozialrecht, 5. Auflage, 2001

8. Bley/Kreikebohm, Sozialrecht, 7. überarbeitete Auflage, 1993

9. Rüfner, Einführung in das Sozialrecht, 2. Auflage, 1991

10. Ruland, Sozialrecht, in: Eberhard Schmidt-Aßmann (Hrsg.), Besonderes Verwaltungsrecht, 11. Auflage, 1999

11. Zacher, Die Frage nach der Entwicklung eines sozilaen Entschädigungsrechts, DÖV, 1972

12. Zacher, Einführung in das Sozialrecht der Bundesrepublik Deutschland, 1983

13. Eichenhofer, Sozialrecht, 4. Auflage, 2003

14. Peine, Allgemeines Verwaltungsrecht, 6. neu bearbeitete Auflage, 2002

15. Maurer, Allgemeines Verwaltungsrecht, 11. Auflage, 1997

16. Kokemoor, Sozialrecht, 5. neu bearbeitete und verbesserte Auflage, 2013

17. Maier, Das unmittelbare Verhältnis zwischen Sozialleistungsträger und Sozialleistungsempfänger, in: SRH, 2. Auflage, 1996

第二章　社會法與憲法基本權利

壹、憲法上的基本權利

從我國憲法的整體架構來看，可以概略分為基本權利（第 2 章：人民之權利與義務）與國家組織（第 3 章以下：總統、五院、中央與地方之權限）兩大部分。如果將它與各國的憲法法典相互比較，他國憲法也大多包含有這兩部分，這也代表著一部現代化國家的憲法所應具備的兩大要素。然而，我國憲法除了前述兩部分以外，尚有第十三章的「基本國策」規定，其中特別收錄有若干與社會法相關的條款❶。對於基本國策中的條文，憲法學界對其規範效力仍多少有所爭論，例如其是否具有等同於基本權利的效力？基本國策的條文是否可以作為人民的「主觀公權利」，在國家怠於立法或行政作為時，可據以提起憲法訴訟？另外，相關探討也衍生出我國憲法是否有所謂「社會基本權」(Das soziale Grundrecht) 的問題。

一、基本權利的種類與功能

我們在討論社會法與憲法基本權利的關係之前，必須先介紹一下基本權利的種類與功能❷。從基本權利的發展過程來看，起初是透過人民不斷爭取甚至經由革命的行動而得到的。憲法中有關基本權利的規定，在第一部成文憲法——美國憲法中已經可以略見端倪，而後在法國與德國的立憲運動中也對於重要的基本權利有明文保障。尤其是在第二次世界大戰開始之時，在由英、美兩國所共同發表的「大西洋憲章」中，就明白宣示人類的四種自由：免於匱乏、免於恐懼、言論自由與信仰自由。此一行動不僅

---

❶ 類似架構亦見於德國憲法，學者 Alfred Katz 將它分為：國家組織規範 (Organisationsnormen)、國家基本規範 (staatsfundamentale Normen) 以及基本權規範 (Grundrechtsnormen) 三大類。見 Katz, Staatsrecht, 14. neubearbeitete Auflage, 1999, Rz. 73。

❷ 有關基本權的功能分析，參見許宗力，〈基本權的功能與司法審查〉，國科會研究彙刊《人文及社會科學》第 6 卷第 1 期，1996 年 1 月，頁 24 以下。

是對於當時極權國家漠視人權的反省，也使得原先作為一個國家爭取民主、立憲立國標竿的自由權利，轉變為一種人人得以享有的「普世價值」。當時我國革命建國的行動雖已告一段落，但是仍然處於內亂外患不斷的年代，人民開始知曉民主無法與自由人權割離，於是在憲法制定的過程中也參考各國的發展趨勢，從而納入基本人權的相關條文❸。

按理，基本權利乃是個人基於人性尊嚴而擁有的，不得遭受外力剝奪，而政府的公權力也僅可有條件地對基本權利加以限制，也就是必須符合憲法第 23 條的規定。在憲法基本權利的分類中，最重要的種類即為「自由權」。我們可以這樣說，現代民主政治的濫觴就是向君主爭取自由權利，所以舉凡人身自由、財產自由、言論自由、信仰自由以及集會自由等都是屬於此類基本權利。在我國憲法第 2 章「人民之權利義務」中，也是以自由權的條款為最多。至於論到自由權的功能則不外是為了排除國家的不法侵害，所以又名為「防禦權」(Abwehrrechte)。另外，有些基本權利的性質則為「受益權」，例如生存權、受國民教育之權等。這些基本權利往往是基於國家積極的保護義務而產生的，在功能上則顧名思義是用以向國家爭取權益的，因此又稱為「給付權」(Leistungsrechte)。最後一類基本權利則是「參政權」(Mitwirkungsrechte)。這是作為國家一分子的每一個國民所應享有的權利，例如參政權、應考與服公職之權等❹。只是，參政權的功能往往僅是在提供人民參與國事的機會，至於具體的權利內容則有待個人積極自我實現。此外，人民在爭取後兩種基本權利時，經常需要搭配「平等權」以為主張，所以不妨也將平等權當作另一種基本權利的類型。

以上所討論的基本權利皆是所謂的「主觀公權利」。也就是說，人民可以依據相關的憲法規範，要求政府履行一定之作為或不作為的義務，必要時也可作為司法救濟的請求權基礎。然而，人民的基本權利就如同植物一般，需要有適合的土壤與氣候方能成長茁壯。此處所指的就是基本權利客

---

❸ 張君勱，《中華民國民主憲法十講》，1997 年 3 月重印本，頁 25 以下。

❹ 林騰鷂，《中華民國民主憲法》，2004 年 10 月修訂三版，頁 63 以下。Sachs, Verfassungsrecht II, Grundrechte, 2. Auflage, 2003, S. 37 ff.。

觀功能中的「制度性保障功能」❺。一般來說，制度性保障是指「某些生活領域實際上早於國家成立之前即已存在，國家應透過立法予以保障並予規制」❻。所以，除了權利救濟時相關的請願、訴願以及訴訟等程序上的保障以外❼，上述各種基本權利也都有賴客觀條件的配合才得以發揮。例如，對於學術自由的保障就不僅是消極的「不加以限制」而已，國家更要積極營造一個讓學術得以自由成長的環境，例如「大學自治」即是典型的制度性保障❽。雖然制度性保障負有如此積極的意義，但是人民並無法要求國家必須「從無到有」，建立各種適合基本權利發展的客觀條件。因此，只有當相關法規範遭到立法者修改，以至於「既成已久」的制度遭受破壞或是其核心理念遭到架空時，才得以援引制度性保障的權利而主張該行為違憲❾。

二、「社會基本權」的發展

㈠憲法學說上的發展

1.因應自由權保障的不足

　　有關「社會基本權」的興起，主要是基於「社會國」的理念而生的。社會基本權尤其是要對於傳統「自由權」的功能作反省，希望能增加憲法基本權利在「受益權」方面的重要性。例如，當社會中有數百萬失業者產生時，憲法上所保障的工作自由權反而無法發揮作用；而所謂的財產自由權保障，也必須以個人財產的擁有作為前提；甚至對於街頭遊民來說，憲

---

❺　許宗力，〈基本權的功能與司法審查〉（前揭文），頁31。

❻　李惠宗，《憲法要義》，2004年8月，頁85。

❼　釋字第396號解釋理由書：「憲法第十六條所定人民之訴訟權，乃人民於其權利遭受侵害時，得訴請救濟之制度性保障……。」

❽　釋字第380號解釋：「憲法第十一條關於講學自由之規定，係對學術自由之制度性保障……。」

❾　關於制度性保障功能，我國憲法實務上已於下列領域有所援引：財產權、訴訟權、公務員制度以及大學自治等。見李惠宗，《憲法要義》（前揭書），頁85以下。

法上的居住自由權幾乎是「英雄無用武之地」。因此有憲法學者主張，將用以實現自由權的「社會基本條件」也當作是基本權利的一環，人民在相關條件缺乏的時候，可以向國家要求實現。

社會基本權這種積極的理念，不論是在德國或是在我國大多仍不被承認，主要原因則是在於傳統自由權的「防禦功能」無法直接轉換成「給付功能」❿。既然無法將憲法自由權的性質作如此的轉變，憲法學者只好致力於「基本權入憲」的行動。但是，正如前文所述，此一行動在德國憲法發展史上並未獲得實質的回應。不過我國憲法與德國憲法不同之處，在於現行憲法中仍然留有「基本國策」一章。學理解釋上得否以憲法第 22 條的規定作為「橋樑」，從而將基本國策的若干規定當作是「人民之其他自由與權利」⓫？另外，在我國憲法「人民之權利義務」一章中，自始即列有若干「受益權」的條文，如果以此作為發展基礎，再參酌他國的憲法經驗，或許仍容有社會基本權發展的空間。

2.我國關於社會權的嘗試

我國憲法基本權利中較具社會福利色彩的是第 15 條的「生存權」。因此，有諸多留日學者嘗試將日本憲法的學理引入國內，將生存權作為發展社會基本權的核心。例如許慶雄教授、許志雄教授等乃將生存權、環境權、受教權與工作權等並列為「社會權」的內涵，並且還積極倡導社會權入憲，頗能彰顯「後資本主義憲法」的精神⓬。另外，許慶雄教授也於著作中歸納國家對生存權的保障範圍有三⓭：

　(1)國家不得侵害國民的生存權利。

　(2)去除無實質自由平等的經濟生活關係。

---

❿　Ipsen, Staatsrecht II (Grundrechte), 4. überarbeitete Auflage, 2001, Rz. 98 ff.。

⓫　李震山，〈論憲法未列舉之自由權利之保障——司法院大法官相關解釋之評析〉，於：劉孔中、陳新民主編，《憲法解釋之理論與實務㈢》，2002 年 9 月，頁 15 以下。

⓬　見許慶雄，《憲法入門》，2000 年 9 月，頁 136 以下；蔡茂寅，〈社會權〉，於：許志雄等編，《現代憲法論》，2000 年 9 月第二版，頁 195 以下。

⓭　許慶雄，《憲法入門》（前揭書），頁 146 以下。

(3)積極建構確保國民尊嚴生活的必需條件。

這樣的保障內容固然與社會福利的精神隱合，但是憑藉生存權單一的條文是否就能涵蓋前述社會法體系的全部呢？尤其在遂行合憲性檢驗的時候，是否也能提供與其他自由權相當的保障功能呢？凡此種種仍有很大的討論空間。

至於學者蔡茂寅教授也在其著作中闡明，傳統憲法的「自由權」乃是以資本主義、自由經濟為對象所建構的「市民法理念」，至於「社會權」則是對於其所產生負面作用的反省。其文中並且就我國憲法「生存權」的法律性質採取「指針規定積極說」，理由在於其規定雖然無法直接作為請求權的基礎，但是如果有相關法律的具體依據時，就將更加充實其權利特性。作者更強調：

「生存權的綱領性格，實則應該表現在做為社會保障法的基礎上。在社會保障法的領域，生存權原理應該不須任何媒介，即得發揮指導作用⋯⋯。」**❹**

此處所謂的「社會保障法」就是本書所稱的「社會法」。蔡教授並不認為我國憲法條文中有社會基本權的存在，而是採納類似於德國學界的主張，將社會權的理念藉由社會法來落實。

值得注意的是，國內法學出版社於近年引進了日本學者大須賀明的著作──《生存權論》。這本書中將日本憲法第 25 條關於「生存權」的規範解釋為「具體性權利」，不同於以往認為只有「綱領性規範」的傳統憲法學說。其更進一步主張，當國民個人生活陷入需要救助的狀態，而國家的立法權又未能及時採取對應的立法時，就得以該條文為依據提起「違憲確認訴訟」**❺**。此一社會基本權積極主張的引介，勢必能提供國內學界更直接的法學比較經驗。

㈡我國憲法「社會基本權」的有無

有關社會基本權的主張，就是企圖將既有憲法自由權的「給付權」功

---

❹　蔡茂寅，於：《現代憲法論》（前揭書），頁 198 以下，尤其是頁 202 之論述。

❺　見大須賀明，《生存權論》，林浩譯，2001 年 6 月，頁 87 以下。

能擴大，或是將與社會安全相關的條款納入基本權利規範之中，而使其能夠具有「受益權」的功能。如此一來，人民不僅在社會基本權遭受侵害時得以提起救濟，甚至在政府怠於立法或行政作為時，也可據以要求公權力採取一定的積極作為。我國憲法中類似社會基本權的規範乃是第 15 條的生存權與工作權，但是仍然必須在解釋上擴大其給付功能。因為，憲法工作權的保障原本只限於「選擇工作的自由」，而生存權的功能則主要是在「保障生命存續」。一旦我們將前述條款解釋為社會基本權時，則人民在失業的時候，就得據以要求政府「給予工作」，甚至是不求積極自我實現，反而一味依賴國家「撫養生存」。如此地陳義過高，不僅有違基本人權強調人性尊嚴的本意，還可能給予極權政治「強迫工作」、「控制人民」的藉口。再者，縱使政府有意落實社會基本權，也會因為耗費巨大而使得目標遙不可及，所以至今仍未見任何福利國家可以實現此一理想。

另外，我國憲法基本國策中有關「工作機會的提供」、「勞工及農民的保護」、「婦幼政策」、「社會安全」以及「文化教育之發展」等條文，在經由憲法第 22 條的引介之下，也都有可能成為類似基本權利的規範❶。這類條款按理大多是制憲當時的理想性規定，其保障功能在現實狀況下也頗為限縮。由於社會基本權在實踐上的困難，因此這種「社會權入憲」的主張在德國也只有過學說上的討論，該國憲法實務上並未加以採納。然而，若是以我國憲法的規範來看，社會權入憲似乎仍容有解釋的空間。依照憲法第 22 條的規定：

「凡人民之其他自由及權利，不妨害社會秩序公共利益者，均受憲法之保障。」

因此，上述基本國策中有關社會福利的條款，是否即可解釋為此處所提及的「其他權利」，從而也當享有像憲法基本權利的同等地位？例如，第

---

❶　李震山，〈論憲法未列舉之自由權利之保障〉（前揭文），頁 15 以下。有關社會基本權之內容與規範效力，參見許志雄等編，《現代憲法論》（前揭書），頁 179 以下；陳新民，〈論「社會基本權利」〉，《憲法基本權利之基本理論》上冊，1996 年 1 月四版，頁 102 以下。

152 條「人民具有工作能力者，國家應予以適當之工作機會」的規定，就可能有等同於基本權利的效力！否則亦應具有補充第 15 條工作權的積極作用，解釋上可加諸政府「改善就業環境」、「建立就業促進制度」之任務。對此，本書在討論社會法的發展以及憲法依據時已略有提及，但仍然應該就基本國策個別條文的性質而為不同的解釋，不得一概而論。

綜而言之，我國憲法基本國策的相關規定由於陳義過高，普遍未能解釋成「社會基本權」的性質。但是藉由憲法第 22 條的「橋樑功能」，仍然可以發揮其補充基本權利的作用。尤其在基本權利客觀的「制度性保障」功能方面，相關條文應當責無旁貸地扮演其維持社會法制度的角色。

貳、社會法與憲法基本權利的衝突

從前文的探討來看，我國現行憲法規範仍然無法賦予相關社會權利等同於基本權利的地位，而是提供一種客觀的制度性保障作用。因此，在尋求社會安全立法的憲法基礎時，仍然要從現行實體法規範的審查來著手。另外，由於立法者在接受基本國策的憲法委託，著手建構社會福利相關法制之際，又同時擁有佮大的形成空間，所以不容易從正面來討論相關法規是否違憲的問題。我們在討論時不妨換個角度來思考，也就是從憲法基本權利個別規範的保障範圍出發，用以探究社會立法對於基本權利所形成的限制。討論重心尤其是關於「保障對象」的劃定、「給付資格與額度」的訂定以及「財務」的運作方式等項目，以探求立法者訂定相關法制的「合憲性基礎」(die Verfassungsmässigkeitsgrundlage)。以下乃就個別基本權利的保障範圍為基礎，並援引大法官解釋的相關見解，討論我國社會福利法制與憲法基本權利保障間的相互影響。

一、社會法對於憲法自由權的影響

㈠從社會保險的強制納保談起

1.從「受益權」轉變到「自由權」

社會法對於憲法自由權利的影響，首先表現在社會保險的「強制納保」規定上。對於被社會保險劃入被保險人範圍的人民而言，此一「強制性」以及所伴隨的「繳費義務」勢必將影響其自由權利的行使[17]。雖然我國實施社會保險已經有相當的歷史，但是憲法實務上對於強制納保的問題一直要到全民健保實施之後，才有相關的進展，此乃與以往社會保險「重福利而輕保險」的特性有關。因為，我國傳統社會保險的費率長期偏低，而且保費負擔比例偏重於資方與政府，甚至在財務收入不足時還可以仰賴政府的補助，實際上乃是「以保險之名而行福利之實」[18]。

由於早期社會保險的福利性質較強，再加上「保障圈」並非涵蓋全體國民，所以當時的爭議焦點反而是在「參加保險、享受保障」的議題上。而第一波成立的公保、軍保以及勞保亦是側重在醫療保險，其他不屬於該職業團體之國民即難以享有類此保障。例如 1985 年開始試辦的農民健康保險，其目的亦在提供農民團體醫療保險，而大法官釋字第 398 號解釋則是對於農民爭取加入「農民健康保險制度」的回應，作成下列見解：

「惟農會會員住址遷離原農會組織區域者，如仍從事農業工作……其為農民健康保險被保險人之地位不應因而受影響，仍得依規定交付保險費，繼續享有同條例所提供之保障。」

類似的情形也可見於以往的勞工保險制度中。尤其在全民健保尚未實施之前，眾多自營作業者即可透過參加「職業工會」的管道來投保，以達到享受社會保險（醫療）給付的目的。

---

[17]　見拙著，〈社會保險中強制保險之合憲性基礎〉，《黃宗樂教授六秩祝賀——公法學篇㈠》，2002 年 5 月，頁 270 以下。

[18]　相關研究見吳凱勳，《我國社會保險制度現況分析及整合問題》，1993 年 5 月，頁 109 以下。

相對而言,後來作成的大法官釋字第 472 號、第 473 號解釋,則是在我國社會保險「全民化」之後,就人民對全民健保的「強制納保」以及「繳費義務」等相關爭議的回應。有別於前述人民爭取加入保險的舉動,此時反而是由原先公保、勞保、農保的被保險人以及負擔保費的雇主發出反對該項措施的聲音。例如,在當時立法委員周伯倫等所提出的釋字第 472 號解釋聲請書中,就曾提及「全民健康保險法強制全體國民投保,使之變相成為一種強制納保、強制繳費之國民應盡之『義務』」。此舉是在現行憲法明定納稅、服兵役、受國民教育三項國民義務之外,增加憲法所無的義務,而主張其違憲[19]。雖然釋字第 472 號解釋文與解釋理由書中並未對此點有直接的闡釋,但是吳庚大法官在協同意見書中則說明其合憲理由。據其所述,我國憲法所規定的三種人民基本義務乃是制憲者所作的「例示性規定」,並且舉人民「遵守法律」的義務也沒有明文規定為例,而認為強制納保的規範效力也不待憲法明文[20]。國內憲法學者也普遍持類似的見解[21]。因此,實施全民健保並沒有增加憲法義務的問題。

2.憲法義務的重新詮釋

現代國家的憲法在以「人性尊嚴」作為解釋基礎之下,對於若干傳統觀念即有所修正。因此,就我國憲法中關於國民義務的規定,也有重新看待的必要。學者許慶雄教授認為憲法「要求國民盡義務,必須要為了保障人權體系的更完整運作,並以更落實人權保障為最終目的」[22]。是以,人民納稅義務的負擔即是為了確保社會福利的推動;遵守國民教育義務則在強調保障兒童的「學習權」;國民服兵役的義務則是為了要捍衛民主制度、立憲主義與基本人權。如此一來,國民的憲法義務就不是在「限制」基本

[19] 《司法院大法官解釋續編(十二)》,1999 年,頁 474 以下。

[20] 《司法院大法官解釋續編(十二)》(前揭書),頁 461 以下。

[21] 陳新民,《中華民國憲法釋論》,1999 年 10 月修訂三版,頁 178 以下;許慶雄,《憲法入門》(前揭書),頁 52 以下;劉慶瑞,《中華民國憲法要義》,1998 年 10 月修訂一版,頁 139 以下。

[22] 許慶雄,《憲法入門》(前揭書),頁 52。

人權，而是用以「實現」基本人權。所以，基於社會保險運作而產生的強制投保義務以及繳納保費義務，也應當從這樣的角度去理解。

除了對人民憲法義務的重新詮釋之外，本書必須強調的是「社會保險義務的性質與其他國民義務仍有所差異」。按理，我國憲法所揭示的三項國民義務以及其他不待明文的義務，大多是指國家「單方面」要求國民必須如何作為而言。對此，國民頂多可以享受國家所提供的普遍性資源，例如公共設施的使用、社會治安的保障等等，也就是所謂的「反射利益」。至於社會保險的納保義務則不然。國民在被強制納入保險體系的同時，也個別地對於國家產生相關保險給付的請求權。這種「相對性」並非傳統國民基本義務的觀念下所能理解的，寧可由「該項法律是否依憲法所定之程序產生？義務內容是否合理？與憲法之意旨是否相符？」的觀點出發，探究強制保險的合憲問題。

3.擷取德國的發展經驗

首先，參照德國實施社會保險的經驗，該國社會保險至今的「保障圈」仍然是以職業團體為主要對象，其現有制度的規模則是不斷擴大被保險人範圍的結果。在發展初期先是從自發性的「礦工互助金制度」(Knappschaftskassen) 開始，再由國家立法成為法定強制保險制度，而後逐步吸納勞工、職員以及若干特別團體而成就現在社會保險的規模。所以，從歷史發展的軌跡來看，德國社會保險的強制對象主要乃是在工業化之後具有「保障需求性」(Schutzbedürftigkeit) 的經濟弱勢者。也因此，該國並不是所謂的「全民保險」，時至今日仍然有許多自由業者、公務人員、學生等團體不在強制保險範圍之內。另外，若是人民工作所得低於一定標準或高於一定標準者，也不在保障圈之內❷。但是，該國社會保險的相關法律

---

❷ 德國的「微型工作」俗稱 "Mini-Jobs" 乃指月薪 450 歐元以下者，性質多為副業，其醫療保障需求通常可透過家庭保險達成；高所得則為年所得超過法定上限者，該國在疾病保險按 2018 年標準為 53100 歐元，其不為強制納保範圍，可藉由私人保險達到保障目的。相關討論，見 Schulin/Igl, Sozialrecht, 6. Auflage, 1999, Rz. 153 ff.。

並不排除這些人自由加入保險的權利。這些擁有「法定保險自由」的團體或個人，有些是因為其本身已經享有特別的保障措施，例如公務員的撫卹制度、自由業者的特別保障制度等，有的則是因為保險行政上的考量，被認為其工作性質不具備「保障需求性」（例如低所得工作者），因而無須強制納保。

　　前述保障圈的劃定並不是一成不變的。一旦社會保險制度面臨危機時，通常是因為失業率升高、人口老化所產生的結構性問題，政府在社會政策上又會試圖將這些人納入強制保險的範圍，以擴充保險的財源基礎。例如，德國社民黨與綠黨的行政團隊上臺以後，1999 年 4 月時即重新界定「微型工作」(Geringfügige Beschäftigungen)，而將許多先前無須投保之人納入強制保險的範疇內。此舉既會影響新納保者的自由權，也可能對原先的被保險人產生不公平，因為透過保險危險分擔的機制將可能加重後者的保費負擔❷❹。另外，保障圈的擴大也對於保險團體以外的第三人產生相當的影響，例如雇主與一般納稅人等，因為這兩者都要負擔相當比例的保險費用❷❺。

　　社會保險在我國既然是憲法明文的基本國策，又有相關立法形成「既有的」社會安全制度，人民自然應當享有加入此一制度的權利。而且，立法者也負有相對的作為義務，用以維持該制度應有的內容與目的。此一情形乃是前述社會保險作為憲法制度保障的必然結果。但是，政府實施社會保險所必須的強制投保措施以及伴隨而來的保費負擔，甚至在保險制度「全民化」之後所造成的給付水準降低的情形，都可能對人民的基本權利有所侵害。在社會法對於基本權利限制的爭議上，我國憲法實務的相關解釋仍然不多，而學說的發展也方興未艾，下文仍借助德國的相關學說以及實務經驗，尤其是憲法教義學上所發展出來的見解，探討我國已經發生以及未

---

❷❹　Fuchsloch, Geringfügige Beschäftigung als Mittel für ein notwendiges Ziel der Sozialpolitik? in: NZS 1996, S. 60 ff.; Gitter/Schmitt, Sozialrecht, 5. Auflage, 2001, S. 57。

❷❺　社會保險多半規定被保險人之雇主應負擔一定比例之保費，而政府則要負責保險行政費用以及若干補助，其負擔自是加諸於一般納稅義務人。

來可能產生的相關合憲性問題。

㈡社會法與工作權

1.德國憲法的發展經驗

德國現行基本法於第 12 條規範有「工作自由權」(Berufsfreiheit)。而依照該國憲法教義學的理論，其保障內涵為個人（含私法人）選擇與執行職業的自由。換言之，現今社會上受企業聘僱工作以維持其個人與家庭生活基礎的勞工、獨自創業的自由業者以及公司行號等等，都應當成為此一基本權利的保障對象。關於工作權的限制問題，該國聯邦憲法法院曾發展出著名的「三階理論」。依照工作權受限制的程度而區分成「職業執行規則」、「職業選擇之主觀許可要件」、「職業選擇之客觀許可要件」三種類型，從而要求立法者必須因應不同的侵害程度提出相對的合憲理由㉖。由於後來憲法實務上所面臨的限制條件與上述三階段分法不盡符合，在合憲檢驗時多僅就限制措施的強度來判斷，而且是以「法律保留原則」與「比例原則」作為輔助判斷工具㉗。

對於政府擴大社會保險被保險人範圍的措施而言，倘若立法者不是以滿足強制對象的「客觀保障需求」為目的，而只是為了開闢新的保險財源，即可能有違憲之虞。另外，就強制雇主為其員工投保並且負擔一定比例保費的規定來說，該國聯邦憲法法院則以「限制的強度應不足以阻礙其選擇工作之自由」，或者是由於「普遍公益的需求」，因而肯定其合憲基礎。又在「藝術家社會保險」(Künstlersozialversicherung) 的實施上，對於畫廊業者等必須為從事藝術創作者及新聞工作人員負擔保險費用的義務而言，該國憲法法院也因為其額度不高而排除侵害工作自由的可能㉘。相對而言，

㉖ BVerfGE 7, 377 ff.；此即所謂的 Apotheken 判決，中譯文見司法院《西德聯邦憲法法院裁判選輯㈠》，頁 128 以下；相關評述見李惠宗，〈憲法工作權保障之系譜〉，於：劉孔中、李建良主編，《憲法解釋之理論與實務㈠》，1998 年 6 月，頁 378 以下。

㉗ Ipsen, Staatsrecht II (Grundrechte) （前揭書）, Rz. 633 ff.。

㉘ 德國於 1983 年成立藝術家社會保險，保險對象為藝術家與新聞工作者。而出版社、劇院、畫廊、廣播以及電視業者則需負擔「藝術家社會捐」

假如是開放讓高所得者也能普遍加入社會保險，其所造成的違憲問題則非僅以「特別的社會保障需求」以及「確保制度運作」等理由所能說服的❷。至於保險市場是否會因為社會保險的過度膨脹而成為名副其實的「全民保險」，以至於對私人保險業者的工作權產生衝擊，則是該國未來必須面對的問題❸。

2.我國憲法工作權的保障範圍

在我國方面，若是以憲法第 15 條保障「工作權」的規範來說，其所保障的也僅是人民「選擇工作」的自由權，而不是請求國家「提供工作」的社會基本權。因此，憲法第 152 條的規定應當解釋為：國家為維護社會正義、保障勞工權益，應建立職業訓練、就業諮詢等相關之制度，以促進人民工作自由權之發展。所以，憲法工作權是在保障人民有權選擇想要從事的職業，國家不僅不得強迫個人工作，也不可以將就業的客觀條件作過於嚴苛的限制，以至於實質剝奪人民工作的自由。對此，學者李惠宗教授即綜合憲法工作權所要保障的範圍如下❸：

⑴選擇工作前所需的職業訓練、受教育之機會以及應考等取得資格之機會。

(Künstlersozialabgabe)，形同扮演雇主之角色。Finke, Künstlersozialversicherung, in: Sozialrechtshandbuch (SRH), 3. Auflage, 2003, S. 1166 ff.。

❷ 按德國之社會保險定有保費核定上限 (Beitragsbemessungsgrenze)，對一定額度以上之收入部分不強制納保，依據 2018 年的標準該上限於疾病保險為年收入 53100 歐元；於年金保險方面，在德西為年收入 78000 歐元，在德東為 69600 歐元。Papier, Der Einfluß des Verfassungsrechts auf das Sozialrecht, in: Sozialrechtshandbuch (SRH), 3. Auflage, 2003, S. 117 ff.。相關實務見解，參考 BVerfGE, 75, 108 (153 f.); BVerfGE, 81, 156 (188 f.)。

❸ 按德國之社會保險採公辦民營，對於民間保險業者乃一大商機。參考 BVerfGE, 75, 108 (153 f.); BVerfGE, 81, 156 (188 f.), Papier, Der Einfluß des Verfassungsrechts auf das Sozialrecht（前揭文）, S. 119。

❸ 李惠宗，〈憲法工作權保障之系譜〉（前揭文），頁 347 以下；李惠宗，《憲法要義》（前揭書），頁 223 以下。

⑵選定職業後的執行自由、經營自由與廢業自由。

⑶其保障對象除自然人外也及於私法人。

又依照我國憲法第 23 條的規定,國家對於人民的自由權利自得基於公共利益而加以限制。因此,如果社會法以強制手段實施,而對人民的工作權有所限制時,就應當符合相關限制的方式與界限。我國憲法實務上並未發展出類似德國的三階理論,但是由憲法第 23 條所導出的「法律保留原則」及「比例原則」向來為大法官在合憲解釋時所引用,對於工作權的保障標準已經具備雛形。例如,釋字第 206 號解釋所適用的「合目的性原則」;釋字第 268 號、第 270 號、第 404 號解釋引用「法律授權原則」;釋字第 404 號、第 414 號解釋也就保護公共利益的性質與「必要性原則」區分審查標準。此外,憲法基本國策第 144 條有關「公營事業」的規定,以及第 145 條對於「私營事業」的限制,也應當作為國家對於工作權特別領域的憲法特別依據。

另外,在社會保險的適用對象上,亦不應僅限專任人員。對此,釋字第 456 號解釋即闡明,勞保條例第 6 條與第 8 條「對於參加勞工保險為被保險人之員工或勞動者,並未限定於專任員工始得為之」,從而認定條例施行細則早先就加保對象以「專任員工為限」之規定,已然逾越法律授權之範圍而違憲。此一見解對於近年來就大學研究助理、工讀生等「部分工時工作」之納保爭議,具有決定性之意義。

3.強制保險的合憲依據

綜上所述,我國公保、勞保以及全民健保等社會保險的「強制保險」規定,就可能會違反憲法對於工作權的保障。有關強制保險對工作權所產生的限制,首先在於可能阻礙人民的就業意願,從而限制人民「選擇職業的自由」。另外,就雇主因此而必須負擔的繳費責任而言,還可能侵害到企業的「經營自由」。在合憲性檢驗上,以全民健保為例,大法官在釋字第 472 號解釋文中即以「基於社會互助、危險分攤及公共利益之考量」為理由,說明強制納保與繳納保費的「合目的性」。再接下來,大法官則以「促使投保單位或被保險人履行其繳納保費義務之<u>必要手段</u>」為由,承認健保

加徵滯納金的「必要性」。

釋字第 472 號解釋固然沒有針對工作權保障的問題加以說明，但是就大法官所持理由分析，仍然可以取得對於工作權限制的合憲基礎。推而廣之，只要是社會保險的保費負擔不致於過重，而被保險人團體又有其普遍的保障需求，因為強制保險而對工作權所產生的限制仍屬合憲。尤其是被保險人因為加入健保而取得對於疾病、意外與老年等相對性的保障，更能符合「均衡原則」的要求。至於被保險人的雇主因為強制保險所須負擔的部分保費，學者認為是雇主所應當負擔的「社會責任」❷。而且經濟學上也將保險費用計入企業的生產成本與薪資成本當中，進而會被轉嫁給消費者，因此並不會過分影響企業的經營自由❸。

另外，對於無法負擔保費的低收入戶以及失業者，應當由其他社會安全機制負擔其保費義務，以避免社會保險反而成為弱勢團體的「社會負擔」。類似的問題尤其常見於擁有固定資產卻又經常處於失業狀態的原住民同胞身上。除此之外，現今的社會保險制度對於擁有較多子女家庭的優惠措施則仍嫌不足，特別是「以口計價」的保費政策將使少子化的問題更加雪上加霜❹。

4.社會法與工作權之調合

由於我國健康保險採取全民化的實施方式，所以往後並無類似德國在擴充保險保障圈上所產生的問題。倒是未來健保制度是否要「民營化」的議題，可能引發有意分食這塊大餅的保險業者另一波工作權的保衛戰。可以預見的，相同的情形也會產生於 2008 年開辦的「國民年金保險」以及規

---

❷　郭明政，《社會安全制度與社會法》，1997 年 11 月，頁 77 以下。

❸　柯木興，《社會保險》，1995 年 8 月修訂版，頁 322 以下。有關全民健保對企業之影響，參考黃文鴻等，《全民健保——制度、法規、衝擊》，1995 年 3 月修訂再版，頁 85 以下；羅紀瓊，〈健康保險財務制度〉，於：楊志良主編，《健康保險》，1996 年 1 月增訂版，頁 39 以下。

❹　依據「全民健康保險法」第 18 條第 2 項之規定，眷屬保險費超過三口者，以三口計。此乃預計被保人與配偶及兩名子女之規模，為一種「折衷式家庭保險」。但以現代社會低生育率的情形來看，鼓勵生育之作用十分有限。

劃中的「長期照護保險」上面。其實,傳統社會保險的主要功能就是在提供勞工在勞動安全上的保障。例如,意外保險除了提供事故發生後的給付之外,更有改善工作環境以及預防職業災害發生的作用;年金保險則是在保障勞工的晚年生活,使其無後顧之憂;尤其是失業保險的就業輔導與職業訓練機制,更有助於被保險人工作權的保障。因此,有關強制保險的合憲性問題,與其探討社會保險對於工作權的侵害,毋寧研究應如何落實憲法促進勞資和諧、保障勞工安全的基本國策。

我國對於工作權的保障措施,更常以社會促進的方式來落實。例如,「教育券」與助學貸款**㉟**、企業對於身心障礙者的「定額進用」規定等**㊱**,但是優待措施往往也會造成種種不公平現象。對此,釋字第 649 號解釋之見解深具參考性:「以保障視覺障礙者(下稱視障者)工作權為目的所採職業保留之優惠性差別待遇,亦係對非視障者工作權中之選擇職業自由所為之職業禁止。」所以,要求相關優待規定所追求之目的應為重要公共利益;所採禁止非視障者從事按摩業之手段,須對非視障者之權利並未造成過度限制;而且要有助於視障者工作權之維護,而與目的間有實質關聯者,方符合平等權之保障。

(三)社會法與人民結社自由

1.德國憲法的發展經驗

以德國基本法而言,其中第 9 條第 1 項、第 2 項的規範乃在保障人民「自由成立協會與社團」(Vereine und Gesellschaften zu bilden) 的權利。此一基本權的作用在保障人民為了追求共同的目的而「自願結合」,以建立一個持續性的而且具有一定規模之組織體的權利。但是,此一基本權的行使目的不得違反刑法、憲法秩序以及國際協議的意旨。這種結社自由還與民主的發展歷史息息相關,尤其是在落實人民的意見形成自由上,關係著人民重要的政治活動。至於結社自由的保障對象,除了個人以外,也及於社

㉟　見拙著,〈從社會法觀點看教育券相關措施——以社會促進為學理基礎〉,《月旦法學》第 171 期,2009 年 8 月,頁 183 以下。

㊱　見「身心障礙者權益保障法」第 38 條之規定。

團成員的自治以及該社團本身。另外，憲法結社自由不僅在保障人民「積極結社」的權利，同時也及於不加入組織的「消極結社自由」(negative Vereinigungsfreiheit)❸❼。例如各種職業公會 (Zünfte) 如果強迫從事該職業的人員皆應加入時，即可能侵犯此一消極結社自由權。

按理，社會保險的被保險人團體也應當屬於結社自由的保障範圍，所以強制納保即可能侵害此項基本權。但是，參照德國學說與實務上的見解，一般認為憲法上的「結社自由」只是在保障「私法上」的社團，也就是常見的財團法人、公司行號與人民團體等，反而不及於「公法上」的社團，例如國家、地方自治團體與其他公法人等❸❽。有關強制加入公法社團的爭議，該國憲法實務上大多認為是基本法第 2 條第 1 項「一般自由權」的保障範圍❸❾。是以，儘管該國社會保險採用「公辦民營」的方式，承辦機構並非行政機關。但是就其性質而言，由於其具備的強制性格以及適用由國家公權力主導的規範依據，德國學說上也將這類組織歸納成具有公法地位的「公法社團」(öffentlich-rechtliche Körperschaften)❹❶或「公營造物」(öffentlich-rechtliche Anstalten)❹❶。

2.我國憲法結社自由的保障範圍

我國憲法第 14 條也規定人民有「結社自由」。學者李惠宗教授認為其中應包含有社團的自由發起、名稱的自由使用；人民對社團種類選擇、入

---

❸❼　Ipsen, Grundrechte（前揭書）, Rz. 544 ff.; BVerfGE 10, 89 (102)。

❸❽　Merten, Die Ausweitung der Sozialversicherungspflicht und die Grenzen der Verfassung, in: NZS 1988, S. 545 ff.。但 Pieroth/Schlink 則認為此權利亦得用於公法上之結社，見氏著 Grundrechte, Staatsrecht II, 14. überarbeitete Auflage, 1998, Rz. 728 ff.。

❸❾　BVerfGE 10, 354 (361 f.); NJW 1986, 1095 f.。

❹❶　許春鎮，〈論公法社團之概念及其類型〉，《東吳法律學報》第 16 卷第 2 期，2004 年 12 月，頁 93 以下。

❹❶　有關公營造物之理論，參見吳庚，《行政法之理論與實用》，2003 年 8 月增訂八版，頁 185 以下；陳愛娥，〈行政組織〉，於：李建良等合著，《行政法入門》，2004 年 5 月，頁 230 以下。

社與退社自由；社團繼續經營與解散的自由等保障範圍❷。而學者許慶雄教授也曾提及結社自由的積極意義與消極意義，後者乃是指「個人不加入或脫離社團的自由」。至於有關強制加入職業團體的措施，許教授則主張「須依社會狀況與該社團性質來加以判斷」，而且「此社團的目的及活動範圍，必須限定在確保職業倫理及提升業務技術水準方面」❸。再依照大法官第 479 號解釋的意旨，結社自由「旨在保障人民為特定目的，以共同之意思組成團體並參加其活動之自由」。此一見解也與前述德國的學說相互呼應，足見我國學界與憲法實務在此皆採取與德國相似的見解。

誠如前文所述，社會保險制度中以被保險人為成員所組成的團體也是屬於「社團」之一。因此，強制保險的措施就可能限制到個人憲法上消極的結社自由，也就是不加入該保險團體的自由權利。比起德國的「公辦民營」，我國社會保險則向來是由中央統籌辦理，屬於公權力行使的性質更強，憲法實務上也將社會保險歸為公法事件，其相關爭議可以循行政爭訟程序來救濟❹。如此一來，有關社會保險的爭議即不屬於憲法上結社自由權的保障範圍。本書也認為，可以參酌德國憲法學上以「一般行為自由權」來探討其合憲基礎。

㈣社會法與一般自由權

1.德國憲法的發展經驗

有關德國憲法教義學上對於自由權的合憲檢驗程序，即以「一般行為自由權」(allgemeine Handlungsfreiheit) 作為最後標準，其在基本法的規範依據為第 2 條第 1 項。該國基本法此一條文的設計，其用意並不是在保障人民某個特定的生活領域，而是在提供其他未被明確列舉的基本權利一個憲法保障的「概括依據」。尤其是當來自於公權力的侵害方式，源自於一個形式上與實質上都合乎憲法要求的抽象法規範，或者是當沒有明確的基本

---

❷ 李惠宗，《憲法要義》(前揭書)，頁 201 以下。

❸ 許慶雄，《憲法入門》(前揭書)，頁 116。

❹ 大法官會議釋字第 466 號解釋：「按公務人員保險為社會保險之一種，具公法性質，關於公務人員保險給付之爭議，自應循行政爭訟程序解決。」

權保障範圍可以適用時，人民即可援引此一基本權以茲對抗。因此，一般自由權在憲法學上又被稱為「收容之基本權利」(Auffanggrundrecht)，其適用時機則以無法援引其他特別基本權規範為前提。

另外，就德國基本法同一條文的規定來說，對於一般自由權的限制應符合「不侵犯他人權利、不違反合憲秩序及風俗法」等概括目的。而其中又以合憲秩序作為重心，也就是憲法實務上常見的「法律保留原則」以及「比例原則」的運用❹❺。相較之下，我國憲法關於基本權利的規範中並沒有類似的條文可供直接引用。但是，我國憲法學者認為從憲法第 22 條的「其他自由及權利」以及第 23 條的「概括條款」中，也可以推論出類似一般自由權的規定❹❻。

2.社會法強制措施的合憲依據

綜上所述，我國社會法的任何強制規範皆不得「妨害社會秩序、公共利益」，而且應當以「防止妨礙他人自由、避免緊急危難、維持社會秩序、或增進公共利益」為目的才行。此外，還必須符合「法律保留原則」與「比例原則」的要求，也就是有關人民自由權利義務者應以法律制定❹❼，而且其手段與目的之間應有其必要性而且法益間不失均衡。其中的法律保留原則本來是針對「干涉行政」所定，目的在保障人民自由權利，因此對於近世發展的「給付（服務）行政」即有適用上的疑慮。關於法律保留原則的適用範圍，學說上有「侵害保留說」、「全部保留說」及「重要事項說」等不同主張，近年來則多採取重要事項說，也就是政府的給付行政也應當有法律依據或授權才得以實施❹❽。此處涉及到政府提供福祉是否多多益善而無須限制的問題。然而，社會法的實施手段本就是「干涉行政」與「給付

---

❹❺　Pieroth/Schlink, Grundrechte（前揭書）, Rz. 367 ff.；陳新民，〈論憲法人民基本權利的限制〉,《憲法基本權利之基本理論》上冊，1996 年 1 月四版，頁 181 以下。

❹❻　李震山，〈論憲法未列舉之自由權利之保障〉（前揭文），頁 19 以下；陳新民，《中華民國憲法釋論》（前揭書），頁 159 以下。

❹❼　見「中央法規標準法」第 5 條之規定。

❹❽　李建良，於《行政法入門》（前揭書），頁 78 以下。

行政」的混合，再加上事情牽涉「福利大餅分配」以及「預算排擠」的問題，更應當由立法機關來把關才行。在個案上通常以行政程序法第 93 條之附款形式，要求給付對象需提具各項佐證資料，或是配合資產調查。給付模式甚至也可採取「抵用券」、「以工代賑」等，以避免現金給付所產生之挪用疑慮。

有關我國全民健保的強制納保以及加徵滯納金的規定，大法官在釋字第 472 號解釋理由中即有如下揭示：

「國家為達成全民納入健康保險，以履行對全體國民提供健康照護之責任所必要」；「為促使投保單位或被保險人履行公法上金錢給付義務，……係實現全民健康保險之合理手段，應無逾越憲法第二十三條規定之必要程度。」

因此，如果以一般自由權作為檢驗依據，則強制保險措施仍屬合憲。另外，保險人在執行催繳保費上所必須的「輔助手段」，例如課予滯納金或暫時停止給付等，也應當考慮到無力繳交保費者的實際情形，不得逕行拒絕給付。如此即為「均衡原則」的表現，也就是將強制手段對個案的具體影響與全民健保所欲達成的目的兩相比較，作為一種整體性的價值衡量過程。如此的用意則在督促立法者要訂定「困境條款」，以因應前述經濟弱勢的情形[49]。

在全民健保之外，政府在實施養老保險以及規劃「國民年金保險」時，除了要注意強制措施的必要性問題外，更要避免保險給付的「保障不足」與「保障過度」的情形。在整體社會法體系下，尤其要釐清社會救助與養老保險以及國民年金與企業退休金之間的不同功能。

---

[49] 蔡維音，〈全民健保之合憲性檢驗〉，《月旦法學》第 51 期，1999 年 8 月，頁 180 以下。目前我國全民健保設有「紓困基金」，凡屬低收入之邊緣戶、家庭遭變故致生活困難者、身心障礙無法自立生活者以及生計遭遇困難者，只要由公所出具證明，得無息貸款 6 個月，此款項無上限，但只能用以直接清償積欠保費。

二、社會法對憲法平等權的影響

㈠德國憲法的發展經驗

　　德國基本法第 3 條第 1 項規定「平等原則」(Gleichheitssatz)。此一原則不只是拘束適用法律的行政與司法兩權，同時也及於立法權的行使。所謂「平等」也就是「相同事件為相同對待；不同事件為不同對待」，違反此一原則就是一種「差別待遇」。關於平等原則的保障範圍，早先是在禁止公權力在缺乏正當理由之下作出差別待遇，也就是「恣意的禁止」(Willkür-verbot)。後來則有德國聯邦憲法法院所提出的「新模式」(neue Formel)：倘若某法規範對象團體受到不同於其他團體之待遇，而兩者之間在種類與分量的差異上又不足以將此差別待遇合法化時，即有違平等原則❺⓪。

　　另外，平等從字義上來說並非「等同」(Identität)，而是一種「可比較性」(Vergleichbarkeit)。有別於自由權或受益權的雙方關係，也就是人民據以防衛國家或是向國家請求給付，平等權的問題顧名思義必定要有可供比較的「第三者」。換句話說，前述平等原則的主張是在兩個以上的個案比較之後產生「差別」才有的❺①。而且，基於「主觀公權利」的理論，個人在援引平等原則時只應當主張要「比照」他人的優待，而不得基於一種「酸葡萄心態」要求政府去除他人原本享有的福利。因此，平等原則大多是在人民爭取國家積極為「授益行政」時被援引。至於在客觀作用上，德國則發展出「行政裁量的自我約束」(Selbsbindung des Ermessens) 以及「體系正義」(Systemgerechtigkeit) 的原則❺②。根據這些原則，行政機關的措施不應該發生前後不一的情形，否則就必須提出合理的解釋。同樣的，立法機關也不可以在法體系內制定價值相互矛盾的規範。機關一旦違反上述的原則，

---

❺⓪　見 Ipsen, Grundrechte（前揭書）, Rz. 759 ff.; Papier, Der Einfluß des Verfassungsrechts auf das Sozialrecht（前揭文）, Rz. 88 ff.。

❺①　見 Ipsen, Grundrechte（前揭書）, Rz. 754 ff.。

❺②　陳新民，〈平等權的憲法意義〉,《憲法基本權利之基本理論》上冊，1996 年 1 月四版，頁 500 及 516。

即可能牴觸憲法上的平等權。

㈡我國憲法上的平等原則

關於平等原則，我國憲法第 7 條也有明定「人民在法律上一律平等」。除了要求機關適用法律的平等之外，也約束立法權的行使。該條條文中特別列舉了男女、宗教、種族、階級以及黨派五種「特別平等權」，說明制憲者對於這些項目的重視。另外，學理上也可以從第 22 條導出「一般平等原則」。學理上對於平等的定義是：

「相同的事務，應該相同對待；不同的事務，則要不同對待。」

所以，國家公權力的行使不應該是齊頭式的，而是要就「事務的本質」作出「合理的對待」。政府也不是不得為「差別待遇」，但是應該要提出「正當的理由」[53]。這樣的原則不僅約束行政部門的各項措施，也同樣約束立法機關的立法行為，要求後者在立法的同時就應當遵守平等原則的要求。

至於我國憲法實務上的見解，根據大法官釋字第 211 號解釋的意旨，平等權乃是在保障人民法律上的實質平等，並不限制法律授權機關「斟酌具體案件事實上之差異」以及「立法目的」，而為不同的處置。但是，這樣一來難免又使得立法者有過大的形成自由，所以學者李惠宗教授也提出差別待遇應當符合「本質目的」的要求，也就是說「制度最根本之目的不得因某些差別待遇之需要而遭破壞，否則<u>事務之本質</u>基礎即無法存在」[54]。雖然平等原則理當運用於爭取受益，但釋字第 666 號解釋更援引於「罰娼不罰嫖」之爭議上，主張「法律為貫徹立法目的，而設行政罰之規定時，如因處罰對象之取捨，而形成差別待遇者，須與立法目的間具有實質關聯，始與平等原則無違。」

㈢平等原則在社會法上的實踐

1.關於過度照顧措施的問題

由於社會法為典型的「給付行政」，在社會立法過程中經常產生平等原

---

[53] 陳新民，〈平等權的憲法意義〉（前揭文），頁 495 以下；我國現行「行政程序法」第六條亦如此規定：行政行為，非有正當理由，不得為差別待遇。

[54] 李惠宗，《憲法要義》（前揭書），頁 135 以下。

則的爭議，例如老人津貼的發放、各式社會補助以及社會補償等措施，都是針對特定團體所作的一種「優惠待遇」。如此一來，難免要引發其他團體或是納稅人的疑慮，進而質疑政府的立法不公。然而，誠如前文所提及社會法的立法目的，主要就是在消除工業社會所產生的不公平現象，以追求「社會公平」的理想。因此，部分的「不公」乃是在求取社會整體的實質公平❺。憲法實務上特別要求，在審查政府各項優待措施的「必要性」時，「應注意與一般國民間之平等關係，就福利資源為妥善之分配」，並且要斟酌受益人的實際狀況，「不得僅以受益人之特定職位或身分作為區別對待之唯一依據」❻。對應此一見解，社會津貼中大多會訂有「排富條款」，而且社會救助制度也有「收入調查」的措施，以符合社會給付的必要性。另外，政府也應當避免在不同制度間有重複給付而產生「過度照顧」的現象，此一要求乃是平等原則與比例原則搭配檢驗的結果❼。例如，政府近年對於退休公務人員在月退俸之外兼領定存利息補貼，以致所得替代偏高的情形，就俗稱「18%」的優惠存款制度進行改革。釋字第 717 號解釋理由書即指出「係為處理此種不合理情形，避免優惠存款利息差額造成國家財政嚴重負擔，進而產生排擠其他給付行政措施預算（如各項社會福利支出），以及造成代際間權益關係失衡等問題。」

2.關於負擔公平性的爭議

另外，社會保險在實施上也經常產生「負擔公平性」的爭議，最常見於保險費率的不同以及政府補助的差異上。例如，全民健保最高一級的投保金額，與最低一級的投保金額間要維持「五倍以上之差距」，可是擔負不

---

❺ 例如「老年農民福利津貼暫行條例」第 1 條：「為照顧老年農民生活，增進農民福祉……。」；「社會救助法」第 1 條：「為照顧低收入戶、中低收入戶及救助遭受急難或災害者……。」

❻ 此乃大法官會議在釋字第 485 號解釋中，針對「國軍老舊眷村改建條例」所提出之見解。

❼ 我國軍公教福利即有明顯「過度照顧」的現象，見盧政春，〈利益團體與社會福利資源分配──透視我國軍公教福利〉，於：林萬億編，《台灣的社會福利：民間觀點》，1995 年 5 月，頁 207 以下。

同繳費義務的被保險人卻享有相同的給付權利。甚至政府對勞工保險中受僱勞工與自營作業者的保費補助差別，以及農民健康保險中的高額保費補助，也都有著公平性的疑慮。關於全民健保差別費率的問題，大法官在釋字第 473 號解釋中就提及：

「鑑於健康保險為社會保險，對於不同所得者，收取不同保險費，以符合量能負擔之公平性，並以類型化方式合理計算投保金額，俾收簡化之功能……。」

關於費率差異的平等權疑慮，在此受到憲法實務上的肯定。再者，社會保險本來就是利用這種「差別費率；相同給付」的機制來達到所得重分配的目的。這種情形在健康保險較為明顯，至於在年金保險制度中，其保險費率不僅與薪資所得相關，而且會成為日後計算退休金額度的依據，因此相關的公平問題也就較小。只是我國在制度設計上應當揚棄以「最後薪資」作為計算基準，而改採「逐年計算」的模式，才能防止雇主與勞工合謀所產生的道德危機。另外，有關政府補助保費的多寡乃是社會政策的考量，其用意在資助經濟上的弱勢團體，期待將所有的需求者都納入現存社會安全體系之中。相同的功能也存在於社會促進制度中。對此，大法官釋字第 472 號中也有所闡明：

「……對於無力繳納保費者，國家應給予適當之救助，不得逕行拒絕給付，以符憲法推行全民健康保險，保障老弱殘廢、無力生活人民之旨趣……。」

又以平等權「同同、異異」的原則來看，政府合理收取保費差額或以預算挹注人民實際需求，其實都是平等原則的具體實踐。

3.立法裁量與體系正義

至於在社會保險行政上，機關亦有為了兼顧行政效率而以類型化之方式「事先指定」被保險人投保金額等級，以致保費未能反映被保險人實際所得。對此，就修正前全民健保法施行細則第 41 條第 1 項第 4 款「無一定雇主或自營作業而參加職業工會者，按投保金額分級表第六級起申報」❸

---

❸　現行規定為全民健保法施行細則第 46 條第 1 項第 5 款：「無一定雇主或自營作

之規定，釋字第 676 號解釋亦認為「該等規定係以有效辦理全民健康保險為目的，而以類型化方式計算投保金額為內容與範圍」，尚未違憲。但該號解釋亦對此行政裁量提出下列建議：

「……惟於被保險人實際所得未達第六級時，相關機關自應考量設立適當之機制，合理調降保險費，以符社會保險制度中量能負擔之公平性及照顧低所得者之互助性。」

最後，在關於勞基法欠缺類似當時公務人員退休法第 26 條「請領退休金、撫慰金、資遣給與之權利，不得作為扣押、讓與或供擔保之標的」之爭議上，釋字第 596 號解釋雖認為，其係立法者衡量二者性質之差異及其他相關因素所為之不同規定，屬於立法自由形成之範疇，故未牴觸憲法第 7 條之平等原則。然而，許宗力以及許玉秀兩位大法官則在「不同意見書」中提出，其間所涉及的並非勞工與公務員退休制度之比較，而是對於「退休人員經濟生活」之保障措施。並且還提出「體系正義」的觀察模式，亦即立法者對於某特定事務或生活事實之「原則性基本價值決定」，在後之立法如無正當理由，即有遵守之義務。故主張訂定在先之公務人員退休制度，至遲自 1971 年即已明定退休金請求權不得扣押、讓與與供擔保，而立法時間在後之勞基法退休金卻無相關規定，已然違反體系正義。因此，對於如此整體性的「老年經濟安全保障體系」，立法者如欲刻意偏離，即應當提出更能說服人之理由❺❾。而在平等原則檢驗中對於事物本質的認定上，廖義男大法官亦於「不同意見書」中認為，退休金制度旨在保障退休人員退休後之生活所需，無論其退休前為公務人員或勞工，「並無事物性質之差異」。

由於社會給付不僅容易導致「厚此薄彼」之議，也會形成對其他國民

業而參加職業工會者，於第二類第一目非以最低投保金額申報者之月平均投保金額成長率累積達百分之四點五時，由保險人依下列規定公告調整最低申報投保金額：㈠於一月至六月累積達百分之四點五時，自次年一月起按原最低投保金額對應等級調高一級。㈡於七月至十二月累積達百分之四點五時，自次年七月起按原最低投保金額對應等級調高一級。」

❺❾ 見拙著，〈簡評「大法官釋字第 596 號解釋」〉，《台灣本土法學雜誌》第 72 期，2005 年 7 月，頁 224 以下。

的基本權利限制，合憲檢驗時即不單採平等原則作為基準。例如，釋字第
649號即闡明，「身心障礙者權益保障法」以保障視覺障礙者工作權為目的
所採職業保留之「優惠性差別待遇」，「亦係對非視障者工作權中之選擇職
業自由所為之職業禁止，自應合於憲法第七條平等權、第十五條工作權及
第二十三條比例原則之規定」。另外，大法官於該號解釋中更語重心長地道
出，制式化的差別待遇「易使主管機關忽略視障者所具稟賦非僅侷限於從
事按摩業，以致系爭規定施行近三十年而職業選擇多元之今日，仍未能大
幅改善視障者之經社地位，目的與手段間難謂具備實質關聯性，從而有違
憲法第七條保障平等權之意旨」。是以，立法者的優惠手段應與時俱進，隨
時關注社會立法技術之演進，方不至於愛之反而害之；主管機關並須具備
社會法體系之學養基礎，也才能符合平等原則所要求之體系正義。

三、社會法對憲法財產權的影響

㈠財產權的演變與理論

1.德國憲法財產權的演進

　　財產權乃是屬於最古老的人權之一，其作用在維繫人類生命的基礎以
及滿足人性尊嚴的需求，因此「所有權」(das Eigentum) 一直與整體基本人
權的發展息息相關。我們回顧近代民主革命的導火線，不論是關於徵稅問
題或是物質分配的不均，也都與所有權的保障有關。後來由於工商業的進
步，所有權的概念也就擴張為較為廣義的「財產權」。例如德國基本法第
14條的財產權保障範圍，便是先從民法上的「所有權」概念出發，再逐漸
擴及於「所有私法上之權利」❻。該國憲法上財產權的保障首重所謂的「制
度保障」(Institutionsgarantie)，而其中又以表彰所有權使用、收益與處分自

---

❻　見陳新民，〈憲法財產權保障之體系與公益徵收之概念〉，《憲法基本權利之基
　　本理論》上冊，1996年1月四版，頁285以下；陳愛娥，〈司法院大法官會議
　　解釋中財產權概念之演變〉，於：劉孔中、李建良主編，《憲法解釋之理論與實
　　務》，1998年，頁403以下；Pieroth/Schlink, Grundrechte（前揭書）, Rz. 901
　　ff.。

由的「私使用性」(Privatnützigkeit) 為最重要的部分。因此,憲法財產權乃是在保障權利人可以實現個人的自由權,以及因應其人格發展與尊嚴維護所需。甚至在遭遇到風險的時候,也可以藉由平日的財產積蓄保障自己與家庭的生存權。

時至今日,個人平日的積蓄已經無法因應通貨膨脹與戰爭等經濟上的突發狀況,而一個現代的「社會國」理當要承擔起國民的生存照顧責任,最常見的就是透過社會保險的機制來分攤風險。由於這種社會安全制度的建立,使得「多數國民經濟生活之安全皆仰賴工作所得以及與其相關的團體保障措施」❻❶,傳統觀念下的財產權定義也勢必要跟著改變。因此,德國在 80 年代有關法定年金保險的憲法判決上就發展出「公法上財產權」的觀念,將法定年金的法律地位納入憲法財產權保障的範疇❻❷。自此而後,如果政府對於被保險人的年金給付額度或是給付期待權等「具有財產價值之主觀公法權利」(vermögenswerte subjektive Rechte des öffentlichen Rechts)採取削減的措施時,即可能侵害當事人憲法上的財產權保障❻❸。

然而,我們如果從憲法教義學的觀點來看,此一財產權保障範圍的擴充也並不是毫無爭議的。就以法定年金保險來說,由於該制度的實施具有長期性的特色,在財務運用上難免會受到社會結構與經濟景氣的影響,所以德國立法者始終在年金財產權的內容以及限制上擁有相當大的形成自由。換句話說,縱使憲法實務已經將年金的請求權納入財產權的保障範圍,充其量也只能提供年金給付一個分配的基準 (Verteilungsmaßstäbe),但是誰也無法保證法律上有一定的分配額度 (Verteilungsmasse)❻❹。雖然該國學說上的爭議仍舊不斷,但是將年金作為財產權保障客體的見解,已經受到相

---

❻❶ 見 BVerfGE 53, 257 (290)。

❻❷ 見 BVerfGE 53, 257; 58, 272; 75, 78。

❻❸ 見 Seifert/Hömig, Grundgesetz für die Bundesrepublik Deutschland, Taschenkommentar, 5. Auflage, 1995, Art. 14, Rz. 3。

❻❹ 見 Badura, Der Sozialstaat, DÖV 1989, S. 491 ff. (496); Isensee, Der Sozialstaat in der Wirtschaftskrise, in: FS für J. Broermann, 1982, S. 368。

當程度的肯定。

依照德國現行憲法實務上的發展，年金請求權與其期待權得以作為財產權保障標的的要件如下❻❺：

(1)透過相當的自己給付

所謂的「自己給付」乃是指年金請求權是透過當事人事先的對價性給付（保費）而獲得的。這一個要件的特別目的，就是運用在社會保險給付與國家「單方面給付」的區別上。因此，當事人對於社會救助、社會促進與社會補償的給付，都將因為欠缺自己給付的要件，而無法援引公法上財產權的保障規定❻❻。特別是在年金保險中的傳統給付項目，也就是在被保險人死亡時所給付的「遺屬年金」，也會因為該家屬欠缺自己給付而遭到排除於財產權保障之外❻❼。至於社會預護制度的設計中雖然也有屬於「雇主負擔」或「政府補助」的部分，應該還不至於損害該請求權所具有的自己給付特性。此處指的是社會保險保險費中，雇主應分攤之比例，或是政府對保險行政費用與其他負擔所為之補助。

(2)具有財產價值的權利地位（私使用性）

憲法學理上所謂的「私使用性」原本是財產權的保障核心，但是此處乃是指該請求權是否已經處於當事人「可得支配」的狀態。按照年金保險的法理來說，年金額度的計算主要是依據「保險額度」以及「保險年資」，所以被保險人每繳交一次的保費就應當享有一定比例的年金請求權。然而，為了避免保險制度遭到不當利用或是浪費保險行政的資源，一般年金保險大多訂有「等待期間」(Die Wartezeiten)。也就是說，被保險人必須要投保一定的年限之後，才能行使該年金的請求權，此時也才具備前述的私使用性。德國學者甚至還依照該請求權的「成熟程度」，發展出「層級性的所有

---

❻❺ 見拙著，〈年金財產權之憲法保障——從司法院大法官會議釋字第 434 號解釋出發〉，《中正大學法學集刊》第 10 期，2003 年 1 月，頁 99 以下。

❻❻ Sachs, Grundgesetz, Kommentar, 3. Auflage, 2003, Art. 14, Rz. 28 ff.。

❻❼ BVerfGE 97, 271 (284 f.); Sachs, Verfassungsrecht II, Grundrechte（前揭書）, S. 436。

權保障」(abgestuften Eigentumsschutz) 的概念。被保險人因為年金權利所達成程度的不同，也會有財產權保障上的差異性。因此，對於自己給付成分較多，還有保險事故已經發生而且符合等待期間的年金權利，國家就必須以較高的整體利益考量作為權利限制的前提❻❽。

(3)負有生存保障的作用

此處所謂的「生存保障」乃是指年金應當能保障請求權人的生存所需。但是，由於此一要件容易與其他的社會給付項目產生功能上的混淆，已經逐漸不被德國憲法實務所採納。按理，德國年金保險的目的不只是在滿足個人的最低生存需求 (Existenzminimum) 而已，此一基本需求本來即是憲法上人性尊嚴的保障目的，而且也有社會救助等保障措施以為因應。相較之下，經由自己給付所建立的年金保險制度，其主要作用則是在提供較高水準的「薪資替代」，用以保障被保險人的老年收入，甚至要保障該退休者還能夠擁有與退休之前相當的「生活水準」(Lebensstandard)❻❾。

2.我國憲法財產權的理論

我國憲法第 15 條規定人民的財產權應予保障，其保障範圍一開始便及於「一切具有財產價值之權利」，而無需類似德國經歷必須從「所有權」逐漸發展的過程。在學理上則將財產權的保障作用分為「主觀基本權利」與「制度性保障」兩方面。前者為保障個人私有財產的使用、收益、處分的自由權，其保障範圍可自大法官釋字第 400 號解釋得知：

「……關於人民財產權應予保障之規定，旨在確保個人依財產之存續狀態行使其自由使用、收益及處分之權能，並免於遭受公權力或第三人之侵害，俾能實現個人自由、發展人格及維護尊嚴。」

至於財產權的制度性保障，主要是對於立法機關的拘束。在此保障之

---

❻❽ BVerfGE 58, 81 (110 f.); Papier, in: Maunz/Dürig (Hrsg.), Grundgesetz, Kommentar zum GG, 2003, Art. 14, Rz. 40 ff.。

❻❾ Ditfurth, Die Einbeziehung subjektiv-öffentlicher Berechtigungen — insbesondere sozialversicherungsrechtlicher Positionen, in den Schutz der Eigentumsgarantie, 1993, S. 163 ff.。

下，立法者就構成私有財產制度的法規範制度，不得任意變更其本質核心部分❼，相關意涵可自釋字第 386 號解釋理由書中略見其梗概：

「法律為保護無記名證券持有人，……設有各種保護之規定及救濟之程序，以維持公平，不致影響善意第三人之權益，此為對無記名證券久已建立之制度性保障。」

總之，我國憲法上財產權的意義在「保障一切所有物及無體財產權之權利」，所以其性質為自由權，或是具有防衛權的作用。而且不僅是物權性的權利，甚至債權性的財產權也都受到憲法保障。另外，所謂的「公法上的財產權利」，也受到憲法上大法官解釋的肯定❼。有關公法上的財產權即是以社會保險的給付請求權最具代表性。由於我國已經有相當多數的國民，以這種與薪資有關的預護制度作為生涯規劃的依據，因此對於扮演保險契約中「保險人」角色的國家，作為「被保險人」的人民理當擁有此一主觀公法權利。

相較於德國聯邦憲法判決以「年金請求權」作為公法上財產權保障的發展起點，我國相關的憲法實務發展則與公務人員「特別權力關係」的鬆動息息相關。首先，大法官在作成釋字第 187 號、第 201 號解釋時就已經觸及相關議題，解釋文中雖然只是針對公務人員的訴訟權爭議提出見解，但是在實體規範上無非是要保障當事人公法上的財產請求權。大法官在嗣後的釋字第 266 號解釋文中即明白表示，公務人員依據考績結果所為的財產上請求，係屬於財產權的保障範圍。而釋字第 312 號解釋理由書中更闡明：

---

❼ 陳新民，〈憲法財產權保障之體系與公益徵收之概念〉（前揭文），頁 338 以下；陳愛娥，〈司法院大法官會議解釋中財產權概念之演變〉（前揭文），頁 411 以下；關於制度性保障，參見陳春生，〈司法院大法官解釋中關於制度性保障概念意涵之探討〉，於：李建良、簡資修主編，《憲法解釋之理論與實務(二)》，2000 年，頁 316 以下。

❼ 陳愛娥，〈司法院大法官會議解釋中財產權概念之演變〉（前揭文），頁 393 以下；陳新民，〈憲法財產權保障之體系與公益徵收之概念〉（前揭文），頁 285 以下。

「公務人員之財產權，不論係基於<u>公法關係或私法關係</u>而發生，國家均應予以保障……。」

但是大法官在釋字第 246 號、第 285 號解釋中，卻又將工作津貼、服勤加給、主官獎助金、眷屬喪葬補助費等排除於財產權保護之外。足見，對於「公法上的財產權利」是否列入憲法第 15 條財產權保障範圍，也要根據其產生的基礎而定。學者陳愛娥教授也指出，「此種作法一方面較能符合『不同事務應作不同處理』之平等原則的要求，另一方面亦較能維持公法上財產權給付制度的彈性」❷。

不論如何，憲法實務一直到釋字第 526 號解釋中，在對於「公教人員退休金其他現金給與補償金」的發放爭議上，仍然是以財產權保障作為檢驗標準。而值得注意的是，前述諸號憲法解釋只有將「已經產生」的公法上請求權作為財產權保護的客體。至於尚未符合請求要件的公法財產權狀態，則一直要到釋字第 434 號解釋作成時，大法官才提及類似「期待權保障」的觀念❸。比起德國公法上財產權的發展過程而言，我國相關憲法實務的發展似乎頗為順遂，但是此一情形必須放在我國社會法制實際運作的情形來判斷。尤其我國的「年金」制度尚未完整建立，而且多數憲法案例都只是環繞在公務人員的保障上，相關見解是否及於其他國民公法上的財產權保障，猶有進一步探討的空間。

㈡社會法與財產權保障的互動——以釋字第 434 號解釋為討論主軸

按理，有關社會福利的規範大多屬於給付行政，人民得根據法令以要求國家給予各項優惠措施，而且較不會涉及限制人民權利的問題。然而，俗語說「巧婦難為無米之炊」，社會保險制度需要有保費的收入才能持續運作，而其餘社會福利制度的預算則來自於稅收，所以有關財產權的爭議本就在所難免。我國社會福利立法對於財產權限制的爭議，首先即產生於強制繳交保險費的議題上。一如前文所提及的，社會保險制度的財源來自於

---

❷　陳愛娥，〈司法院大法官會議解釋中財產權概念之演變〉（前揭文），頁 414。

❸　有關釋字第 434 號解釋之評析，見拙著，〈年金財產權之憲法保障——從司法院大法官會議釋字第 434 號解釋出發〉（前揭文），頁 101 以下。

被保險人繳交的保費，而諸如「持續性保費收入的維持」、「與薪資相關的費率訂定」以及「與保險支出成比例的費率調整」等措施，都是維持保險制度持續運作的關鍵。其中每一個步驟的變動都將會影響到人民的財產權。然而，德國憲法學說一般認為這種「公法上的金錢給付義務」並非憲法上財產權的保護範圍，而寧可經由前述的「一般行為自由權」來尋求憲法保障的依據❼❹。相對於此，我國大法官釋字第 473 號解釋中雖然也認為「此項保險費係為確保全民健康保險制度之運作而向被保險人強制收取之費用，屬於公法上金錢給付之一種，具分擔金之性質」❼❺，但是在遂行合憲審查時則仍然以財產權作為檢驗基礎。無論如何，大法官認為現今全民健康保險保費的收取，還算合乎憲法保障財產權的旨趣。

財產權保障在社會立法中最常提及的則是「社會給付」的問題。因為不論是社會保險的給付額度，或者是政府的各項補助金，都有可能因為經費短缺而受到裁減。此時牽涉到的即是所謂「公法上的財產權」的保障問題。我國憲法實務上首次提及類似概念的，為劉鐵錚大法官在釋字第 246 號解釋的不同意見書：

「……故人民一旦依法律規定取得財產權時，不論其種類性質如何，即得自由使用、收益、處分，國家非有憲法第二十三條之情形，故不得以法律限制之……。」

然而，人民如何才能「依據法律」取得公法上的財產權呢？再者，是否所有的社會給付，不論是保險或津貼都能享有此項憲法保障？類似的問題仍然必須詳加探討。而依照前文所述，德國憲法實務上已經發展出此類財產權適用憲法保障的要件為：「自己給付」、「私使用性」以及「生存保

---

❼❹ Papier, Der Einfluß des Verfassungsrechts auf das Sozialrecht（前揭書）, S. 118。德國憲法法院早期皆採此見解，但近年來在「過度稅收」(übermäßige Besteuerung) 的議題上也援引財產權作為保障依據，尤其是強調財產權保障最低生存需求的功能。BVerfGE 87, 153; 93, 121 (137 ff.); Bryde, in: Münch/Kunig (Hrsg.), Grundgesetz-Kommentar, Band 1, 2000, Art. 14, Rz. 23。

❼❺ 德國社會保險中提及的 "Beitrag" 即是專指被保險人與雇主應負擔之「保險費」，故無須依字面翻譯成「分擔金」。

障」。下文也嘗試以此三項要件為基礎，整理我國相關法規範與實務見解。

1.自己給付

有關自己給付的問題，大法官在釋字第246號解釋文中曾經指出：

「公務人員之退休及養老，依法固有請領退休金及保險養老給付之權利，惟其給付標準如何，乃屬立法政策事項……。」、「……乃係斟酌國家財力、人員服勤與否或保險費繳納情形……。」

前述解釋文一方面肯定養老給付屬於憲法保障事項，另一方面卻又將工作津貼、服勤加給等排除於退休保險俸額的計算基礎之外。我們似乎可以由此推測大法官的意旨，而將退休金（年金）作為憲法保障範圍的要件訂為：請領人於先前應履行「相對的服勤或金錢給付」。

再從大法官在釋字第312號解釋中援引憲法財產權的保障來看：

「公務人員退休，依據法令規定請領福利互助金，乃為公法上財產請求權之行使……。」

該項「福利互助金」是依照當年「中央公教人員福利互助辦法」等規定實施，而且在給付額度的計算上則以當事人參加互助制度的年資為準，最高給予退休公務人員高達20個基數的福利互助俸額❼❻。該項措施主要在補助早期公務人員收入的不足，雖然也享有政府提供的公款補助，但是依照前述社會保險中「雇主負擔為薪資成本」的學理來看，此一互助金仍不失為當事人透過相當程度的「自己給付」而獲得的。在公務人員的薪資水準改善之後，此一福利互助金已經停止辦理，但是從當年實施的過程來看，仍可說明當事人的相對給付符合公法財產請求權上的適用要件。相較之下，釋字第434號解釋理由書中也抱持類似的觀點：

「……此項準備之本利，類似全體被保險人存款之累積，非承保機關之資產……。」

此號解釋對於養老保險在適用財產權保障時，即特別強調應當具備「自己給付」的要件。

---

❼❻ 見「中央公教人員福利互助辦法」第18條，該辦法已於2002年12月廢止；盧政春，〈利益團體與社會福利資源分配〉（前揭文），頁231。

　　前述見解已經約略符合上述德國憲法實務上，關於年金財產權保障要件中「自己給付」一項的精神。換句話說，承保機關可以藉由此一要件，將由國家「單方面發給的福利津貼」排除於財產權的保障範圍之外。從而可以將這種「照顧給付」(Versorgungsleistung) 透過法律授權，甚至交由行政機關的裁量自由來實施。在這之後，我國的大法官解釋也有類似德國的憲法實務發展趨勢，將許多「福利性質較濃厚」的社會給付排除於財產權保障之外。例如，施文森大法官於釋字第 524 號解釋的部分不同意見書中即有以下的闡明：

　　「社會保險與社會扶助、社會救濟雖同係基於社會連帶與所得重分配而創設之社福制度，惟其制度設計及性質迥然不同：基於社會扶助、社會救濟所為之給付，僅係國家單方面之『施惠』，對『施惠』程度行政機關得為裁量，隨國家財政狀況而變動；而於社會保險下，保險人係收受保險費而為對等給付，其給付範圍與保險費間應維持一定程度之對價平衡，不存行政裁量之空間，此亦為社會福利以保險方式推行時所須嚴格遵循之原則。」

　　相關的見解在釋字第 549 號解釋文中更主張：

　　「保險基金係由被保險人繳納之保險費、政府之補助及雇主之分擔額所形成，並非被保險人之私產。」

　　因此，勞工保險中有關「遺屬津貼」的規定，乃是基於「倫常關係及照護扶養遺屬之原則」。言下之意，遺屬津貼就有別於其他基於「對價性」的保險給付。另外，釋字第 560 號解釋也將勞保「喪葬津貼」的給付排除於財產權保障範圍之外。其主要理由為：

　　「為減輕被保險人因至親遭逢變故所增加財務負擔而設，自有別於一般以被保險人本人發生保險事故之給付，兼具社會扶助之性質，應視發生保險事故者是否屬社會安全制度所欲保障之範圍決定之。」

2.私使用性

　　按理，年金保險的退休金給付條件有兩項：「法定退休年齡」與「等待期間」。一般而言，法定退休年齡大多為 65 歲，但是我國勞工保險的退休

年齡則訂為 60 歲。至於等待期間的設計則是為了避免短期投保的情形，以至於依年資計算的年金額度過低，既不符合老年保險的目的，甚至還會浪費保險行政資源。被保險人對於年金的請求權，就必須滿足前述兩項要件才得以實施。

公法上財產請求權應具有「私使用性」的財產價值地位的判斷要件，可以從釋字第 434 號解釋理由書的見解看出：

「……從而被保險人繳足一定年限之保費後離職時，自有請求給付之權。」

換句話說，被保險人在繳交若干年的保險費之後，就可以滿足年金制度中關於「等待期間」的要件，只待法定年齡屆至即可請領給付。也由於前述要件的成就，使得請求權具有獨立的財產價值（私使用性），而不僅是處於機關的裁量自由之下。此項見解不僅對於我國大部分養老保險所採取「一次性退休」的請求權具有肯定之作用，對於未來採取「月退休」的年金請求權也有持續性的保障。

然而，在有關年金的「期待權保障」部分，我們仍然無法單從釋字第 434 號的解釋文中推演出類似德國「層級性財產權保障」的觀念：

如果年金已經符合等待期間的請求權狀態時，就應當比尚未達到此一階段者享有較高的憲法保障。

事實上，這也僅是德國憲法實務上發展出來的原則，而且該國至今仍然交由立法機關作符合比例原則的具體實踐。我國大法官解釋雖然在釋字第 434 號解釋中也有類似的期待，但是進一步的相關見解還有賴我國實務上不斷的發展。綜合來說，由於前述憲法實務上對於財產權保障的要求，我國現行公、勞保制度中也已經有不同制度間的「年資併計」措施，甚至有在停止保險之後還得以「返還保費」等財產權相關的保障措施。這些措施雖然不似德國見解的細膩，但是也已經達到某種程度的財產權保障功能❼❼。

---

❼❼ 依現行「公教人員保險法」第 16 條以下之規定，被保險人離職退保者可領取一次養老給付，重新加保者亦得發還保費自付部分並加計利息，原公、教保險

3.生存保障

德國學界在討論年金財產權的適用要件上，關於「生存保障功能」一直是備受爭議的一項。其原因在於，生存保障乃是社會救助制度的保障目的，主要在維持一個符合人性尊嚴的「基本生活保障」(Grundsicherung)，至於該國社會保險的目的則是提供程度較高的「生活水準保障」(Lebensstandardssicherung)，兩者的功能有別，保障水準也有差距。假如憲法實務作如此「低程度」的財產權保障設計，不僅將使得社會保險的保障目的降低，也會混淆不同社會福利制度的保障功能。

相對於德國的高程度保障，我國社會保險早先的發展卻似乎比較傾向於全民性的「基礎保險」(Grundversicherung)。從現行勞工保險中老年年金給付的額度來看，投保滿 40 年的所得替代率已有 62%❼❽，堪與德國法定年金保險超過 60% 的所得替代相比擬。是以，我國勞動年金之保障目標業已訂為生活水準保障。相較之下，於 2008 年開辦的國民年金保險，被保險人一律以「勞工保險投保薪資分級表第一級」亦即「基本工資」為月投保金額，其所得替代率亦較低，故給付額度也難以反映被保險人在「退休前」的真實生活水準❼❾。如此看來，以生存保障作為年金財產權保障的要件，在我國較為保守的保障目標下，反而有可能被接受。我國憲法實務上有關「年金生存保障」的見解，主要以大法官釋字第 280 號解釋較具參考價值：

之年資得以併計等。至於勞保條例第 76 條早有被保險人轉任公務員時之「年資保留」規定。

❼❽ 依據現行「勞工保險條例」第 58-1 條第 2 款之規定，老年年金之額度依「保險年資合計每滿一年，按其平均月投保薪資之百分之一點五五計算」。惟勞工保險向來有俗稱「屋頂條款」之投保上限，故此一所得替代率與勞工實際所得仍有距離。

❼❾ 依現行「國民年金法」第 30 條之規定，所得替代率僅有 1.3%。故投保滿 40 年之被保險人，以 2008 年當時基本工資新臺幣 17880 元計算，其老年年金額度約為 9300 元。又該項月投保金額自 2015 年起調高為 18282 元，40 年年資之年金額度亦僅 9506 元。見拙著，〈從「老年安全」看國民年金保險之實施〉，《月旦法學》第 154 期，2008 年 3 月，頁 35 以下。

　　「領取一次退休金之公教人員，再任依契約僱用而由公庫支給報酬之編制外員工，其退休金及保險養老給付之優惠存款每月所生利息，如不能維持退休人員之<u>基本生活</u>（例如低於編制內委任一職等一級公務人員月俸額），其優惠存款自不應一律停止。」

　　依照我國傳統老年保障制度的實施狀況來看，在勞保年金與國民年金實施之前，真正能夠稱得上所謂「年金」的，只有公務人員的「月退休金」，還有就是經由公務人員「優惠存款」所轉換成的持續性給付❽。該號解釋不僅揭示優惠存款對於保障退休公務人員的重要性，同時也明白點出所謂「基本生活」的標準。值得注意的是，釋字第 280 號解釋雖然是針對公務人員保障制度所作成，但是性質原則上仍然屬於社會福利「預護制度」的一環❽，因此其見解頗值得為我國實施年金制度時的參考。

(三)關於社會給付財產權保障的建議

1.財產權保障應廣及於所有社會法制度

　　有關社會福利給付與財產權保障的問題，除了憲法第 15 條的規定以外，還應當考量憲法第 13 章第 4 節有關「社會安全」的基本國策條款。尤其是與勞工、農民、婦女保障有關的規定，不應當僅作為沒有拘束力的「方針條款」。特別是憲法第 155 條關於社會保險的規定，更應該等同於第 22 條所稱的「人民之其他自由及權利」，而在效力上與基本權利受到相同的對待。然而，過往大法官解釋大多著重於公務人員的保障制度上，而且經常受限於「特別權力關係」的概念。此一保守的觀念自從釋字第 187 號解釋以來已經逐漸鬆動，而且人民公法上財產權的觀念也屢屢受到憲法實務的肯定。但是，我們在對於所有社會福利制度行使合憲檢驗時，仍然需要以憲法第 23 條的「法律保留原則」與「比例原則」為基礎。例如大法官第

---

❽　我國於 2004 年 6 月通過的「勞工退休金條例」雖然兼採「年金」給付模式，但是其所適用的是「確定提撥制」，年金額度視投資收益與平均餘命而定，實施成效尚待觀察。

❽　優惠存款之本金係社會保險或退撫制度之一次性老年給付，屬於社會預護制度。至於政府對於優惠存款之利息補貼，性質上已經是社會促進措施。

524 號解釋所強調的：

「全民健康保險為強制性之社會保險，攸關全體國民之福祉至鉅，故對於因保險所生之權利義務應有明確之規範，並有<u>法律保留原則</u>之適用。」

我們也應當能理解，此一見解不僅是針對全民健保而已，而是對社會福利制度中所有具有財產權性質的給付都應該有所適用。

2.社會保險給付的財產權保障

受到前述憲法實務發展的影響，之後「公務人員退休法」與「公教人員保險法」中已經加入關於財產權保障的新規定，例如「基金費用發還」的措施❽。然而，這與社會保險制度對於老年收入的保障目的相較，仍然有相當的差距。因為，老年保險的目的乃是在提供被保險人退休後的生活保障，而且透過強制納保以及機動調整來避免因為貨幣貶值與薪資上升所產生的收入相對減少。如果按照公務員退休法以及保險法的新規定，提前離職者固然可以領回所繳費用及其利息，但是仍然不如原來退休金應有的給付，而且也不符合被保險人投保的原意。與其相同的結果，當事人透過私人儲蓄或是投資都可以達到。此外，儘管保險制度對於回任者也有「繼續保險」的規定❽，還也是無法滿足老年保險的真正目的。因此，本書認為有必要引進類似德國「補加保險」❽的機制，透過不同制度保險人之間的合作，使得被保險人在職業生涯中各階段的年資，都得以依照社會保險的理念相互結合。

再來就是對於勞保老年給付的財產權保障問題，至今仍然沒有相關的

---

❽　依據當時「公務人員退休法」第 8 條第 4 項、第 5 項之規定，公務人員離職或遭免職時，得申請發還原繳退休基金費用與利息。該措施其後依據為公務人員退休法第 14 條，年金改革後則依「公務人員退休資遣撫卹法」第 9 條之規定。而當時「公教人員保險法」第 14 條第 1 項亦加入「資遣者」給予一次養老給付之規定。該措施現行依據為公教人員保險法第 16 條以下。

❽　見「公教人員保險法」第 10 條以下規定。

❽　「補加保險」乃是藉由不同制度承保機關間的協調，使得被保險人在各制度的保險年資得以合併計算，而於退休時可以領取應有之年金額度。此乃因應年金保險之長期保障特性，符合現代社會職業生涯的理想設計。

憲法解釋。但是，由於勞工保險也是屬於公法事件，而且是憲法第 155 條所保障「社會保險制度」的典型，大法官於釋字第 434 號解釋的見解應當可以適用。因此，不僅勞保的老年給付請求權屬於憲法第 15 條的保障範圍，其對於「期待權保障規定」的欠缺也有違憲法保障財產權的意旨。因為，該項老年給付乃是依被保險人最後的投保薪資來計算，被保險人得以主張的財產權標的比起德國的年金更易於掌握。又以我國社會保險的情況來看，勞保至今仍存有龐大的準備基金，被保險人即可依其年資以及投保薪資來計算應有的「基金持分」，所以理當較已經沒有準備基金的公保養老保險更具有「財產價值之地位」。但是，有關被保險人中途離職時相關的請領要件以及退休金的計算，仍然有待政府立法加以落實。對此，臺灣至今在老年安全制度上發展的勞保「年資保留」措施，乃至公務人員退撫制度的「退還基本費用本息」等，都無法符合需求。因此，還是有必要發展統合各制度年資的補加保險概念。對應此一呼籲，2008 年國民年金實施以及勞工保險條例修正之後，二者之年資已經得以併計❽。惟現行公教人員保險與軍人保險尚未導入此一機制，以致諸多職業軍人之保險年資於退役後無法與勞保年資銜接。此一缺漏在公保與軍保推動「年金化」之同時，亦當一併納入修法，如此方能使年金制度充分反映生涯規劃。

3.勞基法退休金的財產權保障

我國勞基法原先的退休金制度，其財源雖然全部由雇主負擔，但是仍應當受到憲法第 15 條財產權的保障。原因在於：

此一退休金乃是勞工依其工作年資與薪資高低所獲得的「工資延續」，

---

❽　依據「國民年金法」第 32 條第 1 項規定：「被保險人符合本保險及勞工保險老年給付請領資格者，得向任一保險人同時請領，並由受請求之保險人按其各該保險之年資，依規定分別計算後合併發給；屬他保險應負擔之部分，由其保險人撥還。」；另「勞工保險條例」第 74-2 條第 1 項亦規定：「本條例中華民國九十七年七月十七日修正之條文施行後，被保險人符合本保險及國民年金保險老年給付請領資格者，得向任一保險人同時請領，並由受請求之保險人按其各該保險之年資，依規定分別計算後合併發給；屬他保險應負擔之部分，由其保險人撥還。」

而非只是雇主隨性的「贈與」而已。

大法官釋字第 578 號解釋即對於此一「雇主責任」有如下的見解：

「勞動基準法第五十五條及第五十六條分別規定<u>雇主負擔給付勞工退</u><u>休金</u>，及按月提撥勞工退休準備金之義務，作為照顧勞工生活方式之一種，有助於保障勞工權益，加強勞雇關係，促進整體社會安全與經濟發展，並未逾越立法機關自由形成之範圍。」

縱然因此限制了雇主對於勞動契約的相關權利，但卻是國家為了達成保護勞工的目的所採取的措施。該號解釋認為，在衡酌「政府財政能力」以及「強化受領勞工勞力給付之雇主對勞工之照顧義務」兩方面上，仍有必要採取強制手段。

有關勞基法退休金的計算模式，主要以當事人的「年資」以及「退休時工資」為準。理論上，勞工每工作 1 年，就應享有相當於 1 年的退休金給付。雖然當年立法時有一部分目的是在鼓勵服務年資較久的勞工，但是相對於公保、勞保的被保險人，當事人也應當對於現存的「勞退基金」有其憲法財產權上的保障❽。此外，勞工對於退休金的期待權也應當受到保障，因為年資的持續累積乃是達到請領勞基法退休金要件的「前提」。因此，依據勞基法舊制退休金的規定，限制勞工的工作年資只能在同一事業內累積，不僅已經違反憲法上的工作自由權，也與財產權的保障相牴觸。政府固然在實踐勞工保護政策上有其立法上的自由權限，但是並不表示可以不顧及臺灣本地的就業習慣與企業型態❾。就此，釋字第 578 號解釋即主張：

「立法者就保障勞工生活之立法選擇，本應隨社會整體發展而<u>隨時檢</u>

---

❽ 此一請求權並非公法上的財產權，而是債權性質的財產權，按照我國憲法實務的發展，此一權利早已在憲法財產權之保障範圍內。

❾ 依據當時勞基法第 53 條與第 57 條規定，勞工應於同一事業服務達 15 年或 25 年，方可請領退休金。但觀諸臺灣職業環境中，勞工更換工作之情形十分普遍，且中小企業林立，但平均存續期間卻僅有 12、13 年。符合條件之勞工自是少之又少。

討，勞動基準法自中華民國七十三年立法施行至今，為保護勞工目的而設之勞工退休金制度，其實施成效如何，所採行之手段應否及如何隨社會整體之變遷而適時檢討改進，俾能與時俱進，符合憲法所欲實現之勞工保護政策目標。」

依照大法官會議第 434 號解釋的意旨，政府在實踐退休金相關財產權保障上擁有偌大的立法形成空間，但其規定仍需符合憲法第 23 條的比例原則。因此，我國未來各項年金制度皆應納入補加保險機制，使所有工作年資皆得以於退休時合併計算，並應利用國民年金保險設計一個容許各制度年資換算的依據，才能符合「均衡原則」所需的過渡條款。對此，我國於 2004 年 6 月通過的「勞工退休金條例」即採用「可攜式帳戶」的模式，讓勞工在轉換職場時，年資不至於因此而喪失❽❽。

4.財產權保障的未來問題

值得注意的是，等到現有社會福利給付均「年金化」之後，而且國民年金保險在實施若干時日之後也採行「隨收隨付制」財務時，則年金財產權的保障將面臨更多的問題。屆時，因應退休金給付的基金已經不復存在，而被保險人所擁有的僅是一種「帳面上」的保險年資，以及政府在維繫該保險制度時所作的承諾。在這種長期性的年金制度中，尤其強調「世代契約」(Generationenvertrag) 的精神。也就是現在工作的人繳交保費，用以提供已經退休者的年金支出，並藉以取得未來自己退休時也可享有同樣待遇的保證。

然而，前述的契約事實上並未實際徵求雙方（甚至是三方）當事人的同意，其實施依據則是年金保險相關的法律。其中所保證的也並不是一定額度的年金，而只是在不斷有人被強制加保的情況下，所呈現的一種「參與分配的權利」。所以，未來世代的人也未必要接受這樣的條件，其甚至可能片面性地「毀約」。縱使契約還是繼續存在，但是在國家經濟情況惡化以及人口結構改變的時候，保費的計算基礎也會跟著不同，年金制度就必然

---

❽❽　該條例仍保留勞基法之「雇主責任制」，課與企業提撥退休金之義務，公權力介入勞動契約之情形依舊明顯。

要跟著修正。此時，如何在年金的強制調整 (Anpassungszwang) 與存在保障 (Bestandschutz) 之間取得平衡❽，前述德國的相關憲法見解或許可以在此作為借鏡。

按理，年金額度通常會隨著物價指數而調整，以免退休人員愈老愈陷入貧窮。然而，在社會保險制度中，由於支出與收入具有連動關係，倘若保險費收入不足時，年金額度即可能面臨強制調整的壓力。而影響保險費收入的原因，可能是經濟不景氣所造成的高失業率，也可能是人口結構老化所致。臺灣雖然自 2008 年勞保年金化之後才有普遍性的年金制度，但由於人口老化情形嚴重，採取「基金制」財務的社會保險與退撫制度也面臨「破產」的危機。政府在採取相對應的年金改革時，即應注意「年金財產權保障」之問題，在改革手段上則須符合比例原則之要求。對此，釋字第717 號解釋理由書之見解適可為參考：「凡因公益之必要而變動法規者，仍應與規範對象應受保護之信賴利益相權衡，除應避免將全部給付逕予終止外，於審酌減少給付程度時，並應考量是否分階段實施及規範對象承受能力之差異，俾避免其可得預期之利益遭受過度之減損。」

四、社會法對憲法生存權的影響

㈠憲法上的生存權保障

1.德國憲法的發展經驗

⑴人性尊嚴與家庭保護

德國憲法關於生存權保障的主要依據乃是基本法第 1 條第 1 項的「人性尊嚴」(Die Menschenwürde) 條款，此一條款同時也是該國基本法的核心規範。按理，人性尊嚴條款主要是對於納粹時期種種暴行的反省，而且為了防止後人重蹈覆轍，該國制憲者還在基本法第 79 條第 3 項中明定，第 1 條與第 20 條的基本原則不得成為修憲的對象❾。然而，由於相關法條規範

❽　見 Schulin, Möglichkeiten der Fortentwicklung des Rechts der sozialen Sicherheit zwischen Anpassungszwang und Bestandsschutz, NJW, 1984, S. 1936 ff.。

❾　見 Pieroth/Schlink, Grundrechte（前揭書），Rz. 349 ff.。

用語的不明確，尤其是基本法第 1 條第 3 項有 「以下之基本權」 (Die nachfolgenden Grundrechte...) 的語句，遂於學界引發「人性尊嚴條款是否為基本權」的爭論。對此，德國聯邦憲法法院則認為，縱使此一規範形式上不屬於基本權，但也無法排除其對於國家權力的拘束性**❾❶**。

關於人性尊嚴的保障，我們可以從德國基本法第 1 條第 1 項的規範中略知一二：

「人性之尊嚴乃不可侵犯。國家之一切權力皆對其負有重視與保護之義務。」

此處所謂的「重視」乃是指國家消極地不得侵害人性尊嚴而言。至於「保護」則不止於消極的不侵犯，而是要國家肩負起積極保障人性尊嚴的憲法義務。因此，人性尊嚴的保障方式即與傳統基本權的「防禦權功能」大相逕庭**❾❷**。但是，由於保障的具體化過程中仍然必須與其他基本權搭配，所以該國憲法實務上多以人性尊嚴作為其他基本權解釋與適用時的基準**❾❸**。

除了人性尊嚴條款以外，德國憲法實務上在判斷生存權保障時也經常援引基本法第 6 條第 1 項關於保護家庭的規定：

「婚姻與家庭應受國家秩序之特別保護。」

此處所謂的「家庭」乃是指組成「家戶團體」(Hausgemeinschaft) 所需的父母與成年或未成年之子女。因此，其保障對象並非傳統的大型家庭，而是現代社會常見的核心家庭。此外，該條文的保障範圍也包含其他的家庭類型，例如單親家庭；繼父母、養子女等關係；非婚生子女與其母親的關係等**❾❹**。而條文中所謂的「保護」則不僅包含對於家庭侵擾的排除以及採取適當的促進措施而已 ，同時也賦予個人對國家非法侵害時的 「防禦權」。

---

❾❶ 見 BVerfGE 61, 126 (137)。

❾❷ 見 Pieroth/Schlink, Grundrechte（前揭書）, Rz. 351 ff.。

❾❸ 見陳慈陽，《基本權核心理論之實證化及其難題》，1997 年 6 月，頁 177 以下。

❾❹ 見 Pieroth/Schlink, Grundrechte（前揭書）, Rz. 642。

綜合來說，憲法在實現生存權保障上不應只注重「單一個體」的尊嚴與存在的價值，同時還應顧及「家庭」對於個體生存保障的功能。換句話說，生存權的維護不應只是一味地強調維持個人生計的經濟基礎，還要注意到當事人「社會性」以及「文化性」的需求。以典型的社會救助制度來說，其救助標準就不是以個人收入為唯一考量，同時還要調查家庭整體的收入狀況。在救助給付上也不僅在滿足生理上的需求，同時還要兼顧當事人心理上、文化上的需求，尤其要參酌社會其他成員的一般生活水準。

(2)租稅義務與生存權保障

除了前述規範之外，社會福利在實施上也經常與「租稅義務」發生關聯。尤其是各種類型的公法上金錢給付義務，如果其遂行的結果已然侵及人民最低生活保障時，則不僅有違憲的問題，而且國家還必須再以社會給付加以填補。對此，我國學者葛克昌教授即認為[95]：

「根據量能原則，個人所得部分只有超出其個人及家庭最低生活所需費用始有負擔能力，故所得必須減除保障生存之必要費用及意外負擔，始得為課稅之起徵點，此亦為憲法上保障生存權之意旨。」

對於一個現代國家的國民來說，來自於社會保險的保費義務已經是稅捐以外的另一大負擔。德國的法定年金保險自 1957 年改採「世代契約」的模式之後，理念上就是由現在工作的世代繳交保費，提供已經退休世代的年金支出。在實施不久之後該國政府即發覺，家庭中沒有子女或者子女較少者與擁有眾多子女的家庭之間將產生不公平的現象[96]。為了解決此一問題，尤其要避免國民的生育率因此而降低，乃至於產生「人口結構老化」的嚴重現象，該國政府即採取一種「雙軌制」的「家庭負擔衡平」

---

[95]　葛克昌，〈綜合所得稅與憲法〉，《所得稅與憲法》，1999 年 2 月，頁 92。

[96]　在世代契約中，現在工作的世代不僅須繳交保費以支應已退休世代的年金費用，同時還要對未來世代（即自己的子女）負起養育的責任。相形之下，未婚者或沒有小孩的家庭則只要負擔年金的保費。見 Schulin/Igl, Sozialrecht（前揭書）, Rz. 880 ff.；彼得·克勞哲，鍾秉正譯，〈老年安全〉，《中央警察大學法學論集》第 6 期，2001 年 8 月，頁 439 以下。

(Familienlastenausgleich) 措施。其實施方式就是一方面積極地按月發給父母一筆「子女津貼」(Kindergeld)，另外則搭配以消極的「所得稅減免額度」(Steuerfreibeträge)，藉以鼓勵家庭生兒育女。

然而，有鑑於前述租稅優惠的方式對於高所得的國民較能產生作用，再加上兩種措施之間容易有誤算的情形，該國從 1996 年起即僅以租稅行政上的方式作為落實基本法第 6 條保護家庭的主要措施，而且將法條用語改為「家庭給付衡平」(Familienleistungsausgleich) 措施❾。對於此一議題，德國聯邦憲法法院也曾經於 1998 年有過一系列的判決，其主要的見解在於「養育兒女的費用不應與一般性的生活消費相提並論」，而且強調在家庭租稅減免上「至少應以社會救助所定之基本生存條件為標準」。另外，相關判決中還特別說明「此一基本生存條件之所需應於所有納稅義務人之所得中全額扣除，而且不需考慮納稅義務人個別的稅率問題」❾。自此之後，該國政府即按月以「租稅返還」(Steuervergütung) 的方式，補助家庭對於養育子女所增加的生活基本費用，但作業上仍沿用「子女津貼」的名稱❾。

2.我國憲法上的生存權保障

⑴憲法第 15 條的生存權

我國憲法關於生存權的規範主要是在第 15 條，在規範方式上特別與「工作權」、「財產權」並列，如此也隱約透露出制憲者強調三者之間的相互關係。按理，除了繼承或接受他人的贈與之外，現代社會中個人財產的累積多半是來自於工作所得，而財產權同時也是維持人類生存的重要基礎。這三項基本權利有著相輔相成的關係，在性質上也可歸類為「經濟自由權」❿。對於憲法第 15 條的規範內容，國內學界由於受到日本、德國不同

---

❾ 見 Igl, Familienlastenausgleichsrecht, in: Sozialrechtshandbuch (SRH), 2. Auflage, 1996, S. 1437 ff., Rz. 9 ff.。

❾ 相關憲法判決共有四個，見 NJW, 1999, S. 557 ff.。

❾ 德國民眾可於各地勞工局所設「家庭基金」(Familienkasse) 申請子女津貼。按 2018 年之標準，每月補貼第一及第二個小孩 194 歐元（約 7000 NT）；第三個小孩 200 歐元；第四個之後每個 225 歐元。津貼可請領至小孩 18 歲，之後則需證明小孩仍在學，原則上年滿 25 歲即停止發給。

學說的影響，在解讀方式上即呈現出相當的差異性。一般而言，留日的學者如許志雄教授、蔡茂寅教授等較傾向社會權入憲的主張，而且以生存權作為社會基本權的保障核心。至於留德的學者如陳新民教授、李惠宗教授等則多否定有所謂的「社會基本權」**⑩**，從而將生存權的保障範圍概略區分為「生命權」與「生活權」兩方面來介紹。

關於生存權保障，陳新民教授認為「生存權不僅是防衛國家隨意剝奪生命的防衛性人權，同時它也具有積極意義的請求國家照顧、維繫其生命之權利……」**⑩**。作者還進一步強調，這項基本權利有別於一般社會福利法的救濟措施，而是一種「主觀權利」(subjektives Recht)，人民可享有國家給予生活救濟的權利，而且可於請求被拒絕時藉由社會救助法的規範提起行政救濟。陳教授文中所稱的「社會福利救濟金」與本書所引介的社會法體系略有差異，應當是指社會行政中時常援用的「政策性措施」吧？這種措施與經由正式立法通過的法律規範畢竟不同，而且應當是一種過渡性的規範，實在不足以稱為社會福利法制的典型**⑩**。不論如何，生存權並不是一種空泛的理想，而是有具體的法規範可以落實的。

另外，李惠宗教授則於著作中強調，生存權中的生活權應當「合乎人性尊嚴」的要求，而且可以從「最低水準之經濟生活」與「維持人民最基本生活之制度建制」兩方面來觀察**⑩**。李教授更提倡，所謂合乎人性尊嚴的生活應當可以從經濟上加以量化，例如勞動法的「基本工資」或是社會救助的「最低生活費標準」等。符合該條件的人民即擁有請求機關給付的「主觀之權利」。李教授雖然將此一生存權歸納為社會權的性質，但是並未

---

⑩ 許慶雄，《憲法入門》（前揭書），頁 38。

⑩ 見陳新民，〈論「社會基本權利」〉（前揭文），頁 95 以下。

⑩ 陳新民，《中華民國憲法釋論》（前揭書），頁 305。

⑩ 例如各縣市的「老年津貼」以及各項救助方案即屬之。但有關老年津貼之給付已經於民國 91 年 5 月「敬老福利生活津貼暫行條例」通過施行後，取得法規範上的請求權基礎。見拙著，〈從敬老福利生活津貼的制定介紹「社會法」以及相關老年安全法制〉，《法學講座》第 9 期，2002 年 9 月，頁 102 以下。

⑩ 李惠宗，《憲法要義》（前揭書），頁 220 以下。

否認其仍屬於基本權利，只是認為「社會權的實現不同於自由權，端賴國家財政與行政能力，故此種『權利』，乃授與立法機關予以形成……」❶⓹。

(2)基本國策的相關規定

除了憲法第 15 條以外，我國憲法基本國策中也不乏與生存權相關的規範。其中尤其以憲法第 155 條的規定最為直接：

「國家為謀社會福利，應實施社會保險制度。人民之老弱殘廢，無力生活，及受非常災害者，國家應予以<u>適當之扶助與救濟</u>。」

該條文前段常被引為我國辦理各項「社會保險」的依據，而後段則是政府建構「社會救助制度」的憲法基礎。其他例如憲法第 153 條有關「保護農民」、第 156 條有關「婦幼福利」等規定，以及憲法增修條文第 10 條中對於「身心障礙者之保護」、「社會救助預算優先編列」等，都是制憲者對於人民生存權保障的宣示。

我們從上文的介紹中不難發覺，不論是中外學界雖然都肯定生存權為基本人權，但是對於生存權的憲法定位則有不同的見解。我國學者有些認為憲法第 15 條的生存權為一種「社會權」，只是立法機關在落實憲法保障上擁有較大的形成空間而已。反之，也有學者否認此一規範為社會權，從而主張應當將生存權、環境權、受教權與勞動權等「社會權」明定於憲法基本權利一章之中，並賦予它更為積極的保障功能。然而，在「社會權入憲」的理想尚未實現之前，還是有必要就我國憲法現行條文的規範效力加以界定，尤其是基本國策的相關規定。

關於憲法基本國策的規範，學者陳新民依其效力區分為四種類型❶⓺：

a. 視為方針條款；b. 視為憲法委託；c. 視為制度性保障；d. 視為公法權利。

陳教授文中僅提及憲法第 160 條第 1 項關於「基本教育」的規定，可以看作是公法權利。至於其他條文則最多只有「憲法委託」或「制度性保障」的效力，而且必須以立法者的行為作為實施前提。此外，大法官在作

---

❶⓹　李惠宗，《憲法要義》（前揭書），頁 221。

❶⓺　陳新民，《中華民國憲法釋論》（前揭書），頁 817 以下。

成憲法解釋時也經常援引基本國策為「解釋的基準」，但是仍然必須搭配其他基本權利規定，才能落實保障目的。例如，釋字第 422 號解釋即援引基本國策的第 153 條「保護農民政策」，以及基本權利的第 15 條「生存權」，作為相關法規違憲宣告的基礎。

(3)憲法家庭保障功能之不足

相較於前述德國憲法對於「家庭功能」的強調，我國憲法規範中卻未見類似規定。或許是因為我國長久以來崇尚家族主義，此一倫理道德一直為中國法制之特色，理之當然，自無待憲法之明文保障。殊不知，傳統家庭觀念已經無法切合現代社會的實際需求，甚至還在社會福利中成為落實生存權保障的障礙。例如，現行社會救助制度中關於「家庭人口」之範圍仍採傳統家庭之定義，反而墊高當事人之申請門檻。而生存權乃人民據以請求國家提供最低生活水準保障的受益權，其目的本就是在補充工業社會中家庭保障功能的有限性。國家不應將此義務又推還予家庭❼。

按理，生存權乃是對傳統自由權所為之修正，因而導入社會主義的理念，以對應資本主義所造成之失業與貧困等弊病。至於以生存權為中心所衍生出的「社會權」理念更是要以自由權保障為前提，尤其不得剝奪個人選擇職業以及生活型態的自由意願。換言之，社會救助在實施上雖然可將來自於家庭的資助列為優先順序，但是仍需要考量受救助者乃至於其親人的自由意願，以及同時負擔原生家庭與本身需求之經濟能力。又國家如果單以家庭成員的客觀給付能力為依據，而忽略其間實際給付之可能性時，實已違背憲法納入生存權保障之初衷。

㈡我國憲法實務上的相關見解

1.社會保險中的「其他給付」

我國憲法實務上就「社會法與生存權」較為相關的案例，一直要到晚近的幾號解釋中才提出。例如，大法官會議釋字第 549 號解釋即是就勞工保險的「遺屬津貼」提出以下見解：

---

❼　見拙著，〈論社會法之生存權保障功能──以社會救助制度為例〉，《社會法與基本權保障》，2010 年 6 月，頁 166 以下。

「……有關遺屬津貼之規定，雖係基於倫常關係及照護扶養遺屬之原則，惟為貫徹國家負生存照顧義務之憲法意旨，並兼顧養子女及其他遺屬確受被保險人生前扶養暨無謀生能力之事實……。」

此外，釋字第 560 號解釋則闡明勞保「喪葬津貼」的性質與社會保險的給付有所不同：

「……被保險人之父母、配偶、子女死亡可請領喪葬津貼之規定，乃為減輕被保險人因至親遭逢變故所增加財務負擔而設，自有別於一般以被保險人本人發生保險事故之給付，兼具社會扶助之性質……。」

正如同前文有關財產權保障的討論，德國憲法實務經常以「欠缺自己給付」為由，將社會保險制度中的這些措施排除在外。例如，遺屬津貼與喪葬津貼雖然在形式上屬於社會保險的給付項目，但實質上乃在發揮社會扶助與生存保障的功能。其原因在於，政府在實施各種社會福利制度的手段上並不必然是涇渭分明的，有時合在一起反而可以發揮相輔相成的作用。尤其是有些給付原本是屬於其他社會福利的任務，但是基於行政上的便利性以及考量當事人的心理因素，卻反而要藉由社會保險制度來遂行。在德國年金保險制度上即有兵役期間、育兒期間等「未繳費年資」的合併計算，而我國健保制度中也有對於低收入戶保費的全額補助[108]。

前述給付項目通常都不依據保險的對價原則，而是要從社會保險制度的「社會衡平作用」來理解。一般而言，這些給付所需的費用不應當逕由保險制度吸收，而是透過不同社會福利制度間的「財務平衡」(Finanzausgleich) 機制，甚至是藉由政府的補助款來填補。德國社會法學理上稱為「其他給付」(Fremdleistungen) 或是「其他負擔」(Fremdlasten)。據估計德國法定年金保險中大約有 25% 到 30% 的給付是屬於此一用途，大抵上乃是透過將未繳費期間加以計入保險年資，或者是以額外給付的方式來實現[109]。

---

[108] 合於社會救助之低收入戶成員，其保費依據「全民健康保險法」第 27 條第 5 款之規定，由中央社政主管機關全額補助。

[109] Ruland, Rentenversicherung, in Sozialrechtshandbuch (SRH), 2. Auflage, 1996, S.

2.憲法平等原則的引用

我們縱使不排除社會保險制度中可以包含社會扶助的作用，但是就「生存權保障」來說，還需要更為有力的支撐點。我國憲法雖然在第 15 條以及基本國策的部分都有關於「生存權」的規定，但是學界在討論時仍然大量引用德、日憲法學理，此乃因為我國憲法實務上相關案例較少的緣故。倒是關於生存權保障所探求的「個案具體需求」方面，我國憲法實務反而經常出現在關於「平等原則」的解釋中，例如釋字第 211 號、第 477 號、第 485 號等都有類似的見解。而且，憲法在對於弱勢族群的保護上也採取「良性特權條款」的規定，以達到「實質平等」的目的❿。其中原因在於，關於憲法生存權的保障必然有待社會立法加以落實，而社會立法又難免出現「厚此薄彼」的情形。因此，我們亦不妨先從眾多援引平等原則的解釋中，推測憲法實務的相關理念。例如釋字第 485 號中曾揭示：

「鑑於國家資源有限，有關社會政策之立法，必須考量國家之經濟及財政狀況……注意與一般國民間之平等關係……。」

關於社會給付的方式與額度，大法官於釋字第 485 號解釋中還認為，「應力求與受益人之基本生活需要相當，不得超過達成目的所需必要限度而給予明顯過度之照顧」，此乃憲法第 23 條「比例原則」在給付行政上所衍生的「禁止過度侵害」(Übermassverbot) 原則。而相同的原理在對於國家保護義務的要求上，就會轉換為「禁止保護不足」(Untermassverbot) 原則。所以，國家應當採取積極性的立法行為，或是給予人民足夠的行政給付，否則即無法實現相關的基本權利，而有違憲之虞⓫。

---

877 ff., Rz. 58 ff.；另 BVerfGE 97, 271 (285) 亦將缺乏「自己給付」要件的遺屬年金排除於財產權保障範圍之外，見拙著，〈年金財產權之憲法保障〉（前揭文），頁 128。

❿ 陳新民，《中華民國憲法釋論》（前揭書），頁 200 以下。

⓫ 李惠宗，《憲法要義》（見註 55），頁 114 以下；程明修，〈論基本權保障之「禁止保護不足原則」〉，《憲法體制與法治行政(一)——城仲模教授六秩華誕祝壽論文集》，1998 年 8 月，頁 219 以下。

3.有關生存權的憲法解釋

在我國少數相關釋憲案例中，釋字第 422 號解釋曾經就生存權保障有過相當明確的闡示。大法官於該號解釋中引用憲法第 15 條以及第 153 條的規範為依據，強調「國家負有保障農民生存及提昇其生活水準之義務」。而且在解釋理由書中，還針對行政院關於「承租人全年家庭生活費用」逕行準用臺灣省「最低生活費支出標準金額」一事，認為乃「以固定不變之金額標準，推計承租人之生活費用，而未就不同地域物價水準之差異作考量，亦未斟酌個別農家具體收支情形或其他特殊狀況，諸如必要之醫療及保險相關費用之支出等實際所生困窘狀況……」，從而宣告其與憲法保護農民的意旨有所不符。然而，僅此一號解釋仍然無法提供生存權保障完整的判斷依據。尤其對於現行社會救助制度的缺失檢討、租稅義務的影響以及在其他特別扶助措施的定位上，憲法實務仍有長足的發展空間。

另外，早期的釋字第 280 號解釋則是援引憲法第 83 條有關公務人員保障的規定，就公教人員「優惠存款」一事所為的判決。其解釋文中特別提及，公務人員退休之後再任政府約雇員工時，「其退休金及保險養老給付之優惠存款每月所生利息，如不能維持退休人員之基本生活」時，即不應停止其優惠存款。尤其在解釋理由書中有更加詳細的說明：

「退休公務人員退休金優惠存款辦法，……為政府在公務人員待遇未能普遍提高或年金制度未建立前之過渡措施，其目的在鼓勵領取一次退休金之公務人員儲存其退休金，藉適當之利息收入，以維持其生活。」

足見，大法官當時也認為此一優惠存款只是國家保障退休公務人員生活的權宜之計，日後若實施年金制度時，應當不以此最低給付額度為滿足才是。就所謂的「基本生活」之定義，該解釋乃以「編制內委任一職等一級公務人員月俸額」為標準，其額度之高甚至已經足以達到「一般生活水準保障」的保障目的。所以，有關優惠存款的規定乃是政府照顧公務人員的「特別措施」，不是一般人民所得享有，而且該號解釋中以公務員的月俸為例，也與現行社會救助的標準不同。但是，如果從國家應積極立法落實生存權，以保障「所有人民」享有合乎人性尊嚴的「基本生活條件」的憲

法義務來看，此號憲法解釋的理念就頗值得參考。

另外，政府在「九二一震災」中，關於災區住屋全倒、半倒者，發給救助及慰助金之對象，限於災前有戶籍登記者為準，且實際居住於受災屋之現住戶。對此，釋字第 571 號解釋即認為：

「上述設限係基於實施災害救助、慰問之事物本質，就受非常災害之人民生存照護之緊急必要，與非實際居住於受災屋之人民，尚無提供緊急救助之必要者，作合理之差別對待，已兼顧震災急難救助之目的達成，手段亦屬合理，與憲法第七條規定無違。」

因此，儘管在災區房屋受有損害之所有人，如未能符合前述規定者，即無法請領給付，蓋該規範之目的在保障人民之「生存權」而非「財產權」。

又長期照護不僅關係受照護者之生存權，亦與實施照護家庭之經濟生活息息相關 ⑫。政府在照護保險開辦之前，僅能以照顧津貼以及租稅減免等方式，減輕家庭之經濟負擔。由於早先綜合所得稅之減免，關於醫藥費用之列舉扣除「以付與公立醫院、公務人員保險特約醫院、勞工保險特約醫療院、所，或經財政部認定其會計紀錄完備正確之醫院者為限」，以致於其他合法醫療院所之醫療費用即無法享有租稅減免。對此，釋字第 701 號解釋即指出：「受長期照護者因醫療所生之費用，其性質屬維持生存所必需之支出，於計算應稅所得淨額時應予以扣除，不應因其醫療費用付與上開醫療院所以外之其他合法醫療院所而有所差異。」從而認定該規定違反平等原則，應停止適用 ⑬。

然而從需求性來看，長期照護與醫療仍有不同，且長照機構除護理之家外，尚有屬於社福機構以及榮民之家等性質。對此，所得稅法至今仍未將長照費用單獨列為扣除事項，機構範圍亦僅限於醫療院所，如此即與上開釋憲意旨有所不符。 又我國雖於 2016 年 12 月通過 「納稅者權利保護

---

⑫ 關於長期照護之憲法保障與相關法制，請參考本書第七章之內容。

⑬ 該規定現已修訂為「納稅義務人、配偶或受扶養親屬之醫藥費及生育費，以付與公立醫院、全民健康保險特約醫療院、所，或經財政部認定其會計紀錄完備正確之醫院者為限。」但仍限於醫療機構之醫療費用。

法」，而該法第 4 條亦規定：「納稅者為維持自己及受扶養親屬享有符合人性尊嚴之基本生活所需之費用，不得加以課稅。」惟該費用仍以「最近一年全國每人可支配所得中位數百分之六十定之」，由財政部統一公告之一般扣除標準。換言之，應屬於列舉扣除之長照費用仍無法受到該法保障，受照顧者家庭仍需背負相關之沉重負擔。

㈢關於社會法與生存權保障的建議

1.現行社會救助制度的檢討

我國憲法實務上並未明白將「生存保障」作為社會保險的「財產權」保障要件，學理上也大多將生存保障列為憲法第 15 條「生存權」的保障範圍，而且有社會救助等相關制度來落實此一保障目的[114]。然而，社會救助乃是以「最低生活標準」作為給付門檻，在實施手段上則以家庭成員的收入調查為主。由於社會救助的標準訂定不易，我國現行規定即以「當地區最近一年每人可支配所得中位數百分之六十」為標準，而由省、市依實際情形來訂定[115]。此一給付標準在形式上還算能符合國民生活所需。

相對而言，比較難克服的乃是社會救助中關於「家庭總收入」的計算標準。由於我國現行規定仍然抱守傳統家庭之定義，將不同居住之直系血親與共同生活之旁系血親皆納入所得計算，遂使得貧窮的獨居者（老人）仍然無法申請救助給付[116]。除此之外，早先對於財產收入的認定標準也過於僵化，尤其是關於「資產收益」的認定往往逕依不動產擁有的情形，所以處於貧窮事實之人如果名下仍有財產持分時，往往即不符合社會救助的條件[117]。而前述情形又以老人、農民、婦女以及原住民等族群最為常見，

---

[114] 陳新民，《中華民國憲法釋論》（前揭書），頁 305 以下；許慶雄則有不同見解，見氏著，《憲法入門》（前揭書），頁 150 以下。

[115] 見「社會救助法」第 4 條第 2 項之規定。依據 2018 年公布之最低生活費標準，臺北市為 16157 元；高雄市為 12941 元；臺灣省為 12388 元。

[116] 「社會救助法」第 5 條有關家庭人口之範圍如下：配偶、直系血親、綜合所得稅列入扶養親屬寬減額者。

[117] 「社會救助法」第 5 條之 1 關於家庭總收入之項目：工作收入、資產收益與其他收入。

日後修法時即應注意其個別需求問題⓲。另外，由於社會救助所帶來的負面印象，常使得有救助需求者裹足不前，因而產生「隱藏性救助人口」的問題。所以，近來各國多規劃以社會保險制度來取代其中屬於長期性的「生活扶助」的功能⓳。

2.其他社會法制度的配合

如同前文所述，由於強制納保措施以及財務上的自主，再加上我國保險制度「全民化」的作用，使得社會保險成為社會福利的主流。透過社會保險的實施，可以將全民都放在一個「大保障傘」之下，理論上就不會產生社會安全的缺口。然而，社會保險也並不是百分之百地自給自足，尤其在保險行政上仍舊需要政府的補助。只是，政府如果將保險當作社會安全的「萬靈丹」時，即可能忽略了「對症下藥」的原則，甚至在制度選擇上產生排擠效應。我們必須體認到的是，社會保險固然有其實施上的優點，但是對於低收入戶以及失業者而言，其本身還有待社會福利制度的扶助，遑論有能力負擔保險所必要的保費。類似的問題即常見於擁有固定資產卻又缺乏現金的農民，或是經常處於失業狀態的原住民同胞身上。另外，諸如年金保險等具有長期特性的保障制度，也無法對應當事人緊急事件之所需。所以在社會保險之外，其他的社會補償、社會促進以及此處的社會救助等，仍然有存在的必要。

為了因應傳統救助理念上的缺憾，近年來乃有為個別族群量身訂做的特別津貼。其中典型的例子為敬老津貼、老農年金、特殊境遇婦女津貼與原住民的若干補助措施，其性質則可以社會法學理中的「社會促進」概念

⓲　「社會救助法」於 2005 年 1 月修正時，增列第 5 條之 2，將「未產生經濟效益之原住民保留地」以及「未產生經濟效益之公共設施保留地及具公用地役關係之既成道路」排除在家庭總收入之外。其後修法更陸續將「國土保安用地、生態保護用地、古蹟保存用地、墳墓用地及水利用地」、「祭祀公業解散後派下員由分割所得未產生經濟效益之土地」、「嚴重地層下陷區之農牧用地、養殖用地及林業用地」等排除，以符合家庭收入之實際狀況。

⓳　「社會救助法」第 2 條規定其功能如下：生活扶助、醫療補助、急難救助及災害救助。

來涵蓋。如此一來，社會福利乃由傳統「二分法」的保險與救助，走向新的社會福利機制。除了可以避免社會保險成為弱勢團體的「社會負擔」之外，同時也將生存權保障措施修正為更符合個別需求的人性尊嚴取向。由於此類福利給付的內容明確而且直接符合人民的訴求，其相關措施往往成為選舉時的政見，甚至蒙受「變相買票」之譏。但也不可否認，社會促進制度在他國已行之有年，而且比起社會保險的對價要求以及社會救助的負面印象來說，此一社會福利的「第三條路」有時反而更能切合社會公平與社會安全的目的。

本章參考文獻：

中文部分：

1. 許宗力，〈基本權的功能與司法審查〉，國科會研究彙刊《人文及社會科學》第 6 卷第 1 期，1996 年 1 月

2. 張君勱，《中華民國民主憲法十講》，1997 年 3 月重印本

3. 林騰鷂，《中華民國民主憲法》，2004 年 10 月修訂三版

4. 李惠宗，《憲法要義》，2004 年 8 月

5. 李震山，〈論憲法未列舉之自由權利之保障——司法院大法官相關解釋之評析〉，於：劉孔中、陳新民主編，《憲法解釋之理論與實務㈢》，2002 年 9 月

6. 許慶雄，《憲法入門》，2000 年 9 月

7. 蔡茂寅，〈社會權〉，於：許志雄等編，《現代憲法論》，2000 年 9 月第二版

8. 大須賀明，《生存權論》，林浩譯，2001 年 6 月

9. 陳新民，〈論「社會基本權利」〉，《憲法基本權利之基本理論》上冊，1996 年 1 月四版

10. 鍾秉正，〈社會保險中強制保險之合憲性基礎〉，《黃宗樂教授六秩祝賀——公法學篇㈠》，2002 年 5 月

11. 吳凱勳，《我國社會保險制度現況分析及整合問題》，1993 年 5 月

12. 《司法院大法官解釋續編（十二）》

13.陳新民,《中華民國憲法釋論》,1999 年 10 月修訂三版

14.劉慶瑞,《中華民國憲法要義》,1998 年 10 月修訂一版

15.李惠宗,〈憲法工作權保障之系譜〉,於:劉孔中、李建良主編,《憲法解釋之理論與實務㈠》,1998 年 6 月

16.郭明政,《社會安全制度與社會法》,1997 年 11 月

17.柯木興,《社會保險》,1995 年 8 月修訂版

18.黃文鴻等,《全民健保——制度、法規、衝擊》,1995 年 3 月修訂再版

19.羅紀琼,〈健康保險財務制度〉,於:楊志良主編,《健康保險》,1996 年 1 月增訂版

20.鍾秉正,〈從社會法觀點看教育券相關措施——以社會促進為學理基礎〉,《月旦法學》第 171 期,2009 年 8 月

21.許春鎮,〈論公法社團之概念及其類型〉,《東吳法律學報》第 16 卷第 2 期,2004 年 12 月

22.吳庚,《行政法之理論與實用》,2003 年 8 月增訂八版

23.陳愛娥,〈行政組織〉,於:李建良等合著,《行政法入門》,2004 年 5 月

24.陳新民,〈論憲法人民基本權利的限制〉,《憲法基本權利之基本理論》上冊,1996 年 1 月四版

25.蔡維音,〈全民健保之合憲性檢驗〉,《月旦法學》第 51 期,1999 年 8 月

26.陳新民,〈平等權的憲法意義〉,《憲法基本權利之基本理論》上冊,1996 年 1 月四版

27.盧政春,〈利益團體與社會福利資源分配——透視我國軍公教福利〉,於:林萬億編,《台灣的社會福利:民間觀點》,1995 年 5 月

28.鍾秉正,〈簡評「大法官釋字第 596 號解釋」〉,《台灣本土法學雜誌》第 72 期,2005 年 7 月

29.陳新民,〈憲法財產權保障之體系與公益徵收之概念〉,《憲法基本權利之基本理論》上冊,1996 年 1 月四版

30.陳愛娥,〈司法院大法官會議解釋中財產權概念之演變〉,於:劉孔中、李建

良主編,《憲法解釋之理論與實務》,1998 年

31. 鍾秉正,〈年金財產權之憲法保障——從司法院大法官會議釋字第 434 號解釋出發〉,《中正大學法學集刊》第 10 期,2003 年 1 月

32. 陳春生,〈司法院大法官解釋中關於制度性保障概念意涵之探討〉,於:李建良、簡資修主編,《憲法解釋之理論與實務㈡》,2000 年

33. 鍾秉正,〈從「老年安全」看國民年金保險之實施〉,《月旦法學》第 154 期,2008 年 3 月

34. 陳慈陽,《基本權核心理論之實證化及其難題》,1997 年 6 月

35. 葛克昌,〈綜合所得稅與憲法〉,《所得稅與憲法》,1999 年 2 月

36. 彼得‧克勞哲,鍾秉正譯,〈老年安全〉,《中央警察大學法學論集》第 6 期,2001 年 8 月

37. 鍾秉正,〈從敬老福利生活津貼的制定介紹「社會法」以及相關老年安全法制〉,《法學講座》第 9 期,2002 年 9 月

38. 鍾秉正,〈論社會法之生存權保障功能——以社會救助制度為例〉,《社會法與基本權保障》,2010 年 6 月

39. 程明修,〈論基本權保障之「禁止保護不足原則」〉,《憲法體制與法治行政㈠——城仲模教授六秩華誕祝壽論文集》,1998 年 8 月

外文部分:

1. Katz, Staatsrecht, 14. neubearbeitete Auflage, 1999

2. Sachs, Verfassungsrecht II, Grundrechte, 2. Auflage, 2003

3. Ipsen, Staatsrecht II (Grundrechte), 4. überarbeitete Auflage, 2001

4. Schulin/Igl, Sozialrecht, 6. Auflage, 1999

5. Fuchsloch, Geringfügige Beschäftigung als Mittel für ein notwendiges Ziel der Sozialpolitik? in: NZS 1996

6. Gitter/Schmitt, Sozialrecht, 5. Auflage, 2001

7. Finke, Künstlersozialversicherung, in: Sozialrechtshandbuch (SRH), 3. Auflage, 2003

8. Papier, Der Einfluß des Verfassungsrechts auf das Sozialrecht, in: Sozialrechtshandbuch (SRH), 3. Auflage, 2003

9. Merten, Die Ausweitung der Sozialversicherungspflicht und die Grenzen der Verfassung, in: NZS 1988

10. Pieroth/Schlink, Grundrechte, Staatsrecht II, 14. überarbeitete Auflage, 1998

11. Seifert/Hömig, Grundgesetz für die Bundesrepublik Deutschland, Taschenkommentar, 5. Auflage, 1995

12. Badura, Der Sozialstaat, DÖV 1989

13. Isensee, Der Sozialstaat in der Wirtschaftskrise, in: FS für J. Broermann, 1982

14. Sachs, Grundgesetz, Kommentar, 3. Auflage, 2003

15. Papier, in: Maunz/Dürig (Hrsg.), Grundgesetz, Kommentar zum GG, 2003, Art. 14

16. Ditfurth, Die Einbeziehung subjektiv-öffentlicher Berechtigungen—insbesondere sozialversicherungsrechtlicher Positionen, in den Schutz der Eigentumsgarantie, 1993

17. Bryde, in: Münch/Kunig (Hrsg.), Grundgesetz-Kommentar, Band 1, 2000, Art. 14

18. Schulin, Möglichkeiten der Fortentwicklung des Rechts der sozialen Sicherheit zwischen Anpassungszwang und Bestandsschutz, NJW 1984

19. Igl, Familienlastenausgleichsrecht, in: Sozialrechtshandbuch (SRH), 2. Auflage, 1996

20. Ruland, Rentenversicherung, in Sozialrechtshandbuch (SRH), 2. Auflage, 1996

第三章　社會保險基礎理論

綱要導讀

壹、社會保險的概念

一、社會保險的產生
(一)社會保險的背景理念
(二)社會保險的社會邏輯

二、社會風險的種類
(一)社會保險的目標為經濟安全
(二)社會風險的種類
    1.老　年
    2.身心障礙
    3.死　亡
    4.疾　病
    5.傷　害
    6.生　育
    7.失　業
    8.照　護
    9.小　結

貳、社會保險的原則

一、概　說
(一)社會保險對於整體經濟的影響
(二)保障、公平與效率的關係
(三)配合經濟變動而修正保險政策
(四)注重事故損失移轉而非所得移轉的原則
(五)重大損失之補償機制

二、社會保險的基本原則
(一)強制保險原則

(二)基本生活保障
(三)保險原則
(四)社會適當性原則
(五)財務自給自足原則

三、我國社會保險制度的分析
(一)「綜合性」與「單一性」保險
    1.傳統的綜合性保險制度
    2.新興的單一性保險制度
    3.「二代健保」的改革規劃
        (1)階段一：將健保監理會與費協會合併為「全民健保委員會」
        (2)階段二：將健保局與衛生署相關單位合併為「行政法人全民健保機構」
(二)「短期性」與「長期性」社會保險
    1.短期性社會保險制度
    2.長期性社會保險制度
(三)「儲金制」與「賦課制」保險財務
    1.儲金制的社會保險制度
    2.賦課制的社會保險制度
(四)多階段的老年安全制度
    1.團體保險中的老年安全保障

2. 雇主責任下的老年安全保障
3. 具有補充與整合作用的國民
年金

壹、社會保險的概念

一、社會保險的產生

(一)社會保險的背景理念

　　產生社會保險制度的背景理念主要有兩項，一是「利己思想」，二是「社會連帶思想」。利己思想主要為個人主義思想下的產物，也就是在面臨日常生活的突發狀況上，個人為了謀求己身的經濟安全，而藉由「保險」的方式來解決此一需求。簡單的保險機制乃是由被保險人預先繳交若干保費，而在事故發生之後可以取得約定的金錢補償，其由來則是源自於「商業保險」的風險分攤機制。這種商業保險的發展歷史可以上溯到資本主義的航海時代。保險乃是當時的商人為了因應海上貿易不可預測的風險，用以彌補財貨損失的手段。但是發展到後來，任何人或是財物的擁有者，都可以藉由保險來補償天災人禍所帶來的人身或財產損失。

　　至於社會保險的另一背景思想則是基於「社會連帶責任」而生的，尤其是受到 19 世紀社會主義的影響。社會連帶理念強調一種「我為人人；人人為我」或「同舟共濟」的精神，企圖團結社會中例如勞工等經濟弱勢團體。實施社會保險的目的也是在藉由保險的機制，讓個人可以盡到社會共同體成員的責任，本身也可從而取得來自社會整體的保護❶。

　　然而，社會連帶責任的產生並不像利己思想乃是與生俱來的觀念，而且也有別於個人因為宗教信仰而產生道德性的慈善與救濟行為。對此，社會福利學者張世雄教授即表示❷：

　　「社會福利的核心問題是<u>社會需要</u>的存在，以及如何來滿足的問題。」

　　在工業革命之後而且資本主義興盛的 19 世紀，當時所產生的貧窮、失

---

❶　有關社會保險與商業保險的關係，見柯木興，《社會保險》，1995 年 8 月修訂版，頁 84 以下。

❷　張世雄，《社會福利的理念與社會安全制度》，1996 年 9 月，頁 5。

業、疾病或職業殘廢等普遍現象已經是一種「社會的問題」，必須要透過社會團結的方式來解決。當然，這種社會團結的避險模式本就難以期待個人會自動自發地配合，通常必須透過團體或國家的力量「外塑」而成。另外，任何強制性的措施也應當有受規範者「被動地」接受，才有可能順利推展。所以，個人唯有在風險升高到無法再由一己承擔的時候，才有可能接受社會保險的觀念。

吾人從前文的描述也可以得知社會保險所具有的雙重性格，也就是「社會性」與「保險性」。所謂的社會性乃是透過公共政策的推行，以謀求社會多數人的保障。其中寓有「劫富濟貧」的理念，也就是希望社會保險能產生「所得重分配」的效果。反之，保險性乃是結合多數可能遭遇相同風險的經濟單位，以公平合理的方式聚集保險基金。而當某一個體發生危險事故而有所損失時，即由該基金進行補償。因此，保險乃是可將個體風險分散至全體的經濟方式，而社會保險則是以此為手段來達成社會安全的目的。

㈡社會保險的社會邏輯

有關社會保險所對應的社會邏輯，社會福利學者張世雄教授分析社會上有「商業保險」、「非營利性的互助保險」以及「社會保險」三種風險管理的類型，同時也主張以「個人主義的」、「團結互助的」以及「社會理性的」三種「理念型」來相對應❸。張教授認為，雖然保險是基於個人主義而生的，但是保險本身就是一種「集體的行動」。因為個人唯有透過集體（團體）才可能達到分散風險的目的。商業資本化的保險制度就是以被保險人的風險高低作區分，而收取不同額度的保費。一般而言，市民社會中的個人或企業也是以此保險機制來降低財產損失的風險。可是，這種避險模式往往只對資本家有利，而對於勞工等「高風險者」就無法提供所需的保障❹。是以，19世紀中貧困的勞工即加入「共濟團體」的互助保險，強

---

❸ 張教授的論述主要以 Max Weber 式的理念型建構，以及歷史關聯性概念為理論基礎。見張世雄，《社會福利的理念與社會安全制度》（前揭書），頁 25 以下。

❹ 市民社會在私領域中強調「過失責任」與「契約自由」，損害賠償以有疏忽為

調工會團結互助的功能,而在其成員發生事故時給予必要的資助。後來,由於互助保險行政管理上的需求,以及工會組織逐漸「科層化」的結果,以至於互助保險後來就被國家主導的社會保險所取代。

不過,從結合單一個人的風險管理到產生共同的社會意識,這樣的過程並不容易,國家在此即扮演了主導的角色。而且,從歷史發展的過程來看,不論是個人主義的或是團結互助的行動邏輯,基本上都是站在與國家極權相抗衡的立場上。相對而言,由社會理性所衍生的社會保險就成為國家在管理社會領域風險上的手段之一,並且可用來調節勞、資雙方的衝突❺。再從政治學的論點來看,現代國家的產生乃是基於「社會契約論」,其存在自應擔負起維護公共利益、照顧國民的國家義務❻。因此,國家除了消極性地不侵害人民基本權利之外,尚應積極性地提供生存照顧,乃至於形成基本權利所由發展的客觀條件。對此,社會保險則是現代國家履行其相關義務的理想工具,其可以透過這樣的強制措施來承擔以及管理個體或團體所無法自理的風險。

二、社會風險的種類

㈠社會保險的目標為經濟安全

社會保險中所謂的風險必須具有「不確定性」。換言之,風險的發生必須是偶然的,而且事件之所以發生並非個人主觀上所能左右的。同時,保險相關事故發生的「或然率」應是屬於一般性的,其所產生的「危險性」則具有一致性。但也由於風險有其一般性,而且危險也有一致性,以致可以有「風險管理」的概念產生。因此,個人可以透過一定的機制集中以及

前提,例如雇主即常要求勞工簽約放棄對意外事故的請求權。見張世雄,《社會福利的理念與社會安全制度》(前揭書),頁 28 以下。

❺ 此一轉變也深受 19 世紀法學思想「社會化」的影響,例如「無過失責任原則」的引進即是。見張世雄,《社會福利的理念與社會安全制度》(前揭書),頁 45 以下。

❻ 李惠宗,《憲法要義》,2002 年 7 月,頁 14 以下。

共同分攤該項風險，而「保險」就是常見的風險管理機制。在此必須強調的是，吾人藉由保險所欲管理的風險必須是一種經濟上的或者是可以轉換成經濟上的損失，故保險也就是「經濟風險的管理」。對此，柯木興教授即認為❼：

「所謂經濟安全，對個人言，不管現在或將來均較能確定滿足其基本的需要與慾望的心理的狀態與安寧的感覺。這一基本的需要與慾望就是個人對食、衣、住、醫療與其他必需品的需要。」

柯教授並將經濟不安全的本質歸納為「所得的損失」、「額外的費用」、「所得的不足」以及「所得的不確定」四種面向❽。而社會保險就是要因應各種事故所造成的經濟不安全。

又從現代人所面臨的風險來看，其種類可以約略分成個人、團體與社會風險三類。第一類的「個人風險」可能發生在其身體或財富等方面，相關經濟安全的風險管理通常是透過個人理財以及商業保險來進行。第二類的「團體風險」則是指家庭、社團、工會等成員所要共同面對的問題，風險管理可以藉由商業保險或團體保險來因應。而最後的「社會風險」則是社會大眾普遍所必須面對的問題，尤其是現代社會經濟生活上的風險，由於其規模已經不是大多數的個人或團體所能承擔的，只好藉由社會保險來加以解決。在此同時，政府所通過與社會保險相關的法規範，其在內容上也必須是經濟方面的問題，尤其是以財產上的損失填補作為規範目的。例如健康保險的實施並無法積極管理被保險人的身心健康，但是卻可以在其健康受損而就醫時，負擔其醫療費用❾。而老年保險的內容也不在管理「年老」事故，因為老化乃是必然的現象而非不確定的風險，所以退休金主要在因應被保險人年老退休之後的經濟安全所需。

---

❼ 柯木興，《社會保險》（前揭書），頁4。

❽ 柯木興，《社會保險》（前揭書），頁7以下。

❾ 若以風險管理的理念來看，健康保險仍具有相當程度的積極性。保險人不僅要填補疾病所帶來的損失，更要以「健康管理」來預防重大疾病的發生，以降低保險支出。

㈡社會風險的種類

現代社會中造成經濟不安全的原因有很多，主要有早死、老年、傷害與疾病、失業、工資不足、物價變動、天然災害以及其他個人因素等。其中有些風險是屬於個人性的，通常只能透過儲蓄、互助會、企業福利以及商業保險等「自己預護」(Eigenvorsorge) 的方式來管理風險❿。相對而言，社會保險所關注的是被保險人生涯中某些特定的風險或不利益的狀況。這些特別的社會風險的發生，不僅是形成社會保險標的的原因，同時也是當事人得以請求保險給付的理由。吾人在介紹社會風險種類之前，必須先區分所謂的「保險事件」(Versicherungsfall) 以及「給付事件」(Leistungsfall) 的差異性。因為，特定保險事件的發生固然是保險給付的主要原因，但是並不當然導致保險給付的具體請求權，該項請求權仍然有待後續條件的完成。例如，勞工保險的勞工罹患職業病時，即是保險事件的發生。當事人雖然可以請求適當的醫療給付，但若當事人要申請職業災害給付甚至失能給付時，則必須要經治療終止之後，並符合「勞工保險失能給付標準」、「經診斷為永久失能」等相關法定條件才行⓫。

現代社會國民所面臨的社會風險，其種類可大略分為老年、身心障礙、死亡、疾病、傷害、生育、失業以及照護等。以下乃逐一介紹其特點，以及社會保險實施時必須注意之處：

1.老　年

「老年」乃是人類生理的必然過程，而不是一種工作意外的結果。就內涵而言，「老年乃是一種個人生理的、心理的及社會釋義的綜合體」⓬，但一般是指 60 或 65 歲以上的國民，而且通常以法令規定的強制退休年齡為主要依據。例如，我國現行「老人福利法」第 2 條雖將老人定義為「年

---

❿　柯木興，《社會保險》（前揭書），頁 10 以下。

⓫　見 Erlenkämper/Fichte/Fock, Sozialrecht, 5. vollständig überarbeitete Auflage, 2002, S. 8；「勞工保險條例」第 54 條第 1 項關於「職業傷害」及「失能補償費」之規定。

⓬　柯木興，《社會保險》（前揭書），頁 43。

滿 65 歲以上之人」，但是「勞工保險條例」第 58 條則將老年給付年齡訂為「男性年滿 60 歲、女性年滿 55 歲」，惟後者亦將逐年提高至 65 歲❸。而「勞動基準法」於 2008 年亦修法將強制退休條件提高為「年滿 65 歲者」。再者，現今實施的「老年農民福利津貼」以及的「國民年金保險」則皆以 65 歲以上的國民作為保障對象。由於社會上對於老年的界定乃是與時俱進的，因此吾人在規範法定退休年齡時，應考慮當時國民的平均餘命、工作能力、退休後生活資源、勞動力供需、社會傳統習俗、休閒活動需求以及相關法規等不同因素。

　　一般而言，在傳統農業社會中，工作即是生活的方式之一，老年僅是「工作角色」的變換而已❹。尤其在「家有一老，如有一寶」的觀念下，老年並不必然要有「退休」的機制來因應。相較之下，工業社會中的「老年」則通常是代表體力與工作能力的降低，年老的勞動者往往無法再與年輕的勞工一較高下，最終必須依據市場法則讓出原有的工作機會。在這樣的退休制度之下，其結果即是失去固定的工作收入，當事人則通常可以從年輕時起即利用各種理財手段，以因應老年生活所需。但是，由於理財能力的不足以及投資的損失風險皆可能使當事人「血本無歸」，尤其是通貨膨脹或貨幣貶值的情形也可能導致帳面上的盈餘變得微不足道❺。

　　事實上，老年乃是一種可以確定、可以預測的生命現象，原則上並無法成為不確定的「風險」。但是，退休乃是現代社會職場新陳代謝所必須的

---

❸　新修正之勞保條例第 58 條第 5 項規定：「第一項老年給付之請領年齡，於本條例中華民國九十七年七月十七日修正之條文施行之日起，第十年提高一歲，其後每二年提高一歲，以提高至六十五歲為限。」

❹　在農村生活中，孩童即可幫忙牧牛、養雞、看家等事，青壯年起就要擔任粗重的農務，成為維持家計的支柱。直到年老力衰之後，含飴弄孫之時，又回復到較為不須體力的任務。

❺　不可諱言，私人儲蓄理財仍為老年安全 (Alterssicherung) 的主要手段，而國家亦無法以全民為對象，實施百分之百的所得替代。故學說上亦主張老年收入應來自「社會保險」、「企業年金」與「個人理財」三方面，意即「三柱理論」之實踐。

過程，而退休後經濟生活的不安全亦即將成社會問題，尤其是個人「退休後至死亡的年限」仍屬於不確定的狀態，因此老年仍可作為保險事故之一。值得注意的是，保險的標的並不在「老年」，而是被保險人老年退休之後經濟上的不安全性，所以制度上乃兼具保險與強制儲蓄的意義。此處所涉及「平均餘命」的概念，也就是當事人退休之後尚可存活幾年？以及其先前的儲蓄還能維持多久的生活？一旦個人或家庭無法因應老年生活所需之時，老年就成為社會風險❻。

2.身心障礙

「身心障礙」乃是指個人在身體或心理上的損傷，以致其生活方式或工作能力無法達到一般人的水準。類似的概念，我國相關法規的用語卻不盡相同，早期多以「殘廢」稱之，例如憲法第 155 條即採「人民之老弱殘廢，無力生活，及受非常災害者」。一直到 1980 年制訂「殘障福利法」時，為了避免當事人受到歧視，乃改以「殘障」稱之，而後於 1997 年制訂「身心障礙者保護法」時，更以「障礙者」稱之。該法於 2007 年更更名為「身心障礙者權益保障法」，強調其目的係法定權利之保障，而非弱勢者之保護。事實上，此一法條用語上的轉折除了強調「人性尊嚴」之外，也有促使國家保障內涵改變的作用。例如憲法增修條文第 10 條第 7 項即規定：

「國家對於身心障礙者之保險與就醫、無障礙環境之建構、教育訓練與就業輔導及生活維護與救助，應予保障，並扶助其自立與發展。」

政府現今對於身心障礙者的保障方式，不僅是透過保險與救助等彌補損失的消極手段，而是積極促進其生活條件的提升，而且以扶持其自立自助作為目標。後來的觀念顯然大過於早期強調「永久不能復原」的殘障定義。然而，社會福利學者也主張，「社會對障礙者的定義名詞運用或態度如何，會影響障礙者的自我定義，也會影響社會大眾如何看待障礙者」❼。

---

❻　假設某人死亡之日即是退休之時，那老年安全就不再是問題。但由於醫療進步，其退休後往往仍有數年可活，老年安全制度的設計即應滿足此一時期的種種需求。

❼　國內文獻引用學者 Oliver 對於障礙的定義，認為若是將障礙者當成被壓迫與

由於目前對於身心障礙的認定乃以領有「殘障手冊」之人為準，其取得過程必須經過「醫療診斷」與「社會行政審查」兩階段，而其福利內容也受到「身心障礙者權益保障法」適用上的影響。這種以生理功能障礙為主的審查模式，忽略了「人與環境」的關係，顯然仍未能達到前述修憲條文之精神。

在社會保險制度中，我國的勞工保險條例、軍人保險條例、公教人員保險法以及農民健康保險條例等「職業團體保險」也都將「身心障礙」列為保險事故之一。但是，此時所指的乃是當事人遭遇傷病事故，經過治療終止之後仍然無法回復原本工作能力的情形，故新修正的勞保條例已更名為「失能」，並且納入身權法之保障規定[18]。而除了先天性的身心障礙以外[19]，身心障礙事故的發生又常與勞工的職業有關，而且直接影響其謀生能力，所以社會保險的目的就是在補償個人因為身心障礙所降低或喪失的收入。在通常的情況下，遭遇殘廢的勞工必須被迫提早退出職場，所以學者也稱其為「早期老年」或「傷病延長」[20]。又因為殘廢給付與老年保險性質上的相似，當事人皆會因為退出職場而喪失工作收入，所以二者常合併於同一保險制度來實施，亦即「年金保險」(Rentenversicherung)。

忽略的「弱勢團體」，則政府應減少社會對他們的障礙；反之，若將障礙認為是個人疾病問題，則只會重視醫療處置。故主張應重新定義障礙，並且透過社會運動改善大環境。見周月清，《障礙福利與社會工作》，2000 年 7 月三版，頁 23 以下。

[18] 「勞工保險條例」第 53 條第 1 項規定，「被保險人遭遇普通傷害或罹患普通疾病，經治療後，症狀固定，再行治療仍不能期待其治療效果，經保險人自設或特約醫院診斷為永久失能，並符合失能給付標準規定者……」；第 2 項復規定，「前項被保險人或被保險人為身心障礙者權益保障法所定之身心障礙者，經評估為終身無工作能力者，得請領失能年金給付……」。

[19] 先天性的身心障礙通常不是藉由社會保險，而是以特殊教育、庇護工廠、生活津貼等社會扶助或社會促進的方式來因應。

[20] 柯木興，《社會保險》（前揭書），頁 46。

3.死　亡

　　「死亡」乃是指人類維持生命所需要的生理功能永久停止的狀態，通常表示其心跳與呼吸均已停止，近年來由於醫學進步則有「腦死」狀態的討論。但是，後者對於死亡的新定義仍未受到社會普遍接受，社會保險實務上亦大多將「植物人」的情況歸屬於「身心障礙給付」的條件，甚至衍生出有關「長期照護保險」的需求問題❷❶。例如大法官釋字第 316 號解釋即有如下闡釋：

　　「『植物人』之大腦病變可終止治療，如屬無誤，則已合於殘廢給付之條件……。惟『植物人』之大腦病變縱可終止治療，其所需治療以外之專門性照護，較殘廢給付更為重要，現行公務人員保險就專業照護欠缺規定，應迅予檢討改進。」

　　值得注意的是，社會保險制度中所稱的「死亡事故」並非一般的人生現象，而是指被保險人於勞動期間所發生的死亡，亦即一般所稱「勞工的早死」❷❷。此時，死者本身固然已經無須再受到保障，但是原本依賴其收入維生之家屬即因此而產生經濟生活上的問題。尤其在該家庭缺乏其他收入來源，而且也無足夠恆產與儲蓄來代替此一收入的減少時，其經濟上的不安全性就更大了。更遑論死者家屬所要面對的喪葬、遺產稅以及各種死者生前債務等問題。所以，此時社會保險所欲保障的對象並非投保當事人，而是被保險人的遺屬。又因為其給付方式與老年事故相似，所以常被歸納於老年保險制度之中。因此，因為被保險人死亡而衍生的保險給付即可分作「喪葬給付」與「遺屬給付」兩類❷❸。然而二者的性質並不相同，前者較屬於一時性的「互助津貼」，給付以滿足社會一般習俗的費用即可。相較

❷❶　有關植物人對於家庭之影響，見周月清，《障礙福利與社會工作》（前揭書），頁 131 以下。

❷❷　柯木興，《社會保險》（前揭書），頁 47。

❷❸　例如 2014 年修正之「公教人員保險法」第 27 條即規定，被保險人因公死亡、因病或意外死亡者得請領死亡給付，家屬得選擇請領遺屬年金；同法第 34 條則規定眷屬喪葬津貼。另按現行「勞工保險條例」第 63 條以下規定，被保險人死亡時，除發予家屬喪葬津貼外，還可請領遺屬年金，或一次性的遺屬津貼。

之下，後者乃關係被保險人家屬日後的生計問題，所以在採取年金保險的國家中即有「遺屬年金」(Hinterbliebenenrente) 的設計。

4.疾　病

「疾病」乃是指個人身體的全部或一部正常功能暫時受損。另外，疾病在廣義上還包含當事人心理與社會層次的問題。疾病的產生固然與個人生理、心理上的因素有關，但是後天的環境因素也可能是導致生病的主因。按理，除了疾病的原因與種類上的差異性之外，人民在工業社會中罹病的機率並不見得比農業社會高。但是，工業社會中勞工罹患疾病的性質確實不同於農業社會，其往往產生龐大的醫療負擔。再加上勞工於接受治療的期間內也將喪失原有的工作收入，所以經常導致勞工經濟上的不安全。因此，社會保險除了要透過醫療服務、藥物以及必要器材的提供使被保險人恢復健康之外，還應當要有現金給付以負擔其直到重回工作崗位之前的生活所需。例如，我國現行之「全民健康保險法」即在提供被保險人醫療保健服務，而勞工保險條例第 33 條與第 34 條則規定「普通傷害補助費」與「職業傷害補助費」，滿足被保險人「因傷病治療不能工作，以致未能取得原有薪資」時的需求。

社會保險中與疾病相關的當屬「醫療保險」制度，德國類似的制度則以風險內容而稱為「疾病保險」(Krankenversicherung)。又根據世界衛生組織對於「健康」的界定為：「健康乃一種完整的身體、心理與社會福祉的安寧狀態，而非單指疾病或虛弱的不存在。」顯然健康保險可以包含預防、治療以及復健等更廣的涵義。因此，學者認為現代疾病管理的態度，「已經由消極的醫療轉到積極性健康即健康問題的預防上」[24]。這並不是一種「反醫療」的思想，而是讓疾病的定義以及解釋更有彈性。另外，健康保險的給付原因也不止是疾病而已，還包含下文所要討論的「傷害」與「生育」兩種社會風險。例如，現行「全民健康保險法」第 1 條第 2 項即規定：

「本保險為強制性之社會保險，於保險對象在保險有效期間，發生疾病、傷害、生育事故時，依本法規定給與保險給付。」

---

[24]　柯木興，《社會保險》（前揭書），頁48。

　　一般而言，社會保險法所欲規範的乃是「何項醫療上之給付屬於保險給付」的問題，至於「疾病與醫療需求性之間的關係」則屬於醫學的範疇，縱使這之間同時涉及法律上的定義亦然❷❺。

5.傷　害

　　「傷害」是指由外力所造成身體上的損害，而必須藉由醫療服務給予適當的治療才能恢復健康，但是此一部分的給付已經由健康保險所涵蓋。因此，社會保險中的傷害給付乃在補償被保險人因傷害接受治療期間內，無法工作所造成的損失。理論上來說，傷害給付也可以與疾病以及殘障給付相結合，而同置於健康保險的機制內。例如在德國疾病保險制度中，除了人力上與物質上的醫療服務之外，還有「疾病津貼」(Krankengeld) 的給付，以彌補被保險人於就醫期間內的所得喪失❷❻。另外，傷害亦可稱為「暫時性殘障」，因為傷害也往往是殘障的前奏。但是，當事人必須要在遭受傷害並經過相當期間治療之後，仍然無法回復的情形才稱為殘障，繼而可以請領前述的「失能給付」。

　　由於社會保險的傷害給付原本即在保障當事人在這段時間內的經濟安全。我國在全民健保實施之後，傳統社會保險有關醫療給付的部分雖已改由健保來支付，但是因傷病所需的所得替代給付卻仍存留於原制度中。例如「勞工保險條例」第 33 條規定：

　　「被保險人遭遇普通傷害或普通疾病住院診療，不能工作，以致未能取得原有薪資，正在治療中者，自不能工作之第四日起，發給普通傷害補助費或普通疾病補助費。」

　　對於工業社會中的勞工而言，因為「職業傷害」所帶來的損失特別嚴重，而該領域也是社會保險發展史上所關注的焦點。有關勞工職業災害的賠償乃起源於早先的「雇主責任制」，當時認為勞工在職場中因執行職務所致的傷害應由雇主負擔。但是由於勞工對於事故的發生經常「與有過失」，而且過失與否的認定也常成為勞資糾紛的焦點，各國後來遂以社會保險代

❷❺　Eichenhofer, Sozialrecht, 4. Auflage, 2003, Rz. 361。

❷❻　見 Schulin/Igl, Sozialrecht, 7. Auflage, 2002, Rz. 309 ff.。

替該雇主責任。例如德國早在 1884 年即頒布 「意外傷害保險法」
(Unfallversicherung)，藉以承接雇主在職場意外中所必須負擔的民事責任，
如今仍是該國社會保險的重要環節❷。我國則在「勞工保險條例」第 34 條
有以下規定：

　　「被保險人因執行職務而致<u>傷害</u>或<u>職業病</u>不能工作，以致未能取得原
有薪資，正在治療中者，自不能工作之第四日起，發給職業傷害補償費或
職業病補償費。……」

　　由於職業災害所造成的醫療需求通常已經由健康保險承接，而傷害一
旦無法治癒則轉為失能年金的對象，因此職災保險近年來多著眼於「工業
災害」與「職業病」的預防業務上❷。

　　雖然社會保險已經就職業災害有所給付，但是勞動法上仍存有相關規
定。例如依據德國「工資續付法」(Entgeltfortzahlungsgesetz) 的規定，雇主
原則上應先支付罹病員工長達 6 週的全薪 ，而後才由保險的疾病津貼接
手❷。而類似的規定亦見於我國「勞動基準法」第 59 條以下的「職業災害
補償」。該法第 59 條第 1 項前段之規定為：

　　「勞工因遭遇<u>職業災害</u>而致死亡、失能、傷害或疾病時，雇主應依下
列規定予以補償。但如<u>同一事故</u>，依勞工保險條例或其他法令規定，已由
雇主支付費用補償者，雇主得予以抵充之……。」

　　另外，我國為保障職業災害勞工的權益，加強災害預防，並促進就業
安全與經濟發展，更於 2001 年 10 月 31 日公布「職業災害勞工保護法」。
其實施手段乃以提撥專款的方式，用以「加強辦理職業災害預防及補助參
加勞工保險而遭遇職業災害勞工」❸。而依據該法第 8 條之規定，已參加

---

❷　德國在 1871 年時雖曾制定與危險責任 (Gefährdungshaftung) 相關之民事規定，
　　但並未能改善對於職業災害受害者的保障，其後即改採社會保險以為因應。見
　　Eichenhofer, Sozialrecht（前揭書）, Rz. 390 ff.。

❷　柯木興，《社會保險》（前揭書），頁 244 以下。

❷　見 Schulin/Igl, Sozialrecht（前揭書）, Rz. 313 ff.。

❸　其經費來源乃是來自勞保基金職業災害收支結餘，對於未加入勞保勞工之補助
　　則由政府編列預算。見「職業災害勞工保護法」第 3 條、第 4 條之規定。

勞工保險的被保險人遭遇職業災害時，得依法申請「生活津貼」、「失能生活津貼」、「器具補助」、「看護補助」、「家屬補助」以及其他由機關核定之各項補助。對於縱使未加入勞工保險的勞工，也可以依據職災保護法第 6 條與第 9 條之規定申請前述補助。

審視我國現行勞工保險中的職災保險，其由來與保障皆迥異於普通保險事故，難以因應現實勞工的保障需求，故近年遂有單獨立法之倡議。立法規劃首先要將保障對象擴及所有勞動行為，尤其是無固定雇主或從事非典型工作之人；在保險給付上還要有「基本保障」之設計，以免年輕勞工遭遇工作意外時，因年資較短而致給付額度過低。如此一來，前述職災保護法之給付即應整合進入此一基本保障機制內。至於雇主應負之責任則可透過繳交保費來達成風險分攤，使職災保險能真正發揮「責任險」的效果。

6.生　育

「生育」乃是一種自然的現象，通常指婦女分娩或姙娠三個月以上流產的情形。按理，生育事件並非疾病，但由於懷孕與生產過程中的相關措施經常與孕婦以及嬰兒的健康照護有關，傳統上乃歸屬健康保險的保障內涵。另外，因為生育所需的醫療費用支出，還有收入損失等也經常導致當事人經濟上的不安全性❸❶。所以，社會保險的生育給付包含有「醫療」與「現金」兩部分，前者主要乃是產檢以及助產醫療之相關服務，通常由健康保險來給付。至於現金給付則是對於被保險人生育的補助，其性質上較接近是一種育兒津貼。

社會保險有關生育補助金的理念，主要是因為產婦生產過後仍須在家休養，而在這段時間內無法工作的損失即應透過現金給付來填補。例如，我國勞工保險條例第 31 條以下即規定有「生育給付」，對於「被保險人或其配偶分娩或早產者」，發給平均月投保薪資 30 日之「分娩費」與「生育補助費」❸❷。另外，依據勞動基準法第 50 條之規定，女性勞工分娩時應有

---

❸❶　見 Schulin/Igl, Sozialrecht（前揭書），Rz. 263。

❸❷　全民健保實施之後，已於「勞工保險條例」增訂第 76–1 條，停止適用「分娩費」部分之保險給付。而且生育給付也僅限於女性被保險人本身才可以請領。

8 星期的「產假」，並且於該條第 2 項規定產假期間工資發給的原則如下：

「前項女工受僱工作在六個月以上者，停止工作期間工資照給；未滿六個月者減半發給。」

7. 失　業

「失業問題」從中世紀一直到進入工業社會的期間內，主要被歸因為個人人格缺陷所致，因此國家並不積極介入。大約到了 20 世紀初，才由當時的英國政府首度承認失業為社會風險的型態，而將「失業」定義為一種持續性的或暫時性的「工作失能」(Arbeitsunfähigkeit)[33]。按理，失業還可以分為「自願性的」與「非自願性的」失業兩類，其產生原因主要是社會與經濟結構的失調所致，而當事人則因為失業而喪失其現有的工作收入。歷史上早期的失業情形主要是因為市場經濟的「週期性現象」所產生的，一旦市場對於產品的需求較低時，從事生產的勞工即失去在企業的工作機會。因此，當時政府的主要因應措施乃在「就業促進」以及「失業救濟」兩方面。後來在工業社會中造成失業的原因則不再只是經濟循環的問題，而是一種「結構性」的失業，尤其是在生產方式改變（自動化）之後更為明顯。此時更應注重勞工的職業訓練，幫助其取得證照或相當的資格以提升就業競爭力[34]。

社會保險上的失業應該專指「非自願性失業」而言，也就是「勞工具有工作能力及繼續工作意願，而找不到適當的工作」[35]。而德國社會法學說上則強調勞工行政上的「可支配性」(Verfügbarkeit)，也就是說失業的勞工應該是「有工作能力的」(arbeitsfähig) 而且還要「有工作意願的」(arbeitsbereit) 才行[36]。例如，我國現行「就業保險法」第 11 條第 1 項第 1

---

[33] 工作失能乃泛指老年、所得不能 (Erwerbsunfähigkeit)、職業不能 (Berufsunfähigkeit)、意外傷害以及疾病等社會風險。見 Eichenhofer, Sozialrecht（前揭書）, Rz. 446。

[34] 見 Eichenhofer, Sozialrecht（前揭書）, Rz. 447。

[35] 柯木興，《社會保險》（前揭書），頁 50。

[36] 見 Erlenkämper/Fichte/Fock, Sozialrecht（前揭書）, S. 25。

款乃規定「失業給付」的請領條件為：

「被保險人於非自願離職辦理退保當日前三年內，保險年資合計滿一年以上，具有工作能力及繼續工作意願，向公立就業服務機構辦理求職登記，自求職登記之日起十四日內仍無法推介就業或安排職業訓練。」

另外，該法第 11 條第 3 項且就非自願性離職為以下的定義：

「本法所稱非自願離職，指被保險人因投保單位關廠、遷廠、休業、解散、破產宣告離職；或因勞動基準法第十一條、第十三條但書、第十四條及第二十條規定各款情事之一離職。」

條文中所指勞基法第 11 條乃為「雇主預告終止勞動契約」之情形；同法第 13 條但書為「雇主因天災、事變或其他不可抗力致事業不能繼續」之情形；同法第 14 條則為「勞工無須預告即得終止勞動契約」之情形；同法第 20 條則為「事業單位改組、轉讓」之有關規定。值得注意的是，失業保險為一種「在職保險」，失業事故的發生必須以被保險人先有工作為前提，所以也只有現職勞工才能投保。

雖然在 2008 年修法前「勞工保險條例」第 2 條的規定中，「失業」已經被列為保險事故之一，但是同法第 74 條卻又規定「失業保險之保險費率、實施地區、時間及辦法，由行政院以命令定之」，以至於勞工保險長期未能落實該項給付。在這期間中，政府為了促進國民就業，首先於 1992 年訂定「就業服務法」。該法除了作為「就業服務機構」的設立依據以外，並提供若干就業促進的補助措施。值得注意的是，該法第 42 條以下有相當篇幅乃有關「外國人之聘僱與管理」的規定，其用意則在避免妨礙本國人的就業機會❸❼。在失業保障上，我國勞工保險及至 1999 年才開辦失業給付業務，而且一直到 2002 年「就業保險法」制定之後，才以單獨的保險制度辦理失業保險業務。

從我國社會保險發展的過程來看，失業保險可說是依照風險種類「單

---

❸❼　「就業服務法」第 42 條規定：「為保障國民工作權，聘僱外國人工作，不得妨礙本國人之就業機會、勞動條件、國民經濟發展及社會安定。」然而，就其規範內容觀之，其重點仍在對來臺工作外國人之行政管控。

一化」的過程中，繼全民健保之後第二個完成的保險類型。依據就業保險法第 10 條的規定，就業保險給付可分為「失業給付」、「提早就業獎助津貼」、「職業訓練生活津貼」、「育嬰留職停薪津貼」以及「失業之被保險人及隨同被保險人辦理加保之眷屬全民健康保險保險費補助」五類。不僅提供被保險人失業期間的所得替代，還要配合就業諮詢以及職業訓練措施，讓被保險人早日重回職場。

8.照　護

「照護」風險乃指個人因為傷病所生的「照護需求性」(Pflegebedürf-tigkeit)，其中包含有「自理能力降低」、「無助」或「無法自立」等情況❸。具體而言，照護需求乃是「某人無法再自己從事日常的身體照顧、飲食準備或進食、行動或整理家務，而其中一項甚至全部必須仰賴他人幫助」❹。這類的照護需求可能產生在生命中的任何一個階段，例如天生殘障者、中年癱瘓者、安寧病房中的癌症或愛滋病患，而較常見的則是因為年老衰弱或罹患老年病症的老人。以往，個人的照護需求皆是由其家屬來負擔，一旦無家屬或是家屬沒有能力或意願從事照護時，只好由社會福利單位或是慈善機構幫忙。但是，就算是家屬願意自行負擔照護責任，現今的家庭型態以及都市中的居住環境也已經難以應付此一需求❹。此外，照護過程中還涉及醫療、社會與心理等專業知識，也不是一般的家屬所能勝任，最後只有送往專門照護機構一途。也因此，近年來國內照護機構的設立如雨後春筍般，即是為因應此一需求趨勢。

---

❸　依據「德國照護保險法 (SGB XI)」第 14 條第 1 項之規定，有照護需求之人，為「因身體的、精神的或心靈的疾病或障礙，於長期或至少可預見的六個月內，對於其日常生活中所熟悉且例行重複之事務顯然需要幫助者」。見 Erlenkämper/Fichte/Fock, Sozialrecht（前揭書），S. 26 ff.。

❹　見 Eichenhofer, Sozialrecht（前揭書），Rz. 379。

❹　以老年照護為例，三代同堂的家庭已經逐漸減少，同住的子女必須要能撥出時間以及人力來照顧老人，而且往往由兒媳擔綱照顧。另外，都市公寓的狹小空間是否還能容納三代同堂？尤其對臥病老人而言，一般成屋的制式化裝潢亦不見得能支應其照顧的需求。

　　在現代社會中，照護需求已然成為普遍的一種風險類型，故近年來已經有國家將照護列為社會保險的課題之一，例如德國自從 1995 年起就將照護保險納為社會保險的第五個支柱❹。其原因在於，不論從客觀的經濟安全或是主觀的心理因素來看，不應再將照護需求歸屬於家庭責任，而毋寧是國家與社會必須共同面臨的問題。有別於傳統社會保險的實施對象，照護保險應該不以職業團體為準，因為照護風險的性質乃類似疾病風險，都是一般國人可能產生的事故。不可否認的，照護風險發生的前兆不外乎是疾病或傷害等事件，而在實施上也經常與健康保險結合。但是，健康保險給付所能提供的僅是「一定期間」的醫療服務，反之，照護所需的則是「長期間」的人力與場所的提供。因此，仍有建立獨立性社會保險制度的必要。

　　我國現行實務主要為 2007 年起開辦的「長期照顧十年計畫」❷，其實施依據則為「老人福利法」。但為因應高齡社會的到來，政府近年亦推動長期照護立法進程，主要為機構管理與服務體系建立的「長照服務法」，該法已於 2015 年 6 月通過，另外還有以全民健保為藍圖的「長期照顧保險法草案」❸。參照德國經驗，照護保險的給付通常可分為「照護服務」與「現金給予」兩種類型，但以前者為主。因此，政府除了輔導私人照護機構的設立之外，還應藉由照護保險提供照護所需物質與人力上的給付，同時也不排除居家照護或者由被保險人支領現金再請專人照護的做法❹。實施理念上要將照護相關的人力、物質計入國民經濟的一環，不再只是當事人家屬的負擔。所以，照護給付除了足以支撐專門行業的形成之外，也不排除由實施照顧的當事人家屬來領取現金給付❹。

---

❹　Muckel, Sozialrecht, 2003, S. 162 ff.。

❷　有關十年長照計畫內容參考衛生福利部社會及家庭署網頁：http://1966.gov.tw/LTC/mp-201.html。

❸　見拙著，〈德國長期照護法制之經驗〉，《長期照護雜誌》第 10 卷第 2 期，2006 年 7 月，頁 121 以下。關於我國現行長照服務法草案以及相關政策，見衛生福利部護理及健康照護司網頁：http://1966.gov.tw/LTC/cp-3637-42407-201.html#。

❹　見 Schulin/Igl, Sozialrecht（前揭書）, Rz. 358 ff.。

❹　例如奧地利即不採社會保險，而是以照護津貼的方式來提供福利給付。黃鼎佑，

9.小　結

吾人在建立社會保險制度時，除了要了解以上各項社會風險所形成的保險事故之外，還要明白其彼此之間的關聯性。例如疾病、殘障、照護與死亡，彼此之間往往呈現因果或前後階段的關係，而且保險給付的內容也因為各階段的需求而有不同。按理，被保險人罹患疾病所需的醫療服務乃著重物質與人力的提供，但一旦進入殘障或死亡的情形，反而是醫療過程告一段落之時，繼之而起的則是現金的給付。另外，年老退休與失業二者之間也可能呈現類似的情形，尤其在經濟景氣衰退且大量裁員的時候，高齡失業者往往會先領取一段期間的失業救助，而後再轉向年金保險申請老年給付。

政府在架構社會保險制度時應當了解，有些風險可以由同一機制來涵蓋，而有些則必須單獨實施。在制度設計上要設法兼顧每一種社會風險的保障，不要讓當事人在各機制間轉換時產生「給付缺口」，亦即立法者應努力維持「社會給付之間的無縫性」(Nahtlosigkeit der Sozialleistungen)❹❻。此外，也要避免制度疊床架屋以及被保險人負擔過重的情形，凡此種種皆考驗著執政者的智慧❹❼。

貳、社會保險的原則

一、概　說

國家對於社會保險的規模應該如何控管？也就是說人民的保障需求與公權力的侵害程度之間應如何取得平衡？這些問題主要是政府訂定「社會保險政策」所必須面臨的課題。例如德國早先在設定社會保險的目的時，

〈淺介奧國長期照護法制〉，《開南法學》第 3 期，2009 年 6 月，頁 54 以下。

❹❻　見 Erlenkämper/Fichte/Fock, Sozialrecht（前揭書），S. 6。

❹❼　例如我國「勞工保險條例」規定中雖有「失業」一項，但卻長久未能實施相關給付，直至 2002 年才以「就業保險法」補足此一空隙。

社會中始終有不同的意見，其主張大抵有所謂「基礎保障」
(Grundsicherung) 與「生活水準保障」(Lebensstandardsicherung) 兩種不同區
分❹。前者指社會保險要能維持被保險人合乎人性尊嚴的生存保障，後者
則要求社會保險給付要給與被保險人身分相當的保障。然而就社會法學而
言，生存保障原本就是屬於社會救助制度的保障功能，其目的在形成一個
普遍而最低的社會安全網，所以才會有資產調查等配套措施。假如將社會
保險目的僅設定在「基礎保障」，容易產生保險與救助功能混淆的情形❹。

　　另一方面，當執政者設定社會保險的保障水準愈高的時候，也意味著
政府對人民基本權利的限制就愈深。因為，社會保險要維持高度保障的途
徑不外是「增稅」與「調高保費」，前者是透過政府補助而將成本轉嫁給全
國的納稅者，後者則要徵詢被保險人團體的同意度。但也不可諱言，政府
在架構社會保險的初時難免會過於理想化，尤其是經濟景氣樂觀的時候更
是如此。而後在景氣不佳的情況下，為了維持社會保險制度的持續運作，
政府又往往擁有偌大的「形成空間」。最後，被保險人團體的意見總不及民
意機關的制衡來得有效。

　　是以，社會福利學者認為，政府在擬定社會保險政策的時候即應注意
以下的幾個問題❺：

㈠社會保險對於整體經濟的影響

　　一般而言，採取社會保險的國家大多只重視被保險人保障需求的滿足，
從而忽略在社會保險實施之後，該制度對於國家經濟所產生的正面與負面
的效果。實際上，社會保險也是屬於國民經濟的一環，表現在總體經濟上

---

❹　德國對於社會保險制度的「生活水準保障」始終有質疑的聲音，其中尤其是
　　Biedenkopf 關於「基礎年金」的建議最具代表性。相關討論，見 Fachinger,
　　Lebensstandardsicherung－ein überkommenes Ziel der gesetzlichen Rentenversicherung?
　　in: Riedmüller/Olk (Hrsg.), Grenzen des Sozialversicherungsstaates, 1994, S. 81 ff.。

❹　以年金保險為例，倘若最後的給付額度僅與社會救助的水準差距不多時，就要
　　求被保險人花費 30、40 年的時間與保費來達到此一目的而言，強制保險的必
　　要性即有需要檢討。

❺　柯木興，《社會保險》（前揭書），頁 71 以下。

即是國家「社會預算」所佔的比例❺。除了國家預算的比例以外，吾人也可以從社會保險如何影響整體經濟的角度來觀察。另外，保險給付在個別經濟體上也擁有一定的「社會產值」(Sozialprodukt)，而且還會透過保費收入與保險給付的分配過程形成一種「經濟循環」(Wirtscaftskreislauf)❺。

㈡保障、公平與效率的關係

相較於商業保險特別講求負擔的公平性而言，社會保險則比較注重保障需求的問題，所以有些時候就必須放棄個人公平性的理念，甚至不考慮制度效率的要求。但是，社會保險之所以成為各種社會福利政策中的主要手段，也是因為它比起其他社會救助、社會促進等社會福利制度來說，更具有公平性以及有效率性的緣故。例如在財務上注重收支平衡，在給付上強調保險原則，以及透過保險團體自治使組織運作上有別於傳統官僚行政。

㈢配合經濟變動而修正保險政策

每個國家的社會保險皆有其歷史背景、發展趨勢與社會的特別需求，但是此一情形也將隨著該國經濟的發展而有所改變。例如，我國社會保險早期採「團體保險」的模式，而就個別職業團體分別設置「綜合性保險」。而後隨著全民健保新制以及失業保險的建立，反而改採「全民保險」的模式，而且在內容上也傾向以個別風險作「單一保險」的保障。又我國為增進國民老年福利，原本規劃於 2000 年開辦「國民年金保險」，後來卻因為「九二一震災」而延後，直至 2008 年始得開辦。

㈣注重事故損失移轉而非所得移轉的原則

社會保險雖然在社會性上強調具有「所得移轉」的功能，但是在實施上並非單純的所得重分配，而是以事故發生甚至是損失發生作為保險給付

---

❺ 見 Schulin/Igl, Sozialrecht（前揭書），Rz. 93 ff.。

❺ 經濟學理論上將國民的薪資收入稱為「第一次分配」(Primärverteilung)，而將國家的稅收、社會保險保費以及各項福利現金給付稱為「第二次分配」(Senkundärverteilung)。見 Schmähl, Ökonomische Grundlagen sozialer Sicherung, in: von Maydell/Ruland (Hrsg.), Sozialrechtshandbuch (SRH), 2. Auflage, 1996, S. 125 ff., Rz. 13 ff.。

的前提，這點使得社會保險與租稅制度的功能有所不同。此外，不同社會保險制度所造成的再分配作用也有差異，例如健康保險就比年金保險有顯著的再分配效果，繳交相同保費的被保險人，其實際接受保險給付的「價值」並不相同。反之，年金保險所呈現的則是一種時間上的「世代重分配」❸。

(五)重大損失之補償機制

由於社會保險制度的給付並不強調「損失原因」以及「責任」等問題，容易引發「道德危險」而導致資源浪費的現象。例如，健康保險的醫療給付並不考慮當事人罹病或受傷的原因，或者其本身對於損害的造成是否有故意或過失，甚至也不應考慮該事件是否在保險有效期間內發生❹。為了避免造成保險財務負擔過大，因此有學者建議要著重保險事故所導致的重大損失，而將較小的損害交由個人自行負責❺。我國全民健保實施之後，除了「部分負擔」之機制以外，近來為避免民眾濫用醫療資源，已經有「保大不保小」的建議。

二、社會保險的基本原則

(一)強制保險原則

政府在設計社會保險制度時，應當考慮國民中多數人的保障利益以及實際上費用負擔的能力，從而由國家制定強制性法規範，規定特定範圍內的國民均應投保。對於違反規定之人，也要依法給予相當的裁罰。理論上此一範圍所納入的人數愈多，基於保險的「大數法則」，被保險人所應負擔的保險費也就愈低，更使得社會保險制度容易推行。然而，這樣的強制性必然會侵及人民的自由權以及財產權，所以必須接受憲法第 23 條「公益條

---

❸　彼得‧克勞哲，鍾秉正譯，〈老年安全〉，《中央警察大學法學論集》第 6 期，2001 年 8 月，頁 450。

❹　但是，我國「全民健康保險法」第 95 條則規定，被保險人因交通事故而接受醫療給付時，保險人得向強制汽車責任險的保險人代位請求該給付。

❺　柯木興，《社會保險》（前揭書），頁 73。

款」、「法律保留原則」以及「比例原則」的檢驗**❺❻**。

　　一般而言，強制性原則也是社會保險與商業保險最大的差異所在。後者在實施上乃是採取「任意主義」與「保險主義」，由被保險人依其需求與保險人自由約定。但是，近年來兩者之間也有互相參考，甚至向彼此靠攏的情形。社會保險在「保險技術」與「保險原理」上即引進諸多商業保險的運作理念，例如 「收支相等原則的採納」、「健保部分負擔與保大不保小」、「國家補助與雇主補助的降低」、「任意加保的許可」以及「因果關係的探求」等等。反之，商業保險也向社會保險借鏡不少，例如「公益性與公共性的強調」、「政府社會政策的配合」、「中低收入取向」、「企業福利保險、團體保險與簡易保險的提供」、「強制責任險的實施」等等。雖說如此，商業保險畢竟仍是以營利為目的，而且強調個人的公平性，而社會保險還是以社會安全為主，因此不應將兩者的標準混淆，以免產生「組合上的錯誤」 **❺❼**。

　　社會保險的強制保險措施也導致被保險人在納保時不需要「核保」，也就是不論個人發生風險的高低，皆要負擔與薪資成比例的保費，並且享有相同的給付保障。其目的一方面在避免保險產生「逆選擇」的情形，形成「弱體保險」的現象，一方面則藉此達到「危險分攤」以及「所得重分配」的理想。以勞工保險為例，政府如果採取自由投保時，一般身強體壯的勞工即不願加入，然而其一旦遭遇到重大疾病或傷害時，就無法受到保障。反之，留在保險體制內的則是極需保險給付的「老弱殘兵」，其所造成大量的保險支出不僅將導致保費升高，這些人也往往無法負擔節節升高的保費，最後終致保險制度「破產」。

　　由於強制保險的採行，符合法定義務之國民即負有納保與繳費的義務，使得保險團體不間斷地注入「新血」，也成為保險給付最有力的保證。也因此，短期性的社會保險並無「財務破產」之危機，例如全民健保即採隨收隨付模式，保險行政所要對應的是經常性的調整，以達成財務的動態收支

---

❺❻　相關討論，見本書第二章、貳「社會法與憲法基本權利的衝突」。

❺❼　柯木興，《社會保險》（前揭書），頁88。

平衡。相較之下，採用基金制的年金保險，即有可能因為人口老化以及失業率提高而導致「基金用罄」。因應之道即是儘早進行能維持保險持續運作的「年金改革」，諸如調整保費與支出、增加基金運用收益以及不同制度之整合等，皆是常見的改革手段。以公權力作後盾的強制保險也是確保前述調整措施能夠落實的關鍵。

㈡基本生活保障

這裡所謂的基本生活保障並非指「最低收入」的保障，而是指社會保險給付與當事人他項收入結合之後，還能維持「大多數人」的基本需求。此乃涉及社會福利政策目標的設定，而且與國家公權力的干涉程度，乃至於與保險團體的大小有關。在社會福利政策方面，社會保險制度的建立、修正與發展經常會受到社會、經濟、政治、文化、人口以及壓力團體等因素的影響，甚至國外立法例與其實施經驗也常影響一國福利目標的訂定❺❽。就合憲性檢驗的過程而言，社會保險給付目標越高也代表著國家公權力的涉入越深，而其所需求的合憲理由也要越強。然而，有關社會保險目標的設定並無絕對的標準，吾人應當關注的毋寧是與其他社會給付之間的配合。在一般情況下，社會保險的給付應當高於社會救助的「最低生活需求」，否則不僅將混淆兩種制度的功能，還可能引發「道德危機」。

另外，社會保險團體的大小則涉及保障圈的問題。國家若採取全民性的社會保險制度時，其給付目標通常比較接近於「國民基本需求」，甚至多是用以取代傳統「社會救助」的功能。例如，我國現行「國民年金保險」即是一種「基礎保障」(Grundsicherung)，其給付額度實在與社會救助相差無幾。反之，社會保險如果是以不同職業團體作為保障對象，或是採取「公辦民營」的模式時，其給付額度即較能符合被保險人原先的「生活水準」。例如，德國法定年金保險原先的給付目標即定在 60% 至 70% 的「所得替代率」，功能上屬於一種「生活水準保障」(Lebensstandardsicherung)❺❾。而

---

❺❽　學者柯木興教授曾引 Vladimir Rys 以社會學觀點歸納影響社會保險制度發展之「內在因素」與「外在因素」。見柯木興，《社會保險》(前揭書)，頁 74 以下。

類似的情形在我國只有公務人員的年金水準可以相比擬。相較之下，我國早先勞工保險或勞基法的一次性退休金，其在數理計算上原本就不如年金有利，遑論實際投保情況以及個人理財風險的問題，其理想結果僅可能達到 20% 至 30% 的所得替代率❺❾。此一情形自 2008 年勞保給付「年金化」之後，才稍有改觀，但礙於俗稱「屋頂條款」的投保薪資上限之規定，勞保年金之「實際所得替代」仍然有限❻❶。另外，在以職業團體為保障對象的國家中，其保險團體的型態也與社會結構特別相關。以勞工保險為例，工業化初期由於礦工團體或藍領階級的組織龐大，國家亦主要以其需求訂立社會保險目標。反之，近年來就業人口中以服務業、資訊業等白領階級居多，保險目標亦隨其需求而作變更。至於「農民」團體的社會保險制度往往較為特殊，一方面是基於農業政策的考量，再加上其風險型態有別於一般勞工團體，例如我國即以「老農津貼」取代年金保險。而縱使採行社會保險的國家，其保險目標亦傾向「部分保障」(Teilsicherung)，且獲得政府較多補助❻❷。

---

❺❾ 該國年金保險之被保險人以 40 年或 45 年的投保年資，約可達相比擬勞工 61.5% 或 69% 之所得，見 Schulin/Igl, Sozialrecht（前揭書），Rz. 533；至於公務員則最高可達 75% 之薪資水準，見 Eichenhofer, Sozialrecht（前揭書），Rz. 297 ff.。然而，該國經過 2000/2001 年金改革後，預計至 2030 年將年金所得替代率降到 43%。

❻❶ 對公務人員年金制度之批評，見郭明政，《社會安全制度與社會法》，1997 年 11 月，頁 61 以下；有關「一次給付制」與「年金給付制」的比較，見柯木興，《社會保險》（前揭書），頁 121 以下。

❻❶ 依據 2019 年之「勞工保險投保薪資分級表」，其最高月投保薪資為新臺幣 45800 元，以保險年資 40 年計算，所得替代 62% 之年金額度亦僅為 28396 元。必須注意的是，勞工在勞保之外還享有第二層老年安全機制，亦即採取個人帳戶制的「勞工退休金」。

❻❷ 農民的「所得型態」較為特殊，而且其退休生活亦因其從事之「農業型態」而有異。見 Breuer/Lehle, Sondersysteme der Sozialversicherung—Landwirte, Die agrarsoziale Sicherung, in: Sozialrechtshandbuch (SRH)（前揭書），S. 1079 ff., Rz. 43 ff.。張桐銳，〈老年農民福利津貼制度之檢討〉，《世新法學雜誌》第 5

(三)保險原則

「保險原則」乃是指當事人可以透過保險團體的保險費收益，共同分攤其所面臨的風險。保險學在採取「危險承擔理論」的前提下，被保險人所繳交的保費與保險人所承擔的風險之間應呈現一種「對價性」(Äquivalenz)[63]。是以，在一般商業保險的業務中，風險發生機率愈高的保險項目，其相對保費負擔也就愈多，而且被保險人對於該項風險還負有說明義務，例如我國保險法第 64 條規定要保人於訂立契約時負有「據實說明義務」，而於第 58 條以下更規定要保人締約後有「危險增加通知」的義務[64]。這種風險的高低可以因為被保險人的年齡、性別、身體狀況等因素而有所不同。另外，保險學上為了避免引導出道德危險，於是在保險制度中還將投保金額與保險標的之間，設定有一定的價值比例，此一情形在財產險中尤其明顯[65]。至於人身保險則由於「人身無價」的理念，容許當事人可以有「複保險」[66]。因為保險原則的運作，被保險人所領取的保險給付與其保險金額以及保費之間有直接的數理關係，所以商業保險比較強調「個人公平性」。

在社會保險中，所謂的「保險標的」乃是指當事人因為該項社會風險所可能造成的「損失」，而保險給付的作用即是在填補該損失。而關於商業

卷第 2 期，2012 年 6 月，頁 235 以下。

[63] 江朝國，《保險法基礎理論》，2002 年 9 月，頁 38 以下 ； Knieps, Kranken-versicherung, in: Sozialrechtshandbuch (SRH)（前揭書）, S. 703 ff., Rz. 79。

[64] 「保險法」第 64 條第 2 項：「要保人有為隱匿或遺漏不為說明，或為不實之說明，足以變更或減少保險人對於危險之估計者，保險人得解除契約；其危險發生後亦同。但要保人證明危險之發生未基於其說明或未說明之事實時，不在此限。」第 59 條第 1 項：「要保人對於保險契約內所載增加危險之情形應通知者，應於知悉後通知保險人。」

[65] 「保險法」第 72 條：「保險金額，為保險人在保險期內，所負責任之最高額度。保險人應於承保前，查明保險標的物之市價，不得超額承保。」

[66] 「保險法」第 35 條：「複保險，謂要保人對於同一保險利益，同一保險事故，與數保險人分別訂立數個保險之契約行為。」

保險中的風險因素，在社會保險則被修正為與被保險人的生活水準以及薪資所得相關，例如老年與死亡風險所造成的「永久性所得喪失」、疾病與意外風險所產生的「暫時性所得喪失」等。是以，現今社會保險大多是以被保險人的「薪資」作為投保標的，其應負擔的保費費率也因為個人薪資水準而有所不同。縱使有些社會風險所造成的損失並不與被保險人的薪資相關，但在保費計算上卻仍然以其薪資水準為依據，例如健康保險制度即是如此。

在此必須強調，保險原則在社會保險的制度運作上並非十分精確，因為一旦在計算給付額度上也要求與保費呈現「數學性的比例關係」時，社會保險也將喪失其「社會性」，從而無異於一般的商業保險。因此，保險原則在此僅呈現一種「約略性」的比例，通常是在整體保費收入與保險支出之間要求「收支均衡」，但是並不講求個案中保費與給付間的保險精算相對性。同時也要藉此強調社會保險在財務上能夠自給自足的特性**⑥⑦**。

此外，社會保險也引入了「團結原則」(Solidaritätsprinzip) 的觀念。其目的在使依據薪資而繳交不同額度保費的被保險人，不論其收入多寡、健康狀況或退休與否，皆可享有相同的保障。在保險費的繳交義務上，社會保險還引進傳統「雇主責任」的理念，乃至於政府也要負擔一部分的保費補助**⑥⑧**。因此，大法官會議釋字第 472 號解釋即以全民健保乃基於社會互助、危險分擔、及公共利益的考量作為合憲理由，也就是經由「保費差異性」來達到所得重分配的目的。相對於健康保險，社會保險中的年金保險則較強調保險原則，因為個別年金的額度即以被保險人的「年資」以及「投保薪資」作為計算基礎。縱使年金給付的公平性與對價性相當明顯，但是

---

⑥⑦ 謝子凡，《社會保險對價規範合憲性之研究》，國立臺北大學法學系碩士論文，2004 年，頁 56 以下。

⑥⑧ 我國勞工保險與全民健保的保險費即由被保險人、雇主以及政府三者共同負擔。在德國則是勞工與資方各半，政府僅負擔保險行政費用以及若干財務衡平 (Finanzausgleich) 的支出，見 Knieps, Krankenversicherung（前揭文），Rz. 80 ff.。

在制度運作上也不排除「雇主保費責任」與「政府補助」的情形。前者在市場經濟中多被解釋為「社會薪資」(Soziallohn)，屬於生產成本的一環；後者則與社會保險的社會適當性有密切的關係❻❾。

㈣社會適當性原則

「社會適當性」(social adequacy) 乃是與前述保險原則相反的理念，主要是以社會公平為目的，也是社會保險要達到基本生活保障的必要原則。換言之，此一原則在強調保險的「社會性」，藉以達成所得重分配的理想。在此一原則的運作下，保險制度對於低收入戶、子女眾多者、婦女以及退休者特別有利，這些被保險人所獲得的保險給付與其事先繳交的保費之間沒有數理上的直接關係❼❾。而這種強調社會保險制度對於經濟弱勢者的照顧功能，有些類似於「劫富濟貧」的觀念，實施時自然容易與前文介紹的「保險原則」相互衝突。社會保險在此所注重的不再是「個人的」公平性，而是追求一種基於「社會連帶」思想的「整體公平」。在德國社會法學理上乃稱之為「社會衡平」(sozialer Ausgleich)，泛指社會保險中不按保險原則運作的一切「非屬保險」(versicherungsfremde) 措施，並且要透過「聯邦補助」(Bundeszuschuß) 來平衡此一財政負擔❼❶。

社會保險在談到社會適當性時，也經常以「所得重分配」(Umverteilung) 的理念來表現。一般而言，以稅收方式所造成的重分配現象最為明顯，政府可以全國人民為對象而在賦稅公平原則下量能課稅，並用以實現社會國的理想。至於社會保險則是在「保險團體內」進行此一重分配的程序，而且因為保險制度的不同，也有效果上的差異。例如在短期性的健康保險制度中，所得重分配的功能就很顯著。因為其保費的計算與薪資相關，收入較高的被保險人即需繳交較高的保費，但是所獲得的醫療保障卻與其他被保險人相同。

---

❻❾　Ruland, Rentenversicherung, in: Sozialrechtshandbuch (SRH)（前揭書），S. 877 ff., Rz. 50 ff.。

❼❾　柯木興，《社會保險》（前揭書），S. 62 ff.。

❼❶　Ruland, Rentenversicherung（前揭文），Rz. 58 ff.。

　　前述社會衡平的作用不僅存在於所得高低的個人之間，而且也透過社會保險的運作而發生在經濟環境有所差異的家庭之間。例如，德國社會保險中就有「家庭保險」(Familienversicherung) 的機制，使家庭中沒有工作的配偶以及子女都能附隨著「主要收入成員」而獲得保障。這些成員在健康保險制度中不必繳交保險費，但是卻能享有相同的醫療給付，如此即能分攤擁有較多子女家庭的經濟負擔❷。相較之下，在長期性的年金保險上，由於被保險人所領取的年金額度與其薪資以及所交保費較為相關，因此所得重分配的效果也較少。但是，年金制度中亦不乏符合社會適當性原則的機制，例如在典型的「遺屬年金」中，被保險人的配偶及子女並未曾繳交保費，但卻得以在被保險人死亡時獲得保險給付。另外，年金制度上的「併計年資」(Anrechnungszeiten) 制度也同樣帶有強烈的衡平性格❸。

　　另外，社會保險被保險人團體的大小也會影響此一社會適當性原則的實現，德國學者 Rüfner 即強調：

　　「社會保險的型態愈接近國民保險 (Volksversicherung)，保費的性質即愈接近稅收，而保險給付亦愈類似國家給付 (Staatsleistungen)。此一情形尤其在單一或僅有少數保險人的情形下最為明顯……。」❹

　　如此看來，我國社會保險在逐步「全民化」的過程中，屬於社會適當性的性格也會愈形增加。其結果不僅使得保費與稅收難以作明確的區分，在整體保險制度的運作上也都將有強烈的福利傾向❺。

---

❷　「家庭保險」有點類似「一人得道，雞犬升天」的概念，源自於傳統社會保障的理想。透過對於一家之主的收入保障，即可及於全部的家庭成員。反之，未婚或是子女較少的被保險人就相對地要承擔較多的保費。見 Rüfner, Einführung in das Sozialrecht, 2. Auflage, 1991, S. 138 ff.。

❸　德國年金保險設有多種併計年資，典型的例如服役年資、育兒年資等。被保險人雖未曾就該部分年資繳費，但仍可享有該部分的年金給付。見 Ruland, Rentenversicherung（前揭文）, Rz. 58 ff.。

❹　見 Rüfner, Einführung in das Sozialrecht（前揭書）, S. 140。

❺　以我國全民健保為例，由於承載太多國人的期望，甚至欠繳保費亦不至於中斷健保給付，已與「保險財務自主」的理念漸行漸遠，學者乃舉加拿大的

(五)財務自給自足原則

社會保險有別於其他以稅收作為財源支撐的社會福利制度，主要是在於其財務的「自主性」。按理，社會保險給付的支出應當以保費的收入來因應，政府僅在行政費用以及法定補助比例內以預算幫助。對此，學者柯木興教授即歸納出下列理由 **❼❻**：

1.如此使保費負擔者（雇主、受雇者與自雇者）理解保險給付與保費繳交之間的關係，有助於社會保險制度的發展。

2.被保險人可藉此養成負責的態度，關心保險制度的健全發展。

3.選民將更加督促民意代表，就保險法制有更負責的態度。

4.對於加入社會保險的龐大勞工團體而言，保險所帶來的保障不僅惠及其心理上的安全感，更能藉由政治上的影響力督促政府改進社會保險制度。

另外，社會保險財務自主性的良好運作也有助於前述保險原則的推動。例如，保險制度在損失發生機率降低時，保費即應適當降低；反之，事故發生率愈高時，保費也將隨之調漲。這種保險財務的連動情形可以提高「保險團結」的意識，進而達到防止事故發生的目的。而且由於財務的自主，也可以免去政治上的干預以及被保險人「吃大鍋飯」的心態，尤其可以避免對被保險人以外的其他納稅義務人所造成的不公平現象。但是不可諱言的，由於前述社會適當性原則的過度操作，此項財務自主性也不斷受到政治以及壓力團體的影響。例如，我國以往社會保險費率長期過低、保費始終未能真實反映保險支出以及過度依賴政府補貼的現象，不僅已使得財務經常陷入危機，甚至還招致國人對社會保險制度的不信任感**❼❼**。

Medicare 為對照。見陳孝平，〈大法官解釋與全民健保——以大法官會議與立法院兩種合法性差異的「位能」產生制度改進的「動能」〉，於：湯德宗主編，《憲法解釋之理論與實務(四)》，2005 年 5 月，頁 104 以下。

❼❻ 柯木興，《社會保險》（前揭書），頁 67。

❼❼ 對我國以往社會保險制度之檢討，見吳凱勳，《我國社會保險制度現況分析及整合問題》，1993 年 5 月，行政院研考會，頁 55 以下。

　　理論上來說，社會保險財務的運作並不像商業保險一般，必須依據風險發生率提存完全的責任準備金，用以確保被保險人未來得受給付的權利⑱。其主要原因在於社會保險是一種法定強制性的「永久互助福利制度」，藉由被保險人的不斷加入，可以保證保費的來源不虞匱乏。尤其是在短期性的健康保險制度上，甚至只要保費的收入足以因應「當期保險支出」即可⑲。相對而言，長期性的社會保險則較注重準備金的提存，例如年金保險的財務模式就可大致區分為「儲金制」(Kapitaldeckungsverfahren) 以及「賦課制」(Umlageverfahren) 兩種。前者又稱「準備提存制」(funding)，也就是保險人必須提存大量的準備金以因應「將來」給付所需。如此一來雖然可以滿足被保險人的安全感，但是被保險人在保險制度實施初期即需要負擔較高的保費，而且長期累積下來的龐大基金在管理以及運用上十分不易，尤其更無法抵擋通貨膨脹所造成的貶值影響。也因此，完全儲金制通常只見於新加坡等採取強制儲蓄制度的國家。至於賦課制又稱為「隨收隨付制」(pay as you go)，社會保險的財務僅需平衡「現在」的收支狀況即可。在此，保險人幾乎無須提存責任準備金，而僅是維持一至數個月必要支出的「意外準備金」(Schwankungsreserve)⑳。然而，賦課制財務經常還是要面臨調整保險費率的問題，而且難免因為政治因素而無法迅速反應。另外，此一財務制度也往往受到人口結構老化的影響，其結果將使得被保險人的保費負擔愈來愈重，否則即必須調降給付額度以平衡收支。

　　由於兩種財務制度各有利弊，一般國家的社會保險財務大都是介於二者之間，在健康保險多已採行賦課制，至於年金保險則因國情不同而有異。

---

⑱　例如「保險法」第 145 條第 1 項即規定：「保險業於營業年度屆滿時，應分別保險種類，計算其應提存之各種準備金，記載於特設之帳簿。」主管機關並就各險種詳細規範業者應提存之比率。

⑲　柯木興，《社會保險》（前揭書），頁 68。例如我國「全民健康保險法」第 78 條規定：「本保險安全準備總額，以相當於最近精算一個月至三個月之保險給付支出為原則。」

⑳　例如德國法定年金保險即規定 1 個月的意外準備金 (§158 Abs. 1 SGB VI)。見 Ruland, Rentenversicherung（前揭文）, Rz. 69 ff.。

相較於已開發國家的年金大多改採賦課制保險的情形下，柯木興教授則主
張⑧：

　　「開發中國家實施老年年金制度時，宜採取修正準備提存方式對基金
累積較有利，但須考慮勞資或政府是否有承擔保險財務能力為前提，否則
仍將改採完全賦課方式，以逐年調整保險費率的途徑來處理。」

　　例如，我國現行老年保險制度基本上仍維持儲金制的理念，所以各個
保險人皆提存有龐大的保險基金⑧。但由於龐大基金的管理與收益皆不易
掌握，近年在實施國民年金保險時已傾向「修正賦課制」，但仍要求維持
20 年保險給付的基金⑧。在進入已開發國家之際，我國在社會保險財務上
猶須加強「世代契約」的觀念，接受「所有的社會支出皆應由此時的國民
所得來負擔」的理念⑧。除了透過賦課制財務的運作聯繫「工作世代」與
「退休世代」之間外，還要納入對於「未來世代」的照顧，從而呈現「三
代契約」的理念⑧。

三、我國社會保險制度的分析

㈠「綜合性」與「單一性」保險

1. 傳統的綜合性保險制度

　　依據前文所述，社會保險可以按社會風險的種類大致分為疾病（健
康）、老年、意外、失業以及照護保險等不同制度。但是，我國一直到全民

---

⑧　柯木興，《社會保險》（前揭書），頁 338。

⑧　例如「勞工保險條例」第 66 條規定有「勞工保險基金」；「公教人員保險法」
　　第 5 條亦規定「提存準備金」。

⑧　按「國民年金法」第 10 條規定：「本保險之保險費率，於本法施行第一年為百
　　分之六點五；於第三年調高百分之零點五，以後每二年調高百分之零點五至上
　　限百分之十二。但保險基金餘額足以支付未來二十年保險給付時，不予調
　　高。」

⑧　此為 Mackenroth 之主張，見 Ruland, Rentenversicherung（前揭文），Rz. 69。

⑧　透過「幼兒津貼」、「就學貸款」等措施可以鼓勵生育，減緩出生率降低的問
　　題，同時亦可因應社會保險財務因為人口老化所帶來的衝擊。

健保實施以前，在制度設計上皆是採取所謂的「綜合性保險」❽。也就是說，在同一保險制度內給予被保險人多樣性的保障，例如 2015 年修正之「公教人員保險法」第 3 條就規定保險事項為「失能、養老、死亡、眷屬喪葬、生育及育嬰留職停薪」六項；「勞工保險條例」第 2 條也規定保險的種類有「普通保險事故（生育、傷病、失能、老年、死亡）與職業災害保險（傷病、醫療、失能、死亡）」兩大項；而「農民健康保險條例」第 2 條則規定有「生育、傷害、疾病、身心障礙、死亡」等五種保險事故。

事實上，他國所謂「個別性」的社會保險也沒有針對前文所列舉的 8 種社會風險，分別設立單一的保險機制。因為如此分工過細不僅會徒增保險的行政費用，也無法因應各項風險間的關聯性，甚至會落入有如「鋸箭療傷」一般各自為政的窘境。但是，如果將保險給付相近的數項社會風險集於同一制度中，反而有相輔相成的效果。一般的社會保險都將殘廢、老年、死亡等風險聚於老年保險制度中，而對於生育、傷病事故所需要的醫療給付則以健康保險來因應。無論如何，像我國這般集全數社會風險於一身的保險制度並不多見，因此也只能以「綜合性保險」名之。

嚴格來說，縱使同樣是綜合性的保險，但是我國各項社會保險之間的「綜合程度」也不盡相同。例如公教人員保險的保險事故中就沒有「失業」一項，其原因固然因為公務員乃屬「終身身分保障」，沒有失業與否的問題。但是，同樣是屬於被保險人的「私立學校教職員」是否也無須面臨失業問題呢？答案當然是否定的。另外，在全民健保實施之後，已經總括所有制度的醫療給付業務，但是勞工保險仍然存留有生育、傷病等相關的現金給付，其目的是在填補被保險人因為保險事故所生的經濟損失，實際上有「休業津貼」的意味❽。至於公務人員則因為傷病期間仍照常支薪的緣

---

❽　「公教人員保險法」第 3 條；「勞工保險條例」第 2 條。其中有關醫療給付部分已由全民健保吸收，詳見黃文鴻等，《全民健保——制度、法規、衝擊》，1995 年 3 月修訂再版，頁 75 以下。

❽　「勞工保險條例」第 31 條以下之「生育給付」；第 33 條以下之「普通、職業傷病補助費」。

故，所以無須此一給付。猶有甚者，我國的農民健康保險雖然名稱為「健康保險」，但是卻又將身心障礙與死亡事故納入保險給付項目之中，頗有名實不副的疑問。綜合來說，我國社會保險也僅可稱為「部分綜合保險」而已❽❽。

儘管如此，我國早先所採取的綜合性保險仍然有以下優點：

(1)被保險人不論是屬於公保或勞保，只須按月繳交一份保費，即可在上述保險事故發生時享有各種保險給付的權利。

(2)正如前文所提及的情形，各項風險的發生本來就有相似性與前後階段的問題，綜合保險即可於同一制度內加以因應，不至於顧此失彼。

(3)由於承辦保險業務的機關在辦理各種保險給付時並未分戶立帳，因而有截長補短、互通有無的方便。財務管理上也因為「統收統支」而簡化其行政上的負擔。

其實，不論是就經濟面或政策面而言，社會保險制度的設計乃是一項高難度的給付行政。政府一方面要配合國情，評估人民對於某項風險的承受程度，以判定是否將它納入社會保險制度之內。再者，還要審視強制保險的手段對於國民經濟的影響狀況，尤其應該考量其是否合乎憲法上的侵害界限。對此，我國原有較為簡略的綜合保險制度，或許可以因應以往「補破網式」的社會福利需求，但是在此「社會基本權」意識高漲之際，政府便難免有捉襟見肘的窘相。其關鍵點在於：綜合性保險制度無法正確反映出各項保險的收支情形。被保險人既欠缺「風險團體」的意識，保險原則也無法適時運作，整體制度則向社會適當性傾斜，甚至保險財務也時而為人所詬病❽❾。

2.新興的單一性保險制度

基於社會保險的雙重性格，制度選擇上就要考慮到「社會」與「保險」兩個層面。社會保險在實施時首先要顧及「社會公平原則」，例如保險費率以及給付額度都應以法規統一律定調整，而不考慮被保險人的個別性差異。

---

❽❽　吳凱勳，《我國社會保險制度現況分析及整合問題》(前揭書)，頁 61 以下。

❽❾　吳凱勳，《我國社會保險制度現況分析及整合問題》(前揭書)，頁 112 以下。

雖然如此，為了要與國家單方的福利措施作區分，在私人保險上所常見的「保險原則」仍然必須適當運用。簡單地說，就是「保費繳納」與「保險給付」之間應有相當的關聯性。就以商業保險為例，其保險人可以先對每一位被保險人的風險加以評估，再據以定出合理的保費。至於在社會保險上，縱使個人的保費額度不會因為保險事故發生機率的高低而相對增加或減少，其保險給付的請領還是要以保費繳納為前提。這種「對價性」在養老保險尤其明顯，因為給付額度的多寡與被保險人的「年資」在計算上是成正比的。

另外，從社會保險制度整體上來看，保險支出一旦增加，保險費率也應當適度地調高，才能符合保險財務自足的要求。可是，保險費率的調整有賴長期實務經驗的累積以及合理的「精算」估計❾。以商業保險而言，被保險人可將意外保險、人壽保險等各類風險放在同一保單中為「綜合性」的投保，而保險人則藉由精算來訂定其各別投保項目應繳的保費。相較之下，社會保險也應該將保險費率作定期性調整，用以反映該保險事件發生的機率，以及維持保險的財務平衡。就這點來說，我國現行公保、勞保制度的綜合性設計不僅無法累積所需之經驗，也難以就各個風險種類為精算來調整保險費率。此外，民意的認知如果始終重「福利」而輕「保險」的話，要在議會中通過費率調升案實在是難如登天。也難怪社會保險的財務狀況始終飽受批評。所以政府在規劃全民健保時，除了擴大被保險人範圍之外，也藉著保險業務的「單一化」來解決前述綜合性保險的問題。

單一性的社會保險乃是根據社會風險的個別種類，將給付性質類似的結合在一起，以落實風險與給付間的關聯性。單一性保險固然可以避免綜合性保險的缺失，但仍有其制度上無法避免的問題。首先就是增設「保險行政組織」的必要性，因為原本由同一機關統籌的制度，將因為保險單一化而必須以新的行政機關來承擔新的業務。例如，我國原本已設有「勞工保險局」，但在全民健保實施之時，即增設「中央健保局」以為因應❾。值

---

❾ 見「全民健康保險法」第19、20條有關保險費率訂定與精算之規定。

❾ 由於組織建制上延續社會保險舊制，早先健保局在組織定位上乃與中央信託局

得考慮的是，此一結果是否與「政府瘦身計畫」有所違背？而其所增加的行政費用是否符合成本效益？對此，現行「國民年金保險」即以委託勞保局辦理的方式，至於未來的「長期照護保險」也傾向與全民健保掛勾，以免對現有政府組織帶來太大的衝擊。然而，縱使是依據不同風險種類所建構的保險制度，其彼此之間仍然有相互支援的必要。

另外，在組織因應對策上，或許可以參照「農民健康保險條例」第4條的構想，設立「中央社會保險局」作為行政主管機關，再於其下依不同保險種類分設單位。甚至，假如能由政府立法統籌，但開放由民間團體來參與營運，亦即以所謂「公辦民營」的方式來運作，或許也不失為解決的方式之一。在公辦民營的社會保險中，政府除了制定相關法令之外，仍可參與而成為保險人之一。在此同時也可以考慮將原有承保機關「行政法人化」的可能性，以使政府能參與保險市場的競爭，並提供該市場某種平衡的機制❷。

3.「二代健保」的改革規劃

我國規劃中的「二代健保」雖然也注意到單一保險人的問題，首先在「強化醫療品質確保之組織再造」的項目中，規劃小組就建議健保局應當建立「內部競爭機制」，鼓勵各分局之間彼此競爭與學習，但仍然維持由政府公辦的模式❸。這種以「國家主義」為基礎的組織體制，雖然源自於開

或勞保局相同，其人事管理及職務列等，比照公營金融保險事業機構辦理。但因高額績效獎金之爭議，於2009年1月依據「行政院衛生署中央健康保險局組織法」之規定改制為行政機關。2013年再因中央政府組織改造，改稱「衛生福利部中央健康保險署」。

❷ 此一社會保險人的性質可以是「公營造物」(öffentliche Anstalten)，例如現行「國立中正文化中心設置條例」以及「行政法人法」中的行政法人。另一可能性質則為「社會團體」(soziale Körperschaften)，德國社會保險人多屬此一類型。見許春鎮，〈論公法社團之概念及其類型〉，《東吳法律學報》第16卷第2期，2004年12月，頁93以下。

❸ 行政院二代健保規劃小組，〈邁向權責相符的全民健康保險制度——總結報告提要〉，2004年8月，頁5以下。資料來源：衛生福利部網頁

辦當初的政治與社會環境，而且也達成「就醫可近性」以及避免「人民因病而貧」與「健保商業化」的目標，但已無法符合現今社會的期待。檢討全民健保組織主要的問題有❹：

(1)未能明確歸屬維持財務平衡之實質權責，有礙全民健保之永續經營。

(2)對於給付範圍調整與連動的保費負擔，民眾欠缺參與的管道與能力，無法適切表達需求。

(3)健保「財務管理」與「醫療品質監控」未能分立，不利提升醫療品質。

規劃小組對於前述問題，建議改革方案主要分為兩階段❺：

(1)階段一：將健保監理會與費協會合併為「全民健保委員會」

我國全民健保制度原先設有兩個主要的決策組織：「全民健康保險監理委員會」以及「醫療費用協定委員會」，分別依據 2011 年修正前「全民健康保險法」第 4 條與第 48 條的規定所設置。監理會主要任務在監理保險業務，提供保險政策、法規之研究與諮詢事宜。費協會則在協定與分配醫療給付費用。當年規劃小組建議合併兩者為全民健保委員會，掌理保費費率、部分負擔、給付項目調整，以及費用協定與總額分配等事項。委員會所提出的決定會影響財務時，應當同時提出財務平衡方案。如此可以使保險收支權責相符，還有保險財務管理與醫療品質監控機制合一。對此，現行法第 5 條乃整合前述二會成立「全民健康保險會」❻。

---

www.mohw.gov.tw/mp-1.html。

❹ 行政院二代健保規劃小組，〈邁向權責相符的全民健康保險制度──總結報告提要〉（前揭文），頁 21。

❺ 行政院二代健保規劃小組，〈邁向權責相符的全民健康保險制度──總結報告提要〉（前揭文），頁 21 以下。

❻ 依據現行全民健保法第 5 條第 1 項規定：「本保險下列事項由全民健康保險會（以下稱健保會）辦理：一、保險費率之審議。二、保險給付範圍之審議。三、保險醫療給付費用總額之對等協議訂定及分配。四、保險政策、法規之研究及諮詢。五、其他有關保險業務之監理事項。」

⑵階段二：將健保局與衛生署相關單位合併為「行政法人全民健保機構」

此舉無異是因應我國政府組織「行政法人化」的趨勢，規劃將原先的健保局改制為具有獨立人格的行政法人。惟政府雖於 2011 年 4 月通過「行政法人法」，但至今亦僅有「國家表演藝術中心」、「國家運動訓練中心」、「國家災害防救科技中心」、「國家中山科學研究院」以及「國家住宅及都市更新中心」等改制成功。依據規劃小組建議，該改制後之機構應設董事會，由政府、雇主、學者專家與被保險人代表參與，而且被保險人應佔多數席次。基於健保的公法性質，董事會的決策仍然要基於法律授權，行使「調整費率及給付範圍」、「設定醫療費用總額」、「協商總額分配」、「建立總額費用協商破裂之處理」以及「建立財務收支連動機制」等權責。有關費率的調整，應考量健保財務狀況、民眾付費意願與能力、醫事服務價格等因素，甚至舉辦公民會議或民調等作為決策參考。之後，機構應以此費率擬定的醫療費用總額與醫事服務提供者代表協商。

此外，行政法人也可基於「買方契約」對保險醫事服務機構進行管理監督。對於該行政法人除了設置監事會進行內部監督以外，政府也可透過立法，要求衛生主管機關為外部監督。規劃小組並建議在前述組織內設置「健保資源配置小組」作為決策幕僚。尤其要在考量財務衡平、被保險人需求以及醫事服務價格之後，提供前述全民健保委員會或行政法人作為決策參考，使給付項目更能符合民眾需求。其後，此一組織改革建議並未落實。由於原先保險組織之性質為金融保險機構，而有行政人員請領績效獎金之爭議，政府即於 2010 年 1 月將原先之健保局改制為行政機關，復於 2013 年 7 月衛生福利部成立之後，改稱為「衛生福利部中央健康保險署」。如此一來，更與原先的改革規劃方向漸行漸遠矣。

另外，二代健保規劃也建議在衛生主管機關下設置「全民健保醫療品質專責單位」，其任務在促進保險人、醫事單位與被保險人之間的溝通，同時監督保險人履行醫療品質的承諾，並提供被保險人醫療品質資訊以及推動健保資料保護 (Datenschutz) 政策[97]。

㈡「短期性」與「長期性」社會保險

1.短期性社會保險制度

有關社會保險在給付上的問題，也可能將保險分成「長期性」(langfristige) 或「短期性」(kurzfristige) 保險兩大類來討論。以健康保險為例，其性質上乃屬於典型的短期性保險。被保險人一旦加入健康保險，即得隨時以保險事故發生為由請求保險（醫療）給付，其請領條件完全以治療之需要為準，而不以若干之保險年資為前提。健保的保險給付內容乃視當事人罹患疾病所需之實際醫療行為而定，或許其中有藥劑的給予乃至於醫療輔助器材的供給等不同性質的給付類型，但仍應屬於醫療上之必要給付。而且由於全體被保險人「在理論上」得享有醫療資源的權利相同[98]，再加上弱勢族群也享有政府補助其保費，因此甚至可以將全民性的健康保險與人民經由納稅所普遍享有的福利制度來相提並論。

另外，短期性的社會保險制度在財務運作上多採取「隨收隨付」的模式，只要保險原則運作得當，頂多只需提撥少數的收入作為安全準備金。因此，在憲法財產權的保障方面，健康保險即以被保險人得否享有「必要之醫療給付」為主要保障內容，而該內容與其所繳交保費的多少較無直接的關聯性。至於健保機關在保險給付項目的「必要性」上，由於必須斟酌短期性的保費收入與醫療支出，以及維持保險制度得以持續運作，因此享有較大的「立法裁量空間」。按理，失業保險在性質上亦屬於短期保險，財

---

[97] 行政院二代健保規劃小組，〈邁向權責相符的全民健康保險制度——總結報告提要〉（前揭文），頁 23；德國社會法關於社會資料保護 (Sozialdatenschutz) 的制度，主要規定於社會法法典第 10 篇 (SGB X) 關於社會行政程序 (Sozialverwaltungsverfahren) 的規範。我國現今除行政程序法第 46 條以下關於「資訊公開」的規定外，並有「政府資訊公開法」以及「個人資料保護法」之專法，惟其餘社會法規中較少相關規定。

[98] 我國現行醫療資源的「實際分配狀況」有相當大的問題，惟此乃與被保險人自身或所在地等個別的差異性有關。由於社會保險重在「基本生活保障」，健康保險對於被保險人「接受給付」的可能性，僅能透過其他社會制度的補助措施來彌補。例如「罕見疾病基金」、「偏遠地區醫療服務計畫」等。

務採取隨收隨付制度即可。然而，我國現行「就業保險」由於保險給付較為保守，加上失業率長期偏低的結果，迄至 2018 年尚擁有高達 1 千餘億的保險基金，且仍持續快速累積中。此一情形或許可視為「較高額之準備金」，以因應類似 2008 年金融海嘯所導致的高失業率。至於規劃中的「長期照護保險」，其名稱雖有「長期」一詞，此僅代表「照護需求性」之長期特性，惟照護給付並不以若干保險年資為前提。至於長照保險之財務是否要維持較高之準備金，就需要國人集思廣益了。

2.長期性社會保險制度

　　相對於健康保險而言，老年保險則為典型的長期性保障，其保險事故的發生通常需經過相當時間，而被保險人就保險給付並非隨時得以請領。是以，老年保險給付除了規定被保險人應符合一定年齡之外，並須配合一定的最低保險年資作為給付條件，也就是所謂「等待期間」(Die Wartezeiten) 的設計❾❾。由於社會保險並未如同商業保險一般，以健康檢查的結果來判定保險關係何時展開，所以此一等待期間的設計乃是為了社會保險行政上的效率，同時也要避免制度遭到被保險人惡意利用。尤其在實施「年金」給付的老年保險中，被保險人過少的年資所換算出的給付額度，不僅不足以因應其老年保障的需求，甚至還將消耗保險行政上的資源。

　　有關等待期間的計算通常為被保險人繳交保費的年資總和，但是有時也會加上若干未曾繳交保費的時間，例如前述社會適當性運作下的「服役年資」與「育兒年資」即是。我國現行老年保險中也可以見到等待期間的設計，例如現行「公教人員保險法」第 16 條就規定，被保險人請領養老給付原則上須先「繳付保險費滿 15 年」；「勞工保險條例」第 58 條也規定，勞工「保險年資合計滿 15 年」始得請領保險老年年金給付。按 2008 年勞工保險條例修法前，其僅設計 1 年的等待期間，但因為當時勞保給付係採一次性，尚不致發生濫用保險資源的問題。故現今勞保給付已然「年金化」

---

❾❾　Kreikebohm/von Koch, Wartezeiten- und rentenrechtliche Zeiten, in: Schulin, Handbuch des Sozialversicherungsrechts, Band 3, Rentenversicherungsrecht, 1999, S. 715 ff.。

之後，該項等待期間亦應當適度地延長。

另外，社會保險的長期性還表現在給付的面向上。例如老年保險給付的內容乃以替代工作收入的「退休金」為主，而且退休金額度的多寡與被保險人的「年資」成正比，被保險人所累積的年資愈久保險給付也就愈多，如此更能突顯長期性保險的特性。又假如將來我國老年保險皆採取「年金」給付模式的時候，年金給付的額度就要隨著所得水準以及物價指數而逐年調整，如此才能真正對應到老年安全的需求。這種給付上的「持續性」與「浮動性」(Dynamik) 也是長期性保險所應當重視的。雖然我國老年保險在給付額度計算上也與被保險人的投保薪資以及年資相關，但是歷來都是採取「一次性給付」，即使是公務人員保險也是如此❿。因此，在保險的長期特性上來說，只有前半部關於工作年資的累積上較為明顯。在憲法上有關社會保險財產權的爭執問題，也多著重於被保險人的「年資計算」，乃至於「得否請領養老給付」的資格問題上。

一般來說，在關於被保險人的年資多寡與請領資格的認定上，社會保險的承保機關較無斟酌財務狀況而增減給付額度的權限。但是，我國自從國民年金保險開辦之後，而且現行的老年保險也逐漸改採按月給付之後，即應重新考量長期性保險的問題。尤其是因為長期間之內人口結構的改變，繳交保費的被保險人與支領年金的退休者間即有比例上的變化。而且在國民出生率降低以及平均壽命增加所帶來的「人口老化」之下，繳費者少而支領者多，政府實在也無法保證未來的年金額度必然能夠持續性地與時俱增。此時，相對應於保險長期特性而生的問題如下：

(1)退休年齡的調整。通常是因應平均餘命的增加而延後退休年齡，但

❿ 公務人員在領取公保一次性的退休給付後，可藉由「優惠存款」的機制，以高達 18% 的優厚利息代替年金。這種機制雖然屬於公務人員體制內之福利措施，或許與社會保險制度無關。但是勞保退休人員相較之下卻無此優惠，可能引發社會福利預算排擠以及社會給付的公平性問題。見盧政春，〈利益團體與社會福利資源分配──透視我國軍公教福利〉，於：林萬億編，《台灣的社會福利：民間觀點》，1995 年 5 月，頁 207 以下；另見拙著，〈從「老年安全」談公務人員退休金改革〉，《玄奘法律學報》第 7 期，2007 年 6 月，頁 99 以下。

是也有反向操作的情形，例如德國即為了降低失業率而鼓勵提早退休。

　　⑵保險人對於年金額度的「強制調整」(Anpassungszwang)❿。此一問題是指退休年齡屆至或者已經開始請領年金的情形，保險人由於保險收入的減少而必須調低年金額度。為了避免衝擊過大，年金調整的期程應盡量拉長，通常要花 20 至 30 年的期間才能達到預期目標。

　　⑶被保險人對年金給付的「存續保障」(Bestandschutz)。相對於前項的調整措施，被保險人的年金額度不如預期，甚至會出現愈領愈少的情形。此時年金財產權所保障之存續狀態將受到挑戰，包含尚未領取的年金期待權，而經過年金計算公式最後所呈現的僅是一種「參與分配」的狀態❾。

　　我國未來在社會保險長期特性的運作下，諸如前述的財產權保障問題將更為複雜。像是「年金額度的調整」、「保險財務的運作」以及如何說服國民接受年金改革等問題，在在考驗政府主管機關的應對能力。

㈢「儲金制」與「賦課制」保險財務

1.儲金制的社會保險制度

　　有關社會保險的財務模式大抵可分為「儲金制」與「賦課制」二種。前者乃指保險人存有充足的準備金，用以因應保險事故發生時的給付需求。一般的商業保險皆採取此一類型的財務模式，而且相關法律還規定保險業者必須設立「安定基金」，或者限制其對於保險資金的運用方式，以避免被保險人屆時領不到錢的窘境❿。由於儲金制往往為長期性的老年保險所採用，社會保險對於被保險人長時間下來所繳交龐大保費的累積，光是在基金管理上就是一項艱鉅的任務。另外，保險上所謂的「基金管理」並不是指對於該項基金的消極保管，而是要積極透過各種投資管道，用以賺取大量盈餘。因為，保險人所累積的收益首先必須足以抵銷長時間內通貨膨脹所產生的貨幣貶值問題。再者，基金至少要能有相當於定存水準的獲利，

---

❿　有關德國年金調整模式，見 Ruland, Rentenversicherung（前揭文），Rz. 251。

❾　見第五章之德國年金計算公式。

❿　見「保險法」第 143 條之 1 有關「安定基金之提撥」；第 146 條有關「保險業資金之運用」等規定。

否則即無法有足夠的誘因說服當事人投保。除此之外，保險人還應當保證給付能夠支應被保險人「年老時」的薪資水準，因為老年保險的目的就是在保障其因為退休所產生的收入損失。由於此一管理目標並不容易達到，而且要以國內經濟無止境地成長為前提，所以社會保險事實上並無所謂的「完全儲金制」❿。

　　前述儲金制的財務模式，向來為我國社會保險制度所採行。推究其原因，一方面是因為國人過分強調保險「自主」的觀念所致，習慣從商業保險的角度來理解，甚至以為充足的準備基金乃是保險制度「償付實力」的展現。另外一方面則是在人口老化現象還未達到高峰，而且世代契約的理念又未能普遍為國人接受的情況下，保險基金尚能兌現一次性退休金的承諾。其實，由於我國社會保險長期以來收支結構上的失衡，尤其是過低的保費費率早就已經無法支應「現階段保險給付」的需求。例如，公教人員保險已經長年準備金不足，僅能依賴政府以預算挹注其保險支出。而勞工保險實際上雖存有龐大的保險基金，但仍不足以支付「同期間內有資格請領老年給付者」的全部需求。所以我國社會保險的財務制度充其量也只是「部分儲金制」罷了❿。

　　就老年保險準備金的功能來看，大法官會議在釋字第 434 號解釋理由書中即提及：

　　「……此項準備之本利，<u>類似全體被保險人存款之累積</u>，非承保機關之資產。從而被保險人繳足一定年限之保險費後離職時，自有請求給付之權。……」

　　如此的見解畢竟與社會保險的財務理念有所差距。推源究理，大法官

---

❿　有關社會保險基金之運用，學者柯木興教授曾提出若干原則：安全原則、收益原則、流動原則與福利原則。惟其亦承認因為通貨膨脹的嚴重影響，基金的「實質安全性」才是各國努力的目標。見柯木興，《社會保險》（前揭書），頁 339 以下。

❿　「勞工保險條例」第 69 條即規定，保險之虧損由政府機關撥補。吳凱勳，《我國社會保險制度現況分析及整合問題》（前揭書），頁 55 以下。

會議主要是想藉由強調老年保險所兼具的儲蓄性功能，用以突顯其長期性保障上所具有的財產權特性。但在此同時也點出，我國政府似乎也只有在儲金制的財務模式中，才有能力保證被保險人一次性退休金的足額發給。有關年金保險所依恃的世代契約理念，短期間內恐怕仍然不容易為國人所接受。

2.賦課制的社會保險制度

社會保險中所謂的賦課制又被稱為「隨收隨付制」。主要乃是指保費的收入隨即用於當時的給付支出，保險人頂多要備妥短期間內的支出預備金，而無須儲存龐大的保險基金。至於前文有關保險基金管理的難題，在此一財務模式中即不復見，保險人只需專注於保險費率的調整以及保險給付的控制就夠了。在賦課制財務之中，只要是以維持社會保險制度的存續為目的，以及因應保險財務正常運作所需，政府對於保險費率的訂定與給付內容的調整上就擁有較大的「形成空間」。相對而言，被保險人即要經常面對保費的調整問題，同時也無法真正掌握給付的內容與額度。甚至在憲法上財產權的保障程度也較低，當事人頂多只是享有所謂的「參與分配權」(Teilhaberecht) 而已 ❿ 。

一般來說，賦課制財務模式在短期性的社會保險中比較容易被接受。例如健康保險即因為被保險人立即可以享受醫療給付的特性，而採取賦課制財務。而我國現行的全民健保制度也是採取類似的財務模式，根據「全民健康保險法」第 78 條之規定，健保安全準備總額「以相當於最近精算一個月至三個月之保險給付支出為原則」。

至於在擁有悠久社會保險歷史的德國，其不僅在健康保險制度上，甚至在法定年金保險都是採取隨收隨付制。該國社會保險在發展過程中原先也是採取儲金制財務，但是有鑑於歷史上多次的通貨膨脹，使得保險原有的儲金價值蕩然無存，所以德國年金自 1957 年起即逐漸改採賦課制。在賦

---

❿　所謂「參與分配權」在年金保險中最為明顯，被保險人依其薪資逐年繳交保費，但是該年資所能換算的年金額度，卻要依退休當時的保險財務而定。影響保險財務的主要因素在於當時工作人口與退休人口的多寡。

課制財務的運作上，保險人自被保險人所收取的保費收入，隨即轉換成為對當時退休者的年金支出，而且僅需維持「1個月年金總發放額度」的準備金**⑩**。此時維繫社會保險財務的主要因素不再是龐大的基金，而是由於社會保險的強制性足以保證不斷有下一代被保險人持續地加入，其所繳交的保費也能因應現下退休者的年金支出。再者，賦課制年金財務也將導致「世代團結」(Solidarität der Generationen) 的觀念。因為現在的工作者既然已經負擔了退休者的年金財務，其也同時取得對於未來世代的年金給付要求**⑩**。

　　社會保險一旦採取賦課制財務之後，政府首先就必須面對人口結構改變的問題，因為逐漸增加的退休人口將使被保險人的保費負擔愈形加重。另外一個隱憂則是因為經濟蕭條所帶來的失業問題，其將使得保險實際繳費人口減少，而且勢必也會增加現有工作者的保費負擔。政府究竟要採取哪種財務模式？此一課題乃我國在規劃國民年金保險時的主要爭執點。較可能的妥協方案乃是折衷式的財務，在實施賦課制的初期訂定稍高的安全準備金，一段時間後即可累積相當程度的基金，以提高國民信心並減少制度的衝擊。但是在保險長期經營的情況下，吾人終究要有接受完全賦課制的準備。

(四)多階段的老年安全制度

　　本書在介紹德國社會法學理時，曾經以「社會預護」的上位概念包含該國的社會保險與公務員保障兩項制度。按理，有關公務人員的退撫保障主要是源自於「特別權力關係」的運作，如今則稱為「特別法律關係」。公務員應盡其公法上的勤務義務，從而享有由國家所建立的「公務員撫卹制度」(Beamtenversorgung) 以及各項社會保險的補助，其所需費用則由政府來負擔。這種「雇主責任制」的保障模式後來也成為德國勞動法上「企業年金」(betriebliche Altersversorgung) 的模仿對象。但是，其既不屬於法定勞動條件，也不是一種法定強制責任，而是透過勞雇協商的方式來達成，

---

⑩　彼得・克勞哲，〈老年安全〉（前揭文），頁 444 以下。

⑩　Ruland, Rentenversicherung（前揭文）, Rz. 72。

較常見於勞動契約 (Tarifverträge) 或是企業章程 (Betriebsnormen) 的條文中❿。

　　對於這種源自於雇主責任的老年保障，公務員或受雇者雖然無須繳交保費，但是理論上仍是一種「工資延續」，經濟學上並可歸屬於企業的工資成本。而該項退休金在計算上也是以當事人的工作年資以及工資（薪俸）作為基礎，性質上類似於社會保險「未雨綢繆」的作用，因此社會法學理合稱二者為社會預護。另外，對於老年安全體系的建立上，世界銀行也曾提出「三柱體制」的構想，也就是經由基礎年金、企業年金與商業年金三種不同的經濟來源，以建立完備的老年收入替代⓫。此一構想基本上仍是基於「老年收入的多樣性」以及「年金財務運作的困難度」所提出的建議，也可作為我國未來年金改革的參考（表 3–1）。

表 3–1：多階段老年安全保障

保障層次	實施方式	我國代表制度
第三層保障	自行規劃	商業保險之人壽保險、年金保險
第二層保障	勞雇協商(我國採強制規定)	公務員退休金、勞工退休金（應年金化）
第一層保障	依法強制	公保、勞保、軍保（應年金化）；國民年金保險

1.團體保險中的老年安全保障

　　我國傳統社會保險乃是依照職業別而建立的，該制度的兩大主軸為「勞工保險」與「公務人員保險」。勞保的被保險人主要為廣大的受雇階級，而且在功能上與社會安定最為相關，所以不論在中外各國都是社會保險的發展重心。由於我國採行綜合性社會保險的緣故，保險給付中醫療、殘廢（失能）、老年、死亡等項目皆源自同一保費。但是，醫療給付著重於診療服務

---

❿　彼得・克勞哲，〈老年安全〉（前揭文），頁 447 以下；Eichenhofer, Sozialrecht （前揭書）, Rz. 306 ff.。

⓫　基礎年金係公營且強制性，企業年金為民營而由企業投保，商業年金則由個人自願參加。見陳聽安，〈國民年金制度之建構〉，《國民年金制度》，2003 年 3 月，頁 15 以下。

與藥劑給予，其給付內容視病情需要而沒有次數的限制，同時也與保費高低沒有關聯。反之，老年保險的額度雖然與被保險人的投保薪資相關，但是在 2008 年「年金化」之前，勞保老年給付僅是一次性的現金，類似的結果個人也可以透過儲蓄手段達到，故功能上僅是聊備一格而已。同一保費而有性質不同的給付，當事人（雇主與勞工）自然注重「投資報酬率」較高的醫療保險，而儘量低報投保薪資，以節省保費負擔。政府縱使可以透過勞動調查來防止虛報，也會因為行政人力不足而無法發揮效果。再加上政治力影響之下，勞保保險費率長期偏低，保險制度反而向社會適當性傾斜。此一情形，在 1995 年全民健保整合所有醫療給付之後，較為改善。而自從年金化之後，勞保老年給付之額度與被保險人投保薪資成正相關，更能符合前述保險原則。

相對而言，公保的被保險人雖然較少，但是傳統上擁有完備的醫療給付體制。尤其是被保險人一次性的養老給付仍然可以透過「優惠存款」而年金化，整體發展結果反而較勞保健全，甚至成為我國社會安全制度發展上的仿效對象❶❶。類此情形，亦見於職業軍人與公立學校之教職員，即俗稱「軍公教」之族群。但也由於其老年安全上所受之優待，在近年年金改革過程中，動輒成為勞工團體比較檢討之對象。另外，私校教職員雖亦納入公教人員保險之範圍，但並未享有月退休金制度，故促成 2014 年 1 月之公保年金化。至於軍人保險雖未在此波年金化之列，但隨著募兵制之全面推行，以及軍隊人員精簡的雙重效應之下，未來仍應將其納入。又由於公務人員老年安全制度較為健全，尤其是為了解決勞工老年安全不足的問題，我國即是以公務人員保障制度為參考，從而發展出附加的老年安全制度。

2.雇主責任下的老年安全保障

我國老年安全除了勞保與公保的老年保險作為第一層保障外，還有基於雇主責任所發展出的「公務人員退休制度」以及「勞基法退休制度」，作為第二層保障。我國公務人員退休金原本是採取「恩給制」的財務模式，

---

❶❶ 關於我國社會保險制度之形成背景與演進發展，見吳凱勳，《我國社會保險制度現況分析及整合問題》（前揭書），頁 15 以下。

與前述德國的制度相類似，而由公庫負擔全部的費用。然而，該項保障自1995 年起改採「儲金制」，轉而由政府與公務人員共同提撥費用所建立的「退休撫卹基金」來支付❷。此一退休制度至今包含有一般公務人員、教育人員、軍職人員與政務人員四大類，尤其重要的是給付上可以選擇以「年金」方式支付，符合老年保障的長期需求。如果從涵蓋面以及制度運作來看，其實已經具備「準社會保險」的性質。

依照雇主責任理念所建立的退休金制度，學理上可大致分為「確定給付制」(Defined Benefit; DB) 與「確定提撥制」(Defined Contribution; DC) 兩類。確定給付制乃是指退休金係按當事人退休前若干時間內的平均薪資為計算基礎，而且通常是以其工作年資為計算基數，所以不論是雇主或受雇者都能知曉退休金的給付額度。但是，如果是採取年金給付方式的話，則對餘命較長的受雇者較為有利，也比較可以達到所得重分配的效果。此一計算方式通常也為社會保險的老年保險所採行，而我國現行的公務員退休制度以及以往勞基法的退休金也都屬於確定給付制❸。一般而言，此一制度的財務狀況受到經濟變動以及人口結構改變的影響較大，甚至雇主的償付能力以及退休金的額度都將受到考驗，但是我國公務人員退休金的所得替代卻明顯偏高❹。

相反的，當事人於確定提撥制則僅知悉事前的提撥狀況，至於其實際得請領的退休金額度，就要看這期間內所累積的金額與投資報酬之後才能清楚，其性質較類似於「強迫儲蓄」，例如新加坡與智利皆是採取此一制

---

❷ 陳聽安，〈公務員年金制度之研究〉，《國民年金制度》，2003 年 3 月，頁 290以下。

❸ 見年金改革前「公務人員退休法」第 9 條關於退休金之計算規定，其以給付時「在職同等級人員之本俸加一倍」為計算基準；「勞動基準法」第 55 條亦規定以「核准退休時一個月平均工資」為計算基準。

❹ 公務人員退休金依據年金改革前的「公務人員退休法」第 14 條之規定，「政府負最後支付保證責任」。再加上公保老年給付透過優利存款之結果，所得替代多超過 80%，甚至有少數超過 100%。見陳聽安，〈公務人員退撫制度之重新定位〉，《國民年金制度》，2003 年 3 月，頁 303。

度。基本上，退休金採取確定提撥制度對於雇主較為有利，其僅須於平時盡到提撥義務即可，而且此一成本又可以轉嫁於勞工薪資成本或是消費者身上。對受雇者而言，此一制度的基金管理與投資成果皆是未知數，再加上未來可能的通貨膨脹等因素，恐怕確定提撥制到最後只是一場數字遊戲而已❶❺。我國的勞退新制即是採取確定提撥制，其成效仍然有待評估❶❻。

我國勞工的退休金制度實際上係仿造公務員的模式而來。對此大法官會議於釋字第 578 號解釋也有如下見解：

「勞動基準法第五十五條及第五十六條分別規定雇主負擔給付勞工退休金，及按月提撥勞工退休準備金之義務，作為照顧勞工生活方式之一種，有助於保障勞工權益，加強勞雇關係，促進整體社會安全與經濟發展，並未逾越立法機關自由形成之範圍。其因此限制雇主自主決定契約內容及自由使用、處分其財產之權利，係國家為貫徹保護勞工之目的，並衡酌政府財政能力、強化受領勞工勞力給付之雇主對勞工之照顧義務，應屬適當。」

該號解釋也肯定勞基法對於雇主違反前開強制規定時的處罰規定，認為「係為監督雇主履行其給付勞工退休金之義務，以達成保障勞工退休後生存安養之目的」。

按照我國勞基法的規定，原本應由雇主負擔退休準備金的提撥責任。但是由於實際的提撥效果不彰，而且累積年資在勞工轉職時也無法攜帶，這種第二層的老年保障反而是「看得到卻吃不到」。因此，政府即於 2004年訂定「勞工退休金條例」，用以取代原先不完善的制度。此一勞退新制在理念上主要仍然是採取「雇主責任制」，由雇主按月提繳至少 6% 的勞工月薪作為退休基金，同時也容許勞工自願另外再為提繳。此次改革的重點則是「可攜式年資」以及「給付年金化」等措施，但其年金化之手段乃透過商業保險，當事人仍舊要面對老年風險的不確定性。由於我國勞工退休制

---

❶❺ 陳聽安教授對「確定給付制」與「確定提撥制」有詳細列表比較，並較支持後者。見陳聽安，〈公務員年金制度之研究〉（前揭文），頁 276 以下。

❶❻ 按「勞工退休金條例」第 23 條之規定，退休金之計算以「勞工個人之退休金專戶本金及累積收益」為基礎。

度在實施上採取立法強制的手段，雇主違反提撥義務將受處罰，已經與前述德國基於契約自由而實施的企業年金有別。再加上雇主可將此義務轉嫁於薪資成本上，實在與社會保險中的「雇主保費負擔」並無不同，所以本書也傾向以「準社會保險」定位之。

3.具有補充與整合作用的國民年金

在勞保給付年金化之前，政府率先於 2007 年推出國民年金保險。有別於傳統的職業團體保險，國民年金所提供的基礎保障，使得迄未享有老年安全保障的國民族群，諸如在家工作者與家庭主婦等，亦能享有老年年金。因此，在制度歸類上雖亦屬於社會保險，但國民年金更於「職業團體保險」以外，提供補充性的老年安全保障。且由於國民年金保險不以在職作為納保條件，對於當事人因失業而喪失勞工保險之期間，國民年金亦能補足該時段所欠缺之年資[17]。

在國民年金開辦之前，政府先行藉由社會促進制度，提供前述國民於年滿 65 歲時，得享有敬老福利生活津貼、原住民敬老津貼以及特別照顧津貼等。其後，此類「過渡性措施」即整合於國民年金保險給付中，成為基本保證年金。由於政府於國民年金保險所負保費分攤比例頗高，再加上前述基本保證年金之經費撥補，甚至考量至今已加碼到 7000 元之老農津貼，距離以稅收為基礎的「大國民年金」亦不遠矣。

---

[17]　見拙著，〈從「老年安全」看國民年金保險之實施〉，《社會福利之法制化》，2008 年 12 月，頁 77 以下。

本章參考文獻：

中文部分：

1.柯木興，《社會保險》，1995 年 8 月修訂版

2.張世雄，《社會福利的理念與社會安全制度》，1996 年 9 月

3.李惠宗，《憲法要義》，2002 年 7 月

4.周月清，《障礙福利與社會工作》，2000 年 7 月三版

5.鍾秉正，〈德國長期照護法制之經驗〉，《長期照護雜誌》第 10 卷第 2 期，
  2006 年 7 月

6.黃鼎佑，〈淺介奧國長期照護法制〉，《開南法學》第 3 期，2009 年 6 月

7.彼得‧克勞哲，鍾秉正譯，〈老年安全〉，《中央警察大學法學論集》第 6 期，
  2001 年 8 月

8.郭明政，《社會安全制度與社會法》，1997 年 11 月

9.張桐銳，〈老年農民福利津貼制度之檢討〉，《世新法學雜誌》第 5 卷第 2 期，
  2012 年 6 月

10.江朝國，《保險法基礎理論》，2002 年 9 月

11.謝子凡，《社會保險對價規範合憲性之研究》，國立臺北大學法學系碩士論文，
  2004 年

12.陳孝平，〈大法官解釋與全民健保——以大法官會議與立法院兩種合法性差異
  的「位能」產生制度改進的「動能」〉，於：湯德宗主編，《憲法解釋之理論與
  實務㈣》，2005 年 5 月

13.吳凱勳，《我國社會保險制度現況分析及整合問題》，1993 年 5 月，行政院研
  考會

14.黃文鴻等，《全民健保——制度、法規、衝擊》，1995 年 3 月修訂再版

15.許春鎮，〈論公法社團之概念及其類型〉，《東吳法律學報》第 16 卷第 2 期，
  2004 年 12 月

16.行政院二代健保規劃小組，〈邁向權責相符的全民健康保險制度——總結報告

提要〉，2004 年 8 月

17. 盧政春，〈利益團體與社會福利資源分配——透視我國軍公教福利〉，於：林萬億編，《台灣的社會福利：民間觀點》，1995 年 5 月

18. 鍾秉正，〈從「老年安全」談公務人員退休金改革〉，《玄奘法律學報》第 7 期，2007 年 6 月

19. 陳聽安，〈國民年金制度之建構〉，《國民年金制度》，2003 年 3 月

20. 陳聽安，〈公務員年金制度之研究〉，《國民年金制度》，2003 年 3 月

21. 陳聽安，〈公務人員退撫制度之重新定位〉，《國民年金制度》，2003 年 3 月

22. 鍾秉正，〈從「老年安全」看國民年金保險之實施〉，《社會福利之法制化》，2008 年 12 月

外文部分：

1. Erlenkämper/Fichte/Fock, Sozialrecht, 5. vollständig überarbeitete Auflage, 2002

2. Eichenhofer, Sozialrecht, 4. Auflage, 2003

3. Schulin/Igl, Sozialrecht, 7. Auflage, 2002

4. Muckel, Sozialrecht, 2003

5. Fachinger, Lebensstandardsicherung—ein überkommenes Ziel der gesetzlichen Rentenversicherung? in: Riedmüller/Olk (Hrsg.), Grenzen des Sozialversicherungsstaates, 1994

6. Schmähl, Ökonomische Grundlagen sozialer Sicherung, in: von Maydell/Ruland (Hrsg.), Sozialrechtshandbuch (SRH), 2. Auflage, 1996

7. Breuer/Lehle, Sondersysteme der Sozialversicherung — Landwirte, Die agrarsoziale Sicherung, in: Sozialrechtshandbuch (SRH)

8. Knieps, Krankenversicherung, in: Sozialrechtshandbuch (SRH)

9. Ruland, Rentenversicherung, in: Sozialrechtshandbuch (SRH)

10. Rüfner, Einführung in das Sozialrecht, 2. Auflage, 1991

11. Kreikebohm/von Koch, Wartezeiten- und rentenrechtliche Zeiten, in: Schulin, Handbuch des Sozialversicherungsrechts, Band 3, Rentenversicherungsrecht, 1999

第四章　社會保險的對象

綱要導讀

壹、「團體性」與「全民性」的社會保險

一、團體性的社會保險

㈠團體性社會保險的由來

　　團體性的社會保險乃是以屬於同一團體的成員而組成的「風險共同體」，通常是以「職業別」來做區分。實施團體性保險的國家主要以德國為代表，一般稱之為「俾斯麥模式」。吾人從該國社會保險的發展歷史來看，其前身即是由「礦工工會」所自行發起的互助性組織──「礦工互助基金」(Knappschaftskassen)。這種互助組織的傳統可以追溯到中世紀，而在手工業的行會 (Zunft) 之間也有類似的組織❶。由於職業團體成員所面臨風險的同質性較高，因此以其作為互助保險的當然保險對象，藉以達到「風險分攤」的目的。後來，這種保障模式又為其他「勞工團體」所仿效，最後到了 19 世紀中葉即由國家立法以強制保險的手段，主要是為了達到政治與社會安全的目的。因為產業結構的改變，這種強制保險的保障圈從 20 世紀初還逐漸擴展至「職員團體」(Angestellten)，最後使得所有「非自主性」(unselbständig) 的勞工皆得以享有社會保險的保障機制。除此之外，德國也有專為公務人員團體建立的預護制度。基於其間之照顧關係，只要是身為公務人員即可享有由國家特別建立的保障制度，而且無須負擔保費。是以，在德國不論是公、私職業團體的受僱者，皆可以享有因應本身工作風險所建立起的社會保險，或是類似於保險的預護制度。

　　相對於前述非自主性勞工，另外還有無雇主或擁有較高自主性的從業人員，亦即所謂的「自主工作者」(Selbständige)，德國乃開放其自由加入

---

❶　見 Tennstedt, Geschichte des Sozialrechts, in: von Maydell/Ruland (Hrsg.), Sozialrechtshandbuch (SRH), 2. Auflage, 1996, S. 25 ff., Rz. 13; Ruland, Rentenversicherung, in: Sozialrechtshandbuch (SRH)（前揭書）, S. 877 ff., Rz. 10。

現有的保險制度。尤其對於其中一部分類似於勞工的經濟弱勢者，例如手工業者、私校教師、助產士等，該國則以強制納保的方式加以規範，如此逐漸達到「全民保險」的理想。另外，德國各邦的邦政府還為醫師、律師、建築師、音樂家等從事「室內」(Kammer) 工作的自由行業，各自依其職業別建立起特別的保障制度。但由於其成員較少，被保險人各自必須負擔的保費也相對較重❷。整體而言，團體性社會保險的保費與給付皆與被保險人的薪資所得息息相關。

(二)團體性社會保險的實施

吾人從以上的描述中可以得知，現今社會保險團體的多樣性以及依照職業別區分的方式，主要與社會保險的發展歷史，尤其是工會的運作息息相關。也因此，德國社會保險行政至今仍然採取「公辦民營」的模式，政府機關只站在監督的地位，而以各地區職業團體所成立的「基金」(Kassen) 或是「公法社團」(Körperschaften des öffentlichen Rechts) 作為實際的經營的保險人，而且在保險行政上享有其「自治權」(Selbstverwaltung)❸。在這種多樣性的社會保險制度下，不僅被保險人所繳交的保費會因收入高低而有所差異，各制度內所訂定的保險費率以及給付額度也不盡相同。如此多樣性的結果固然可以反映被保險人的「實際生活水準」，但也比較不能達到「所得重分配」的效果。不過，近年來為了達到行政成本的減少，還有擴大被保險人範圍的目的，德國原有多樣性的年金保險制度已經在做逐步的整合。而且縱使因為個別團體特性而無法立即作合併，也要在不同制度的給付上儘量「協調化」(Harmonisierung)，尤其要配合被保險人轉換職業跑道時的年金年資計算。

以不同職業為基礎所建立的年金制度，主要問題就在「年資接續」以

---

❷ 彼得・克勞哲，鍾秉正譯，〈老年安全〉，《中央警察大學法學論集》第 6 期，2001 年 8 月，頁 439 以下。

❸ 在德國原先疾病保險就有將近 1300 個社會保險人，見 Rüfner, Einführung in das Sozialrecht, 2. Auflage, 1991, S. 144 ff.。近年已逐步整合至 100 餘個社會保險人。

及「替代率整合」。就我國目前努力開展的年金改革方案來看，除了受到放大的財務問題之外，不同團體的年金差異亦加深整合的難度。因此，2018年年金改革的首要目標即是將軍公教族群的高所得替代率向下調整，除了使年金基金財務更為健全外，也要為不同年金制度的協調作準備。理想的作法是可以藉由國民年金為基礎，再整合勞保年金、公保年金以及未來的軍保年金，作為第一層保障。再配合上勞工與公務人員的退休制度作為附加保障，期能提供足以依賴的老年經濟安全。所以接下來的改革目標，不僅各年金制度間的年資要能接續，其彼此間的所得替代率也要逐步整合。

一般而言，由傳統職業團體所發展出的社會保險大多基於以下的假設：

1. 當事人所從事的工作與其所受職業訓練或養成教育相關。

2. 該工作的收入乃維持家計的主要依據，用以照顧妻小。

3. 當事人一直到退休始終從事該職業，甚至都在同一企業中任職。

但是，以上假設首先就可能因為職業養成教育一成不變或費時過久，產生結業後無法學以致用的情形；再則因為職場需求的興衰，導致勞工必須離開原先的工作，甚至要面臨轉業。也由於這樣的假設已經不適合現代社會的就業情形，依此建構的保障制度就有必要作修正。社會福利學者即認為，國家假如要藉由職業相關的團體性社會保險來達到社會安全的功能，至少要滿足以下三個條件❹：

1. 被保險人的薪資足以維持家庭適當的生活水準，尤其要能提供下一代學習所需資源。

2. 工作期間所累積的資源，足夠被保險人與其配偶退休後的生活所需。

3. 被保險人必須能夠持續就業，使得保險資格不至於喪失。

對此，職業教育就要隨時跟上時代，與產業供需相呼應；並且設立在職進修的機制，使勞工的工作能力足以對應職場改變。政府還要建構就業輔導、失業補助等制度，後者更必須納入失業期間的社會保險。例如，我國就業保險即提供「失業之被保險人及隨同被保險人辦理加保之眷屬全民

❹　見古允文、詹宜璋，〈台灣地區老人經濟安全與年金政策：社會排除觀點初探〉，《人文及社會科學集刊》第 10 卷第 2 期，1998 年 6 月，頁 196。

健康保險保險費補助」，使其就醫需求不致因失業而頓失依據。不論如何，團體性保險制度如果是在經濟劇烈變動的環境之下，例如產業結構改變、失業問題惡化的時候，即有可能無法達到預期的保障結果。除此之外，由於團體性社會保險僅以職業團體的在職員工作為強制保險對象，於是國民中若干個體往往一開始就成為社會保險的「漏網之魚」，例如自營作業者、被保險人未就業的配偶以及俗稱 "Mini-Jobs" 的微型工作 (Geringfügige Beschäftigungen) 等人口群❺。這些人雖然一方面享有所謂的「保險自由」(Versicherungsfreiheit)，不必受到法定強制保險的約束。但是另一方面在面臨社會風險的時候就得「貴客自理」，也就是透過商業保險、私人理財等「自我預護」(Eigenvorsorge) 的手段來達到風險管理的目的❻。

二、全民性的社會保險

㈠全民性社會保險的由來

實施全民性社會保險的國家主要以英國為首，包含昔日大英國協的成員，學理上稱為「貝佛里奇模式」。該國在二次大戰之後，將原本的健康保險改為「國民保健服務制度」，也就是一般所稱的「公醫制度」。此外，還建立了以年金保險為主的「國民保險制度」，該制度的保障對象乃是全體國民。這種國民保險在實施上不以職業團體來區分保險對象，而是僅按國民的身分區分為受僱者、自營作業者與任意加保者三類，在保險費率與保險給付上皆採標準額度❼。由於保險實施上不以職業團體為對象，也不依照

---

❺ 微型工作近年來亦被納入社會保險制度中，其可區分為「持續性低所得」以及「短期性工作」兩種。前者以 2018 年標準而言，指的是每月工作所得不足 450 歐元的工作，雇主應為其負擔概括性社會保險保費。後者則指每年不超過兩個月或 50 天之工作，其仍然屬於保險自由的範圍，當事人可以選擇自願投保。見 Muckel, Sozialrecht, 2. Auflage, 2007, S. 77 ff.。

❻ 彼得・克勞哲，〈老年安全〉（前揭文），頁 441 以下；見拙著，〈社會保險中強制保險之合憲性基礎〉，《黃宗樂教授六秩祝賀——公法學篇㈠》，2002 年 5 月，頁 270 以下。

❼ 吳凱勳，《我國社會保險制度現況分析及整合問題》，1993 年 5 月，行政院研

被保險人工作所得而「量身訂做」，給付水準即較德國的社會保險為低，保險目標通常以提供被保險人的「基本生活所需」為準，甚至在功能上就是為了取代社會救助。

　　採取類似社會保險制度的國家還有日本，該國現行的「健康保險」乃以受僱勞工五人以上的單位為強制投保對象，後來還專門替未加入健保的農、漁民以及自營作業者開辦「國民健康保險」❽。該國的年金保險原先也類似於德國的制度，有多種以職業團體成員為保險對象的「共濟組合」，而其中最具代表性的為以民間受僱者為對象的「厚生年金保險」，另外也為其他自營作業以及零星企業的受僱者建立了「國民年金」。後來，由於舊制度的分歧所導致給付上的不合理，以及個別制度財務上的不穩定，還要避免重複給付的發生，該國乃自 1985 年實施年金改革。首先是將國民年金作為第一層保障的「基礎年金」，而以厚生年金以及其他共濟組合作為第二層的附加保障。再來則將年金給付水準正常化，並且緩和新制所造成的保費負擔。最後更確立女性國民的年金權，從而逐漸走向全民性的社會保險制度❾。

㈡全民性社會保險的實施

　　從社會福利學的學理來看，全民性社會保險的發展主要在滿足國民維持生存必要條件的「需要性」(Bedürftigkeit; needs)❿。相較之下，實施團體性社會保險制度的國家並不考量這種國民需要性的問題，因為這通常是屬於社會救助制度中的調查機制⓫。也因此，全民性社會保險的由來即與

　　考會，頁 67 以下。

❽　見日本「全国社会福祉協議会」編印，《社会保障論》，2001 年，頁 74 以下。

❾　日本年金制度其後又經歷了 1989 年、1994 年、1996 年以及 2000 年的改革，但是始終維持全民性基礎年金這一環。見日本「全国社会福祉協議会」編印，《社会保障論》（前揭書），頁 42 以下。

❿　張世雄教授將此概念譯為「需要」，以與個人主義的「欲求」概念以及市場經濟中的「需求」概念作區分。見張世雄，《社會福利的理念與社會安全制度》，1996 年 9 月，頁 63。

⓫　Rüfner, Einführung in das Sozialrecht（前揭書），S. 13 ff.。

一個國家的「貧窮政策」較為相關。為了解決需要性的問題，貝佛里奇爵士乃參考俾斯麥的社會保險模式而建立不同的社會安全制度，其目的就是在提供國民一種無需資產調查而且能滿足「生計需要」的單一性社會給付。相較於德國社會保險著重在「社會風險管理」，英國的社會保險則在於經濟需要與社會需要的「社會行政管理」 ❷。在此理念之下，我們就可以將社會保險的實施劃分成三種需求以及相應的對策：

1.透過均一費率與單一給付的<u>社會保險</u>，可以保障「基本需求」。

2.個人性的匱乏或是超出社會保險給付範圍的「特別需求」，可以由<u>社會救助</u>來滿足。

3.支應社會保險的保費以及生活需求之後猶有餘裕者，可以透過<u>商業保險</u>獲得「附加需求」的滿足。

我國近年在討論老年安全制度時，也經常出現「老人津貼」、「國民年金」與「附加年金」等用語。有關老人津貼大抵是以稅收作為財源的普遍全民性給付，而國民年金則是一種基礎的年金保險，在此「基礎」之上才有「附加」年金保險的產生❸。國人對於老年安全制度應採取定期給付的年金，在 1990 年代實施老人津貼措施後已經有初步的共識，但是當時對於要採取何種方式則猶有爭論，主要是因為我國社會保險制度正從「團體性」逐步走向「全民性」。此一趨勢可從全民健康保險的實施過程中看出。由於我國傳統的社會保險制度僅有勞工、公務人員以及若干特別團體得以加入，無法因應在「保障圈」以外國民的需要性。再加上現在的民主選舉政治架構之下，只有全民性的社會保險方可獲取多數中產階級的支持❹。另外，我國自 2008 年開辦「國民年金保險」之後，業已將老年安全的缺口補起，對於現在已經無法加入年金保險的老人，則以提供津貼的方式作為「過渡機制」，逐步達成全民保險的目標。

---

❷ 張世雄，《社會福利的理念與社會安全制度》（前揭書），頁 100 以下。

❸ 有關我國老年安全制度之討論，見拙著，〈從敬老福利生活津貼看「社會促進」制度〉，《社會福利法制與基本人權保障》，2004 年 9 月，頁 213 以下。

❹ 張世雄，《社會福利的理念與社會安全制度》（前揭書），頁 179 以下。

貳、我國社會保險的實施對象

　　由於政治上的原因，勞工運動的發展在我國一直無法興盛，所以我國早期的社會保險並非以工會的團體自助模式為起點，而是由國家設立專責機構來辦理。在實施對象上，主要是以被保險人的「職業屬性」為基礎，從而分別建立了勞工保險、公務人員保險以及軍人保險等制度。由於各該保險的適用對象僅是以該職業團體的「現職人員」為限，故後來乃有為各制度的退休人員、被保險人的眷屬等所建立的特別保險制度。自從 1985 年起，政府不僅為農民單獨開辦「農民健康保險」，甚至還特別替低收入戶開辦健保，主要就是在彌補此一社會保險保障圈的「漏洞」。

　　就社會保險的實施對象來看，我國的社會保險制度基本上乃是以個別的職業團體作為實施基礎，而後再逐步擴充被保險人的範圍，最後才以全民性的社會保險收場。所以，在這期間內曾經有過多達十餘類的被保險人團體，納保制度十分瑣碎❶❺。當時由於各項保險制度的主管機關與承保單位皆不一致，不但保險給付制度錯綜複雜，甚至有些保險團體的參加人數僅有數百人而已，無法發揮社會保險分攤風險的功能。而有鑑於全體國民之中始終還有約略半數的人口群未能享有社會保險的保障，我國政府終於在 1995 年實施「全民健康保險」，從此使得傳統上團體性的社會保險逐步轉向全民性的社會保險。另外，依據 2007 年通過的「國民年金法」第 7 條規定，「除應參加或已參加相關社會保險者外，應參加本保險為被保險人」；另按該法第 6 條第 1 款名詞定義，「相關社會保險：指公教人員保險（含原公務人員保險與原私立學校教職員保險）、勞工保險、軍人保險及農民健康保險」。因此，國民年金保險的實施方式與全民健保迥異，僅將保險對象限定在迄今未受老年經濟安全保障的國民族群❶❻。

---

❶❺　我國社會保險於全民健保實施之前曾有高達 13 種保險類型。見吳凱勳，《我國社會保險制度現況分析及整合問題》（前揭書），頁 37 以下。

❶❻　按國民年金實施之初，原訂將農民納入，但因反彈過大，復於 2008 年修法排

在我國現行社會保險制度中，除了與醫療給付相關的風險已經由全民健保加以整合之外，勞工的失業風險亦已建立單獨的「就業保險」，規劃未來要單獨立法的還有承擔工作意外風險的「職災保險」。至於其他例如老年、失能、死亡、生育等社會風險，仍然由原有的社會保險機制來承擔。我們在理解上仍必須顧及新、舊制度間的差異性。以下乃就我國現行社會保險各類制度，分別介紹其由來與實施對象：

一、公教人員保險

㈠公教人員保險的由來

按照公務人員法的學理，「公務員關係」成立之後，公務人員即應當享有終身的身分保障[17]。是以，我國「公務人員保障法」第9條乃規定：

「公務人員之身分應予保障，非依法律不得剝奪。基於身分之請求權，其保障亦同。」

條文中所謂的「基於身分之請求權」，學說上包含有俸給權、退休金權、保險金權、撫卹金權、休假權、結社權等權利，並且有相關的特別法作為規範依據[18]。因此，公務人員保險乃是政府基於「特別法律關係」，而對公務員的一種照顧機制，相類似的還有教師以及軍人保險制度。這類團體保險的出發點即有別於勞保、農保等其他社會保險制度[19]。例如，德國

除。故現今農民並未建立老年保險制度，而係以「老農津貼」提供其老年經濟安全保障。見拙著，〈從「老年安全」看國民年金保險之實施〉，《月旦法學》第154期，2008年3月，頁35以下。

[17] 「公務員關係」乃指公務員與其服務主體之間，也就是與國家或地方自治團體之間的法律關係。見吳庚，《行政法之理論與實用》，2003年8月增訂八版，頁220。

[18] 見吳庚，《行政法之理論與實用》（前揭書），頁253以下；李惠宗，《行政法要義》，2002年10月二版，頁211以下。

[19] 我國有關公務員關係之定性，早先係採「特別權力關係理論」，惟該見解自釋字第187號解釋後逐漸鬆動，學界乃主張以「特別法律關係」取代之。見吳庚，《行政法之理論與實用》（前揭書），頁220以下。

社會保險就將公務人員（公務員、法官、軍人等）排除於強制納保對象之外。在相關社會安全問題上，該國政府除了針對其老年風險建立有「公務員退撫制度」外，還對於疾病、照護、生育以及死亡等風險給予補助。其理念則是在落實公務員關係中政府對公務人員的 「撫卹與照顧責任」(Alimentations- und Fürsorgepflicht)，有別於社會保險透過團結共同體來達到社會衡平以及保障勞工的目的[20]。若是參考德國社會保險的發展經驗，該國至今已建構了「疾病」、「年金」、「意外」、「失業」與「照護」五大保險支柱。依此檢討實施公務人員保險之必要性，首先即因其享有身分保障而不適用失業保險，且原有的退撫制度亦可提供相當於年金與意外保險的給付，故德國政府僅需就疾病與照護給予公務人員自行投保之保費補助即可。相較之下，我國在身分保障制度之外，仍舊實施公教人員保險，提供失能、養老、死亡、喪葬、生育、育嬰津貼等相關給付。另對於軍人亦有「軍人保險條例」，提供死亡、殘廢、退伍以及育嬰津貼等給付。若是在全民健保開辦之前，則前述制度猶存有提供醫療給付之功能，惟至今所剩之給付內容實可由退撫制度承接，相關保險給付即予人疊床架屋之印象。此一必要性的欠缺，也對應了政府在公保與軍保給付年金化上的消極態度[21]。

㈡公教人員保險的對象

我國的公務人員保險開辦於 1958 年，原本的法規依據為「公務人員保險法（1958 年 1 月）」。實施保險的主管機關為銓敘部，原先於第 5 條規定以中央信託局為承保機關，其後修正為「由考試院會同行政院指定之機關（構）（以下稱承保機關）辦理」，較具彈性且符合現況[22]。故自 2007 年 7

---

[20] 在此須注意德國社會保險「公辦民營」的特性，公務人員雖不負擔納保義務，但仍可透過各項民營保險達到保險的目的。見彼得・克勞哲，〈老年安全〉（前揭文），頁 444；Bundesministerium für Arbeit und Sozialordnung, Übersicht über das Sozialrecht, 1997, S. 437 ff.。

[21] 見拙著，〈公教人員保險年金化之相關問題──以社會法學理為中心〉，《財產法暨經濟法》第 31 期，2012 年 9 月，頁 11 以下。

[22] 見「公教人員保險法」第 4 條、第 5 條之規定。2004 年第 5 條修正理由：「第一項所稱，由中央信託局負承保盈虧責任之規定與事實有所出入，且查其他社

月 1 日中央信託局與臺灣銀行合併之後，由考試院、行政院會同指定臺灣銀行為公教人員保險之承保機關。在早先的規定中，公務人員保險的對象僅為「法定機關編制內有給的公務人員及公職人員」❷，對於私校人員則另有「私立學校教職員保險條例」為依據。然而，我國自 1999 年起即將二者合併，而且更名為「公教人員保險法（1999 年 5 月）」。而依據現行法第 2 條的規定，公教人員保險適用的對象包含有三：

　　1.法定機關編制內之有給專任人員。

　　2.公立學校編制內之有給專任教職員。

　　3.私立學校編制內之有給專任教職員。

　　2014 年修法時，明定第 1 款之範圍不包括行政機關之聘用人員，並排除 「依其他法律規定不適用本法或不具公務員身分者」， 如公營事業人員❷。至於機關學校團體駐衛警人員之加保途徑，亦於修正時增列第 4 款規定，委由本保險主管機關認定之。

　　除了在職公務人員以外，基於對公務人員的終身保障，我國自 1964 年起即訂有「退休人員保險辦法（1964 年 3 月）」，其性質上屬於自願性的保險。而依據該辦法第 2 條的規定，其適用對象「限於中華民國七十四年七月一日前已參加本保險，而於全民健康保險開辦時仍在保者」。被保險人必須是曾經參加公務人員保險，而於退休時未領取養老給付之人。由於該保險自 1985 年 7 月起已經停止辦理加保業務，所以該制度應該理解為政府照顧退休公務人員，因應社會保險制度轉型的一種「過渡措施」❷。

㈢第二層老年安全的保障對象

　　關於我國公務人員保險制度的建立，學者柯木興教授即主張具有「行
　　會保險法規未有類似規定，爰予修正」。

❷　按原「公務人員保險法」第 2 條規定：「本法所稱公務人員，為法定機關編制內之有給人員。法定機關編制內有給之公職人員，準用本法之規定。」

❷　現行公營事業機構如擬排除本保險之適用，係於組織法規或所適用人事管理法制明定所屬人員「不具公務員身分」或「不適用公務員有關法令」。

❷　迄至 1995 年修法之時，該項保險制度之被保險人數僅有 1 千餘人。見柯木興，《社會保險》，1995 年 8 月修訂版，頁 362 以下。

政與政治」上的雙重意義。除一般社會保險因應社會風險的目的之外，還具有提高公務效能、強化政府整體等人事行政上的功能❷❻。至於公務人員老年安全上第二層保障的依據則是「公務人員退休法（1959 年 11 月）」。其保障對象必須是「依公務人員任用法及相關法律任用，並經銓敍審定之人員」❷❼，適用範圍自然較前述公教人員保險法狹窄。此一層保障乃首波年金改革之重點，修法結果則將退休法與撫卹法合併，通過「公務人員退休資遣撫卹法（2017 年 8 月）」。另外，同為公教人員保險適用對象的公立學校教職員也在年金改革之列，也新訂有「公立學校教職員退休資遣撫卹條例（2017 年 8 月）」可以提供類似的老年保障。相反的，私立學校的教職員則僅能適用「私立學校法」❷❽，以及 2009 年通過的「學校法人及其所屬私立學校教職員退休撫卹離職資遣條例」來建立第二層保障。按該條例第 20 條規定，私校教職員退休金主要仍採「一次給付」，至於依據該條第 3 項所規定「定期給付」之方式，亦係「由教職員以一次給付應領取總額，投保符合保險法規定之年金保險，作為定期發給之退休金」。究其制度較類似於勞工退休金新制的「確定提撥制」，最後仍將老年風險推由當事人自行解決。由於勞工保險於 2008 年修訂後，業已實施年金制度，故為避免私校教職員成為「年金孤兒」，仍持續推動改革，終於在 2014 年 1 月修正時將保險給付年金化❷❾。

---

❷❻　見柯木興，《社會保險》（前揭書），頁 358 以下。

❷❼　見「公務人員退休資遣撫卹法」第 3 條之規定。

❷❽　按「私立學校法」第 64 條第 4 項規定：「私立學校教師之退休、撫卹、離職及資遣給付，依教師法規定採儲金方式辦理時，前項經費之三分之一，應按學期提繳至原私校退撫基金，用以支付職工退休、撫卹、資遣給與，及非屬依教師法規定建立退撫基金支付之教師年資應付之退休、撫卹、資遣給與，如有不足之數，分別由學校主管機關予以支應，其餘三分之二經費，補助學校依教師法規定按月提繳之儲金制退休撫卹基金，如有不足之數，由各該學校自籌經費支應。」

❷❾　原先的修法構想乃將現行公教人員保險之給付「年金化」，但亦可能造成公務人員在現行月退俸之外又增加另一項按月現金給付，兩項加總的所得替代將可

二、軍人保險

㈠軍人保險的由來

按理，軍人也是公務人員的一種，在憲法實務上也經常將軍人保障制度與公務人員的保障體制相提並論。例如，釋字第 430 號解釋即認為「軍人為廣義之公務員，與國家間具有公法上之職務關係」。另外，釋字第 455 號解釋也保障軍人退伍之後，再轉任公職之時，不論該項公職任職時間的先後，都可以將「軍中服役年資與任公務員之年資合併計算為其退休年資」。縱使如此，我國仍然在公務人員保險制度之外，單獨以軍人作為對象辦理社會保險，而且軍人保險也是國民政府來臺之後，最早開辦的社會保險制度之一。

論起我國軍人保險制度的建立契機，其實與當年國民政府內戰失敗之後輾轉遷臺的時代背景不無關聯。對於此一緣由，林萬億教授即分析臺灣早年的社會立法目的主要是「在於記取大陸國共內戰的失敗教訓，以及為了穩固反攻力量」❸⓪。當時執政的政府為了安定國家社會局勢，必然要對於軍隊採取若干安撫措施，例如「戰士授田證」的發給以及「榮民就養照顧」等給付措施，基本上皆有相同的背景因素。而柯木興教授則認為軍人保險乃是「政府為安定軍心，鼓舞士氣，應用保險技術，採用強制方式，對於全體軍官兵遭遇死亡、殘廢、退伍等事故時，提供基本上經濟保障的一種社會保險制度」❸①。

然而，如果將軍人看作廣義之公務人員，且社會通念也經常將軍公教相提並論，則軍人保險之必要性亦如同前文所述，在全民健保開辦之後，變成可有可無了。值得一提的是，我國軍人作為社會保險團體，其成員屬性較之前述公務人員仍複雜許多。除了軍官、士官以及士兵之階級區分外，

能超過 100%。因此修法後乃加上「屋頂條款」，使各項定期現金給付之總和不得超過 80% 之所得替代率。

❸⓪　林萬億，《福利國家——歷史比較的分析》，1994 年 10 月，頁 183。

❸①　柯木興，《社會保險》(前揭書)，頁 364。

在實施徵兵制的情況下，其身分還有義務役與志願役之不同。其實，只有志願役軍人方屬職業團體之成員，也才是一般所稱軍公教之族群。依據「陸海空軍軍官士官服役條例」之規定，志願役軍人尚可依進用管道而分為「常備軍官、士官」以及「預備軍官、士官」兩類。前者係經過軍事院校招考、訓練而後服役，以軍官為例，於大學期間接受公費補助，並需相對服役 10 年；後者則是依國防人力或專長之需求，自國民中符合條件者考選、訓練而後服役，軍官一般為期 5 年，期滿後可依「志願留營制度」延長役期，或依規定轉服常備役。另外，實施募兵制之後，則依「志願士兵服役條例」甄選志願士兵。除非轉任軍官或士官，志願士兵最大服役年限則僅有 10 年。與公務人員以及公立學校教師相類，職業軍人亦擁有第二層老年安全保障，按照軍官士官服役條例第 23 條之規定，「服現役二十年以上，或服現役十五年以上年滿六十歲者，依服現役年資，按月給與退休俸終身」；至於服役未滿 20 年者，則按服役年資給予一次性之退伍金。志願士兵之退除給與則準用該條例。仔細審視，只有志願役軍人中的常備軍官、士官方得享有年金待遇。在年金改革的過程中，由於軍人職業屬性之特殊，改革幅度較小，仍於 2018 年 6 月通過前述條例之修法。

(二)軍人保險的對象

我國軍人保險於 1950 年開辦。該項保險制度的法規依據起初為「軍人保險辦法 （1950 年 5 月）」，而後曾經改訂為 「陸海空軍軍人保險條例 （1953 年 11 月）」，至於現行法規依據則為 「軍人保險條例 （1970 年 2 月）」。實施軍人保險的主管機關為國防部，保險業務原先如同公教人員保險一樣，也是委託中央信託局來辦理。惟後者因組織改造不復存在，故條例第 4 條修正為「本保險業務得委託其他機關或公營事業機構辦理」，現委由臺銀人壽保險股份有限公司辦理保險業務。按軍人保險的實施對象，顧名思義即為「現役軍人」，而依據該條例第 2 條規定則是指「現役軍官、士官、士兵」而言。另外，若是從「軍人保險條例施行細則」第 2 條的規定來看，該保險的被保險人範圍包含如下：

　　1.現役軍官、士官、士兵。

　　2.軍事情報及游擊部隊人員，經國防部所屬軍事情報機關核定階級，並存記有案者。另國防部所屬軍事情報機關約聘之軍事情報人員存記有案者，按其核定等級，比照前述人員之階級參加本保險。

　　3.接受動員、臨時、教育、勤務、點閱召集及其他徵、召集短期服役之人員。另外，國軍各軍事學校之軍費學生，或教育、訓練班隊之學生，定有給與者，或接受軍事訓練之補充兵役男，均參加本保險為被保險人。但國防部及所屬單位之文職、教職人員及聘僱人員，國軍各軍事學校之自費學生，則均不參加本保險。

　　如前所述，軍人保險的對象有其特殊性。除了官階上的差異之外，尚有志願役、義務役，乃至於動員教召之短期人員、軍校教育訓練之學員生等，適用期間差距甚大。不同對象之風險種類與保障需求，整合相當不易。因此在實務運用方面，軍人保險之作用較類似於「團體意外保險」。其中只有志願役軍人符合「受僱者」、「工作」等傳統社會保險之要素。故稍具規模的退伍給付，亦僅服役期間較長的志願役軍人得以享有。惟政府既然要推動募兵制，則軍人一辭未來更具有職業團體之性格，其老年安全保障必須要有較大幅度的改革。理想的年金制度是要能涵蓋所有身分的軍人，不論其在營期間之長短，保險年資皆應有相對應之年金權利，且得以與勞工保險、公教人員保險或是國民年金相連結。另外，雖然國民服義務役之役期已大幅縮短，但因係為公益而犧牲工作年資，故服役年資亦當反映於所有年金制度上，而非如釋字第455號解釋所述，僅限與公務人員年資之併計。

三、勞工保險

(一)勞工保險的由來

　　勞工保險不僅是社會保險的濫觴，同時也是各國社會保險制度的主軸。由於其為最典型的職業團體保險，而且實施強制保險的合法性又在於當事人的保障需要無法以其他方式解決，因此「從屬性勞動」(abhängige Beschäftigung) 乃是成為勞工保險被保險人的要件。而依據德國「社會法法

典」第 4 篇第 7 條第 1 項對於從屬性勞動的定義，指的是當事人從事非自主性的工作 (nichtselbständige Arbeit)。特別是當事人處於僱傭關係之中，其工作上必須聽從雇主的指示行事，同時還要被強迫安置在企業組織之中的各種職位之上 (§7 Abs. 1 SGB IV)❷。另外，勞動法學上的判斷依據主要是在於「指示拘束性」(Weisungsgebundenheit)、「人格從屬性」(persönliche Abhängigkeit) 以及「經濟從屬性」(wirtschaftliche Abhängigkeit) 等特性❸。此一僱傭關係也出現於「派遣勞動關係」之中，也就是說縱使當事人被安置在另一企業中，但其工作時間、地點與內容仍必須聽命於原雇主之情形，也成為勞工保險的對象❹。國內常見的勞動類型為外包清潔工作與社區保全人員。

與前述勞工相反的概念乃是「自主工作者」(Selbständige)。其中包含許多不同的職業類型，吾人可以將其包含成員大略區分為「雇主與自營業主」以及「自營作業者」兩大類。前者通常為事業主，另外還有從事自由業的醫師、公證人、律師、建築師等人。例如「全民健康保險法施行細則」第 10 條即稱雇主為「僱用員工之民營事業事業主或事業經營之負責人」，而稱自營業主為「未僱用有酬人員幫同工作之民營事業事業主或負責人」。以上自主工作之人，其對於工作形式與內容雖然擁有自由處分的職權，但是也必須自行承擔事業上的風險。依據德國社會保險的相關規定，因為欠缺「保障需求性」，所以這些人並不在社會保險的強制納保範圍之內，但是仍可享有自由加保的權利，而其所屬職業團體通常也會建立特別的保障機

---

❷ Eichenhofer, Sozialrecht, 4. Auflage, 2003, Rz. 271; Gitter/Schmitt, Sozialrecht, 5. Auflage, 2001, S. 48 ff.。

❸ 見黃越欽，《勞動法新論》，2001 年 3 月，頁 131 以下；Gitter/Schmitt, Sozialrecht（前揭書），S. 48。

❹ 派遣勞動關係 (Arbeitnehmerüberlassungsverhältnis) 係指「由『企業』與勞工訂立勞動契約，由勞工向『他企業』給付勞務，勞動契約存在於企業與勞工之間，但『勞務給付』之事實則發生於勞工與他企業之間的法律關係」，見黃越欽，《勞動法新論》（前揭書），頁 124；Bley/Kreikebohm, Sozialrecht, 7. überarbeitete Auflage, 1993, Rz. 337 ff.。

制 ❸ 。

　　另外一種自主工作的類型是「自營作業者」，其工作性質上雖非受僱於事業主，但本身仍然從事實際的勞動並藉此維持生計。這類人所面臨的社會風險以及保障上的需要性，其實與一般的受僱勞工並無不同。例如，我國「全民健康保險法施行細則」第 13 條即稱自營作業者為「獨立從事勞動或技藝工作獲致報酬，且未僱用有酬人員幫同工作者」。而德國對於這類經濟上的弱勢團體也有較為積極的保障措施。其中最大的群體為農人，再來則是手工業者，此外還有在家工作者、私校教師、保育員、助產士以及醫療照護人員等等，其依法仍有義務加入現有的社會保險制度，或是政府特別建立的保障制度 ❸ 。

㈡勞工保險的對象

　　我國勞工保險開辦於 1950 年，初期的法規依據為「臺灣省勞工保險辦法（1950 年 3 月）」，而現行法則為「勞工保險條例（1958 年 7 月）」。依據該條例第 5 條的規定，由「中央主管機關統籌全國勞工保險業務，設勞工保險局為保險人」。因此，較之前述公教人員保險以及軍人保險的業務皆「委託」中央信託局辦理之情形，勞工保險在組織上設有專責的保險人，以辦理承保、收受保費以及核發給付等業務。

　　勞工保險的規模為我國傳統社會保險中最大的，其實施對象原則上乃是「年滿 15 歲以上，65 歲以下之勞工」。根據現行「勞工保險條例」第 6 條的規定，其強制納保所包含的職業領域有：

---

❸　見彼得・克勞哲，〈老年安全〉（前揭文），頁 448 以下；在 Bley 的教科書中並就非自主性與自主性勞動之特性列表比較，見 Bley/Kreikebohm, Sozialrecht（前揭書）, Rz. 331 ff.。

❸　例如農人有其專屬之老年保障與疾病保險制度，並可參與勞工之意外保險制度，見 Breuer/Lehle, Sondersysteme der Sozialversicherung—Landwirte, Die agrarsoziale Sicherung, in: Sozialrechtshandbuch (SRH)（前揭書）, S. 1079 ff., Rz. 12 ff.；藝術家與記者則自 1983 年起亦有其專屬之社會保險制度，見 Finke, Sondersysteme der Sozialversicherung—Künstlersozialversicherung, in: Sozialrechtshandbuch (SRH)（前揭書）, S. 1109 ff.。

1.僱用勞工 5 人以上之公、民營工廠、礦場、鹽場、農場、牧場、林場、茶場之產業勞工及交通、公用事業之員工❸❼。

2.僱用 5 人以上公司、行號之員工。

3.僱用 5 人以上之新聞、文化、公益及合作事業之員工。

4.政府機關、學校無法參加公教人員保險之員工。

5.漁業生產之受僱者。

6.職業訓練機構之學員。

7.參加職業工會之自營作業者。

8.參加漁會之自營作業者。

值得注意的是,「職業工會」在勞工保險制度中所扮演的角色。與其說是產業工人維護自身權益所組成的自治團體,倒不如將其定位成因應勞工保險而生的特殊投保單位。現存為數眾多的職業工會,提供了無固定雇主之勞工與自營作業者加入勞工保險的途徑。由於我國勞工保險實施之初,並無現今全民健保之「眷屬」與「地區人口」等投保途徑。在全民健保尚未開辦之前,受僱者以外之國民僅能設法以「搭便車」的方式加入職業工會,輾轉獲得以醫療為主之社會保障。學者即指出,以自營作業者身分加入勞保的被保險人,於 1981 年至 1994 年間,由 32 萬人攀升至 265 萬人,比例達全數被保險人 31%❸❽。而依據主管機關的統計顯示,該類被保險人至 2016 年底尚有 214 萬人之多❸❾。

其實,勞工保險所設計之特殊保險管道本即具有「承接作用」(Auffangfunktion),解釋上不宜過嚴。類此作用亦見於全民健保之第 6 類被保險人,甚至是國民年金保險制度之所由。關於投保單位之投保狀況,勞

---

❸❼ 此一 5 人以上企業方具投保義務之模式,似乎是參考日本之立法例。惟勞工保險實施之初,甚至規定 10 人以上之公民營企業才需強制投保,而以當年之經濟規模,也只有接收自日本殖民勢力的公營(省營)事業方得適用。

❸❽ 羅紀瓊,〈健康保險財務制度〉,於:楊志良主編,《健康保險》,1996 年 1 月增訂版,頁 61。

❸❾ 相關統計見勞工保險局網頁:http://www.bli.gov.tw/sub.aspx?a=FAxu1Blhb2A%3d。

工保險條例第 10 條第 3 項即規定,「保險人為查核投保單位勞工人數、工作情況及薪資,必要時,得查對其員工或會員名冊、出勤工作紀錄及薪資帳冊」。另外,依該條例施行細則第 26 條規定,如有經職業工會不實投保之情形,「保險人於知悉後應通知原投保單位轉知被保險人限期轉保」。然而,由於職業工會之成員具有入會自由性與所得不確定性等特點,再加上主管機關或勞保局之人力有限,相關查核業務亦難以確切執行。

另外,我國不僅將參加職業工會或漁會的「自營作業者」強制納入勞工保險中,甚至在政府保費補助上也較一般的勞工優惠,學者對此乃批評為違反平等原則❹。按理,我國社會保險在發展初期為團體性保險,吾人如果將其制度粗略區分,則事實上僅有公務員(軍公教)保險與勞工保險兩大類。當時社會保險的強制納保對象皆以「在職」為要件,既無德國「家庭保險」(Famielienversicherung) 的概念❹,也欠缺類似今日全民健保的「全民保險」機制❹,因此有多數國民無法享有社會保險。而我國早期的社會保險本身即具有濃厚的「福利傾向」,政府不僅補助保費,甚至依法還要負責保險財務的虧損,所以此一鼓勵勞工藉由職業工會加保的途徑,含有儘量將勞保的對象加以擴大的企圖。另外,就其工作的性質來看,此類「自營作業者」所從事的勞動,與一般受僱的勞工並無明顯差別,而與「自營業主」及「自由業者」所著重的事業經營不同。再加上我國早先對於手工業者以及漁民等人口群,欠缺類似德國的特別保障機制,其保障需求性其實不亞於受僱的勞工。

---

❹ 不論在勞工保險或全民健保之中,「職業工人」接受政府的保費補助皆較「受僱勞工」為多。見郭明政,《社會安全制度與社會法》,1997 年 11 月,頁 156 以下。

❹ 以德國健保為例,只要家中負責主要收入的成員投保之後,其未就業之配偶以及未成年的子女皆可請求保險給付,且無須再負擔保費。其情形猶如信用卡之正卡與附卡一般,但其眷屬之收入以不超過一定額度為限。見 Gitter/Schmitt, Sozialrecht(前揭書),S. 53 ff.。

❹ 我國全民健保乃基於傳統團體保險之基礎,再加上「眷屬保險」與「地區人口加保」兩項機制,始達成全民化之目的。

　　除了符合前述資格的被保險人以外，如果當事人為未滿 15 歲的勞工，但是經由機關認定其工作性質及環境無礙身心健康者，也可適用強制保險的規定。另外，在職的外籍員工也包含在前述的勞工範圍內。又前述各行業以外的勞工、企業員工未滿 5 人者、實際從事勞動的雇主以及外僱船員等等，也得依據「勞工保險條例」第 8 條的規定「自願參加保險」❹。

　　必須注意的是，前述勞工保險的對象並不限於「專任」的員工或勞動者。對此，我國「勞工保險條例施行細則」曾經有「以專任員工為限」之規定，其目的乃在排除不具備勞工身分的人加保，以免侵蝕保險財務。但是，大法官釋字第 456 號解釋乃認為該規定「對於符合同條例所定被保險人資格之非專任員工或勞動者，則未能顧及其權益，與保護勞工之上開意旨有違」。此外，更以該規定「就同條例所未限制之被保險人資格，逾越法律授權訂定施行細則之必要範圍，限制其適用主體……」為由，宣告其違憲。相關規定亦隨而修正。

㈢第二層老年安全的保障對象

　　我國勞工的第二層老年安全制度原本係來自於「勞動基準法（1984 年 7 月）」第 53 條以下關於退休金的規定。其適用行業範圍則依據該法第 3 條如下：

　　1.農、林、漁、牧業。

　　2.礦業及土石採取業。

　　3.製造業。

　　4.營造業。

　　5.水電、煤氣業。

　　6.運輸、倉儲及通信業。

　　7.大眾傳播業。

　　8.其他經中央主管機關指定之事業。

　　又依據同條文第 3 項的規定，除非企業「因經營型態、管理制度及工作特性等因素」而有窒礙難行者，勞基法應適用於「一切勞僱關係」。是

---

❹　柯木興，《社會保險》（前揭書），頁 352 以下。

以，勞基法理當以「規定勞動條件最低標準，保障勞工權益」為目的，但是此一理想在「勞工老年安全」的部分並未能充分發揮其作用**❹**。對此，學者黃越欽教授即批評**❹**：

「將退休制度作為勞動條件，規定在勞基法中，而無視於退休制度長久以來歷史發展明白顯示出之社會安全性格，結果將應屬於『分配正義』範疇之問題，強置入『交換正義』之領域。」

為了解決原本勞基法退休金關於財務、給付上的諸多問題，政府乃另訂定「勞工退休金條例（2004年6月）」，是為勞退新制。但原已適用勞基法退休制度之勞工，仍得選擇留於舊制。中央主管機關勞動部應依法組成「勞工退休基金監理會」，並委由勞保局辦理退休金的收支、保管、滯納金之加徵、罰鍰處分及其強制執行等業務**❹**。又依據勞退條例第7條的規定，其適用對象為「適用勞動基準法之『本國籍勞工』、『與在中華民國境內設有戶籍之國民結婚，且獲准居留而在臺灣地區工作之外國人、大陸地區人民、香港或澳門居民』、『前款之外國人、大陸地區人民、香港或澳門居民，與其配偶離婚或其配偶死亡，而依法規定得在臺灣地區繼續居留工作者』、『前二款以外之外國人，經依入出國及移民法相關規定許可永久居留，且在臺灣地區工作者』」，但排除 「依私立學校法之規定提撥退休準備金者」。另外，實際從事勞動的雇主、經理人等亦得自願提繳。又為了監督勞退舊制中雇主提撥勞工退休準備金之責任，2015年2月亦修正勞基法第56條，增加第2項關於雇主「估算準備金餘額」、「補足差額」之監督機制**❹**。

---

❹ 見「勞動基準法」第1條關於「立法目的」之規定。至於我國勞基法退休制度乃沿襲自「臺灣省工廠工人退休規則」，有關建立退休基金之模式亦大抵由此而來。見黃越欽，《勞動法新論》（前揭書），頁279以下。

❹ 見黃越欽，《勞動法新論》（前揭書），頁212。

❹ 見「勞工退休金條例」第4、5條之規定。

❹ 勞基法第56條第2項之立法理由：「為避免事業單位歇業時，勞工因其未依法提撥或未足額提撥勞工退休準備金，影響勞工日後請領退休金之權益，爰增訂雇主應於年度終了時檢視其勞工退休準備金專戶提撥狀況，如有不足額之情形者，應於規定期限內補足，並送事業單位勞工退休準備金監督委員會審議。」

職此，勞工退休金應當在勞保老年給付之外，提供我國勞工老年安全之第二層保障。

四、就業保險

㈠失業保險的由來

　　在工業化的社會之中，大多數人民皆依賴工作所得來維持生計，所以一旦因為景氣變動、結構性與技術性的變化、季節因素以及勞動市場上之摩擦等所導致的「失業現象」，首先即造成當事人經濟上的不安全❹。至於政府因應失業問題的手段大致可分成「失業救助」與「失業保險」兩項，例如德國「社會法法典」第 3 篇「勞動促進」(Arbeitsförderung) 的規範內容就包含有「工作機會之改進」與「失業之防止」兩大任務。前者主要是以提供當事人工作介紹、職業訓練與就業促進等方式來達成，後者則是透過失業保險的建立，以及其所提供的各項現金給付來防止永久性的失業❹。其中的失業保險制度就是勞工將平時所得一部分作為預防之用，而且結合面臨相同風險的其他多數人，以保險給付來替代因失業所生的收入損失，用以維持本人與家庭在被保險人覓職期間內的生計費用。

　　就我國綜合性勞工保險的內容來看，其保險給付雖然從 1968 年起即列有「失業給付」一項，但由於其他勞動市場相關法制尚未完備，以至於遲遲無法落實。以失業保險的重要性而言，黃越欽教授即強調❺：

　　「就失業勞工而言，接受這種給付是項權利，以配合無法延緩的花費，並維護其尊嚴，促使勞工在失業間有<u>緩衝時間</u>，來尋找符合其工作技術與經驗的職業，而避免去做低於他的技術與能力的工作。」

　　一直到「職業訓練法（1983 年 12 月）」與「就業服務法（1992 年 5

---

❹　學者將失業型態區分為：「循環性失業」、「技術性失業」、「結構性失業」、「摩擦性失業」與「季節性失業」等。見柯木興，《社會保險》（前揭書），頁 285 以下。

❹　Rüfner, Einführung in das Sozialrecht（前揭書）, S. 251 ff.。

❺　見黃越欽，《勞動法新論》（前揭書），頁 619。

月）」訂定之後，政府始於 1999 年 1 月開辦勞工保險中的「失業保險給付
業務」。當時的實施依據為 「勞工保險失業給付實施辦法 （1998 年 12
月）」，而該辦法之頒訂乃依據勞保條例第 74 條的授權，惟因其後就業保險
法之施行，故於 2003 年 2 月廢止。其給付對象為勞工保險條例中「第六條
第一項第一至五款與第八條第一項第一款及第二款規定之本國籍被保險
人」❺❶，因此接受職業訓練之人以及自營作業者皆被排除在外，而且外籍
員工亦不適用該辦法。

㈡就業保險的對象

自從政府於 2002 年 5 月公布「就業保險法」之後，前述勞工保險有關
失業給付的部分，自就業保險法施行之日起即不再適用，相關給付實施辦
法亦遭廢止。此一就業保險可稱得上是繼全民健保之後，我國社會保險中
第二個依據個別風險而「單一化」的保險項目。由於業務上與勞動安全息
息相關，而且為了與原制度銜接上的方便❺❷，該保險的主管機關仍然為勞
動部，並且委由勞保局來辦理保險業務❺❸。就業保險的適用對象理論上應
與前述勞工保險的核心範圍相同，也就是受企業聘僱的「非自主性勞工」。
是以，自營作業者即無自願加保的可能，而實際從事勞動的雇主也不得適
用。

又自從全民健保開辦之後，國人對於社會保險的觀念也進步許多，所
以「就業保險法」乃揚棄勞保條例逐一條列適用行業範圍的方式，故立法
之初於該法第 5 條即逕以「年滿十五歲以上，六十歲以下，受僱之本國籍
勞工」為原則投保對象。繼而於 2009 年 4 月修法時，除為因應勞保退休年
齡延後，而提高加保年齡至 65 歲外，並擴大就業保險之保險對象，將本國

---

❺❶　見「勞工保險失業給付實施辦法」第 2 條之規定。

❺❷　依「就業保險法」第 6 條第 2 項之規定，「本法施行前，已參加勞工保險之勞
　　工，自本法施行之日起，取得被保險人身分；其依勞工保險條例及勞工保險失
　　業給付實施辦法之規定，繳納失業給付保險費之有效年資，應合併計算本保險
　　之保險年資」。

❺❸　見「就業保險法」第 2 條、第 4 條之規定。

人之外籍、大陸及港澳地區配偶依法在臺工作者納入。另外，同條也以列舉方式排除以下人員的適用：

    1.依法應參加公教人員保險或軍人保險者❺❹。

    2.已領取勞保老年給付或公保養老給付者。

    3.受僱於依法免辦登記且無核定課稅或依法免登記且無統一發票購票證之雇主或機構者。

至於本法施行前已經參加勞工保險者，也依第 6 條的規定，當然取得被保險人的身分，其先前繳納失業給付保險費的有效年資也得以合併計算。

五、農民健康保險

㈠農民健康保險的由來

農民健康保險為我國社會保險發展史上相當獨特的制度。其雖名為「健康保險」，但實際上則包含生育、醫療、身心障礙與喪葬等給付項目，性質上仍不脫我國傳統「綜合性」社會保險的特性。因此在全民健保開辦之後，農民健保除了將醫療給付移至新制以外，仍然保留此一保險制度。另外，農民健保的建立雖較傳統社會保險為時甚晚，卻又早於新一波「全民化保險」的趨勢。因此，雖然在發展上受政治因素頗多影響，但在功能上也填補了傳統公保、勞保制度以外的保障缺口，而且還為我國的全民保險預作準備。是以，實務上就曾發生當事人自農會出會之後，喪失農民健保保險資格的爭議，而且憲法實務上還有大法官釋字第 398 號解釋的作成❺❺。此一情形在全民健保實施之後，應僅剩下不同類別被保險人的適用問題。

從社會保險的發展歷史來看，其主要在解決工業化之後勞工的社會風險問題。因此，農民團體長久以來一直未曾有自發性的，或者是由政府立

---

❺❹ 吾人於此仍不免質疑，依法應參加公教人員保險之私校教職員難道無需就業保障嗎？尤其近年因招生困難而須面臨裁併或轉型之私校所在多有，非自願離職之情形時有耳聞。而志願役軍人亦時有因過犯遭檢討「不適服現役」，以致「非自願性」退伍之情形，其所面臨之失業風險實與勞工無異。

❺❺ 相關討論，見本書第二章、貳「社會法與憲法基本權利的衝突」。

法的社會安全措施。以德國為例，一直要到 1957 年才踏出農業社會安全體系的第一步。該國首先建立了「老農扶助制度」(Altershilfe für Landwirte)，嗣後於 1972 年開辦專屬農民的健康保險，1995 年並有照護保險加入。然而，由於相關老年給付日漸增加，保費負擔沉重，尤其是要配合歐盟的整體農業政策，乃有 1994 年至 1995 年的「兩階段改革」**❺⑥**。縱使如此，該國的老農安全制度仍維持以下的基調**❺⑦**：

　　1.年金的部分保障性格，留予附加保障發展的空間。

　　2.所有被保險人皆負擔單一保費。

　　3.相同保險年資即享有相同年金額度，而與農民個別所得無關。

　　此外，德國亦將「補充性原則」(Subsidiaritätsprinzip) 引入農民健康保險制度內。農民之中若負有其他制度之法定保險義務者，即被排除於農民健保之外，最後只剩下以務農作為職業重心的被保險人。

㈡農民健康保險的對象

　　我國農民健康保險首先依據「台灣省農民健康保險暫行試辦要點」，以 1985 年 10 月至 1989 年 6 月作為 「試辦期間」 **❺⑧**，而後根據此項試辦成效，以農民健康保險涉及農民權利和義務為由，應以法律為實施依據，故

---

❺⑥ 兩階段改革之目標在於⑴整體農業社會安全體系的合理化，注意個別被保險人之給付能力⑵健全農業老年安全制度之財務⑶加入女性農民個別之老年安全保障⑷建立農業老年保險⑸重新界定健保被保險人範圍 。 見 Breuer/Lehle, Sondersysteme der Sozialversicherung－Landwirte, Die agrarsoziale Sicherung（前揭文）, Rz. 4 ff.。

❺⑦ 見 Breuer/Lehle, Sondersysteme der Sozialversicherung－Landwirte, Die agrarsoziale Sicherung（前揭文）, Rz. 11。

❺⑧ 農民健康保險初分兩期試辦，第 1 期試辦 （1985 年 10 月 25 日至 1987 年 10 月 24 日）保險費率為被保險人月投保金額 5%～7%，鑑於農民健康保險係屬試辦性質，衡酌農民的負擔能力，保險費率乃從低訂定為 5.8%，農民負擔極低。第 2 期試辦（1987 年 10 月 25 日至 1989 年 6 月 30 日）保險費率調整為 6.5% 至 8.5%， 實施之保險費率訂為 6.8%。 實施過程參見勞保局網頁： http://www.bli.gov.tw/sub.aspx?a=RxE1RBebaZo%3d。

而制定有「農民健康保險條例（1989 年 7 月）」，以行政院農業委員會為主管機關。值得注意的是，該條例制訂之時已經意識到社會保險行政組織的問題，所以有設立「中央社會保險局」為專責機關的建議，在這之前保險業務則暫時委託勞保局辦理❺❾。而依據該條例第 5 條之規定，農民健康保險的實施對象為：

1.農會法第 12 條所訂農會會員，且從事農業工作。

2.非會員但年滿 15 歲以上從事農業工作之農民，並由主管機關訂定資格審查辦法。

由於農民健康保險之被保險人享有政府大量補助，且農保資格又得成為請領老農津貼之依據，故加保條件日趨嚴格。2013 年 1 月修法時，於前述被保險人資格上又加上「未領取相關社會保險老年給付者」之要件，以避免過度照顧之情形❻⓿。又有關農會會員資格的取得，主要依據「農會法」第 12 條的規定，「凡中華民國國民，年滿二十歲，設籍農會組織區域內，實際從事農業」，並經審查合格者，得加入該組織區域之基層農會為會員。至於非農會會員之人，則應依據「從事農業工作農民申請參加農民健康保險認定標準及資格審查辦法」，申請參加保險。依據該辦法第 2 條的規定，其符合被保險人資格的條件為：

1.年滿 15 歲之人。

2.其每年實際從事農業工作合計達 90 日以上。

3.無農業以外的專任職業。

4.自有或承租農地依法從事農業工作，合於法定情形者。

5.養蜂農民，合於法定情形者。

---

❺❾　依據「農民健康保險條例」第 4 條第 1 項規定，「本保險由中央主管機關設立之中央社會保險局為保險人。在中央社會保險局未設立前，業務暫委託勞工保險局辦理，並為保險人」。

❻⓿　2013 年 1 月修法理由：「為避免已領取公教人員保險養老給付、勞工保險老年給付、軍人保險退伍給付及國民年金保險（以下簡稱國保）老年年金給付等相關社會保險老年給付者，再參加本保險，形成重複享有社會保險資源之不公平現象……。」

6.實際耕作者，合於法定情形者。

7.全年實際出售自營農、林、漁、畜產品銷售金額平均每人達月投保金額三倍以上或投入農業生產資材平均每人達月投保金額 1/2 以上金額者。

8.未領有其他社會保險養老給付或老年給付者。

按我國農民健康保險實施之初，加保條件較為寬鬆，其後由於全民健保與國民年金之陸續開辦，農保被保險人資格逐漸趨嚴，前述辦法亦刪除配偶、會員雇農以及非會員雇農等加保資格。究其原因乃農民健康保險享有較多政府補助，保障對象自應限於具有保障需求性之人，故須排除具有他項保險資格之國民，此乃前述「補充性原則」之落實。又為了顧及先前已加保農民之權益，亦同時增訂諸多配套措施。例如，「在修正前已以雇農資格加保之被保險人，仍得繼續加保」、「以非會員資格加保中且已年滿 65 歲、加保滿 8 年者，其續保可不受同戶、面積限制及使用地類別之放寬規定」、「農暇之餘從事非農業勞務工作期間之勞保老年給付者，得繼續加農保」等❻。又此一修正亦與我國近年農業發展政策的轉變有關，其自 2000 年起由早先「土地法」的「農地農有農用」，其後依「農業發展條例」調整為「放寬農地農有、落實農地農用」，如今不具自耕農身分之一般人亦得承接農地。惟農保原先設定的保障對象即為農會成員之自耕農，自須因應此一轉變，重行界定被保險人資格。

六、全民健康保險

㈠全民健康保險的由來

全民健保乃我國社會保險制度邁向「全民化」的第一步。在全民健保開辦之前，國民中仍有將近 45% 的人 （900 多萬人） 缺乏醫療保險的機制，其中多屬 19 歲以下的兒童、青少年以及 65 歲以上的老人。由於傳統公保、勞保與農保等職業團體保險在建立之初，皆以「在職」作為被保險

---

❻　有關我國農民健康保險之肇始與近年之發展，參見勞保局「農民保險業務」，網頁：http://www.bli.gov.tw/sub.aspx?a=RxE1RBebaZo%3d。

人的加保要件，而且我國也欠缺類似德國健保「家庭保險」的觀念，所以
兒童與老人這兩類最需要健康照顧的人口群，反而不在社會保險的保障範
圍內。

　　為了因應此一社會安全上的闕漏，我國社會保險自 1982 年起就陸續為
被保險人的「眷屬」建立特別保障制度❷。此類眷屬保險主要係針對醫療
保險而設，例如「公務人員眷屬疾病保險（1982 年 7 月）」、「退休公務人
員配偶疾病保險 （1985 年 7 月）」、「私立學校退休教職員配偶疾病保險
（1985 年 7 月）」與「私立學校教職員眷屬疾病保險（1990 年 1 月）」等。
另外也針對退休人員建立了類似的醫療保險機制，例如「退休公務人員疾
病保險（1985 年 7 月）」、「私立學校退休教職員疾病保險（1985 年 7 月）」
等。如此特殊保險團體的成員往往僅有數千人，在私校退休教職員及其配
偶的疾病保險中甚至只有數百人參加，實在不符保險基本精神。

　　有鑑於前述傳統社會保險的問題，全民健保乃跳脫以往職業保險的理
念，直接以全體國民為保障對象，並將原有綜合保險中關於「醫療給付」
的部分全部歸併整合❸。為推行全民健保，開辦之初即新設「中央健康保
險局」作為保險人，與勞工保險局並列我國社會保險兩大保險組織。按健
保局原先之組織性質為金融保險機構，其後改為行政機關，並於 2013 年 7
月衛生福利部成立之後，改稱為「衛生福利部中央健康保險署」。由於全民
健保乃是強制保險，而原有公保、勞保的制度仍然保留，被保險人與其雇
主遂有 「增加新保費義務」 的爭議。對此，大法官會議也曾作成釋字第
472 號、第 473 號解釋，肯認政府實施全民健保的合憲性❹。

㈡全民健康保險的對象

　　根據 2011 年 1 月修訂之「全民健康保險法」第 8 條的規定，原則上只

---

❷　見吳凱勳，《我國社會保險制度現況分析及整合問題》（前揭書），頁 37 以下；
　　黃文鴻等，《全民健保──制度、法規、衝擊》，1995 年 3 月修訂再版，頁 46。

❸　陳綾珊，《社會保險》，2003 年，頁 288 以下；黃文鴻等，《全民健保──制
　　度、法規、衝擊》（前揭書），頁 23 以下。

❹　相關討論，見本書第二章、貳「社會法與憲法基本權利之衝突」。

要具有「中華民國國籍者」且符合下列資格之一者，皆必須強制投保：

1.最近 2 年內曾有參加全民健保紀錄且在臺灣地區設有戶籍，或參加本保險前 6 個月繼續在臺灣地區設有戶籍。

2.參加全民健保時已在臺灣地區設有戶籍之公教人員、受僱者、新生兒或政府駐外人員眷屬。

另外，依據全民健保法第 9 條規定，前述國民以外之人，通常為外國國民，如在臺灣地區領有居留證明文件並為有一定雇主之受僱者，或在臺居留滿 6 個月者也應參加保險。2017 年 11 月更增訂第 3 款「在臺灣地區出生之新生嬰兒」，使外籍新生兒能即刻享有醫療保障❻❺。全民健保法第 2 條首先將保險對象區分作「被保險人」與「眷屬」二類，第 10 條且將前述各類傳統社會保險制度的被保險人全數納入，並按其屬性分別歸類。在第 11 條中又規定各類被保險人的投保順位，主要在使保險費的負擔能公平，以及投保單位就其應負擔的費用得以清楚繳納。

1.被保險人的類別與投保方式

依據全民健保法第 10 條的規定，被保險人可區分為下列六大類❻❻：

⑴第一類被保險人

全民健保第一類被保險人之中，包含有政府機關、公私立學校的專任有給人員或公職人員。此處所謂的「專任有給人員」係指政府機關、公私立學校中具有公教人員保險或軍人保險被保險人資格者。而「公職人員」則為「公職人員選舉罷免法」所列的公職人員，例如無職業的「鄰長」也得以準用公職人員加保的規定❻❼。另外，公、民營事業的受僱者、前述被

---

❻❺　該款立法理由如下：「為使在臺灣地區出生並領有居留證明文件之外籍新生嬰兒，與在臺灣地區出生之我國籍新生嬰兒之納保時點一致，均能自出生之日起參加全民健康保險……。」

❻❻　如此分類原因在各類被保險人之保費計算方式不同，投保單位亦因此負擔不同比例之保費，遷就原有保險制度之情形甚為明顯。見黃文鴻等，《全民健保——制度、法規、衝擊》（前揭書），頁 137 以下。

❻❼　見「全民健康保險法施行細則」第 9 條之規定。另外，受訓期間之公務人員亦屬此類，例如依衛署健保字第 84042690 號函之意旨，法務部司法官訓練所司

保險人以外有一定雇主的受僱者、雇主或自營業主也屬於此類。

　　又依據「全民健康保險法施行細則」第 10 條之規定，此款規定中所指的「雇主」乃是僱用員工之民營事業的事業主，或是事業經營的負責人。至於「自營業主」則是沒有僱用有酬人員幫同工作的事業主或是其負責人。最後，自行執業的專門職業人員以及技術人員也是屬於這類健保被保險人的範圍❻❽。前述各類被保險人應以其服務機關、學校、事業、機構或雇主為投保單位，參加全民健保。

　　此一類別之被保險人範圍，已然涵蓋公教人員保險、軍人保險以及勞工保險等團體保險之所有受僱者，超過全體被保險人之半數。

　　(2)第二類被保險人

　　此類被保險人主要為無一定雇主或自營作業者而參加職業工會之人，另外參加海員總工會或船長公會者也是屬於此類。這裡所謂的「無一定雇主者」，依照本法施行細則第 12 條的規定，「指經常於三個月內受僱於非屬同條項第一款第一目至第三目規定之二個以上不同雇主」之人，這些人的工作機會、工作時間、工作量、工作場所或工作報酬都不甚固定。另外，依據前述施行法細則第 13 條規定，此處的「自營作業者」乃是指獨立從事勞動或技藝工作獲致報酬，而且未僱用有酬人員幫同工作之人。此類被保險人應以其所屬團體為投保單位，也延續原先勞工保險中「職業工會」之功能。

　　(3)第三類被保險人

　　這類保險對象中包含了農會會員以及水利會的會員，或是年滿 15 歲而實際從事農業工作之人。其他屬於此類的被保險人則為漁會會員，或年滿 15 歲實際從事漁業工作者。關於「實際從事農漁業工作者」的認定，則有

　　　　法官班受訓學員，即比照全民健康保險第 1 類第 1 目被保險人身分參加全民健康保險，由該訓練所為投保單位並負擔 60% 保險費。

❻❽　此乃依「專門職業及技術人員考試法」或其他法規取得執業資格之人員。例如衛署健保字第 85036800 號函即稱「土地登記專業代理人」均應以第 1 款第 5 目被保險人之身分參加全民健康保險。

「實際從事農業工作者申請參加全民健康保險認定標準及資格審查辦法」與「實際從事漁業工作者申請參加全民健康保險認定標準及資格審查辦法」作為判斷基礎。另外，有關同一類具有雙重資格之被保險人的保險途徑，應以其主要工作之身分參加本保險。而依據本法施行細則第17條第2項的規定，農、漁會會員如果兼具水利會會員的身分者，即應以農、漁會會員的身分參加保險。此類被保險人應以其所屬或戶籍所在地的基層農、漁、水利會為投保單位。

(4)第四類被保險人

此類被保險人包含了受徵集及召集服義務役而在營期間逾2個月之人、軍事院校的軍費生、無依軍眷、軍人遺族以及服替代役期間的役齡男子等。除了服替代役者由內政部指定投保單位外，其餘前述的被保險人皆以國防部指定的單位為投保單位。另外，為將原先排除在外的諸多受刑人也納入健保範圍，亦修法將「在矯正機關接受刑之執行或接受保安處分、管訓處分之執行者」列為本類被保險人，並以法務部及國防部指定之單位為投保單位。但若受刑人應執行之期間在2個月以下，或接受保護管束處分之執行者，則仍被排除在外。對此，主管機關並訂頒「全民健康保險保險對象收容於矯正機關者就醫管理辦法」。

(5)第五類被保險人

此類健保被保險人為申請社會救助的低收入戶成員。而且依據本法施行細則第15條的規定，前述成員包含有低收入戶之戶長、與其同一戶籍或共同生活之直系血親及互負扶養義務之親屬。但是戶長的直系血親卑親屬僅以未婚者為限。此類被保險人應以其戶籍所在地的鄉（鎮、市、區）公所為投保單位。

(6)第六類被保險人

此類被保險人首先為榮民以及榮民遺眷的家戶代表。依據本法施行細則第16條的規定，此處所稱「榮民」係指領有退輔會所核發的「中華民國榮譽國民證」或「義士證」之人員。至於榮民遺眷的家戶代表及其眷屬則包含有：已故榮民無職業之配偶、其無職業之直系血親尊親屬以及其二親

等內之直系血親卑親屬等人。但是後者必須以未滿 20 歲而且無職業，或是年滿 20 歲而無謀生能力或仍在學就讀且無職業之人為限❻❾。

　　另外，第六類被保險人的第二種情形則是將前述被保險人以外的家戶戶長或代表皆納入，實務上稱其為「地區人口」，從而使該規範具有一種「承接功能」(Auffangfunktion)。該類被保險人通常係「無職業且無法以眷屬資格隨同被保險人投保者」，或是「退休後無職業者」，其皆得以此管道加入全民健保❼❶。此類被保險人也是以其戶籍所在地之鄉（鎮、市、區）公所作為投保單位。另為顧及出家之僧侶、修士等人之特殊性，本法施行細則第 23 條復規定，被保險人「依戶籍法規定設籍於政府登記立案之宗教機構者，得以該宗教機構或所屬當地宗教團體為投保單位」。

　　有關各類被保險人的「投保順序」乃是依據全民健保法第 11 條的規定：

　　　　「第一類被保險人不得為第二類及第三類被保險人；第二類被保險人不得為第三類被保險人；第一類至第三類被保險人不得為第四類及第六類被保險人。」

　　　　「具有被保險人資格者，並不得以眷屬身分投保。」

　　例如，原先以無一定雇主或自營作業者的身分加入職業工會的土地登記專業代理人，可以經由職業工會加入勞保，相當於前述健保的第二類被保險人。但是其中領有證照之人，因為已經屬於專門職業技術人員，依法即應以第一類被保險人的身分加入全民健康保險❼❶。再依據本法施行細則第 17 條的規定，被保險人在前述同一類被保險人分類中具有兩種以上資格時，也應當以「主要工作身分」參加保險❼❷。

---

❻❾　見衛署健保字第 84033664 號函。

❼❶　例如衛生署健保字第 89002518 號函亦稱，凡依法安置於適當之福利機構或教養機構者，以及持有保護令或出示警察單位、社工單位介入處理和其他經健保局認定證明文件之家庭暴力受害者，得以此類參加健保。

❼❶　見衛署健保字第 84032148 號函。

❼❷　按衛署健保字第 85014944 號函就「主要工作」即以被保險人日常實際從事有酬工作時間之長短為認定標準，如工作時間長短相若時，收入多寡得併予審

2.眷屬的投保方式

　　前述全民健保各類被保險人的眷屬，依據該法第 12 條的規定，「應隨同被保險人辦理投保及退保」。但為因應「家庭暴力防治法」之理念，體諒家暴受害人之難處，故有遭受家庭暴力等難以隨同被保險人辦理投保及退保之情形，經主管機關認定者，即無須依此原則投保。另外，同法第 2 條第 2 款還就眷屬的適用範圍作以下的定義：

　　⑴被保險人之配偶而無職業者。

　　⑵被保險人之直系血親尊親屬而無職業者。

　　⑶被保險人二親等內直系血親卑親屬，其未滿 20 歲且無職業，或年滿 20 歲無謀生能力，或仍在學且無職業者[73]。

　　另外，按照全民健保法施行細則第 6 條的規定，前述條文中所稱的「無謀生能力」應符合下列情形之一：

　　⑴受監護宣告者。

　　⑵領有身心障礙手冊或證明且不能自謀生活者。

　　⑶符合本法規定之重大傷病且不能自謀生活者。

　　是以，全民健保制度中關於「眷屬身分」的認定上，並不是僅以當事人與被保險人有血緣關係為準。除此之外，該名隨同投保的眷屬仍必須為「沒有職業、沒有正式固定的工作或工作所得少於基本工資」之人[74]。有關眷屬投保的順序則規定於施行細則第 18 條，當事人同時身為兩位以上被保險人的眷屬時，僅得擇一隨同投保。而且，如果以直系血親身分投保者，除了有特殊情形得隨扶養義務人投保以外，即應隨同親等最近的被保險人投保[75]。事實上，以上有關眷屬保險的規定並不適用於第四類與第五類的

　　酌。

[73]　其中亦包含畢業 1 年以內之應屆畢業生，服義務役或替代役退伍（役）1 年以內者。見陳綾珊，《社會保險》（前揭書），頁 296。

[74]　李易駿、許雅惠，《全民健保法解讀》，1995 年 4 月二版，頁 82。

[75]　按全民健保施行細則第 18 條第 2 項規定之特殊情形如下：「一、父母離婚、分居、行蹤不明或未盡扶養義務，由祖父母扶養。二、子女行蹤不明或未盡扶養義務，由孫子女扶養。三、非婚生子女由祖父母扶養。四、持有保護令或出示

被保險人。因為，第四類被保險人主要為服義務役、替代役或軍校學生，這些人事實上並無法成為家中主要的經濟來源，性質上即不應再有依附其加保的眷屬。至於第五類被保險人乃是領取社會救助的低收入戶，依據前述全民健保法施行細則第 15 條的規定，其成員實際上已經包含戶長以及同一戶籍或共同生活之親屬，因此亦無須適用眷屬保險。

3.強制投保的例外

由於我國全民健保採取強制保險的方式，因此國民中除了有「全民健康保險法」第 13 條所列的除外情形之外，均須一律參加保險。有關法定保險義務的除外情形如下：

(1)失蹤滿 6 個月者。

(2)喪失第 8 條或第 9 條所列積極納保資格者。

按 2011 年 1 月修正前之規定，監所受刑人，由於就醫機會受到限制，無法享有與一般國民相當的醫療資源，所以遭排除於強制投保的範圍之外。惟此類人員雖然接受刑罰制裁，其基本權利仍不應遭到剝奪。關於健康照護與醫療上的需求，甚至遇有「保外就醫」的必要時，在欠缺社會保險的情況之下，相關自付費用將使當事人無法負擔。解決之道或許可仿照現今對於「低收入戶」或「原住民」等團體的補助措施，並自監所受刑人勞作金部分提撥，將為數不少的受刑人納入全民健保之列。至於給付部分則可透過特約醫師、醫療院所，在配合相關戒護措施與不虞脫逃的情況下，給予適當的醫療照顧❼⑥。

有鑑於此，本次修法即將受刑人列為前述第四類被保險人。

警政、社政機關介入處理及其他經保險人認定證明文件之家庭暴力被害人。五、其他經主管機關認定之情形。」又衛生署保字第 89002578 號函亦曾就此「特殊情形」羅列 8 種案例，其中大多係父母因故不願為子女加保，或無法扶養子女而由祖父母或外祖父母扶養之情形。

❼⑥ 依據「監獄行刑法」第 51 條第 2 項規定，「監獄應聘請醫護人員協同改進監內醫療衛生事宜，衛生主管機關並應定期督導」。另外第 57 條則規定，「罹疾病之受刑人請求自費延醫診治時，監獄長官應予許可」。

七、國民年金保險

㈠國民年金保險的由來

　　我國自 1993 年邁入高齡化社會之後，老人福利即成為社會政策的主要議題之一，而且隨著老年人口不斷地增加，相關法制的推展也不曾停歇。尤其在全民健保實施之後，老年國民的醫療需求已有了相當程度的對應，近年來常被提及的即為「長期照護」以及「老人年金」兩項。前者著眼於長期照護機構的設置、照護人力的培養以及照護服務的輸送，希望能透過法令規範與執行，達成「質」方面的提升❼❼。至於後者則藉由生活津貼與社會保險的現金給付，目的在「量」的上面可以提供相當的經濟保障。對此，現行老人福利法第 11 條的規定有清楚的脈絡可循：「老人經濟安全保障，採生活津貼、特別照顧津貼、年金保險制度方式，逐步規劃實施。前項年金保險之實施，依相關社會保險法律規定辦理。」在我國各種老年經濟安全制度中，以「年金」作為給付型態的歷史並不久，其約略始於 1990 年代由民進黨在選戰中推出的「老人津貼」政見。實施方式是由地方政府編列預算，按月發給 65 歲以上居民 3000 元的津貼。後來由中央接手的「中低收入老人生活津貼」、「老農福利津貼」以及「敬老福利生活津貼」等措施，也是遵循此一模式，而且有些給付額度還相對增加❼❽。這類年金給付制度固然符合老年安全的長期需求，但也必然加重政府的財政負擔，甚至產生主管機關在老人福利預算上的排擠效應，也因此間接促成國民年金保險的開辦。而原先的「敬老福利生活津貼暫行條例」第 14 條也明定，其施行之期間僅至「國民年金」開辦前一日為止。其性質上既定位為「過渡措施」，故名稱上也稱之為「暫行條例」。

　　國民年金保險的依據為 2007 年 7 月通過的「國民年金法」，其雖然也

---

❼❼　周月清，〈我國長期照顧服務輸送困境與建言〉，《長期照護雜誌》第 10 卷第 2 期，2006 年 7 月，頁 111 以下；拙著，〈德國長期照護法制之經驗〉，《長期照護雜誌》第 10 卷第 2 期，2006 年 7 月，頁 119 以下。

❼❽　見拙著，〈從敬老福利生活津貼看「社會促進」制度〉（前揭書），頁 195 以下。

可歸類為單一性的保險措施，但卻未仿造全民健保的實施模式，將勞保、公保與軍保的老年保險加以整合，而是僅針對「至今未享有老年保險的國民」設計一個全新的保險制度。究其原因，主要也是跟老年保險的長期性有關，因為傳統的社會保險已實施經年，其保費繳交以及給付額度也互有差異，整合過程絕非短時間內可以完成⓲。因此，在經建會規劃國民年金之初，對於原有社會保險即有「業務分立；內涵整合」的基調。另外，國民年金之中央主管機關為社政主管機關，在中央政府組織改造後，即由衛生福利部當之。但依該法第 4 條之規定，保險業務委託「勞工保險局」辦理，其保險人亦為勞保局。

㈡國民年金保險的對象

我國現行國民年金保險僅以迄今未受社會保障者為實施對象，那就是指公教、軍人、農民以及勞工保險以外的國民人口。而且，只要是一定年紀以上之國民，不論其是否有工作或固定的收入，都應強制加入保險，故保險對象有別於傳統的「職業團體保險」。國民年金也因此彌補了原先老年安全制度上的缺口，其性質雖非全民保險，但卻間接達成了全民老年保障的目的。值得注意的是，勞工族群雖然享有勞保的老年給付，但在 2008 年「年金化」之前卻是屬於一次性的現金給付，無法因應持續性的老年風險需求。所以，國民年金保險規劃之初，對於是否要將勞保的保險對象納入，即是一大問題。縱使將勞保整合之後也可以規定勞工有選擇新、舊制度的權利，但仍將面臨二者年資如何計算的問題。因此，國民年金的開辦對於影響廣大勞工的勞保年金改革，實有推波助瀾的作用。另外，國民年金還應當扮演不同制度之間「墊腳石」的角色，因為其不以「在職」作為納保條件，故可在勞工因為失業、轉職而出現的空窗期中，填補其保險年資。

按理，農民本無退休制度，其縱使將繁重的農務交棒之後，還是可以在該領域內安身立命。再者，一般自耕農的所得模式也不同於勞工的工資，許多老農名下仍擁有田產，只是欠缺現金收入而已。我國於 1989 年通過的

⓲ 例如德國至 1992 年年金改革始完成整合，見郭明政，〈德國一九九二年年金改革法之研究〉，《政大法學評論》第 47 期，1993 年 6 月，頁 63 以下。

「農民健康保險條例」，主要也在提供農民醫療保險，只是在全民健保開辦之後，農保給付項目反而僅剩下生育、身心障礙及喪葬等項目，有些名實不符。因此，國民年金法於 2007 年通過時，依該法第 6 條與第 7 條之規定，15 歲至 65 歲之農民已參加農民健康保險者，均改參加國民年金保險，其目的即在彌補農保欠缺老年給付的功能。然而，由於當時老農福利津貼每月已有 6000 元，且農保接受政府保費補助甚多，遂在農民反彈之下於 2008 年 7 月修法將其排除於保險對象之外[80]。

有關國民年金保險的適用對象，以國民年金法第 7 條對照第 6 條之名詞解釋規定來看，未滿 65 歲、在國內設有戶籍之國民，在未參加公教人員保險、勞工保險、軍人保險及農民保險的期間內，即應參加國民年金保險。然而，因為涉及與其他社會保險之關係，其被保險人範圍可自下列三方面討論：

1.一般國民

國民年金保險的適用對象，原則上為年滿 25 歲之國民，且未曾領取「相關社會保險老年給付」者，亦即公教人員保險之養老給付、勞工保險之老年給付或軍人保險之退伍給付者。按理，前述軍、公、教族群向來享有較完善的老年安全制度，尤其有公務人員月退休制度的保障，故先行排除於保險對象之外。然而，現行公教人員保險的被保險人還包含了「私校教職員」，這些人既不享有類似公務人員之月退俸，也不適用勞保而可請領老年年金。然而，在國民年金保險開辦之後，此一族群猶被排除在年金保障範圍之外，宛如老年經濟安全制度中的「二等公民」。這也是 1999 年將私校保險與公務人員保險合併時所始料未及的。故私校教職員此後極力爭取，遂於 2014 年促成公教保險給付之年金化。

2.已領取社會保險老年給付者

在國民年金實施之前已退休者，倘若其於公教、勞工與軍人等保險之

---

[80] 2008 年 7 月立法院修法理由：「為反映農民意見，保障其繼續參加農民健康保險及領取老年農民福利津貼之既有權益，不再將農民納為國民年金保險被保險人，爰將農民健康保險納入第一款相關社會保險定義範圍之內。」

老年給付「年資未達 15 年」或其一次退休金「總額未達新臺幣 50 萬」者，為保障其老年經濟安全，仍須加入國民年金保險。又我國有超過八百萬的勞工，按理應是社會安全制度的主要保障對象。儘管除了勞工保險之外還有勞工退休金作為第二層保障，但由於早先二者皆採一次性給付，確實無法達到老年安全的目的。因此，前述老年給付之年資與金額限制並不適用於已退休之勞工，其未滿 65 歲者均應納保。

3.與其他社會保險之銜接

在國民年金實施之後依其他社會保險退休者，若其「年資未達 15 年」或其一次退休金「總額未達新臺幣 50 萬」時，仍應加入國民年金保險。如同前述，此一退休年資與金額之限制亦不適用於勞工保險。按國民年金乃我國社會保險年金制度之第一步，其後方有其他社會保險之年金改革。其中，政府已於 2008 年勞保條例修正草案中將給付方式「年金化」，真正落實勞工的老年經濟安全。又為了防止道德風險，且要避免浪費保險行政成本，各類年金均有 15 年「等待期間」的設計，亦即被保險人至少須有 15 年的保險年資才能請領年金，否則僅得請領一次退休金❸。國民年金為了與其他社會保險制度銜接，特規定於實施後 15 年內領取一次老年給付之各類退休人員，亦應加入國民年金保險。然而，當務之急更須在公教人員保險之後，促成軍人保險之給付年金化，且建立各類年金之接續機制，才能真正落實老年經濟安全之目的。

(三)柔性強制加保

國民年金考量到民眾的繳費能力，以及被保險人欠缺雇主、風險自承等特性，故採「柔性強制加保」模式，對於不繳費者、不參加者，不予強制要求。待日後如有保險給付需求時，再予以補繳保費與利息之方式，取

---

❸　2008 年 7 月立法院修法理由：「依據 95 年臺灣經濟永續發展會議之共識意見，國民年金與勞保年金化應同步推動，惟勞工保險條例部分條文修正案未能與國民年金法同步完成立法，為順利銜接國民年金保險及勞工保險年金制度，爰於原第 2 款後段增訂勞工保險年金制度實施前，請領勞工保險老年給付者，均可再加入國民年金保險之但書規定，並移列為第 3 款。」

得保險資格。此一設計固然與前述補充性有關，但顯然偏離社會保險之強制加保特性。學者亦批評此一情形可能造成「財政陷阱」的潛在風險，並且難以防範投機者之心態。由於被保險人對於繳納保險費一事之重要性欠缺共鳴，不利於保險財政之維持❷。依據國民年金法第 17 條之規定，允許保費與利息於 10 年內可事後補繳，無形中鼓勵或助長民眾先不繳交保費，等有保險事故發生時，再行補繳保費以取得保險給付。依據統計，2013 年度全國國民年金保費繳納之比率平均數僅達 58%。針對此一部分，應在符合法定要件應強制納保之被保人有欠繳保費之情形時，除課予配偶公法上連帶金錢給付義務以擔保保費繳交外，另以「不記入保險年資」及「處以罰鍰」等手段，督促其加入保險❸。

本章參考文獻：

中文部分：

1. 彼得・克勞哲，鍾秉正譯，〈老年安全〉，《中央警察大學法學論集》第 6 期，2001 年 8 月

2. 古允文、詹宜璋，〈台灣地區老人經濟安全與年金政策：社會排除觀點初探〉，《人文及社會科學集刊》第 10 卷第 2 期，1998 年 6 月

3. 鍾秉正，〈社會保險中強制保險之合憲性基礎〉，《黃宗樂教授六秩祝賀——公法學篇㈠》，2002 年 5 月

4. 吳凱勳，《我國社會保險制度現況分析及整合問題》，1993 年 5 月，行政院研考會

5. 張世雄，《社會福利的理念與社會安全制度》，1996 年 9 月

6. 鍾秉正，〈從敬老福利生活津貼看「社會促進」制度〉，《社會福利法制與基本

❷ 蕭玉煌，〈我國國民年金的規劃與實施〉，《社區發展季刊》第 133 期，2011 年 3 月，頁 120。

❸ 吳明孝，〈窮人與誰重分配？——從「重分配」的理念簡評國民年金法〉，《台灣法學雜誌》第 113 期，2008 年 10 月，頁 57。

人權保障》，2004 年 9 月

7. 鍾秉正，〈從「老年安全」看國民年金保險之實施〉，《月旦法學》第 154 期，2008 年 3 月

8. 吳庚，《行政法之理論與實用》，2003 年 8 月增訂八版

9. 李惠宗，《行政法要義》，2002 年 10 月二版

10. 鍾秉正，〈公教人員保險年金化之相關問題——以社會法學理為中心〉，《財產法暨經濟法》第 31 期，2012 年 9 月

11. 柯木興，《社會保險》，1995 年 8 月修訂版

12. 林萬億，《福利國家——歷史比較的分析》，1994 年 10 月

13. 黃越欽，《勞動法新論》，2001 年 3 月

14. 羅紀琼，〈健康保險財務制度〉，於：楊志良主編，《健康保險》，1996 年 1 月增訂版

15. 郭明政，《社會安全制度與社會法》，1997 年 11 月

16. 黃文鴻等，《全民健保——制度、法規、衝擊》，1995 年 3 月修訂再版

17. 陳綾珊，《社會保險》，2003 年

18. 李易駿、許雅惠，《全民健保法解讀》，1995 年 4 月二版

19. 周月清，〈我國長期照顧服務輸送困境與建言〉，《長期照護雜誌》第 10 卷第 2 期，2006 年 7 月

20. 鍾秉正，〈德國長期照護法制之經驗〉，《長期照護雜誌》 第 10 卷第 2 期，2006 年 7 月

21. 郭明政，〈德國一九九二年年金改革法之研究〉，《政大法學評論》第 47 期，1993 年 6 月

22. 蕭玉煌，〈我國國民年金的規劃與實施〉，《社區發展季刊》 第 133 期，2011 年 3 月

23. 吳明孝，〈窮人與誰重分配？——從「重分配」的理念簡評國民年金法〉，《台灣法學雜誌》第 113 期，2008 年 10 月

外文部分：

1. Tennstedt, Geschichte des Sozialrechts, in: von Maydell/Ruland (Hrsg.), Sozialrechtshandbuch (SRH), 2. Auflage, 1996

2. Ruland, Rentenversicherung, in: Sozialrechtshandbuch (SRH)

3. Rüfner, Einführung in das Sozialrecht, 2. Auflage, 1991

4. Muckel, Sozialrecht, 2. Auflage, 2007

5. 日本「全国社会福祉協議会」編印，《社会保障論》，2001 年

6. Bundesministerium für Arbeit und Sozialordnung, Übersicht über das Sozialrecht, 1997

7. Eichenhofer, Sozialrecht, 4. Auflage, 2003

8. Gitter/Schmitt, Sozialrecht, 5. Auflage, 2001

9. Bley/Kreikebohm, Sozialrecht, 7. überarbeitete Auflage, 1993

10. Breuer/Lehle, Sondersysteme der Sozialversicherung—Landwirte, Die agrarsoziale Sicherung, in: Sozialrechtshandbuch (SRH)

11. Finke, Sondersysteme der Sozialversicherung—Künstlersozialversicherung, in: Sozialrechtshandbuch (SRH)

第五章　社會保險的給付

3.職災醫療給付
　(1)雇主責任之替代
　(2)職業傷病之預防
4.失能給付
　(1)普通傷病之失能給付
　(2)職業傷病之失能給付
5.老年給付
　(1)標準老年給付
　(2)特殊工作老年給付
　(3)老年給付之額度
　(4)期待權保障
6.死亡給付
　(1)喪葬津貼
　(2)遺屬年金與遺屬津貼
㈡不予保險給付的原因
一四、就業保險
㈠就業保險的給付種類
1.失業給付
　(1)申請失業給付的要件
　(2)失業給付的額度與期間
　(3)失業給付的申請程序
2.提早就業獎助津貼
3.職業訓練生活津貼
4.育嬰留職停薪津貼
5.全民健保保險費補助
㈡不予保險給付的原因
1.申請人另有工作收入
2.當事人領有其他社會給付
3.申請人未盡協力義務
一五、農民健康保險
㈠農民健康保險的給付種類
1.生育給付

2.身心障礙給付
3.喪葬津貼
4.試辦農民職災保險
㈡不予保險給付的原因
一六、全民健康保險
㈠全民健康保險的給付種類
1.醫療服務
　(1)西　醫
　(2)牙　醫
　(3)中　醫
　(4)居家照護及精神疾病患者
　　社區復健
2.藥事服務
3.居家照護
4.預防保健服務
5.原住民地區暨山地離島地區
　醫療服務
㈡保險醫事服務機構
㈢自行負擔費用
㈣不予保險給付的原因
一七、國民年金保險
㈠國民年金保險的給付種類
1.老年年金
2.生育給付
3.身心障礙年金
4.喪葬給付
5.遺屬年金
6.年金額度調整
㈡不予保險給付的原因
1.老年年金的不給付原因
2.身心障礙年金的不給付原因
3.遺屬年金的不給付原因

壹、社會保險的給付種類

一、實物給付與現金給付

㈠實物給付

1.需求滿足與經濟性原則

　　從社會保險的給付內容來看，原則上可分為「勞務給付」(Dienstleistungen)、「物質給付」(Sachleistungen) 與「現金給付」(Geldleistungen) 三種類型❶。其中的勞務給付乃是泛指所有以「人力」方式給予保險對象的照護或幫助，實務上常見的為健康保險中醫護人員的診療行為，以及照護保險中的居家照顧。而物質給付則是保險給付的提供者以「原物」方式給予保險對象的給付，例如健保制度中治療藥劑以及醫療輔助器材的給予，乃至於病房的提供皆屬之。物質給付的原則在於不分被保險人繳交保費的多寡，保險人皆應就其實際需求而給予相同程度的保險給付❷。由於勞務與物質這兩種保險給付方式皆以人力或物質的「自然狀態」來呈現，理論上可以總括以「實物給付」(Naturalleistungen) 稱之。由於實物給付之目的在於「需求之滿足」，社會保險之保險人即應就個別風險損害之實際情形，給予被保險人量身訂作的保險給付，而非齊頭式的定量給予。

　　有別於商業保險一概以現金作為保險給付的內容❸，社會保險乃是以實物給付為優先順序。其用意主要在降低給付的成本，尤其要求保險人應

---

❶　德國社會法法典第 1 篇（總論）第 11 條就社會給付之總類亦區分為此三項，見 Eichenhofer, Sozialrecht, 4. Auflage, 2003, Rz. 172 ff.; Heinze, Sozialleistungen, in: von Maydell/Ruland (Hrsg.), Sozialrechtshandbuch (SRH), 2. Auflage, 1996, S. 285 ff., Rz. 4 ff.。

❷　Heinze, Sozialleistungen（前揭文），Rz. 6。

❸　商業保險在財產保險的部分主要以標的物之價值為準,而在人身保險亦以保險契約所載保險金額為給付內容。見「保險法」第 70 條、第 101 條以下之規定。

當透過「集體議價」的方式,為被保險人團體向給付提供者爭取更符合經濟效用的保險給付。由於個別被保險人的需求必然有所差異,為避免平等原則之違反,實物給付仍可藉由客觀原則予以合理化。例如,德國「疾病保險法」(Krankenversicherungsgesetz, SGB V) 第 12 條第 1 項規定中所揭櫫的「經濟性原則」(Wirtschaftlichkeitsgebot),就是醫療保險給付的重要原則:

「所有的給付應是足夠的、合目的的以及經濟的 (ausreichend、zweckmässig u. wirtschaftlich),其不得超出必要之範圍。被保險人既不能要求非必要的或不經濟的給付,而給付提供者與健保基金 (Krankenkassen) 亦不得發給或批准該項給付。」

雖然此處的經濟性原則也涉及行政法上「不確定法律概念」的問題❹,但是健保基金(保險人)卻不因此即擁有「判斷餘地」,而是要交由法院作全面性的審查。另外,該國「疾病保險法」第 2 條第 1 項還要求醫療給付的品質與效用應符合醫學知識上普遍認知的標準,同時還要注意醫學上的發展情形,所以也不排除自然療法 (Naturheilverfahren) 等特別的醫療方式或藥物之使用❺。

2.概括授權與委託專業

由於實物給付之內容過於龐雜,立法技術上即難以於法律條文中明文規定,亦無法要求嚴格遵守法律保留原則。保險給付通常須透過授權立法,個案上甚至得交由專業常規或現場經驗來判斷實際之給付內容。例如,關於醫療保險實物給付的方式,我國「全民健康保險法」於 2011 年 1 月修訂前第 31 條第 1 項即以概括授權方式,交由機關訂定相關規定:

「保險對象發生疾病、傷害或生育事故時,由保險醫事服務機構依本

---

❹ 行政法上的「不確定法律概念」主要是因為規範所涉及的事實有多樣性與歧異性,故立法者通常在法條構成要件中選擇以多義性的文字,用以涵蓋複雜的社會事實。適用法規的行政機關固然可以就個案事實作解釋判斷,但法院仍得作全面性的審查。見李建良等合著,《行政法入門》,2004 年 5 月,頁 131 以下。

❺ Gitter/Schmitt, Sozialrecht, 5. Auflage, 2001, S. 63。

保險醫療辦法，給予<u>門診或住院診療服務</u>；醫師並得交付<u>處方箋</u>予保險對象至藥局調劑。」

　　是以，早先健保之給付方式可分為「門診診療服務」、「住院診療服務」與「藥劑」三大類。而為了達到保險人履行保險給付義務的目的，健保署即應當依其所頒行的「全民健康保險醫療辦法」，對於醫療院所以及藥局實施控管，以提供被保險人適當的醫療服務，並降低整體的保險給付支出。然而，由於該辦法內容涉及醫療專業，主管機關復於辦法中授權全民健康保險局訂定「特殊給付」及相關審查程序。其後因為高科技醫療給付項目上的爭議，遂有被保險人提起釋憲案。對此，釋字第 524 號解釋即指摘前述條文「內容指涉廣泛，有違法律明確性原則」，且認為該醫療辦法「不僅其中有涉及主管機關片面變更保險關係之基本權利義務事項，且在法律無轉委任之授權下……，逕將高科技診療項目及審查程序，委由保險人定之，均已逾母法授權之範圍。」因此，修正後的全民健保法第 40 條即遵守明確授權原則，但仍無法擺脫概括授權之模式：

　　「保險對象發生疾病、傷害事故或生育時，保險醫事服務機構提供保險醫療服務，應依第二項訂定之醫療辦法、第四十一條第一項、第二項訂定之醫療服務給付項目及支付標準、藥物給付項目及支付標準之規定辦理。前項保險對象就醫程序、就醫輔導、保險醫療服務提供方式及其他醫療服務必要事項之醫療辦法，由主管機關定之。保險對象收容於矯正機關者，其就醫時間與處所之限制，及戒護、轉診、保險醫療提供方式等相關事項之管理辦法，由主管機關會同法務部定之。」

　　同法第 41 條第 1、2 項也規定醫療與藥物服務給付項目與支付標準之授權依據：

　　「醫療服務給付項目及支付標準，由保險人與相關機關、專家學者、被保險人、雇主及保險醫事服務提供者等代表共同擬訂，報主管機關核定發布。」、「藥物給付項目及支付標準，由保險人與相關機關、專家學者、被保險人、雇主、保險醫事服務提供者等代表共同擬訂，並得邀請藥物提供者及相關專家、病友等團體代表表示意見，報主管機關核定發布。」

　　全民健保的保險人為了提供保險給付，乃透過與「保險醫事服務機構」之特約，委託其提供醫療專業給付。另外，為了保證保險給付之品質，尚訂有「全民健康保險醫事服務機構特約及管理辦法」，用以管控特約醫事服務機構之給付能力。保險人尤其可藉由醫政主管機關定期實施之醫療院所評鑑，擇優與其特約，且可依據評鑑結果認定「特約保險給付等級」。

　　對於特約醫事服務機構所提供之醫療給付，保險人須給予其費用，而為了避免醫療費用支出過於浮濫，全民健保在醫療費用的支付流程上即建立有「總額支付制度」。首先，由主管機關每年擬定「醫療給付費用總額之範圍」❻，並經過原稱「醫療費用協定委員會」修法後改為「全民健康保險會（簡稱健保會）」協議訂定健保醫療給付費用總額及分配方式，再分別依地區訂定門診與住院費用的分配比例。而有關門診醫療給付費用總額的分配比例，則依據「醫師、中醫師、牙醫師門診診療服務、藥事人員藥事服務及藥品費用」分別訂定分配比率及醫藥分帳制度❼。最後再由保險醫事服務機構依據「醫療服務給付項目及支付標準、藥物給付項目及支付標準」，向保險人申報其所提供醫療服務之點數及藥物費用❽。為落實前述「經濟性原則」，全民健保對於前述「醫療服務」與「藥物」兩項保險給付項目及支付標準，依全民健保法第 41 條第 3 項規定，「應依被保險人之醫療需求及醫療給付品質為之」。其中醫療服務給付項目與支付標準，因為涉及醫療專業以及醫療品質之保證，則以相對點數反映各項服務成本，且依

---

❻　「全民健康保險法」第 60 條：「本保險每年度醫療給付費用總額，由主管機關於年度開始六個月前擬訂其範圍，經諮詢健保會後，報行政院核定。」

❼　「全民健康保險法」第 61 條第 1 項：「健保會應於各年度開始三個月前，在前條行政院核定之醫療給付費用總額範圍內，協議訂定本保險之醫療給付費用總額及其分配方式，報主管機關核定；不能於期限內協議訂定時，由主管機關決定。」第 2 項：「前項醫療給付費用總額，得分地區訂定門診及住院費用之分配比率。」第 3 項：「前項門診醫療給付費用總額，得依醫師、中醫師、牙醫師門診診療服務、藥事人員藥事服務及藥品費用，分別設定分配比率及醫藥分帳制度。」

❽　見「全民健康保險法」第 62 條第 1 項。

據「同病、同品質同酬原則」定之，另外亦應當同時考量各項醫療服務的相對成本，得兼採「論量、論病例、論品質、論人或論日」等方式❾。由於如此繁瑣的給付流程，相較於年金保險的現金給付而言，健保的實物給付方式自然介入國民的經濟生活也較深。

㈡現金給付

1.所得替代與經濟損失填補

現金給付方式乃是在保險事故發生時，由社會保險的保險人直接將金錢發給被保險人或第三人❿，以彌補其因此而產生的經濟損失。相較於實物給付的方式，現金給付的好處是提供被保險人「選擇的自由性」，其可以自行從市場供應鏈中購買其因應風險所需要的物資。然而，這種保險給付方式也有其缺點，一方面是選擇自由性有待於市場機制的自由運作，不見得每個被保險人都可以如願獲得所需的物資。另一方面則是「保險商品化」的情形將更為嚴重，因為保險人在此比較無法對於給付的提供者（業者）實施控管。另外，在有關醫療專業性的給付時，一般民眾也欠缺對於醫療品質以及物資價格等相關專門知識，不足以發揮其「選擇權」。因此，現金給付一般多是用於因應有關「所得喪失」的社會風險上，例如失業津貼、失能年金、老年年金等，能發揮「所得替代」的作用，而被保險人也無須面對專門的採購問題。現金給付之目的是用以填補經濟損失，因此同一保險事故即可能產生給付競合的情形。例如，職災保險之失能事件，通常亦同時符合年金保險之失能給付要件；照護保險的照護需求，也可能合乎社會扶助之情形。又由於個別給付之額度經常不足因應個案所需，理論上不應排除「給付疊加」的情形。惟因社會預算之有限，法規亦多未授予機關裁量空間，實務上反而經常採取「限額」、「排他」、「減除」之立法方式。

---

❾　「全民健康保險法」第 42 條第 1 項：「醫療服務給付項目及支付標準之訂定，應以相對點數反應各項服務成本及以同病、同品質同酬為原則，並得以論量、論病例、論品質、論人或論日等方式訂定之。」

❿　例如勞保喪葬津貼乃發給直接支付殯葬費用之人；遺屬年金則發給被保險人之配偶、子女或父母等人。

其實，不論是在商業保險或是社會保險制度，原則上所有的保險給付方式都可以金錢來折算。縱使在商業保險中有所謂「人身無價」的觀念，但是由於個別保險契約在保費以及理賠金額計算上的要求，仍然必須規範一定的保險額度，而一旦保險事故發生之後則以「現金」作為保險給付的方式。例如，商業保險中的健康保險雖然是由醫療機構提供診療、藥物、手術以及住院設施等實物給付，但事實上仍須由被保險人先墊付醫療相關費用，之後再據以向保險人申請理賠❶。這一過程之中，較為人詬病的即在於當事人必須先自籌醫療費用，尤其在重大傷病事件所需要的龐大醫療費用，並不是多數人民所可以先行負擔的。如此一來，甚至會因為個人投保能力的差異性而形成「醫療階級化」的現象。但是，此乃「私法自治」所必然產生的現象。

至於社會保險的保險標的，雖然是以填補被保險人因為保險事故而產生的「經濟損失」為目的，但是保險給付的方式卻是以「實物給付」為原則，只有在所得替代給付上才是採用現金的方式給付。雖然如此，社會保險在實施上並不排除以現金給付取代實物給付的可能性。例如，在德國現行照護保險的給付模式上，雖然有提供被保險人必要的「照護人力」，但是亦得由被保險人的親友或者是由當事人選定的其他人士來擔任照護工作，而後再向保險人支領「照護津貼」(Pflegegeld)。但是，該國學界認為此一津貼並不屬於社會保險上真正的現金給付方式，而僅是一種「實物給付替代」(Sachleistungssurrogat) 而已❷。

2.法定給付標準

較之實物給付大量仰賴授權命令與專業判斷，現金給付之標準則應遵守法律保留原則，當事人可藉由法定公式明確知悉給付的計算模式與額度。

---

❶　「保險法」第 125 條第 1 項規定：「健康保險人於被保險人疾病、分娩及其所致失能或死亡時，負給付保險金額之責。」

❷　吳凱勳，〈「高齡化社會」與「長期照護保險」——介紹德國長期照護保險法〉，《長期照護雜誌》第 1 卷第 1 期，1997 年 4 月，頁 3 以下；Gitter/Schmitt, Sozialrecht（前揭書），S. 117。

社會保險如果採取現金給付的時候，通常會以被保險人的「最後投保薪資」作為給付計算基準。也就是以保險事故發生之前，被保險人在一定期間內的平均薪資，或是逕以被保險人發生事故當時的薪資為準。此一情形不僅在長期性保險的給付應當如此，在短期性保險的給付亦然，因為保險給付主要即在扮演「所得替代」的角色，自須反映事故當時的所得水準。例如我國「勞工保險條例」於 2008 年修正前第 19 條第 2 項即規定：

「以現金發給之保險給付，按被保險人發生保險事故之當月起前六個月平均月投保薪資計算；其以日為給付單位者，以平均月投保薪資除以三十為日給付額。但老年給付按被保險人退休之當月起前三年之平均月投保薪資計算；參加保險未滿三年者，按其實際投保年資之平均月投保薪資計算。」

有關退休年齡的屆至乃是當事人明確可以預期的事，尤其為了避免其在退休前刻意與雇主謀定加薪而變相牟利的問題，因此老年年金在計算投保薪資的期間上通常較其他保險給付為長。例如，德國的法定年金保險即以「全部投保期間」作為計算基準。其計算原則乃是以被保險人每年的投保薪資除以該年度的平均薪資，如此即可獲得一個「所得基數」(Entgeltpunkte)，而該基數則因為當事人所得的高低而逐年多少有些差異。而後再將各年度的所得基數相加，並且乘以一個代表不同年金發生原因的「年金種類係數」(Rentenartfaktor) 以及由保險人每年調整的「現時年金價值」(aktueller Rentenwert)，最後即得出當事人每個月應得的年金額度。如此的計算方式能呈現被保險人的生涯所得狀況，既可較為公平地反映保險原則，也可避免前述道德風險的發生（見圖 5–1）❸。

被保險人每月年金額度 (MR)
=個人所得基數總合 (EP)×年金種類係數 (RF)×現時年金價值 (AR)

圖 5–1：德國年金計算公式

我國勞工保險修法時亦兼採此一理念，以被保險人「最高 60 個月」的

---

❸　有關年金計算之各項係數，見 Muckel, Sozialrecht, 2003, S. 275 ff.。

平均投保薪資作為年金計算基礎❶。故依據現行勞保條例第 19 條第 3 項規定「月投保薪資」之計算方式如下：

(1)年金給付及老年一次金給付之平均月投保薪資：按被保險人加保期間最高 60 個月之月投保薪資予以平均計算；參加保險未滿 5 年者，按其實際投保年資之平均月投保薪資計算。但依第 58 條第 2 項規定選擇一次請領老年給付者，按其退保之當月起前 3 年之實際月投保薪資平均計算；參加保險未滿 3 年者，按其實際投保年資之平均月投保薪資計算。

(2)其他現金給付之平均月投保薪資：按被保險人發生保險事故之當月起前 6 個月之實際月投保薪資平均計算；其以日為給付單位者，以平均月投保薪資除以 30 計算。

雖說社會保險現金給付之規範必須遵守法律保留原則，但在持續性的年金給付上，被保險人也只有對「初始年金」的額度可以確定。因為之後請領的年金將隨著經濟成長、物價變動以及薪資調整等因素而浮動，甚至會因為保險財務收支結構而進行調整。影響年金財務的問題又以人口老化最為顯著。而相較於德國每年調整的「現時年金價值」，我國則是待到經濟環境相當程度變化之後，才調整年金給付額度。故依據勞保條例第 65-4 條規定，「本保險之年金給付金額，於中央主計機關發布之消費者物價指數累計成長率達正負百分之五時，即依該成長率調整之」。類似規定亦見於公教人員保險法第 31 條。

二、一次性給付與持續性給付

社會保險制度最主要的功能，就是當保險事故發生時，能給予被保險人必要的損失補償。因此，在保險給付方式上也因為事故或損失的時間性而有所不同，大致可分為一次性給付與持續性給付兩種：

㈠一次性給付

一次性給付乃在因應短期性的風險，此處所謂的「一次性」並不是指

---

❶ 以我國現行保險行政能力與技術，應可朝反映生涯全部投保期間之目標，逐年邁進。未來勞保年金改革的構想即將計算期間調高至 144，甚至 180 個月。

實際提供給付的次數，而是對應該次保險事件的給付情形。例如，勞工保險的傷病給付屬於現金給付，保險人通常會給予被保險人一定期間內持續的「傷病補助費」，直到他痊癒為止。若是此一期間已經屆滿，而當事人仍然無法恢復工作能力而永久失能時，則必須改領「失能給付」。至於健康保險的醫療給付性質上為實物給付，被保險人每次患病就醫通常要複診許多次，但是給付期間仍以該疾病的「治癒程度」以及「治癒可能性」為限。當患者健康機能大致已經恢復時，醫事服務機構即應改採適當的醫療給付，或者是停止醫療給付。而健保給付一旦面臨患者身體機能沒有恢復的可能性時，就有必要改由其他保險制度的失能給付或照護給付來支應。以本書第三章所介紹社會風險的種類來說，疾病、傷害、生育、失業以及照護等皆屬短期風險；而老年、身心障礙（失能）以及死亡三者，性質上則是長期風險。另外，若按德國疾病、年金、意外（職災）、失業以及照護五大社會保險制度觀之，其中只有年金保險為長期保險，其餘皆屬短期保險。

依據我國「全民健康保險法」第 53 條的規定，「住院治療經診斷並通知出院，而繼續住院之部分」或「有不當重複就醫或其他不當使用醫療資源之保險對象，未依保險人輔導於指定之保險醫事服務機構就醫」之情形，健康保險皆不予給付。另外，「勞工保險條例」第 35 條、第 36 條有關「傷病給付」的規定，雖然可按被保險人平均月投保薪資半數或 70% 的比例，「每半個月給付一次」，但是保險給付的期間仍是以該次事件為限，最多也僅持續一年。誠如前文所述，這種一次性的保險給付方式，主要乃是為了因應被保險人「一定期間內風險」所生的不同保障需求而設計的。然而，我國社會保險自開辦以來卻不論其風險期間的長短，都採取一次性給付方式，所以在對應諸如老年或身心障礙等長期性風險上即有相當的問題❺。

---

❺　依 2014 年修法前之「公教人員保險法」第 14 條規定，被保險人依法退休、資遣或退職者，「予以一次養老給付」；2008 年修法前之「勞工保險條例」第 53 條規定，被保險人按其平均月投保薪資，依「殘廢給付標準表」規定之殘廢等級及給付標準，「一次請領殘廢補助費」。現「殘廢給付標準表」已修正為「勞工保險失能給付標準」。

以老年保險制度為例，保險人採取一次性給付的方式，有其行政上的方便。因為在保險事故發生時，被保險人受領一次性的給付之後，保險人即了卻其責任，無須考慮因為通貨膨脹而必須適時將給付額度調整。尤其是對於國民平均餘命較短的國家，被保險人也會希望退休時立即可以領取全部的退休金。甚至對於中年退休者而言，還可以利用此一較大的現金數額另外作投資理財❶。另外，相對於年金給付而言，一次性給付的數額也較為固定，當事人可以估算即將領得的退休金額度。例如我國修正前公保與勞保的老年保險給付，即以被保險人最後薪資乘以累計的保險年資來計算。一般而言，採取一次性給付的老年保險制度，性質上較接近「強迫儲蓄」，而所得重分配的現象也較不明顯。此類設計常見於商業保險的養老保險。由於財務上採取個人帳戶模式，縱使號稱「年金保險」，其給付制度也不過是將本利所得平均分配於晚年生涯之中。我國現行勞工退休金制度以及私校教職員的退休金皆是採取此種方式。例如，「勞工退休金條例」 第23 條關於月退休金之計算方式：「勞工個人之退休金專戶本金及累積收益，依據年金生命表，以平均餘命及利率等基礎計算所得之金額，作為定期發給之退休金。」一次性給付的缺點，在於不符合長期性保障制度的要求，尤其以老年保險給付最具代表性❶。由於現代家庭結構的改變與國民平均壽命的增加，老年保險的保障功能愈趨重要。而現代國家也是因為當事人無法自行處理退休後喪失固定所得的生活，才會將「老年」納入社會風險的一環。如今，保險給付若只是發給被保險人一次性的退休金，其往後的經濟生活風險就必須自行設法，如此豈不是將原先設定為社會風險的老年風險，又推回去給個人自行承擔？尤其是當事人的自行理財也有賴持續性的經濟發展以及專門的知識，其獲利才足以維持老年生活所需。這樣的給付設計，固然在我國以往「重醫療而輕老年」的社會保險制度下，尚不至於遭到太大的質疑，被保險人也可以享有較大的財產自主權。但是，在今日國民福利意識高漲之際，而老年經濟安全更成為政策重要議題時❶，前

---

❶　柯木興，《社會保險》，1995 年 8 月修訂版，頁 121 以下。

❶　柯木興，《社會保險》（前揭書），頁 125 以下。

述一次性給付的優點已經逐漸喪失，不符合現代老年安全保障的要求，因此我國相關的年金保險也在逐步改革當中。先是 2007 年通過的「國民年金」，接著則是 2008 年勞保修法將相關給付「年金化」，而公保給付則於 2014 年完成年金化，至於軍保的相關改革亦在匯聚共識中。

㈡持續性給付

持續性的保險給付主要是在因應長期風險。雖然社會保險給付以實物給付為優先，但實物給付通常在應付一時性的需求。例如，醫療給付中對於慢性病的長期用藥，縱然允許醫師開立「慢性病連續處方箋」，但通常亦以 3 個月為一期，以利回診追蹤病情。較值得分辨的是照護保險之給付模式，其中的居家式照護或機構式照護包含了人力與輔具，性質上皆屬於典型的實物給付。按理，照護需求性乃是當事人之一般日常生活無法自理，而需藉由專業照顧與協助。該需求之滿足與醫療給付相近，且仍需定期評估以調整給付之內容，而非如老年風險之側重時間因素。由於我國在相關制度建構過程中，經常引用「長期照護」或「長期照顧」之翻譯用語，以致凸顯了「長期」(long-term) 一詞。縱使如此，吾人在規劃照護保險制度時，亦不應有類似「年金等待期」之設計，且對於保險給付所依據之「照顧計畫」(care plane) 也要定期檢視，而非一套到底。

一般而言，社會福利制度中持續性的現金給付常被冠以「年金」之名。其實，年金一詞乃是來自於日本，通常指的是因應老年保障需求的一種定期性的現金給付。就此定義而言，我國以往社會保險制度中並未曾真正有過年金制度。唯一較為相近的乃是公務人員退休制度中的「月退休金」，其雖名為月退休金，但實際上乃是每半年發放一次[19]。值得注意的是，有關公務人員退休保障制度雖自 1995 年起已經改採「儲金制」，較先前的「恩給制」符合社會預護的要件，但是畢竟仍屬國家以「雇主」身分照顧公務

---

[18]　有關臺灣地區老年團體之特質與其於經濟變動中所產生不安全的狀況，見古允文、詹宜璋，〈台灣地區老人經濟安全與年金政策：社會排除觀點初探〉，《人文及社會科學集刊》第 10 卷第 2 期，1998 年 6 月，頁 212 以下。

[19]　見「公務人員退休法」第 9 條；同法施行細則第 31 條之規定。

員的特別保障制度。而且，退休金的請領權乃是公務員終身身分保障的表徵。也就是說，公務員在退休後仍然保有其身分，而國家也應當負起照顧的責任，此一構想與社會保險中的老年保險仍然有相當差距。但是，吾人也必須承認，我國在老年安全相關制度的建立過程中，受到公務員保障制度甚多的影響。

又依據老年保障相關學說中的「永久所得說」與「人生過程儲蓄說」，個人生涯中的所得水準往往會呈現「拋物線狀」❷。以一般的勞工為例，其剛進入職場時的薪資水準可能低於一般的平均工資，而後隨著工作年資與工作能力的增長，其薪資將逐漸超越平均工資，最後在退休之前達到高峰。而因為退休而喪失固定收入後的勞工，則只能依賴先前的理財儲蓄，理論上其愈早規劃退休理財對其愈有利，但是也要在工作收入因應日常生活所需之後還有剩餘才行。縱使如此，因為通貨膨脹與各種經濟因素的影響，其退休之後的所得水準仍可能逐漸下滑。社會保險中的老年保險即是為了因應「晚年所得不足」的風險，故採取「年金」給付方式時，其計算基準不僅應當考量被保險人最後的薪資水準，給付額度尤其應該配合持續給付期間內生活指數或薪資水準的變動而作調整。

另外，持續性的給付通常也出現在與老年給付類似的「失能給付」與「遺屬津貼」中，只是後者仍須符合未再婚、未成年或無工作能力等法定要件。而失業保險雖然也採取持續性的給付方式，但是為了避免產生「福利依賴」的情形，大多要配合就業輔導與職業訓練等措施。還有些國家則以投保年資來限定給付期間，例如我國社會保險的失業給付即原則規定以6個月為限❷。因此，當事人如果無法在一定期間內覓得新工作時，只能改向其他社會給付請求資助。例如社會救助中的「生活扶助給付」以及社會促進中的「福利津貼」，也都是採取持續性的給付方式。

持續性給付的優點在於可提供被保險人經濟生活上的長期保障，尤其

---

❷ 柯木興，《社會保險》（前揭書），頁 127 以下。

❷ 按「就業保險法」第 16 條失業給付之發給，原則上即以 6 個月為準，期滿則保險年資重新起算。

是對於勞工離開職場之後的所得替代需求。由於其採取定期發給的方式，
每次額度必然不多，頂多只能維持當事人一定的生活水準，所以不至於遭
到投資挪用。又持續性給付的額度還會因應發給當時的薪資或是生活水準
而作調整，也比較能夠符合被保險人實際的需求。其缺點則在於行政管理
上較一次性給付費事，光是行政費用的部分即可能耗用掉保險相當的財源。
尤其是採取「賦課制」的財務模式時，特別會受到人口結構變化的影響，
而保險人因應之道則不外乎是「降低給付」或「調高保費」，此二者皆不是
被保險人所樂見。此一情形在經濟衰退之時，還將因為失業率升高所導致
的保費收入減少而更形加劇。另外，每次給付的額度也較難訂定，其有賴
保險大規模的精算。倘若採取「生活水準保障」的給付額度固然理想，但
保費的高費率勢必會加重被保險人的負擔。至於採取「基本生活保障」所
帶來的保費負擔雖然較輕，可是其給付額度往往又與社會救助的標準相差
無幾。而如果就我國以往每月 3000 元的「敬老福利生活津貼」來看，則只
不過是相當於「零用錢」的水準而已❷。

貳、我國社會保險的給付內容

一、公教人員保險

㈠公教人員保險的給付種類

依據「公教人員保險法」第 12 條的規定，當被保險人發生失能、養
老、死亡、眷屬喪葬、生育或育嬰留職停薪等六項保險事故時，應給予現
金給付。該給付之性質原先仍屬「一次性現金給付」❷，但自 2014 年 1 月
修正後，於養老與死亡事故改採持續性之年金模式，符合長期性社會風險

---

❷　按此一津貼已於「國民年金」開辦之後整併為基礎年金。

❷　由於私校教職員與部分公營事業人員至今仍未享有「年金」，近年有主張改投
　　勞保或將公保給付年金化，然由於爭議甚多，直至 2014 年 1 月始完成修正立
　　法。

之需求。其給付額度原以被保險人「當月保險俸給（本俸）」為計算基準，該次修法則於第 12 條明定不同之給付計算基準：

　　1.養老與死亡給付：按被保險人發生事故前 10 年之實際保險俸額平均計算。

　　2.育嬰留職停薪津貼 ： 按被保險人前 6 個月平均保險俸額之 60% 計算。

　　3.失能、生育及眷屬喪葬給付：按被保險人發生事故前 6 個月之平均保險俸額計算。不足 6 個月者，以實際加保月數平均計算之。

　　相較之下，勞工保險原先即是以被保險人發生保險事故之當月起「前六個月平均月投保薪資」作為計算標準，在核定年金與老年一次現金給付時更是按被保險人「加保期間最高 60 個月投保薪資」來計算，此一計算基礎更在年金改革方案中有提高之提議❷❹。早先公、勞保給付計算期間有所差別的原因，固然在於公務人員的薪資有「公務人員俸給法」作為法定依據，當事人無從變相牟利。再者，公務人員的保險給付除了「所得替代」以外，更具有「維持公務員身分」的功能。例如，大法官會議即於釋字第 280 號解釋有如下之闡釋：

　　「領取一次退休金之公教人員……其退休金及保險養老給付之優惠存款每月所生利息，如不能維持退休人員之基本生活（例如低於編制內委任一職等一級公務人員月俸額），其優惠存款自不應一律停止。」

　　按理，公務人員依據其身分所衍生的請求權應當是基於國家的「撫卹與照顧責任」，相對而言，公務人員則必須盡其「職務義務」以及「身分義務」 ❷❺。我國在公務人員撫卹制度之外，又多了公教人員保險的保障。因此，政府不僅在保險財務上有較多的補助，在給付要件上也有別於其他的社會保險制度。但自 2014 年 1 月之修法觀之，保險給付計算基礎由「事故當月」提高至「前 6 個月、前 10 年」，其已偏離維持公務員身分保障之作用，更具有社會保險之精神，且反映了年金改革的公平性要求。依照 2014

❷❹　見「勞工保險條例」第 19 條之規定。

❷❺　見陳新民，《行政法學總論》，2000 年 8 月修訂七版，頁 197 以下。

年 1 月修正後的「公教人員保險法」第 3 條規定,「本保險之保險範圍,包括失能、養老、死亡、眷屬喪葬、生育及育嬰留職停薪六項。」為求較深入的了解,以下仍就公教人員保險的各項保險給付種類分別介紹:

1. 失能給付

雖然說「殘廢」一詞已逐漸遭揚棄,改稱「身心障礙」或「失能」,但是我國公保迄至 2015 年 11 月才將此一保險項目全面修正為失能。依據「公教人員保險法」第 13 條的規定,保險失能給付的前提為:「醫治終止後,身體仍遺留無法改善之障礙而符合失能標準,並經中央衛生主管機關評鑑合格之醫院鑑定為永久失能者」❷❻。而後再依據保險事故發生的原因,將失能給付區分為「因公失能」與「因病或意外失能」兩大類。其中,被保險人因為執行公務或服兵役而致全失能者給付 36 個月(平均保險俸額);半失能者 18 個月;部分失能者 8 個月。有關被保險人個人因為疾病或意外而成全失能者給付 30 個月(保險月俸);半失能者 15 個月;部分失能者 6 個月。至於前述「全失能」、「半失能」與「部分失能」等各項失能等級的認定標準則授權由主管機關訂定之❷❼。另外,本法於 2005 年修法時還增訂第 13-1 條,特別針對「同一部位失能而同時適用二種以上失能程度」、「不同部位失能之給付合併」、「原已失能部位但又加重失能程度」以及「死亡前之失能」等情形,規定有關失能給付之審核標準。其目的在因應多數給付原因所造成的競合問題,避免形成重複給付。此一條文於 2014 年修法時改列為第 14 條。另外,本次修法亦將「永久失能日認定」之重要程序規定,由施行細則及失能給付標準表之附註移至本法第 15 條,符合法律保留原則之要求❷❽。

---

❷❻ 此條原本為該法施行細則第 47 條第 1 項之規定,於 2005 年 1 月 19 日修正時移至本法。

❷❼ 見銓敘部頒定之「公教人員保險失能給付標準表」。

❷❽ 按 2014 年增訂第 15 條理由如下:「被保險人須在本保險有效期間發生殘廢保險事故時,始得請領給付;為維護於殘廢標準明定治療最低期限屆滿前即辦理退休、資遣或離職退保者請領殘廢給付權益,本保險殘廢給付標準表附註三規定,是類人員得於治療達規定期限以上仍無法矯治,可補具醫師診斷證明確為

按理，身心障礙或失能乃指身心功能一部或全部喪失，導致其工作能力降低或完全失能。故其性質應與老年及死亡相當，屬於長期性的社會風險，在給付模式上須採年金，方能持續提供所得替代，典型者為勞工保險之失能年金。然而，因公務人員享有身分保障，非依法律不得剝奪，不至於因失能而遭裁員。又如當事人之失能情形如已達「心神喪失或身體殘廢，不堪勝任職務者」，則應依公務人員退休法之規定，命令其退休，從而享有退休金之年金給與。因此，對於一般公務員而言，一次性公保殘廢給付實具有「補助」或「津貼」之性質。惟對於同為公保被保險人之私校教職員，其將面臨喪失工作、所得中斷之風險。對此，本法第 18 條第 2 項即規定，「被保險人因公傷病致不堪勝任職務而命令退休者，或符合第十三條所定失能標準之全失能，且經評估為終身無工作能力而退休（職）或資遣者，其請領養老年金給付，不受第十六條第三項各款加保年資及年齡之限制；其加保年資未滿十五年者，以十五年計。」如此即符合學理上將「失能」比作「早期老年」之意義。

另外，前述第 2 項末句「其加保年資未滿十五年者，以十五年計」之增定，更意味著「職災給付最低年金保障」之誕生❷❾。由於我國社會保險迄今仍未將意外（職災）保險單獨立法，僅對於因公、因職業災害或職業病所致保險事故，在一次性給付上給予基數優惠或加成效果。而於核定年金之請領要件以及計算額度時，仍舊受限於被保險人之保險年資。簡言之，被保險人遭遇工作意外導致失能時，若其保險年資過短，按以往之給付制

『不能回復，確屬成為永久殘廢，並與退保前之原殘廢狀況相當或加重者，得以退保前一日為準，認定成殘日期，申請殘廢給付』。」

❷❾ 第 18 條第 2 項修正理由如下：「為保障因公傷病致不堪勝任職務命令退休者退休後基本生活，並參考公務人員退休法關於因公傷病致不堪勝任職務而命令退休者請領一次退休金，或月退休金毋須受年齡及任職年資限制之規定，於第二項規定是類人員請領本保險養老年金給付之從寬規定。另考量本保險被保險人如有符合本保險殘廢標準全殘廢，且經評估為終身無工作能力之情形，其本人及家屬生活長期頓失所依，是為提供渠等基本社會安全保障，比照因公傷病致不堪勝任職務命令退休者予以從寬規定。」

度即難以獲得年金保障。有鑑於意外保險乃源自於「雇主責任」，以及考量社會保險制度所蘊含的「社會性」，此一最低年金保障之設計值得按讚。

2.養老給付

按「公教人員保險法」第 16 條第 1 項所規定的養老保險給付原因，共包含有「依法退休（職）」、「資遣」以及被保險人繳費滿 15 年且年滿 55 歲而「離職退保」三項。養老給付乃 2014 年修法「年金化」之重點，但由於修法目的主要為滿足私校教職員之年金請求，故依公教人員保險法第 48 條第 1 項之規定，養老年金與遺屬年金優先適用於第 1、2 款之私校教職員以及其他未享有月退俸或優惠存款之人。至於公務人員與公立學校教職員則要等到相關退撫法律修正後，也就是年金改革之後再配合修法適用。關於公保養老給付，依據該法第 16 條第 2 項之規定，給付內容主要分兩類：

⑴一次養老給付：給付額度以保險年資每滿 1 年給付 1.2 個月計算，最高可達 42 個月（保險月俸）。但辦理優惠存款者，最高以 36 個月為限。

⑵養老年金給付：保險年資每滿 1 年，在給付率 0.75% 至 1.3% 之間核給養老年金，最高採計 35 年，總給付率最高為 45.5%。

為符合年金保險之長期特性，該條第 3 項並設有若干「等待期」作為請領養老年金之條件。然而，較為人注目則是年金給付率之計算採「浮動模式」，介於「基本年金率」0.75% 與「上限年金率」1.3% 之間。此一設計必須搭配本法第 17 條之「屋頂條款」機制，方可理解。依據公教人員保險法第 17 條之規定，被保險人請領養老年金給付，其每月退休（職、伍）給與，加計每月之公保養老年金之總和，不得超過其最後在職加保投保俸額 2 倍之一定百分比。此一「退休年金給與上限（屋頂條款）」將依該條第 3 項之規定計算，其原則為保險年資 15 年以下者，1 年以 2% 計；年資 16 年以上者，每年以 2.5% 計，最高不超過 80%❸❶ 。前述「每月退休

---

❸❶　按 2014 年本法第 17 條修正理由如下：「基於兼顧退休所得與現職待遇應維持適當比率，以及為期符合社會大眾期待之考量，同時為避免因退休所得過高，造成政府財務負擔缺口，從而衍生債務需由下一代負擔而有違世代正義原則之情形，爰明定被保險人之每月退休年金給與不得超過被保險人最後在職參加本

（職、伍）給與」的範圍，涵蓋公務人員之月退休俸、每月優惠存款利息、更及於各種一次性離退給與，依平均餘命按月攤提之額度。

前述公式略顯複雜，簡而言之，對於一般公務人員，可依當事人之個別情形，將退休年金給與上限減去每月退休給與，其剩餘額度即可依前述公保養老年金之規定核定給付率。再依第 19 條之規定，其給付率如低於 0.75% 者，仍依 0.75% 計給養老年金；反之如高於 1.3% 者，亦僅得依 1.3% 計算年金額度。以現行公務員月退休俸可達 75% 之所得替代來看，其對公保養老年金之期待確實不高。至於未能享有月退休俸之私校教職員方面，即無前述屋頂條款之適用，其公保養老年金應可採計最高 1.3% 之上限年金率。惟須注意的是，由於私校教職員並未享有月退俸，故縱使以私校教授最高投保月俸約 53000 元計算，其公保年金最高亦僅有 24000 餘元而已。此一給付水準實與勞保年金相差無幾。

又為了因應修法前後的養老保險給付問題，本法第 16 條以及第 21 條也有規定新舊年資併計的計算方式。另外，退休公務人員還可以依據當時之「退休公務人員公保養老給付金額優惠存款要點」，將此一次性給付轉而成為持續性的給付。可是，此一優惠措施僅適用於 1995 年 7 月 1 日修法以前的保險年資❸。然而，依據 2018 年 7 月新實施之「公務人員退休資遣撫卹法」第 36 條之規定，退休公務人員支領月退休金者，其前述優惠存款之利率將自 2021 年起歸零。

按理，公保 2014 年之修法已經為軍公教年金改革提出明確的指標。惟

保險之投保俸（薪）額二倍之一定百分比；並在不增加政府財政負擔之最高原則下，將保險年資滿三十五年者之退休所得替代率上限百分比明定為百分之八十。」

❸ 依據「退休公務人員公保養老給付金額優惠存款要點」第 2 條規定，辦理優惠存款之要件為：⑴依公務人員退休法辦理退休⑵最後在職之機關係適用行政院訂定之全國軍公教員工待遇支給要點之公務人員俸額標準表支薪⑶依中華民國八十四年七月一日公務人員退休法修正施行前之公務人員保險年資，所核發之養老給付。惟此一辦法已於 2011 年 1 月廢止，現行依據為「退休公務人員一次退休金與養老給付優惠存款辦法」。

該次「公保年金化」尚未全面實施,而自 2017 年政黨輪替之後,軍公教退撫制度改革之步驟更為加速,改革幅度亦更大。因此在 2018 年 7 月首波年金改革推動之後,前述替代率上限之設計恐亦需進行全面檢討。此處在學理上還涉及「年金競合」之議題。老年經濟安全一方面要顧及公務員之身分保障,再則要避免重複給付之公平問題,另外還要處理公務員退休後從事私領域工作之情形。對此,德國法制有較明確之解決模式,其原則如下❸❷:

(1)如果退休公務員仍在其他領域從事專職工作者,應以該工作之收入為主:此乃退休後仍從事私領域的工作,即所謂「退而不休」之情形。為了避免國庫有雙重負擔,或是造成過度給付之情形,此時當事人的退休俸額度將受到減縮,原則上以該公務員同職等最低一級之俸給為上限。

(2)如果有不同來源的年金時,以保障公務員身分的退休俸為主:例如已領有遺屬年金之公務員遺孀,復以本身公務員之身分申請退休時,將產生雙重給付之情形。此時當事人本身之退休金額度將維持不變,但其所領遺屬年金將被縮減至原先額度的 75%。此一原則亦適用於退休公務人員可能來自於國際組織工作之退休俸。

(3)給付競合涵蓋公、私部門各種不同的所得來源:為了防止不同老年安全制度之給付總額超過在單一制度持續工作之情形,原則上其總和不應超過其作為「單純公務員」之退休俸額度。

相較之下,我國公保年金化之修法僅處理到軍公教人員之退休(職、伍)給與而已。縱使 2018 年之年金改革已號稱激烈,但有關競合問題亦僅及於退休人員轉戰私校之情形,實仍有待未來就整體年金制度加以整合改革❸❸。

---

❸❷ Bundesministerium für Arbeit und Sozialordnung, Übersicht über das Sozialrecht, 2008, S. 768 ff.。

❸❸ 見拙著,〈公教人員保險年金化之相關問題——以社會法學理為中心〉,《財產法暨經濟法》第 31 期,2012 年 9 月,頁 24 以下;同作者,〈年金改革引言——社會法觀點〉,於:臺灣行政法學會主編,《法治國原則與 2018 年金改革》,

3.死亡給付

公教人員保險在保險死亡給付方面，依「公教人員保險法」第 27 條規定，分為下列給付方式：

⑴因公死亡給付：被保險人係「因公死亡」時，其遺屬可以請領給付 36 個月（保險月俸）。有關因公死亡的原因則以第 33 條所列情形為準，其第 1 項第 6 款與第 7 款特別納入俗稱「過勞死」之情形，然依同條第 2 項規定，此處所稱「積勞過度」仍「應由服務機關（構）學校列舉因公積勞之具體事實及負責出具證明書，並繳驗醫療診斷書」。所謂具體事實與證明，依據該法施行細則第 43 條之規定，機關還要舉出事證以符合「盡力職務」、「積勞過度」、「因盡力職務，積勞過度所生疾病」等條件。

⑵病故或意外死亡給付：若被保險人是「因病或意外死亡」，則得請領保險給付 30 個月，但是已經繳付保費 20 年以上者，仍然可享有 36 個月的死亡給付。

⑶遺屬年金：由於被保險人已經死亡，其遺屬即無法享有退休公務人員「優惠存款」的機制。在 2014 年修法之前只有依賴公務人員撫卹制度所提供的「年撫卹金」，才可能有條件維持被保險人遺屬的長期保障需求❸❹。至於不具有公務人員資格的被保險人，例如私校教職員等，其遺屬就要自求多福了。按照修法後本法第 27 條第 2 項之規定，遺屬得選擇年金給付，其額度為保險年資每 1 年以 0.75% 給付率計算，最高替代率以 26.25% 為限。另為避免遺屬年金額度過低，同條第 3 項復規定，被保險人保險年資未滿 15 年而「因公死亡者」，遺屬年金以 15 年計給。此一措施寓有「最低年金保障」之意，但僅針對因公死亡之情形。又依據本法第 48 條之規定，

2018 年 6 月，頁 45 以下。

❸❹ 依據 2018 年年金改革前「公務人員撫卹法」第 4 條之規定，公務人員「病故或意外死亡」時，須任職 15 年以上者，其遺屬才有「年撫卹金」。但該法第 5 條又規定，公務人員「因公死亡」者，任職未滿 15 年即以 15 年論，任職 15 年以上未滿 35 年以 35 年論。故公務人員因公死亡時，其遺屬皆可請領年撫卹金。又該法第 9 條則規定，年撫卹金給與仍有一定之年限。

此項遺屬年金仍限該條第 1 項第 1 款、第 2 款之保險對象，亦即私校教職員以及其他未享有月退俸或優惠存款之人方得享有。

　　由於遺屬並非實際繳費之被保險人，其請領保險給付即有較多之限制。對此，本法第 28 條第 1 項首先規定，一次死亡給付應由被保險人之配偶領受 1/2，其餘再依序由其他受益人平均領受。同條第 3 項更規定遺屬年金之請領條件：

　　⑴配偶須未再婚，年滿 55 歲且與被保險人有存續 2 年以上之婚姻關係。但未再婚之配偶如因身心障礙而無謀生能力者，則不受 55 歲之年齡限制。

　　⑵子女須為未成年，或為身心障礙且無謀生能力之成年人。

　　⑶父母須年滿 55 歲，且每月工作收入未超過公務人員俸給法所規定 280 俸點之俸額，現值 18445 元。

4.眷屬喪葬津貼

　　依據「公教人員保險法」第 34 條的規定，被保險人的眷屬因病或意外致死亡者，也得領取 1 至 3 個月不等之喪葬津貼。又如符合請領同一眷屬喪葬津貼之被保險人有數人時，由其自行協商，推由一人檢證請領。

5.育嬰留職停薪津貼

　　有鑑於我國近年生育率急速降低，並帶來人口老化之問題，本保險於 2009 年修法納入本項給付❸❺。依據 2014 年新修訂第 35 條之規定，被保險人請領「育嬰留職停薪津貼」之要件為「加保年資滿 1 年」、「養育 3 足歲以下之子女」以及「辦理育嬰留職停薪並繼續加保」。本項津貼以被保險人「前 6 個月平均保險俸給」之 60% 計算，按月發給，最長發給 6 個月。另外，若同時撫育子女 2 人以上者，限請領 1 人之津貼；而夫妻同為本保險之被保險人者，可就同一子女，於不同時間分別辦理並請領津貼。

---

❸❺　依據立法院 2009 年之修法理由：「因應少子女化情形日益嚴重，配合政府鼓勵生育政策，以及行政院勞工委員會參酌多數國家的辦理情況而擬於就業保險法增列勞工育嬰留職停薪津貼項目之前例，並考慮政府一體等因素，爰於本保險增列『育嬰留職停薪』項目，以期達到鼓勵生育之目的。」

6.生育給付

公教人員保險生育給付乃 2014 年新增之項目，目的亦在鼓勵生育。依據本法第 36 條之規定，生育給付之額度為 2 個月之平均保險俸額。且自 2015 年 6 月起，被保險人生育為雙生以上者，生育給付更按標準比例增給。而被保險人請領生育給付之條件有二：

⑴繳付本保險保險費滿 280 日後分娩。

⑵繳付本保險保險費滿 181 日後早產。

前述條件乃仿自現行勞工保險之生育給付，然則該條件實有爭議之處。按理，公教人員人事法規本就有帶職帶薪之產假，被保險人不致因請假過多而喪失所得。故此生育給付乃具有「補助」之性質，符合國人「坐月子」習俗之所需。但若被保險人未符合保險給付「等待期」，亦即其受孕期間在加入本保險之前，雖仍可請產假，卻無法請領生育給付。如此之設計，恐違鼓勵生育之初衷。相關分析，容於勞工保險一節再深入介紹。

㈡保險年資的保留與併計

1.保險年資保留的問題

由於老年保險為長期性的保障制度，保險年資的多寡關係著保險給付額度。是以，為了解決公教人員保險之被保險人在不同保險制度間轉換所產生「年資計算」的問題，主管機關首先於 2005 年 1 月修法時增訂第 15-1 條如下：

「被保險人退保改參加勞工保險或軍人保險，不合請領本保險養老給付條件者，其原有保險年資予以保留，俟其於參加勞工保險或軍人保險期間依法退職（伍）時，得經由原服務機關學校，依第十四條規定標準，按其退保當月保險俸（薪）給，請領本保險養老給付。但保留年資已領取補償金者，不適用之。」

從體例上來看，前述條文幾乎是援用「勞工保險條例」第 76 條有關「保留年資」的立法方式。其目的固然在保障被保險人對於保險年資的公法上財產請求權，但是在實施手段上仍然與養老保險重在「累積年資」的理念有違。另外，被保險人從公保「退保」之後一直到在勞保「依法退

職」，這一段期間可能長達數十年。屆時若是將其原制度所保留的年資再按先前「退保當月俸給」來計算，其給付額度早已不敷後來退職時的薪資水準。因此，此一設計充其量不過是種「象徵性」的公法上財產權保障而已❸❻。尤其是 2008 年勞保給付年金化之後，公保、軍保等應當逐步與之接軌，最終目的在於能將職業生涯所有的年資累計。

公教人員保險法於 2014 年 1 月修法時，雖將前述年資保留機制移至第26 條，但其內容容有再行分析之處：

「被保險人於本法中華民國九十四年一月二十一日修正生效後退保而未請領本保險養老給付者，除第四十九條另有規定外，其保險年資予以保留，俟其符合下列條件之一時，得由原服務機關（構）學校，以其退保當時之保險年資，<u>依退保當時之規定</u>，請領本保險養老給付：一、於參加勞工保險或軍人保險期間依法退休（職、伍）。二、領受國民年金保險老年給付。三、年滿六十五歲。」

新增訂之條文中所謂「以其退保當時之保險年資」，該段年資必有投保紀錄可循，爭議不大。至於「依退保當時之規定」，則不應理解為養老年金之計算，亦依退保當時之平均投保俸額。此處應當還要參考本法第 31 條「浮動年金」之立法精神，考量被保險人自公教人員保險退保後，迄至 65歲依其他保險制度請領年金時，此段期間所歷經之物價成長情形。如此一來，保留年資所換算之年金給付金額，才不致因通貨膨脹而貶值太多。因應之道或可比照退保當時同職等之「現職人員薪俸」，作為該段保留年資之計算基礎。

2.保險年資的併計

相較於前述年資保留機制之保守作法，符合「年金期待權保障」精神者，應是保險年資併計的設計。按本法第 49 條規定，被保險人年老請領公保養老年金給付時，其曾經參加勞工保險之年資得以併計。但亦如前述養老年金之規定，僅限公保法第 48 條第 1 項第 1 款、第 2 款規定適用公保年

❸❻　見拙著，〈年金財產權之憲法保障──從司法院大法官會議釋字第 434 號解釋出發〉，《中正大學法學集刊》第 10 期，2003 年 1 月，頁 118 以下。

金給付之被保險人有所適用。尤其近年受到少子化衝擊而被迫退場之私立學校，其諸多離職教職員僅能再進入私人企業工作，轉而投保勞工保險。對此，年資併計機制即甚為受用。

按理，被保險人參加社會保險乃依法強制投保，且不論何種保險制度皆由政府機關或受委託之機構為保險人，儘管制度、財務有所分立，但其間仍得建立通算制度。尤其各項年金之請領皆設有 15 年之等待期，被保險人可能因個別年資過短而喪失年金權利，此亦非年金制度之目的。因此，我國自 2008 年實施國民年金，以及勞工保險給付年金化之後，二者之間即建立有年資併計機制，而如今亦將公保年金納入。未來理想之結果，乃是各項社會保險間皆能有年資併計之可能，如今僅缺尚未年金化之軍人保險。

又其實施方式是依據第 49 條規定，被保險人符合下列情形者，得於年滿 65 歲時，併計其曾參加勞保之保險年資，請領公保養老年金給付：

⑴私校被保險人於 2010 年 1 月 1 日以後退出公保；離退給與相關法令未定有月退休（職、伍）給與及優惠存款制度之非私校被保險人於 2014 年 6 月 1 日以後退出公保。

⑵繳付公保保險費及曾參加勞保各未滿 15 年之保險年資合計達 15 年以上。

⑶符合公保養老給付請領條件。

然而，依據該條第 2 項之規定，「前項被保險人應按退出本保險當時之平均保俸額，依基本年金率計給養老年金給付」。如此一來，倘若被保險人退出公保時尚屬年輕，則待至其年滿 65 歲時，該項平均保俸額恐亦隨物價變動而落後實際薪資水準甚多。修法原意本在保障年金期待權，其結果反而適得其反。故建議應比照退保當時同職等之「現職人員薪俸」計算平均保俸額，方為合理。綜上，新增年資併計之作用僅在滿足 15 年之年金等待期，至於公保、勞保年金額度計算上仍應是「分別計算、分別請領」。此與勞保、國保「得向任一保險人同時請領」之設計仍有不同。再者，該段公保年資之每年所得替代率亦僅為 0.75%（基本年金率），加上按被保險人之投保本俸計算，其額度恐亦不多。

㈢不予年金給付的原因

由於年金制度具有世代互助之精神，其目的在長期照顧具中華民國國籍之被保險人老年基本生活所需，發揮所得替代之作用。故於給付期間內發生不合其意旨之情形，即須停止繼續給付。以下分就養老年金與遺屬年金之停止情形討論：

1.養老年金之停止

依據公教人員保險法第 22 條第 2 項之規定，當事人有「再加保」或享有「卸任總統、副總統禮遇」之期間，停止其養老年金給付，俟原因消滅後恢復。此乃因其已有薪資或享有禮遇，即無經濟安全問題。又該條第 3 項以下規定在若干情形時，當事人將喪失領受年金之權利：

⑴受領養老年金者死亡。此時當事人已無給付之需求，但其遺屬可就扣除餘額請領一次給付，或按原領養老年金之半數，改領遺屬年金。

⑵被保險人因公傷病致不堪勝任職務而命令退休者，或符合第十三條所定失能標準之全失能，經評估為終身無工作能力而請領年金者。其再參加其他社會保險或本保險，或有再任職之事實者，因其已具工作能力，即不再有年金之需求。但其餘額可改為一次養老給付。

⑶年金受領人喪失中華民國國籍者。因涉及外國給付之程序與認證等事宜，不予年金給付，但可改為一次養老給付。此處尚涉及「國際社會法」之領域，有賴國際間簽訂協定，對處於外交困境之我國實為一大難題。

⑷年金受領人犯貪污治罪條例之罪，或犯刑法瀆職罪，或於動員戡亂時期終止後，犯內亂罪、外患罪，經判刑確定者。此乃基於社會觀感不佳而不予年金，或有泛道德之問題，且與社會保險給付之「無因性」有違。但其餘額仍可改為一次性給付。

2.遺屬年金之停止

依據本法第 29 條第 2 項之規定，領受遺屬年金之受益人如有「入獄服刑、因案羈押或拘禁」、「失蹤」、「無謀生能力者已有謀生能力」之情形之一，停止其受領權利，俟原因消滅後恢復。後二者之情形已失其需求性，固可理解，惟第 1 款之情形恐亦屬「社會觀感」考量。另外，同條第 3 項

復就若干情形規定，作為受益人喪失遺屬年金權利之原因：

　　(1)遺屬年金受益人死亡。

　　(2)受益人喪失中華民國國籍。

　　(3)受益人於動員戡亂時期終止後，犯內亂罪、外患罪，經判刑確定者。

　　(4)受益人為配偶而再婚者。

　　(5)受益人原未成年而已成年者。

(四)不予保險給付的原因

　　由於公教人員保險的「社會性」濃厚，接受政府的補助亦高，「公教人員保險法」第 39 條乃規定「因戰爭變亂或因被保險人或其父母、子女、配偶故意犯罪行為，以致發生保險事故者，概不給與保險給付。」此一規定乃承襲自勞保條例，實有檢討分析之空間。以下分別就不予保險給付的消極要件討論：

1.因被保險人或其父母、子女、配偶故意犯罪行為所致

　　此一規定乃是商業保險中常見的「保險人免責條款」，通常是對於因為要保人或被保險人的故意所生之損害，排除保險人的理賠責任[37]。然而，該條款其實已經與社會保險給付所強調的「無因性」有違。按理說，社會保險制度不論損害發生的個別原因為何，都要給予被保險人相同的保險給付，例如全民健康保險的醫療給付即是如此。但是，如果考慮該保險制度原本即具有強烈的公益傾向，就稍能理解對於公教人員或其家屬故意犯罪所致事故不予給付的規定。因為本保險的對象為廣義的公務人員，而且與國家之間有較為密切的身分關係，公保制度乃政府照顧公務人員的手段之一，也難怪有此排除條款。

　　相較之下，對於同為被保險人的「私立學校教職員」而言，其與國家之間欠缺身分關係，只是在合併立法的過程中被納入同一保險制度而已。此類被保險人與私立學校之間，通常被解釋為私法上的法律關係，實在難

---

[37]　例如我國「保險法」第 109 條第 3 項規定：「被保險人因犯罪處死或拒捕或越獄致死者，保險人不負給付保險金額之責任。但保險費已付足二年以上者，保險人應將其保單價值準備金返還於應得之人。」

以理解在社會保險上還要遭受與公務人員相同的約束。

　　按理，犯罪行為所導致之公保保險事故，可能包含失能、死亡及眷屬喪葬三項。而社會保險中的失能給付，其作用在填補被保險人因工作能力降低或喪失所致之所得損失結果，其給付不應追究其發生原因為被保險人或其家屬之犯罪行為。至於死亡給付原意乃是用以照顧已故被保險人的配偶與眷屬，也就是一般老年保險制度中常見的「遺屬給付」(Hinterbliebenenleistung) ❸。如果因為被保險人犯罪被執行死刑即不予保險給付，反而有連帶懲罰其無辜遺屬的意思，殊不合理。另外，縱使眷屬死亡係因被保險人犯罪所致，惟其自有刑法之制裁。公保喪葬津貼之用意乃在補助相關費用，此一不予給付之規定已有過度的道德考量。

2.因戰爭變亂所致

　　自我國社會保險制度來看，此一消極要件亦難有合理的解釋。首先依照現行「公務人員退休資遣撫卹法」第 53 條第 2 項第 1 款的規定，將「執行搶救災害（難）或逮捕罪犯等艱困任務，或執行與戰爭有關任務時，面對存有高度死亡可能性之危害事故，仍然不顧生死，奮勇執行任務，以致死亡」列為「因公死亡」的原因之一。按理，被保險人既然具有公務人員的身分，就難免有其職務上的義務必須遵守，尤其在戰爭時期更要服從長官指揮，其風險雖較一般人民為高，所需保障更不應減少。此一情形更與前款之公益傾向形成強烈對比，立法目的不無自相矛盾之處。是以，將被保險人因戰爭死亡或殘廢的情形明文排除在給付範圍之外，需要有更明確的理由。

　　另外，被保險人倘若不是因公死亡，也理當以「意外死亡」論之，仍得依「公教人員保險法」第 27 條的規定，請領額度較低的給付，而非全然排除。再者，同樣作為被保險人之一的「私校教職員」並不具備公務人員身分，但是如果有因戰爭死亡或殘廢的情形時，同樣也不得請領保險給付。

---

❸　柯木興，《社會保險》（前揭書），頁 114 以下；Köbl, Tod als Versicherungsfall, in: Schulin, Handbuch des Sozialversicherungsrechts, Band 3, Rentenver-sicherungsrecht, 1999, S. 676 ff.。

而且該等被保險人更欠缺類似公務員撫卹制度的保障，其遺屬生計又將如何解決？關於公教人員保險給付這項排除條款有如此諸多疑義，吾人臆測此類規定的存在，或許是受到傳統商業保險契約不包含「兵險」的慣例所影響❸。但是，如此規範的斷然移植，未能顧及社會保險制度的特性，反而違背公教人員保險的設立目的。

3.保險準備金的返還

又公教人員保險在性質上仍然屬於「綜合性保險」，其保險給付內容即包含失能、養老、死亡、眷屬喪葬、生育等。而依據釋字第 434 號解釋的意旨，「被保險人所繳付之保險費中，關於養老保險部分……應提撥一定比例為養老給付準備，此項準備之本利類似全體被保險人存款之累積……」。所以，基於公法上財產權保障的基礎，公務人員保險的保險人於被保險人未符合條件退職時，仍必須返還該部分的準備金。此一見解也應當適用於失能與死亡等與老年事故類似的情形，所以不論被保險人發生失能或死亡的原因為何，依現行憲法實務的見解至少仍得請求返還該部分的準備金。另外，吾人若是參考前述商業保險的免責條款，其中也有保險人應返還「保單價值準備金」的規定。相較之下，社會保險的給付條件即不應作更嚴苛的設定。

㈤公務人員退休資遣撫卹法的給付

1.公教人員退休金的給付種類

軍公教人員之退休制度為首波年金改革的重心，以下分析僅以公務人員退休金為代表。依據現行「公務人員退休資遣撫卹法」第 16 條的規定，公務人員的退休情形可以分為「自願退休」、「屆齡退休」以及「命令退休」三種。

⑴依據該法第 17 條的規定，自願退休的要件必須是公務人員任職 5 年以上且年齡滿 60 歲，或是任職已經屆滿 25 年的情形。該條第 2 項且明定，

---

❸ 按我國「保險法」第 32 條規定：「保險人對於因戰爭所致之損害，除契約有相反之訂定外，應負賠償責任。」惟一般保險人於契約中皆將兵險列為除外不保之特約條款。

任滿 15 年而有諸如身心障礙、末期病人或重大傷病等無法擔任工作之情形，亦可申請自願退休。又關於擔任危勞職務或具有原住民身分之公務人員，還可調降自願退休之年齡。較諸修正前之規定，新法於自願退休部分較具彈性。

(2)依據該法第 19 條之規定，屆齡退休乃指任職滿 5 年，且年滿 65 歲之公務人員。其中擔任危勞職務之公務人員，亦得調降退休年齡。

(3)至於命令退休則依該法第 20 條之規定，為公務人員任職滿 5 年以上，受監護或輔助之宣告；因身心障礙、重大傷病的情形而不堪勝任職務，經服務機關認定不能從事本職工作，亦無法擔任其他相當工作且出具證明者。惟若公務人員係因身心障礙而受命令退休時，機關應先比照身權法第 33 條之規定，提供當事人「職業重建服務」。又依該法第 21 條之規定，公務人員如係「因公傷病」者，其命令退休不受前述任職滿 5 年之限制。

另外，依據該法第 17 條之規定，前述自願退休人員尚須繳交「中央衛生主管機關評鑑合格醫院出具已達公教人員保險失能給付標準表所定半失能以上之證明」、「符合中央衛生主管機關所定身心障礙等級為重度以上等級之證明」、「末期病人經合格醫院出具之證明」、「全民健康保險永久重大傷病證明」或經勞保條例個別化專業評估機制，出具「終生無工作能力之證明」等。

有關退休金的給與方式乃是依據「公務人員退休資遣撫卹法」第 26 條以下的規定辦理，而且有「一次退休」與「月退休」以及「兼領二者」的各種搭配方式。至於退休金的額度計算乃涉及「年資」與「平均薪俸」兩項因子，前者按服務年資計算，爭議較小；後者則為 2018 年年金改革的重點。按理，為落實公務人員身分保障，應以其退休前一段期間之平均薪俸為準。然而，我國自 1995 年起實施公務人員退休新制，採「共同儲金制」之財務制度，其性質已與社會保險無異。為了達到年金制度之「給付協調化」，關於「保險原則」之落實即無法避免。是以，此次年金改革即引進勞保「平均月投保薪資」的模式，以「最後在職之平均俸額」作為計算內涵，最高可採計 15 年❹。改革後之退休金額度則大致上依照下列方式來計算：

⑴一次退休金

按本法第 29 條第 1 款之規定，年金改革後退休之公務人員，其 1995 年退撫新制後之任職年資，以本法第 27 條第 2 項「附表一所列各年度平均俸額」加一倍為基數內涵，每任職 1 年給與 1.5 個基數，最高 35 年給與 53 個基數❹。退休審定年資超過 35 年者，自第 36 年起，每年增給一個基數，最高以 60 個基數為限。

⑵月退休金

月退休金同樣以第 27 條附表所訂為基數內涵，但因為是持續性的發給，額度即可逐年調整，符合老年經濟安全保障之目的。在額度計算上，按本法第 29 條第 2 款之規定，公務人員每任職 1 年即給與基數 2% 的金額，最高以 35 年給與 70% 為限。公務人員退休審定年資超過 35 年者，自第 36 年起，每年增給 1%，最多增至 75%。

前述公務人員的退休金額度之所以用「平均俸額加一倍」作為計算基數內涵，主要是因為我國現職公務人員實際領取的俸給除了「本俸」之外，還包含有「年功俸」以及「職務加給」、「技術或專業加給」與「地域加給」等❹。如果僅以本俸作為退休金給付的計算基數，則難免與公務人員在職期間的薪俸水準有相當差距，而且與公務人員「身分保障」的目的不符。

---

❹ 見「公務人員退休資遣撫卹法」第 27 條之附表，類似規定亦見於「公立學校教職員退休資遣撫卹條例」第 28 條之附表。至於志願役軍人由於年資較短，依年金改革修正後之「陸海空軍軍官士官服役條例」第 26 條附表規定，採計「退伍除役生效日前最後五分之一年資」作為基數計算內涵。

❹ 由於年金制度的長期特性，改革對象將及於現職、屆退以及已離退之公務人員。且基於年金財產權保障之理念，改革範圍亦因當事人於本法公布實施時「是否已經退休」、「是否擁有退撫新制實施前之年資」，而有不同之計算方式。本書僅以完全適用新制之公務人員為例。

❹ 「公務人員俸給法」第 3 條第 1 項：「公務人員之俸給，分本俸（年功俸）及加給，均以月計之。」第 5 條則將加給分下列三種：⑴職務加給：對主管人員或職責繁重或工作具有危險性者加給之⑵技術或專業加給：對技術或專業人員加給之⑶地域加給：對服務邊遠或特殊地區與國外者加給之。

但是有關各項加給的發給情形相當複雜，憲法實務上對於是否列入計算的爭議，也有釋字第 246 號解釋的闡明，因此現行法的規定已較能反映其間的差距。然而，由於新修正的計算基數內涵最高可採計最後在職 15 年之平均俸額，再加上月退休金之調整與現職人員脫鉤❸，公務人員年金所得替代率必然將降低。

另外，除了前述退休金之計算模式外，為了加速年金改革的時程，新修正之退撫制度更祭出下列改革重點：

⑴依據該法第 36 條規定，退休公務人員支領月退休金者，其公保一次養老給付之優惠存款利率，將自新法施行後逐年降低，並自 2021 年歸零。惟對於退休所得較低者，仍設有最低保障金額之「樓地板條款」，亦即調降後月總所得（優存利息＋月退休金）不得低於 32160 元。

⑵依據第 37 條規定，新法公布施行前已經退休者，其每月退休所得不得超過附表所訂之替代率上限。例如，年資 35 年之退休公務人員，其所得替代率將自 2018 年之 75%，以 10 年時間為過渡調降至 2029 年之 60%。此處仍有最低保障金額之設計。

⑶依據第 38 條之規定，新法公布施行後才退休者，則依公務人員退休當年度之替代率上限，之後逐年調降至 2029 年之 60%。此處同樣設有最低保障金額。

2.公教人員退休金不予給付的原因

關於公務人員退休金的發給也有規定消極要件。首先，依照「公務人員退休資遣撫卹法」第 75 條第 1 項的規定，公務人員或其遺族有「褫奪公權終身」、「動員戡亂時期終止後，犯內亂罪、外患罪，經判刑確定」、「喪失或未具中華民國國籍」、「為支領遺屬一次金、遺屬年金或撫卹金，故意致人於死且判決確定」或「其他法律有特別規定」等情形之一者，喪失申請退撫給與之權利。另外，第 76 條復規定於若干情形中，退休人員須停止

---

❸　依據「公務人員退休資遣撫卹法」第 67 條之規定，對於月退休金、月撫卹金或遺屬年金，得衡酌國家整體財政狀況、人口與經濟成長率、平均餘命、退撫基金準備率與其財務投資績效及消費者物價指數調整之。

領受月退休金，至其原因消滅時恢復；第 77 條則規定退休人員支領月退休金，而有再任有給職務之情形，亦須停止其領受月退休金之權利，至原因消滅時恢復之。最後並於同法第 75 條第 2 項規定退休人員或遺族有下列情形之一者，喪失其月退休金、月撫卹金或遺屬年金之領受權：

⑴死亡。

⑵受褫奪公權終身者。

⑶動員戡亂時期終止後，犯內亂、外患罪經判刑確定者。

⑷喪失中華民國國籍者。

按理，現職公務人員死亡之時，其遺族自可依據現行「公務人員退休資遣撫卹法」第 51 條以下的規定領取撫卹金。至於支領或兼領月退休金的退休人員死亡時，其遺族也可依據該退休法第 43 條以下的規定領取遺屬一次金或遺屬年金。該等給付性質上皆相當於社會保險的「遺屬年金」，除非有「保障不足」的情形，否則當事人因此喪失退休金領受權，自有可原。然而，公務人員或退休人員受到褫奪公權，或者犯內亂、外患罪遭到判刑，或是喪失國籍者，仍須依法剝奪其退休金的申請權或受領權，相關規定則不無可議之處。如果從「公務人員法律關係」來看，公務人員雖可享有「終身身分保障」，但也須負擔相對的義務。基於公務員身分而生的退休金請求權，也可以此義務為給付前提。然而，我國公務人員退休制度自從 1995 年改採「儲金制」之後，公務人員本身亦必須繳交 35% 的基金撥繳費用，該制度已經趨向社會保險的性質，其給付實在無需再追究損害發生的原因，前述要件即有檢討的必要。

相較於社會保險制度，我國公務人員退休金的給付消極要件，其「道德性懲罰」過於濃厚。如果再參考前述釋字第 434 號解釋的內容，該規定並未有任何替代給付方式，已經有違憲法保障公法上財產權的意旨❹。本書早先建議至少可仿照公務人員退休法第 14 條第 6 項的規定，對於當事人「中途離職者」或「因案免職者」，仍可將「本人原繳付之基金費用」加計

---

❹ 有關釋字第 434 號解釋之討論，見拙著，〈年金財產權之憲法保障——從司法院大法官會議釋字第 434 號解釋出發〉（前揭文），頁 101 以下。

利息發還❹。對此，現行法第 75 條第 3 項即規定，喪失退撫給與領受權利者，「仍得依第九條第二項規定申請發還本人繳付之退撫基金費用本息」。但已經開始支領月退休金、月撫卹金或遺屬年金者，僅得發還本人所繳付基金本息與已領給付間之差額。

二、軍人保險

㈠軍人保險給付的種類

　　我國軍人保險原先的給付範圍僅涵蓋「死亡」、「殘廢」以及「退伍」三項事故，而且此三類給付在學理上又都與老年保險相關。由於軍人職業上的特殊性，其保險給付的項目與要件也與其他社會保險稍有差異，在給付額度上則更為優厚。在發展歷程上，軍保較諸其他社會保險之變革較小，直至 2010 年 5 月方比照前述公教人員保險增列「育嬰留職停薪」之給付❹，2013 年 5 月更增加「眷屬喪葬」。關於軍保之保險給付，依據「軍人保險條例」第 12 條規定，保險給付乃是以被保險人發生事故的「當月保險基數」為計算標準。該項保險基數的金額依該條例第 10 條第 3 項規定，以「被保險人月支本俸」為準，而義務役軍、士官之保險基數金額乃比照「志願役軍、士官同階一級」辦理，士兵、軍校軍費生則比照「志願役下士一級」辦理❹。

---

❹　修正前公務人員退休法第 14 條第 6 項規定，「公務人員依規定不合退休、資遣於中途離職者，得申請一次發還其本人原繳付之退撫基金費用本息。繳付退撫基金五年以上，除因案免職或撤職而離職者外，得同時申請一次發給政府撥繳之退撫基金費用本息」。類似規定見現行法第 9 條。

❹　依據立法院 2010 年修正理由：「為落實性別工作平等法第十六條第三項發放育嬰留職停薪津貼之規定，爰參照就業保險法及公教人員保險法等相關法律規定，增列『育嬰留職停薪』為保險事故之一。」

❹　此條文原先規定於施行細則，較之其他社會保險於母法中規定給付計算基礎而言，其給付基準則授權以行政命令為之，恐有不符「法律保留原則」之疑。後於 2005 年 1 月 12 日修法時改而明定於保險條例中。見李海峰，《軍人保險法制之研究》，國防管理學院法研所碩士論文，2003 年，頁 88 以下。

由於多數現役軍人為義務役軍官兵，服役期間甚短，故軍人保險即扮演團體意外險之角色，主要於死亡、殘廢兩項保險事故上發揮作用。因此，縱使在學理分析上，前述風險多具有長期性，其給付方式亦應以年金模式對應，但我國軍人保險至今仍採一次給付。此一保守局面勢必無法滿足未來全面實施募兵制之需求，政府應及早思考年金化的改革方向。以下即就軍人保險條例之規定，介紹不同種類的保險給付❹：

1.死亡給付

依據該條例第 13 條規定，死亡保險給付的原因有「作戰死亡」、「因公死亡」與「因病或意外死亡」三類，其額度分別為 48、42 與 36 個保險基數。又第 13 條第 2 項且規定，「死亡給付，如低於其應得之退伍給付時，得按退伍給付發給」，故被保險人的死亡給付應以退伍給付之額度為下限。另外，由於軍人任務之特殊性，條例第 14 條更規定，在地面失蹤逾 1 年、在海上及空中逾半年查無下落者，視同死亡。

另外，按條例第 6 條規定，死亡給付依序由下列親屬為受益人領受之：(1)配偶(2)子女(3)父母(4)祖父母(5)兄弟姊妹。又倘若被保險人無前述親屬，或親屬受地域環境限制不能為受益人時，則依第 7 條規定，「轉經國防部核准得指定其他親友或公益法人為受益人」。

2.殘廢給付

軍人保險的殘廢給付依該條例第 15 條規定，可大致分為「作戰成殘」、「因公成殘」與「因病或意外成殘」三類。其各類別中還依據被保險人所遭遇到不同的殘廢程度，由重而輕細分為「一等殘」、「二等殘」、「三等殘」的等級，分別依法定基數給付。至於其區分標準則授權由國防部定之❹。

3.退伍給付

依據「軍人保險條例」第 16 條第 2 項的規定，退伍給付以 5 年為「等

---

❹　馮苧苧，《軍人之老年經濟安全與年金改革》，國防大學管理學院法律系碩士論文，2015 年，頁 80 以下。

❹　按該條例施行細則第 29 條規定，其殘等依國防部頒定之「軍人殘等檢定標準」定之。

待期」。因此，如果被保險人「保險未滿 5 年，未曾領受殘廢給付、育嬰留職停薪津貼或眷屬喪葬津貼者，照最後月份繳費標準，退還其以往各月自付部分保險費」，此一情形通常適用於服役年限較短的義務役官兵。另外，依據條例第 16 條第 1 項的規定，則是在職業軍人退伍的情形，假如被保險人保險年資已滿 5 年者，即發給退伍給付 5 個基數。超過 5 年的年資部分，從第 6 年至第 10 年為止，每超過 1 年增給 1 個基數。而從第 11 年至第 15 年的部分，每超過 1 年則增給 2 個基數。尤其保險年資在第 16 年之後，每年增給 3 個基數。但是保險年資超過 20 年的部分，每超過 1 年則僅增給 1 個基數，最高以 45 個基數為限。

4.育嬰留職停薪津貼

本項保險給付乃 2010 年修法後新增，相關規定類似前述公教人員保險。按條例新增第 16-1 條規定，被保險人申請育嬰留職停薪津貼之要件為「保險年資滿 1 年」、「子女滿 3 歲前」以及「辦理育嬰留職停薪並選擇繼續加保」。津貼額度以申請當月起，前 6 個月平均保險基數之 60% 計算，按月發給，最長發給 6 個月。同時撫育子女二人以上者，限請領一人之津貼；父母同為被保險人者，得於不同時間分別辦理同一子女之育嬰留職停薪津貼。

另外，基於保險原則之運作，並因應育嬰留職停薪制度之實施，條例新增第 16-2 條，要求被保險人於停職期間如有遞延繳納保險費之情形，其發生保險事故而欲請領給付者，應先行補繳自付部分之保險費。否則保險人亦得自其保險給付中扣除之❺⓪。

5.眷屬喪葬津貼

本項給付之依據為 2013 年 5 月修法所增訂之第 16-3 條。依據該條規

---

❺⓪　立法院 2010 年增訂本條理由：「基於領取保險給付，必須先繳納保險費，且本保險除育嬰留職停薪津貼之保險給付外，請領其他給付或退還自付部分保險費，均產生退保之效果，爰於第一項明定育嬰留職停薪期間，選擇繼續加保，並遞延繳納保險費者，於遞延繳納保費期間，發生保險事故，請領保險給付時，應先補繳自付保險費，未補繳者，自其請領之保險給付中扣抵。」

定，被保險人之眷屬因疾病或意外傷害而致死亡者，給與喪葬津貼。其中，死亡者為父母及配偶時，給付 3 個基數。至於子女之喪葬津貼則依其年齡，年滿 12 歲而未滿 25 歲者，給付 2 個基數；已為出生登記且未滿 12 歲者，給付 1 個基數。

若是符合請領同一眷屬喪葬津貼之被保險人有數人時，應自行協商，推由一人檢證請領。另外，被保險人之父、養父或母、養母死亡時，其喪葬津貼僅能擇一請領。

㈡不予保險給付的原因

如同前述公教人員保險之情形，「軍人保險條例」第 18 條也規定有不予保險給付的消極要件。當被保險人有如下情形之一時，即不發給保險給付：

    1.加保未滿 30 年而無故停繳保費者。

    2.非因作戰或非因公而自殺致死或殘廢者。

    3.犯罪被執行死刑者。

    4.犯叛亂罪，經判決確定者。

按照 2010 年該條例修正前第 11 條的規定，被保險人參加保險滿 30 年者，得免予扣繳自付保險費，改而由國庫負擔該部分保費❺❶。是以，在保險給付消極要件中仍然列有「無故停繳保費」的懲罰條款。至於因為被保險人「自殺」而生的事故即不予給付的規定，並未見於前述公教人員保險，反而是商業保險中常見的保險人免責事由❺❷。吾人如果將軍人與公務人員

---

❺❶ 按軍人保險條例第 11 條原規定參加保險 30 年後，被保險人即免繳保費。惟此規定必然影響保險收入，故於 2010 年修法刪除此優惠，並同時將該條文修正如下，以維護舊法時期被保險人之既得或期待權益：「本條例中華民國九十九年四月二十日修正之條文施行前，已繳付保險費滿三十年，或繳付保險費未滿三十年，繼續繳付保險費屆滿三十年之被保險人，在本保險有效期間，其保險費由國庫負擔；如發生第三條所列保險事故時，仍得依本條例規定，領取保險給付。」

❺❷ 見「保險法」第 109 條第 1 項規定：「被保險人故意自殺者，保險人不負給付保險金額之責任。但應將保險之保單價值準備金返還於應得之人。」

同列為廣義公務員之一員，則軍人保險此一條款反而較公務人員保險的給付要件來得嚴苛。況且軍人保險對於自殺不予保險給付的規定，也與社會保險的理念有所不符。另外，有關被保險人遭到「執行死刑」或「判叛亂罪」時不予保險給付的問題，已經於前述公務人員保險中討論過，於此不再說明。

三、勞工保險

㈠勞工保險的給付種類

關於勞工保險的給付種類，我國「勞工保險條例」第 2 條乃依據保險事故的發生原因而區分為「普通事故」與「職業災害」兩類。在 2008 年修法之前，勞保普通事故保險中雖然明列有生育、傷病、醫療、殘廢、失業、老年及死亡等七種給付，但是有關醫療給付的業務已經於 1995 年劃歸全民健保，另外，失業給付雖然遲至 1999 年才開辦，但自從 2003 年「就業保險法」實施之後，即不再適用勞保的規定。因此，現行勞工保險在普通事故方面僅剩下生育、傷病、失能、老年以及死亡五種保險給付。至於職業災害保險則仍存有法定的傷病、醫療、失能以及死亡等四種給付。

有關勞工保險給付的計算乃是依據該條例第 19 條第 2 項的規定，以現金發給之保險給付，「其金額按被保險人平均月投保薪資及給付標準計算」。又為了落實保險原則，反映被保險人實際繳費情形❺，2008 年修法時並於該條第 3 項規定「平均月投保薪資」之不同計算方式：

　　1.年金給付及老年一次金給付：由於相關給付之「長期特性」，因此以

---

❺　依據 2008 年立法院修法理由：「現行老年給付按被保險人退職前三年之平均月投保薪資計算，易產生被保險人平時將投保薪資以多報少，將屆請領老年給付前始大幅調高投保薪資或中高齡勞工再就業所得降低而影響老年給付金額等問題。為兼顧對全體被保險人之公平合理及健全保險財務，與維護因再就業致所得降低勞工之老年給付權益，乃參考其他國家年金給付平均月投保薪資計算之成例，於第一款規定計算年金給付及老年一次金給付之平均月投保薪資，按被保險人加保期間最高六十個月（五年）之月投保薪資予以平均計算，以反映被保險人保險費繳納對於保險財務之一定貢獻度及與給付相連結。」

被保險人「加保期間最高 60 個月平均投保薪資」為計算基準❺❹。但是，在修法前已具有保險年資並依第 58 條第 2 項選擇一次請領老年給付者，其計算上略有不同，仍按舊制以退保當月起「前 3 年平均投保薪資」為計算基礎。

2.其他現金給付：此乃諸如生育、傷病、醫療等短期風險，按被保險人發生保險事故之當月起「前 6 個月之實際月投保薪資」平均計算。

另外，假如被保險人在同一月份擁有二個以上的投保薪資時，則依該條例施行細則第 44 條第 3 項規定，於計算保險給付時，除依本條例第 19 條第 2 項規定合併計算者外❺❺，「以最高者為準，與其他各月份之月投保薪資平均計算」。由於勞保條例有關保險給付的規定頗為複雜，以下僅就各類給付作原則性的介紹，內容中再就事故原因為細分：

1.生育給付

按理，勞工保險的生育給付原本應該包含「分娩費」及「生育補助費」兩項，其分別屬於「醫療給付」與「薪資替代」的性質。然而自從全民健保實施之後，有關醫療給付的部分都劃歸健保，所以「勞工保險條例」乃增訂第 76–1 條，停止有關分娩費的生育給付❺❻。若是按照「勞工保險條例」第 32 條第 1 項第 1 款原本的規定，勞工保險的「被保險人或配偶」皆得請領分娩費，流產時至少還有減半的給付。但在全民健保實施之後，已經停止適用分娩費部分的給付，所以僅剩「女性被保險人」分娩或早產時可請領該條第 2 款的生育補助費。依照現行規定，女性被保險人合於該條例第 31 條所設定的「等待期間」，也就是參加勞工保險滿 280 日之後分娩，

---

❺❹ 以老年風險為例，其長期特性表現在保險事故發生之前的年資累積，以及持續的費用繳交；在事故發生後則是經濟安全的長期需求，以及年金給付的持續性。故年金改革已有提議將平均投保薪資核計期間拉長至 120 或 144 個月，更符合保險原則。

❺❺ 按勞保條例第 19 條第 2 項規定，被保險人同時受僱於 2 個以上投保單位者，其普通事故保險給付之月投保薪資得合併計算，不得超過勞工保險投保薪資分級表最高一級。但連續加保未滿 30 日者，不予合併計算。

❺❻ 見陳綾珊，《社會保險》，2003 年，頁 245。

或者是加保 181 日之後早產者，可以請領相當於平均月投保薪資 60 日的一次性生育給付。

　　一般而言，有關等待期間的設計原本係老年、失業等長期性保險制度所特有的機制，而在醫療、生育等短期性的保險即不應作此設計。另外，社會保險也不該強調保險事故的發生原因，因此我國勞保給付規定竟然將生育的「事故原因」，也就是當事人的「受孕時點」納入考量，實在與社會保險不強調損害原因的原則有違。追究原因，此一情形應該係沿襲自商業保險中關於健康保險的保險人免責事由的規定，理當檢討修正❺❼。由於近年我國社會保險制度受到「少子化」之影響甚鉅，為符合鼓勵生育之政策，此一等待期設計更應刪除。

　　由於勞工保險之被保險人可能兼具其他社會保險資格，或符合軍公教身分保障之請領條件。再者，被保險人若於保險有效期間懷孕，且於離職轉投保其他社會保險後才分娩者，亦得依本條例第 20 條第 2 項之規定申請生育給付。此時為避免發生重複請領之情形，乃於 2014 年 5 月修法新增第 32 條第 3 項之規定：「被保險人同時符合相關社會保險生育給付或因軍公教身分請領國家給與之生育補助請領條件者，僅得擇一請領。但農民健康保險者，不在此限。」該項規定最後將農保被保險人排除在外，除了農保之給付額度較低外，恐亦為政治協商的產物。

2.傷病給付

　　傷病給付乃是勞工保險的主要給付項目，這項給付的作用在發揮「薪資替代」的功能，用以填補被保險人於傷病期間無法工作的所得損失。對此，我國勞工保險還依據事故原因的不同，在保險給付上有「普通傷病給付」與「職業傷病給付」的區分：

(1)普通傷病給付

　　依據勞保條例第 33 條的規定，被保險人因為普通傷病住院接受治療，以至於喪失工作所得的時候，從不能工作的第 4 日起就可以領取「普通傷

---

❺❼　例如我國「保險法」第 127 條規定：「保險契約訂立時，被保險人已在疾病或妊娠情況中者，保險人對是項疾病或分娩，不負給付保險金額之責任。」

病補助費」。該項補助費的額度則依照條例第 35 條的規定，按被保險人平均月投保薪資的半數，每半個月發給一次。此一普通傷病給付的持續期間僅以 6 個月為限，但如果當事人的保險年資滿 1 年者，可以再增加 6 個月的給付期間。

(2)職業傷病給付

依據勞保條例第 34 條的規定，被保險人「因執行職務致傷害」或罹患「職業病」者，而且喪失工作所得必須接受治療時，從不能工作的第 4 日起可以領取「職業傷害補償費」或「職業病補償費」。同條第 2 項並且授權主管機關訂定「勞工保險被保險人因執行職務而致傷病審查準則」，該準則除了在第 3 條中分別就「職業傷害」與「職業病」為定義之外❺❽，還就職業傷害與職業病發生的情形詳細條列，僅於第 18 條作排除性的規定❺❾。另外，職業傷病的保險給付額度則依據勞保條例第 36 條的規定，每半個月發給被保險人相當於平均月投保薪資 70% 的額度，期間以 1 年為限。此一期間經過之後，當事人仍然未能痊癒時，其給付額度則降為平均月投保薪資的半數，再行給付的持續期間也以 1 年為限。

---

❺❽　該準則第 3 條第 1 項：「被保險人因執行職務而致傷害者，為職業傷害。」第 2 項：「被保險人於勞工保險職業病種類表規定適用職業範圍從事工作，而罹患表列疾病者，為職業病。」

❺❾　該準則第 18 條規定：「被保險人於第四條、第九條、第十條、第十六條及第十七條之規定而有下列情事之一者，不得視為職業傷害：

一、非日常生活所必需之私人行為。

二、未領有駕駛車種之駕駛執照駕車。

三、受吊扣期間或吊銷駕駛執照處分駕車。

四、經有燈光號誌管制之交岔路口違規闖紅燈。

五、闖越鐵路平交道。

六、酒精濃度超過規定標準、吸食毒品、迷幻藥或管制藥品駕駛車輛。

七、駕駛車輛違規行駛高速公路路肩。

八、駕駛車輛不按遵行之方向行駛或在道路上競駛、競技、蛇行或以其他危險方式駕駛車輛。

九、駕駛車輛不依規定駛入來車道。」

(3)給付連續性與競合之問題

按理，「傷病」乃是一種持續性的保險事故，而且依照當事人受傷或罹病的實際情況，還可能連續衍生出「失能」甚至「死亡」等事故。由於傷病事故的「持續性」，首先即可能遇到被保險人在治療期間內脫離保險的問題。這種情形在全民健保尚未實施之前較為普遍，勞工一旦因為無法工作而離職時，通常即無法透過勞保享受醫療保險。另外，也由於不同保險事故之間的「連續性」，在保險不同給付的接續上就容易產生縫隙。對此，勞保條例第 20 條第 1 項乃規定：「被保險人在保險有效期間發生傷病事故，於保險效力停止後一年內，得請領同一傷病及其引起之疾病之傷病給付、失能給付、死亡給付或職業災害醫療給付。」又考慮到女性勞工在保險有效期間懷孕，於離職後亦能申請生育給付，同條第 2 項更規定：「被保險人在保險有效期間懷孕，且符合本條例第三十一條第一項第一款或第二款規定之參加保險日數，於保險效力停止後一年內，因同一懷孕事故而分娩或早產者，得請領生育給付。」為處理可能發生給付競合之問題，依據條例新增第 32 條第 3 項之規定，除農保生育給付之外，當事人於同時符合社會保險以及基於軍公教身分等各類生育給付條件時，僅得擇一請領。

在傷病保險中，被保險人單純的傷病事件並不當然導致保險給付的發給，該項給付請求權必須以當事人「接受治療」與「喪失工作所得」為要件。由於前一項要件與醫療給付相關，所以必須同時參酌「健保醫療給付」與「勞保職災醫療給付」的規定，但是勞保傷病給付仍然應當以補償當事人的「所得喪失」為主要目的。另外，傷病給付還必須與其他保險給付有所區隔，以避免產生重複請領的情形。例如，大法官釋字第 310 號解釋就有下列的闡明：

「勞工保險條例規定之傷病給付，乃對勞工因傷病不能工作，致未能取得原有薪資所為之補助，與老年給付係對勞工因退職未能獲取薪資所為之給付，兩者性質相同，其請領老年給付者，自不應重複請領傷病給付。」

3.職災醫療給付

(1)雇主責任之替代

依據「勞工保險條例」第76-1條規定，在我國全民健保實施之後，勞保條例第39條以下有關「普通事故保險醫療給付」的部分即應停止適用。因此，勞工保險醫療給付就僅剩下職業災害保險的部分，而該部分的保險給付則在勞保條例施行細則中有較為詳盡的規定。依據施行細則第59條的規定，勞保職災醫療給付乃是「委託中央健保署辦理」，所以被保險人遭遇職業傷害或罹患職業病之時，應向全民健保的特約醫事服務機構申請診療服務。

在保險醫療給付的內容上，依據勞保條例第39條以及全民健保法第40條的規定，醫療給付可以約略區分為「門診」與「住院診療」兩項。其中雖然大部分與醫療相關的給付已經由健保制度承接了，但是在職災醫療給付方面仍然有若干項特別的給付規定❻。按照「全民健康保險法」第94條第1項的規定：「被保險人參加職業災害保險者，其因職業災害事故所發生之醫療費用，由職業災害保險給付。」第2項並規定，「保險人得接受勞工保險保險人之委託，辦理職業災害保險之醫療給付事宜」。因此，依據勞工保險局現行關於職災醫療給付的業務，被保險人在就醫時「免繳交健保規定之部分負擔醫療費用」。而且其住院時更享有在「普通膳食費及一般治療飲食費」方面，30日內費用上半數的補貼。另外，由於勞工遭遇職業災害或職業病的責任乃在雇主，因此除了前述勞保給付以外，我國勞動基準法第59條也規定：「勞工受傷或罹患職業病時，雇主應補償其必需之醫療費用」；「勞工在醫療中不能工作時，雇主應按其原領工資數額予以補償。」但是，如果在同一事故中，當事人已經依照勞保規定領取給付時，雇主即得予以抵充。反之，在勞保職災醫療給付不足的地方，例如「掛號費」、「特別護士費」以及「病房費」等等，如果是屬於醫療所必需的費用，並且由醫療機構出具證明者，仍然應當由雇主負擔❻。

❻ 見勞工保險局全球資訊網 (http://www.bli.gov.tw) 關於職災醫療給付之介紹。

❻ 見勞委會 (78) 臺勞保三字第 26322 號函；(84) 臺勞動三字第 112977 號函。

綜上，勞工遭遇職業傷病事故時，首先即由全民健保之醫療給付承接，其間所衍生之所得減損與額外支出則由勞保職災保險之現金給付因應。值得注意的是，由於職業病之發生通常具有「持續累積」與「延遲發作」的特性，其發病時點甚至可能在保險效力停止 1 年以後。當事人於此種情形即無法依條例第 20 條第 1 項之規定，請求保險人為相關給付。縱使有條例第 20-1 條關於退保後罹患職業病之特殊規定，但亦僅適用於失能給付。此一情形無異惟立法上之疏漏，亟待修法予以填補。另外，基於勞動契約之附隨義務，雇主除應按勞基法給予相關補償外，勞工仍得依民法之規定向雇主提出損失填補之要求。

⑵職業傷病之預防

由於醫療給付已經劃歸健保業務，勞工保險除了前述補充性的給付之外，給付業務的另一重點則是在於「職業病之預防」。依據勞保條例第 39-1 條規定，「為維護被保險人健康，保險人應訂定辦法，辦理職業病預防」，因此而有「勞工保險預防職業病健康檢查辦法（1996 年 6 月）」的訂定。依據該項辦法，保險人得視實際上的需要，參酌職業災害保險給付的情況，就勞工保險職業病種類表以及中央主管機關核准增列的職業病作業種類中選定檢查種類，並且公告之。被保險人申請該項健康檢查時，必須是從事特別危害健康的作業期滿 1 年，而且每年得以申請一次，費用則由勞保局支付❷。

另外，勞保條例第 42-1 條亦規定相關申請程序。明定被保險人罹患職業傷病時，應由投保單位填發職業傷病門診單或住院申請書申請診療；而若是投保單位未依規定填發者，被保險人亦得向保險人請領，經查明屬實後發給。該條第 2 項更進一步規定，「被保險人未檢具前項職業傷病醫療書單，經醫師診斷罹患職業病者，得由醫師開具職業病門診單」❸，賦予

---

❷　見陳綾珊，《社會保險》（前揭書），頁 254。

❸　按立法院 2003 年修訂理由：「為保障罹患職業病之勞工保險被保險人之權益，由具備職業病診療資格之醫師及地區教學醫院以上之醫院專科醫師，得依事實情況領取及開具勞工保險職業病門診單，勞工保險局訂有「職業病診療醫師及

門診醫生相當於通報之任務。惟基於公益考量，立法技術上甚至可採取更為積極的作法。例如，醫療人員於「家庭暴力防治法」或「老人福利法」規範上之通報義務❻。

4.失能給付

本項給付乃源自勞工保險原先一次性的「殘廢給付」。惟當時被保險人僅依不同之障礙等級請領補助費，給付之後仍得繼續工作、無須退保，故給付之性質較接近「生活津貼」。但是，自從勞工保險於 2008 年修法之後，除了改稱「失能給付」之外，更增加失能年金之給付模式，故其功能更著重於「所得替代」。另外，勞工保險中的「失能事故」通常也是前述傷病與醫療事故的延伸，判斷上仍須借重健保之醫療機制。因此，勞保條例第 53 條以下乃以被保險人發生失能的原因，從而區分為下列各項給付：

⑴普通傷病之失能給付

依據該條例第 53 條第 1 項的規定，失能事故之一為被保險人因為「普通傷害」或罹患「普通疾病」，經治療後，症狀固定，再行治療仍不能期待其治療效果，身體仍然留存有障害的情形❻。這種情形必須是符合條例第 54-1 條第 1 項授權之「勞工保險失能給付標準」所規定的項目，而且要經過醫療院所診斷為永久失能。合乎以上要件時，當事人就可以依據同表規定的失能等級以及給付標準，請領一次性的「失能補助費」❻。另外，第

地區教學醫院以上之醫院專科醫師領取及開具勞工保險職業病門診單作業辦法」……」

❻ 家庭暴力防治法第 50 條第 1 項規定：「醫事人員、社會工作人員、教育人員、保育人員、警察人員、移民業務人員及其他執行家庭暴力防治人員，在執行職務時知有疑似家庭暴力，應立即通報當地主管機關，至遲不得逾二十四小時。」另老人福利法第 43 條亦有類似規定。

❻ 按勞保條例施行細則第 68 條規定，請領失能給付應具備下列書件：⑴失能給付申請書及給付收據⑵失能診斷書⑶經醫學檢查者，附檢查報告及相關影像圖片。

❻ 按勞保失能給付標準第 2 條之規定，失能種類有以下 12 種：一、精神。二、神經。三、眼。四、耳。五、鼻。六、口。七、胸腹部臟器。八、軀幹。九、

53 條第 2 項進一步規定，前項被保險人經評估為「終身無工作能力」時，即得請領「失能年金」。該項失能年金之給付額度按被保險人之年資計算，每一年之所得替代率為平均月投保薪資之 1.55%，年資較少者則有新臺幣 4000 元之基礎保障。又勞保被保險人傷病結果成為身心障礙者權益保障法所定之身心障礙者時，亦比照前述情形辦理。

再者，為使勞工保險能與國民年金銜接，如被保險人同時擁有兩者之保險年資時，得分別核計年金額度，由保險人勞保局合併發給。二者合併後，如有額度不足者，仍有 4000 元基礎保障之適用。

⑵職業傷病之失能給付

依據勞保條例第 54 條的規定，失能事故之二為被保險人因為「職業傷害」或是罹患「職業病」，經過治療之後，症狀固定，再行治療仍不能期待其治療效果，而仍然存有身體障害的情形。如果該情形符合前述「失能給付標準表」的給付項目，並且經過醫療院所診斷為永久失能者，當事人即可以請領較普通事故增加 50% 的「失能補償費」。與前文相同的，若是被保險人經評估為「終身無工作能力」時，即得請領失能年金。該項年金之計算標準同前條，但因職業傷病失能之被保險人可依同條第 2 項再領取一筆補償金，其額度為平均月投保薪資之 20 個月。另外，由於職業傷病經常有相當的潛伏期，甚至要在體內日積月累之後才會發病，所以殘廢事故可能遞延至被保險人離職退保之後才發生。為了防止到時候求助無門的情形，勞保條例第 20-1 條乃規定「經診斷確定於保險有效期間罹患職業病者」，亦得請領職災失能給付❻。惟如前文分析，其餘職業病之給付則限於離職退保後 1 年之內方得請領。

前述失能給付的審核標準乃是依據勞保條例第 54-1 條第 1 項的規定

頭、臉、頸。十、皮膚。十一、上肢。十二、下肢。另外有關失能種類之狀態、等級、審核基準及開具診斷書醫療機構層級，該標準第 3 條則有附表以為依據。

❻　見勞委會頒訂之「勞工保險被保險人退保後罹患職業病者請領職業災害保險失能給付辦法」。

所訂頒。審核程序原則上以被保險人身體各部位的障害程度，對照失能給付標準表所列出的各個項目，並依其失能狀態分為 15 等級，再依該項目發給按日計算的給付額度。依據勞保失能給付標準第 5 條第 1 項之規定，失能等級最高為第 1 級，其給付額度為平均日投保薪資 1200 日；等級最低的第 15 級，其額度則為 30 日❻。又依照前述給付標準第 8 條的規定，請領殘廢給付應備妥之「失能診斷書」由當事人應診的「全民健康保險特約醫院或診所」出具。且基於認定技術與設備之需要，該特約醫院原則上應符合下列資格之一：「一、經衛生福利部醫院評鑑為優等以上之醫院。二、經衛生福利部醫院評鑑為合格之醫學中心或區域醫院。三、經衛生福利部醫院評鑑及教學醫院評鑑合格之醫院。」就此，勞保條例第 56 條也規定，「保險人於審核失能給付，認為有複檢必要時，得另行指定醫院或醫師複檢」。這時候，前述出具診斷書的醫療院所即負有檢送檢查紀錄或診療病例的義務。若是領取失能給付之被保險人再因傷病而使原有部位的失能程度加重，或是導致其他部位發生失能時，則依據勞保條例第 55 條之規定，「按其加重部分之失能程度，依失能給付標準計算發給失能給付。但合計不得超過第一等級之給付標準」。另外，由於年金給付具有所得替代之功能，條例第 54-2 條復規定，領取失能年金者同時有符合一定條件之眷屬時，每一人加發 25% 之「眷屬補助」，最多可加計 50%。最後，由於失能事故在理論上具有「提早退休」的性質，失能給付也經常會與老年給付產生競合的情形。為了避免發生重複給付的問題，依據勞保條例第 57 條的規定，如果「被保險人經評估為終身無工作能力，領取失能給付者，應由保險人逕予退保。」

由於我國職業災害保險尚未單獨立法，對於職災失能給付亦僅於普通失能給付之計算基礎上，給予加成以及一次 20 個月之補償金。如此一來，對於遭遇職災失能之年輕被保險人，即因其年資過短且投保薪資較低，而導致年金額度有所不足。雖然當事人就勞保給付不足之部分，仍得依勞基

---

❻ 依據勞保失能給付標準第 5 條第 2 項之規定，該平均日投保薪資以平均月投保薪資除以 30 計算。

法以及民法之規定向雇主求償，但此無異將社會風險又推還給個人承擔。對此，前文分析之公保最低 15 年之基礎保障設計，或可作為未來職災保險立法之參考。

5.老年給付

有關勞保老年給付的請領資格要件，主要規定於「勞工保險條例」第 58 條，以下依據不同的給付情形分別敘述：

⑴標準老年給付

按勞保條例 2008 年修正前之規定，當被保險人參加勞保年資合計滿 1 年，而且男性年齡滿 60 歲，或是女性年滿 55 歲時，即應依法退職。惟當時的「等待期間」僅設計為 1 年，實在不符合老年保險的長期特性。推究其原因，可能是因為早先我國各種社會保險之間欠缺「年資併計」的機制，為了使當事人不會因為轉職而喪失請領勞保老年給付的資格，所以作此特別寬鬆的門檻。另外，由於修法前之勞保老年保險給付為一次性的現金給付，制度上還不至於遭到濫用。但現在老年給付已修改為年金給付，就必須連帶檢討等待期間過短的問題。因此，依據現行勞保條例第 58 條第 1 項之規定，被保險人年滿 60 歲，不分男女，其保險年資須合計滿 15 年，方得請領老年年金；年資未滿 15 年者，僅得請領老年一次金。

另為落實信賴保護原則，被保險人於 2008 年 7 月 17 日修正前擁有保險年資者，按同條第 2 項規定，亦得依修正前之條件，選擇請領一次性之老年給付❻ 。又為了符合退休年齡提高為 65 歲之趨勢，同條第 5 項復明定，老年給付之請領年齡自修正後第 10 年起，分段逐步調升至 65 歲❼ 。

---

❻　按修正前之退休條件有下列情形：⑴參加保險之年資合計滿 1 年，年滿 60 歲或女性被保險人年滿 55 歲退職者。⑵參加保險之年資合計滿 15 年，年滿 55 歲退職者。⑶在同一投保單位參加保險之年資合計滿 25 年退職者。⑷參加保險之年資合計滿 25 年，年滿 50 歲退職者。⑸擔任具有危險、堅強體力等特殊性質之工作合計滿 5 年，年滿 55 歲退職者。

❼　老年給付請領年齡自 2009 年至 2017 年為 60 歲，2018 年提高為 61 歲，2020 年提高為 62 歲，2022 年提高為 63 歲，2024 年提高為 64 歲，2026 年以後為 65 歲。

(2)特殊工作老年給付

依據勞保條例第 58 條第 7 項之規定，如果被保險人是擔任具有危險、堅強體力等特殊性質的工作，其年資合計滿 15 年，並且年齡滿 55 歲時，也符合老年年金給付的請領資格❼。

(3)老年給付之額度

前述老年年金之額度乃依據條例第 58-1 條規定，按下列計算方式擇優發給：

A.平均月投保薪資 × 年資 × 0.775% + 3000 元。

B.平均月投保薪資 × 年資 × 1.55%。

此處亦設計有基礎年金 3000 元，而被保險人之平均月投保薪資較高或年資較長者，即得選擇第 B 式較有利。另外，為因應退休年齡之彈性化，條例第 58-2 條亦規定「展延年金」與「減額年金」之計算方式。前者每延後 1 年增給 4%，最多增給 20%；後者則每提前 1 年減給 4%，最多減給 20%。

關於一次性之老年給付額度的計算方式規定於勞保條例第 59 條。依規定被保險人年資合計滿 1 年時，保險人即應發給相當於 1 個月投保薪資的老年給付。假如投保年資超過 15 年時，對於該超過的部分，每年發給 2 個月的老年給付，但全部給付的最高額度以 45 個月的投保薪資為限。被保險人逾 60 歲仍繼續工作者，其後之保險年資最多以 5 年計，且合併之前之給付額度，最高以 50 個月為限。

由於影響老年保險給付額度的關鍵在於被保險人的「保險年資」，因此勞保條例第 9-1 條第 1 項有如下之規定：

「被保險人參加保險，年資合計滿十五年，被裁減資遣而自願繼續參加勞工保險者，由原投保單位為其辦理參加普通事故保險，<u>至符合請領老年給付之日止</u>。」

---

❼ 行政院勞工委員會 97 年 12 月 25 日勞保 2 字第 0970140623 號令：「具有危險、堅強體力等特殊性質之工作」，指從事符合異常氣壓危害預防標準規定之下列工作，並自中華民國 98 年 1 月 1 日生效：1.高壓室內作業。 2.潛水作業。

(4)期待權保障

由於依據此一規定，勞委會乃訂定「被裁減資遣被保險人繼續參加勞工保險及保險給付辦法」，以作為被保險人離職後繼續參加保險以及申請保險給付的處理依據。另外，被保險人在不同保險制度間轉換的情形也甚為普遍，所以勞保條例第 76 條第 1 項即規定：

「被保險人於轉投軍人保險、公務人員保險或私立學校教職員保險時，不合請領老年給付條件者，其依本條例規定參加勞工保險之年資應予保留，於其年老依法退職時，得依本條例第五十九條規定標準請領老年給付。」

關於保險年資保留的問題，現在的依據為「勞工保險被保險人轉投軍人保險公教人員保險年資保留辦法」。轉保後的被保險人在依後保險規定退休時，即得同時請領勞保老年給付，至於請領保留勞保年資老年給付之計算，則依照勞保條例第 59 條一次請領老年給付之規定辦理❼。在有關老年給付額度的多寡上，原先保留之保險年資問題較少，而對於平均月投保薪資的計算基礎即成關鍵。依據勞保條例第 19 條第 3 項之規定，即以被保險人「退出勞工保險前」最近 3 年的月投保薪資合計額除以 36 計算；參加保險未滿三年者，則按其實際投保年資之平均月投保薪資計算。如此一來，勞保前述「保留年資」的設計雖然可以使被保險人原先累積的保險年資不至於因為轉保而喪失，然而在給付額度的計算上卻是以退保當時的薪資水準為基礎，實在有美中不足之處。因為當年的薪資通常遠遠不如當事人其後退休時的水準，老年給付計算的結果也只是聊勝於無而已。事實上，在國民年金開辦之前，我國社會保險各制度之間的年資皆無法併計，其原因在於不同保險人的財務無法流通，而且欠缺「補加保險」(Nachversicherung) 的概念❼。被保險人的年資僅得以在各自的制度中承

❼　關於勞保保留年資之介紹，見勞保局網頁：http://www.bli.gov.tw/sub.aspx?a=tFOaeohZ6QA%3d。

❼　德國年金保險之被保險人轉保後可在新制度辦理「補加保險」，其能使不同制度間之年資接續，但須在不同保險人的財務間建立流通機制。見 Schulin/Igl, Sozialrecht, 7. Auflage, 2002, Rz. 562 ff.；另參考拙著，〈年金財產權之憲法保

認，唯獨在軍、公、教的退休制度上，因為當事人的「雇主」同樣為國家，其退休制度之間才有交流的可能❼。對此，勞保條例於 2008 年修正時始建立與國民年金之銜接機制，依據條例第 74-2 條第 1 項之規定：「本條例中華民國九十七年七月十七日修正之條文施行後，被保險人符合本保險及國民年金保險老年給付請領資格者，得向任一保險人同時請領，並由受請求之保險人按其各該保險之年資，依規定分別計算後合併發給；屬他保險應負擔之部分，由其保險人撥還。」又縱使被保險人於各該保險之年資，未達請領老年年金給付之年限條件，若是併計他保險之年資後已符合者，亦得適用前述規定請領老年年金給付。

6.死亡給付

勞工保險的死亡給付可以分為「喪葬津貼」與「遺屬年金與遺屬津貼」兩類，其給付額度的計算則以當事人死亡當月起前 6 個月的平均月投保薪資為基礎。以下分別介紹死亡給付的內容：

(1)喪葬津貼

依據「勞工保險條例」第 62 條的規定，被保險人的父母、配偶或子女死亡時，得以請領喪葬津貼。在被保險人父母或配偶死亡的情形下，保險給付額度為 3 個月的平均月投保薪資。而在子女死亡的情形下，如果該死亡子女已經年滿 12 歲時，發給 2.5 個月的喪葬津貼；若是未滿 12 歲者，發給津貼 1.5 個月。另外，假如是被保險人本身死亡的情形，則依據勞保條例第 63-2 條的規定，發給遺屬 5 個月的喪葬津貼。但若其遺屬不符合請領遺屬年金給付或遺屬津貼條件，或無遺屬者，則按其平均月投保薪資一次發給 10 個月的喪葬津貼。

障——從司法院大法官會議釋字第 434 號解釋出發〉（前揭文），頁 118 以下。

❼ 例如「公務人員退休資遣撫卹法」第 12 條第 3 款規定：「公務人員依本法辦理退休、資遣或撫卹時，其所具退撫新制實施後之任職年資採計，依下列規定辦理：三、退撫新制實施後，曾任政務人員、公立學校教育人員或軍職人員且已撥繳退撫基金費用之年資，於轉任公務人員時，應由退撫基金管理機關將其與政府共同撥繳而未曾領取之退撫基金費用本息，移撥公務人員退撫基金帳戶，以併計年資。」

⑵遺屬年金與遺屬津貼

依據勞保條例第 63 條規定，被保險人死亡時，如果遺有配偶、子女及父母、祖父母或「受其扶養」⓻的孫子女及兄弟、姊妹者，得請領遺屬年金。另外，條例第 63-1 條更規定，被保險人退保後，於領取失能年金或老年年金之期間內死亡者，其遺屬亦得請領遺屬年金。至於遺屬年金之請領條件，係參考條例第 54-2 條關於失能年金眷屬補助之規定，明訂於第 63 條第 2 項⓼。由於此項年金給付係 2008 年修法後之成果，故該條第 3 項亦設有新舊制的選擇機制：「被保險人於本條例中華民國九十七年七月十七日修正之條文施行前有保險年資者，其遺屬除得依前項規定請領年金給付外，亦得選擇一次請領遺屬津貼，不受前項條件之限制，經保險人核付後，不得變更。」類此規定亦見於第 63-1 條，於被保險人於退休後死亡之情形，但遺屬於選擇一次請領失能給付或老年給付時，須先「扣除已領年金給付總額之差額」。

雖然保障對象為被保險人之遺屬，但是前述給付額度的計算則是以被保險人生前的保險年資作為參考，反映社會保險給付之「保險原則」。是以，按照勞保條例第 63-2 條之規定，遺屬年金之額度乃依被保險人之投保年資計算，每滿一年給予平均月投保薪資之 1.55%。如係被保險人退休後死亡者，則依失能年金或老年年金給付標準計算後金額之「半數」發給遺屬年金。另為避免被保險人死亡時年資較少，以致遺屬年金額度過低之情形，此處亦設計有新臺幣 3000 元之「基礎年金」，表現出社會保險之「社

⓻　按勞保條例施行細則第 85 條第 6 款之規定，受益人為孫子女或兄弟、姊妹者，應檢附受被保險人扶養之相關證明文件。

⓼　按勞保條例第 63 條第 2 項規定各親屬請領遺屬年金之條件如下：「一、配偶符合第五十四條之二第一項第一款或第二款規定者。二、子女符合第五十四條之二第一項第三款規定者。三、父母、祖父母年滿五十五歲，且每月工作收入未超過投保薪資分級表第一級者。四、孫子女符合第五十四條之二第一項第三款第一目至第三目規定情形之一者。五、兄弟、姊妹符合下列條件之一：㈠有第五十四條之二第一項第三款第一目或第二目規定情形。㈡年滿五十五歲，且每月工作收入未超過投保薪資分級表第一級。」

會適當性」。至於選擇請領舊制的遺屬津貼者，則依勞保條例第 63–2 條第 1 項第 3 款之規定，被保險人參加保險年資未滿 1 年者，一次發給平均月投保薪資 10 個月的津貼；至於被保險人投保滿 1 年而未滿 2 年者，發給 20 個月的遺屬津貼。如果保險年資已經滿 2 年者，遺屬可以請領高達 30 個月額度的津貼。另外，按照勞保條例第 64 條的規定，若是被保險人係因為職業傷害或罹患職業病而死亡時，其遺屬符合第 63 條第 2 項之條件者，除得請領遺屬年金之外，並加發平均月投保薪資 10 個月的「職業災害死亡補償一次金」。又若被保險人之遺屬選擇請領一次性的遺屬津貼時，則不論其投保年資的多寡，一律發給平均月投保薪資 40 個月的遺屬津貼❼❼。

值得注意的是，「喪葬津貼」的性質有別於其他的保險給付，請領時並非以被保險人自身所發生的事故為理由。對於此一差別性，大法官釋字第 560 號解釋即有如下闡明：

「同條例第六十二條就被保險人之父母、配偶、子女死亡可請領喪葬津貼之規定，乃為減輕被保險人因至親遭逢變故所增加財務負擔而設，自有別於一般以被保險人本人發生保險事故之給付，<u>兼具社會扶助之性質</u>，應視發生保險事故者是否屬社會安全制度所欲保障之範圍決定之。」

另外，釋字第 549 號解釋則強調「遺屬津貼」之性質如下：

「保險基金係由被保險人繳納之保險費、政府之補助及雇主之分擔額所形成，<u>並非被保險人之私產</u>。被保險人死亡，其遺屬所得領取之津貼，性質上係所得替代，用以避免遺屬生活無依，<u>故應以遺屬需受扶養為基礎</u>，自有別於依法所得繼承之遺產。」

尤其在論及公法上財產權保障的要件時，前述死亡給付往往會因為欠缺對價性的「自己給付」要件，而遭排除於公法財產權保障範圍之外❼❽。

---

❼❼　依勞保條例第 65 條規定，受領遺屬年金及遺屬津貼之順序如下：⑴配偶及子女⑵父母⑶祖父母⑷孫子女⑸兄弟、姊妹。其當序受領遺屬年金給付或遺屬津貼者存在時，後順序之遺屬不得請領。

❼❽　有關社會保險給付之財產權保障及其例外之討論，見本書第二章、貳、三「社會法對憲法財產權的影響」。

㈡不予保險給付的原因

為了避免保險給付過於浮濫而導致保險資源的浪費，所以在勞保條例第 22 條中規定，「同一種保險給付，不得因同一事故而重複請領」。關於不給付之情形，勞保條例規定有下列許多消極的給付要件：

　1.勞保條例第 23 條規定，不論是被保險人、受益人或其他利害關係人，其為了領取保險給付而故意造成的保險事故，除了喪葬津貼以外，均不得請領保險給付。

　2.勞保條例第 25 條規定，被保險人或受益人無正當理由，而不接受醫療院所的檢查，或者是不補具應繳證件者，保險也不予給付。

　3.勞保條例第 26 條規定，因為戰爭變亂，或是因為其父母、子女、配偶故意的犯罪行為而生保險事故者，保險人也不予以保險給付。

　4.勞保條例第 27 條規定，被保險人的養子女在發生保險事故時，收養期間尚未滿 6 個月者，不得享有保險給付。

以上諸多不予保險給付的規定，除了第 25 條是有關被保險人的「協力義務」(Mitwirkungspflicht) 以外，大多屬於承襲自商業保險的「免責事由」或「道德性條款」，而且與社會保險不追究事件發生原因的精神有違。尤其在憲法實務上已有釋字第 549 號解釋，其中涉及勞保條例第 27 條「限制養子女收養登記滿六個月才可領取保險給付」規定的合憲檢驗。該號解釋認為，此一規定固然有推行社會安全與「防止詐領保險給付」的意思，「惟為貫徹國家對人民無力生活者負扶助與救濟義務之憲法意旨，以收養子女經法院認可後，確有受被保險人生前扶養暨其本身無謀生能力之事實為請領遺屬津貼之要件，更能符合勞工保險條例關於遺屬津貼之制度設計」。此外，給付實務上曾以函示規定，「就依法加保之勞工因罹患癌症等特定病症或其他傷病，於保險有效期間死亡者，以各該傷病須在保險有效期間發生為條件，其受益人始得請領死亡給付」。亦即保險人得以「帶病投保」為由，拒絕為相關給付。此一措施乃遭到釋字第 609 號解釋以其「對於受益人請領死亡保險給付之權利，增加勞工保險條例所無之限制，與憲法第二十三條所定法律保留原則有違」為由，宣告違憲。循此見解，勞保各項不

給付原因，諸如前述生育給付之「等待期間」之規定，皆應依社會保險之學理善加檢視。

至於保險人要求當事人必須履行協力義務，此乃是社會法中典型的行政程序。德國社會法法典第 1 篇總論第 60 條以下 (§§60 ff. SGB I) 即有諸多相關規定，例如「提供事實」、「到場陳述」、「接受檢查」、「接受診療」、「安排工作」等等。當事人若未能適時配合該程序者，即可能要面臨保險人拒絕給付或是收回給付的後果 (§66 SGB I)。縱然相關懲罰事件在保險實務上屢見不鮮，但是該國學界仍然認為機關在手段上必須遵守「比例原則」，尤其應當注意總論第 65 條有關「協力界限」(Grenzen der Mitwirkung) 的規定。另外，機關在拒絕給付或收回給付時也必須踐行「書面通知」及「限期履行」等法定程序 (§66 III SGB I)[79]。

四、就業保險

按理，「失業給付」原本係勞工保險普通事故的給付項目之一，但是依據「勞工保險條例」第 74 條的規定，有關失業保險的保險費率、實施地區、時間以及辦法，都授權由行政院另以命令定之，因此延宕至 1999 年 1 月才開辦該項給付業務。一直要到 2002 年 5 月「就業保險法」施行之後，我國才擁有獨立的失業保險制度。

㈠就業保險的給付種類

依據現行「就業保險法」第 10 條的規定，就業保險的給付分別有「失業給付」、「提早就業獎助津貼」、「職業訓練生活津貼」及「育嬰留職停薪津貼」、「失業之被保險人及隨同被保險人辦理加保之眷屬全民健保保險費補助」五大項[80]，以下分別說明之：

---

[79] 見 Schulin/Igl, Sozialrecht（前揭書），Rz. 1075 ff.。

[80] 有關眷屬健保費之補助為 2007 年 1 月新增；育嬰留職停薪津貼則為 2009 年 3 月新增。其餘見陳綾珊，《社會保險》（前揭書），頁 263 以下。

1.失業給付

(1)申請失業給付的要件

依據「就業保險法」第 11 條第 1 項第 1 款的規定，被保險人欲申請失業給付必須合乎下列要件：

A.被保險人於「非自願離職」的情形下，其保險年資在辦理退保當日之前的 3 年之內，合計至少滿 1 年。

B.失業保險的申請人必須「具有工作能力及繼續工作意願」，而且曾向公立就業服務機構辦理求職登記。

C.前述就業服務機構自申請人求職登記日起 14 日之內，無法推介就業或安排職業訓練。

實務上又稱此處 14 日的程序期間為「等待期」，但是與前文老年給付被保險人必須具備若干保險年資的「等待期間」有所不同[81]。因為失業保險實務上所稱的「等待期」，主要是為了公立就業服務機構辦理就業諮詢及推介工作有一定的作業時間，並且還要避免極短暫失業者或是已經找到工作而尚未就職者，卻仍然得以領取失業給付的情形。

另外，該法第 11 條第 3 項並且將「非自願離職」定義為：「被保險人因投保單位關廠、遷廠、休業、解散、破產宣告離職；或因勞動基準法第十一條、第十三條但書、第十四條及第二十條規定各款情事之一離職。」假如被保險人是因為定期契約屆滿而離職，而時間逾 1 個月仍然未能就業時，且必須符合同條第 2 項所規定「離職前一年內，契約期間合計滿六個月以上」的條件下，也可以視為非自願離職。

(2)失業給付的額度與期間

有關失業給付的發給額度，依據「就業保險法」第 16 條的規定，有下列兩種情形：

A.第一種情形是依據該條第 1 項的規定，按月發給被保險人於失業前 6 個月平均月投保薪資 60% 的額度，持續期間最長可達 6 個月。申請人領滿 6 個月的失業給付之後，其保險年資即應當重新計算。惟政府為因應中

---

[81]　見勞委會 (92) 勞保一字第 0920047561 號函。

高年失業及身心障礙人士較難再就業之情形，於 2009 年 3 月修正，保險人就該類申請人最長得發給 9 個月之失業給付。另外，有鑑於「金融海嘯」所造成之影響，新增「中央主管機關於經濟不景氣致大量失業或其他緊急情事時」，得於審酌失業率及其他情形後，延長給付期間至 9 個月，甚至必要時得再予以延長至 12 個月。但於延長給付期間內，不適用第 13 條「申請人拒絕就業推介」以及第 18 條「提早就業獎助津貼」之相關規定。至於延長失業給付之認定標準、請領對象、請領條件、實施期間、延長時間及其他相關事項，則授權主管機關訂頒「就業保險延長失業給付實施辦法」作為依據❷。

　　B.第二種則是依據該條第 4 項的規定，主要在因應申請人受領失業給付期間尚未滿前述給付期間，於再行就業之後又遭逢失業的情形。此時就必須合併計算先前已經領取給付的月數，以及申請人依照該法第 18 條的規定所領取的「提早就業獎助津貼」，其總給付金額也是以前述給付期間為限❸。假如申請人合計已經領滿保險給付時，保險年資也要重新起算。

　　另外，若是被保險人自領滿之日起的 2 年之內，又再次遭遇失業的情形時，該次失業給付的持續期間更僅限於原給付期間之 1/2 而已，領滿之後保險年資又要重新計算。依此推算，甚至此後如果申請人又有第三次再行失業的情況時，條件可能更為嚴苛。因此，依據主管機關的見解，申請人在第三次請領失業給付時，其保險年資已經從該次再就業加保時重新起

---

❷　依據辦法第 2 條之規定：「中央主管機關於失業狀況符合下列情形時，得公告延長失業給付，最長發給九個月：一、每月領取失業給付人數占每月領取失業給付人數加計每月底被保險人人數之比率，連續四個月達百分之三點三以上。二、中央主計機關發布之失業率連續四個月未降低。前項所定失業狀況加重達下列情形時，得再公告延長失業給付，合計最長發給十二個月：一、每月領取失業給付人數占每月領取失業給付人數加計每月底被保險人人數之比率，連續八個月達百分之三點三以上。二、中央主計機關發布之失業率連續八個月未降低。」

❸　按勞委會 (92) 勞保一字第 0920027017 號函之意旨，該二項之合併應以「金額」為計算，對申請人較為有利。

算。如果申請人再就業期間已有 1 年以上，而遭到非自願性離職時，即應回歸「就業保險法」第 11 條第 1 項第 1 款的規定，還是可以依前述期間請領失業給付[84]。

(3)失業給付的申請程序

有關被保險人申請失業給付的程序，主要是依據「就業保險法」第 25 條第 1 項的規定：

A.首先，申請人應當於離職退保後 2 年內[85]檢附相關證明，向公立就業服務機構辦理 「求職登記」、 申請 「失業認定」 並且接受 「就業諮詢」 [86]。

B.該就業服務機構應於 14 日之內，替申請人推介就業或是安排職業訓練。

C.如果 14 日期滿後仍然未完成前述作業時 ， 就業服務機構即應作成「失業認定」，並且轉請保險人核發失業給付。

另外，依據「就業保險法」第 15 條的規定，失業給付的申請人原則上應當要接受機構所推介的工作，或是參加其所安排的就業諮詢或職業訓練，否則機構應拒絕其申請失業給付。但是，如果機構所推介的工作有該法第 13 條規定的情形之一時，申請人得以不接受該推介工作，而仍然可以申請保險失業給付[87]。又如果申請人本身有該法第 14 條規定的情形，也得不接

---

[84] 見勞委會 (92) 勞保一字第 0920019151 號函。

[85] 按 2009 年 3 月修法理由：「原條文第二十四條雖有保險給付請求權二年時效之規定，惟被保險人於離職退保後，何時應向公立就業服務機構辦理求職登記及申請失業給付，並無明確規範，致實務上迭有爭議。為求明確，且使被保險人於失業後能儘速進入就業服務體系，以利重返職場，爰於第一項規定被保險人於離職退保後二年內，應向公立就業服務機構辦理求職登記等相關事宜。」

[86] 按「就業保險法」第 12 條第 5 項規定：「第一項所稱就業諮詢，指提供選擇職業、轉業或職業訓練之資訊與服務、就業促進研習活動或協助工作適應之專業服務。」

[87] 「就業保險法」第 13 條規定不接受推介工作之情形有二：(1)工資低於其每月得請領之失業給付數額(2)工作地點距離申請人日常居住處所 30 公里以上。

受機構所安排的就業諮詢或職業訓練，而且還是可以請領失業給付 ❸。但是，就業服務機構仍然得於發給失業給付的期間之內，擇期安排申請人接受就業諮詢或是職業訓練。

2.提早就業獎助津貼

「提早就業獎助津貼」主要是為了鼓勵失業者積極尋找工作，避免產生福利依賴。因此，就業保險一方面提供被保險人失業給付，另一方面則以津貼作為誘因，獎助失業給付申請人在用罄給付期間之前就業。依據「就業保險法」第 11 條第 1 項第 2 款與第 18 條的規定，申請人符合前述的「失業給付請領條件」，且請領失業給付尚未期滿前，如果能夠再受僱工作並且參加本保險 3 個月以上者，可以一次領取提前就業獎助津貼。該筆津貼的額度為當事人尚未領取的失業給付金之 50%。但是，如果被保險人又再行失業時，則須依前述第 16 條第 4 項的規定，將該津貼的額度與已經請領的失業給付合計，用以決定其再次申請失業給付的給付期間。

依照前述規定，提早就業獎助津貼的對象應當是已經請領失業給付之人。但是，依據主管機關相關函示的意旨，為了鼓勵失業者積極尋找工作，而且防杜失業者過度依賴失業給付，導致勞動意願低落，所以對於尚未領取失業給付前即再受僱，並參加就業保險滿 3 個月以上之人，也給予獎助。因此，遭遇失業的被保險人於公立就業服務機構 14 日的作業「等待期」內即已受僱工作，並且參加本保險 3 個月以上者，也得以請領提早就業獎助津貼 ❹。

3.職業訓練生活津貼

被保險人非自願離職後，應先向公立就業服務機構辦理求職登記，該機構即應於 14 日之內推介就業或安排職業訓練。因為，就業保險給付的目的不僅在消極地維持被保險人失業期間的基本生活所需，而更要積極地透

---

❸ 「就業保險法」第 14 條規定不接受就業諮詢或職業訓練之情形為：(1)申請人因傷病無法參加，並持有證明者(2)參加訓練須變更現在住所，且經機構認定顯有困難者。

❹ 見勞委會 (92) 勞保一字第 0920047561 號函。

過職業訓練提升當事人的就業技能，使他具有就業上的競爭力。是以，「就業保險法」第 12 條即規定，公立就業服務機構為促進被保險人再就業，得提供就業諮詢、推介就業或職業訓練。而依據該條第 3 項之規定，主管機關並得於本保險年度應收保險費 10%，及歷年經費執行賸餘額度的範圍內，提撥經費辦理被保險人之在職訓練；被保險人失業後之職業訓練、創業協助以及其他促進就業措施；被保險人之僱用安定措施；獎勵雇主僱用失業勞工等業務。勞委會就此除訂有「就業保險之職業訓練及訓練經費管理運用辦法」外，還有「就業保險失業者創業協助辦法」以及「就業保險促進就業實施辦法」。

又依據該法第 19 條的規定，被保險人經由機構安排「全日制」的職業訓練時，於受訓期間內可以按月申請「職業訓練生活津貼」❾⓿。該項津貼的額度為當事人離職退保當月起前 6 個月平均月投保薪資的 60%，最長可以發給 6 個月。此外，為了要安定申請人受訓期間的生活，訓練單位應當在他「到訓之日」，通知保險人發放津貼。而且如果中途離訓或遭到退訓時，即應通知保險人停發❾❶。又假如被保險人在接受職業訓練期滿之後，仍然未能順利推介工作者，訓練單位也要依據該法第 28 條的規定，轉請公立就業服務機構完成「失業認定」。此時，當事人即得依據此一認定證明，轉而請求保險人核發失業給付，但是其給付額度合計原先已經領取的失業給付，總金額仍以第 16 條之給付期間為限。

另外，在前述職業訓練生活津貼與失業給付二者之間，也有可能發生競合的問題。依據「就業保險法」的立法意旨，其目的是用以提升勞工的

---

❾⓿　按勞委會 (92) 勞保一字第 0920020851 號令：「勞工保險失業給付實施辦法施行期間，非自願離職，符合失業給付請領條件，於九十二年一月一日就業保險法施行後，經公立就服機構安排參加全日制職業訓練者，得依就業保險法之規定，請領職業訓練生活津貼。」

❾❶　按「就業保險法施行細則」第 19 條之規定，職業訓練生活津貼應按申請人「實際參訓起迄時間」發給。以 30 日為 1 個月核算發放。訓練期間未滿 30 日者，10 日以上訓練時數達 30 小時者，發放半個月；20 日以上訓練時數達 60 小時者，發放 1 個月。

就業技能，促進就業，並且保障勞工在接受職業訓練或是失業時，一定期間內的基本生活。是以，失業保險的給付也應當兼顧被保險人「失業」與「接受訓練」這兩種情形。所以依規定如果機構無法推介就業時，申請人即得請領失業給付；而申請人經由機構安排接受職業訓練後，也可以請領職業訓練生活津貼。由於該二項給付項目皆是以替代被保險人所得以及安定其生活為目的，按理即不能同時請領。然而，如果從該法第 11 條第 1 項第 3 款的規定來看，請領職業訓練生活津貼係以「接受機構安排全日制職業訓練」為要件。因此，若是申請人所接受的職業訓練「非全日制」，或者為「自行參加」民間或政府自辦、委辦的全日制職業訓練時，其既無法請領生活津貼，自然應當准許申請失業給付❷。至於申請人所受訓練是否符合「全日制職業訓練」的定義，就必須依照該法施行細則第 16 條所規定的要件來判斷❸。

為了讓被保險人於請領失業給付或職業訓練生活津貼期間內，受其扶養之眷屬亦能兼顧，2009 年 3 月修法時特增訂第 19–1 條。依據該條規定，受被保險人扶養之無工作收入之配偶、未成年子女或身心障礙子女，每一人可加給 10% 之給付或津貼，最多計至 20%。

4.育嬰留職停薪津貼

為因應我國近年少子化之問題，提高生育率，2009 年「就業保險法」修法時，特別依照「性別工作平等法」之規定，於本法第 11 條第 1 項第 4 款新增關於育嬰留職停薪之給付。其要件為保險年資合計滿 1 年以上，且子女尚未滿 3 歲。育嬰留職停薪津貼之請領標準則依第 19–2 條規定，被保險人前 6 個月平均月投保薪資之 60% 計算，每一子女最長發給 6 個月。同時撫育 2 名子女以上者，僅發給 1 人；且父母同為被保險人者，亦須分別請領津貼。另外，為了打造友善育兒及收養環境，2015 年修法增加第 19–2 條第 4 項規定，使「依家事事件法、兒童及少年福利與權益保障法相

---

❷　見勞委會 (92) 勞保一字第 0920057462 號函。

❸　施行細則第 16 條規定「全日制職業訓練」條件如下：⑴訓練期間 1 個月以上⑵每週訓練 4 日以上⑶每次訓練日間 4 小時以上⑷每月總時數 100 小時以上。

關規定與收養兒童先行共同生活之被保險人，其共同生活期間得依第十一條第一項第四款及前三項規定請領育嬰留職停薪津貼」。

5.全民健保保險費補助

就業保險的被保險人既然是因為失業而離職退保，其原本在全民健康保險的投保單位以及由雇主負擔的保險費用即失其依據。因此，「就業保險法」第 10 條第 1 項第 5 款特別就該類被保險人的健保保險費給予給付，2007 年 1 月更修法增加「隨同被保險人辦理加保之眷屬全民健康保險保險費補助」。而勞委會則依該條第 2 項的授權，訂定有「失業被保險人及其眷屬全民健康保險保險費補助辦法」。依據該辦法第 2 條、第 3 條的規定，所謂「失業被保險人」乃指依法請領失業給付或是職業訓練生活津貼者；至於「眷屬」則是指被保險人離職退保當時，隨同被保險人參加全民健康保險之眷屬，且受補助期間為全民健康保險法第 2 條規定之眷屬或第六類規定之被保險人身分。在前述期間內，其本身以及隨同其參加全民健康保險之眷屬，得就其健保「自付部分」的保費請領全額補助❾❹。

另外，按照 2011 年 1 月修正之全民健保法第 15 條第 4 項的規定，「在政府登記有案之職業訓練機構或考試訓練機關接受訓練之第六類保險對象，應以該訓練機構（關）為投保單位」。而且依據全民健保法施行細則第 26 條第 2 項的規定，該類保險對象「接受訓練未逾三個月者，得在原投保單位繼續投保」。

㈡不予保險給付的原因

就業保險的給付目的在達成「所得替代」與「失業促進」兩項目標。若是被保險人已經有其他足夠的所得來源，或者是拒絕配合各項就業促進措施時，保險給付即應遭到拒絕或停止。以下就失業保險各項消極給付規定加以分析：

1.申請人另有工作收入

按照「就業保險法」第 31 條的規定，「失業期間或受領失業給付期間

---

❾❹　按該辦法第 4 條之規定，保險人應定期將領取失業給付及職業訓練生活津貼者之相關資料，送交中央健康保險局。

另有其他工作收入者，應於申請失業認定或辦理失業再認定時，告知公立就業服務機構」。而且依據該法第 17 條第 1 項的規定，若是被保險人經由該項工作每月的收入超過「基本工資」時，就不得再請領失業給付。另外，縱使其每月收入並未超過基本工資，但是該項工作收入與失業給付的總和仍然高於基本工資時，其超過申請人平均月投保薪資 80% 的部分，仍然必須自失業給付中扣除。但若總額低於基本工資者，則不予扣除。

2.當事人領有其他社會給付

依據「就業保險法」第 17 條第 2 項規定，被保險人有領取勞保傷病給付、職業訓練生活津貼、臨時工作津貼、創業貸款利息補貼或其他促進就業相關津貼者❾❺，亦不發給失業給付。因為這些給付都具有「薪資替代」的功能，為了避免重複給付，所以規定申請人不得同時請領失業給付。

3.申請人未盡協力義務

「就業保險法」第 15 條規定，被保險人如果無故不接受推介工作、不參加就業諮詢或職業訓練者，應當拒絕其失業給付的申請。但若有第 13 條或第 14 條所定之情形者，仍得請領失業給付。至於已經請領過失業給付的申請人，就應當依據該法第 29 條的規定，於前次領取失業給付期間末日之翌日起 2 年內❾❻，按月接受公立就業服務機構的「失業再認定」。縱使無法親自辦理時，也要提出證明委託他人代辦。假如申請人未曾經過就業服務

---

❾❺ 相關就業促進津貼規定於依據「就業服務法」第 23 條第 2 項授權訂定之「就業促進津貼實施辦法」，該辦法第 4 條規定有下列津貼類型：(1)求職交通補助金(2)臨時工作津貼(3)職業訓練生活津貼(4)創業貸款補貼(5)就業推介媒合津貼。

❾❻ 立法院 2009 年 3 月修正理由：「原條文第二十四條雖有保險給付請求權二年時效之規定，惟被保險人繼續請領失業給付者，如未依規定親自前往公立就業服務機構申請失業再認定，應否於一定期間內為之，並無明確規範，致實務上迭有爭議。為求明確，且使被保險人失業後儘速進入就業服務體系，以利重返職場，爰於第一項規定被保險人繼續請領失業給付者，應於前次領取失業給付期間末日之翌日起二年內，每個月親自前往公立就業服務機構申請失業再認定。」

機構的再認定時，就應停發失業給付。又同法第 30 條更規定申請人辦理再認定的時候，應當提供至少 2 次的「求職紀錄」。而且，未能依規定提供該項紀錄又無法於 7 日內補正者，也要停發失業給付。另外，接受職業訓練而領有職業訓練生活津貼之人，如果於中途離訓或經訓練單位退訓時，保險人也可以依照第 19 條第 2 項的規定，停止發放該項生活津貼。

五、農民健康保險

我國的農民健康保險開辦於 1989 年，時間早在全民健保實施之前。按理，其健康保險的業務在全民健保開辦之後即應劃歸中央健保署，但是原先農民健保的給付項目並不僅限於「醫療」部分，所以仍然保留該項保險以及剩餘的生育、殘廢（2010 年 1 月改為身心障礙給付）與喪葬等給付項目。由於農民團體之特殊性，其與以「從屬性勞動」為主的受僱勞工截然不同，在現今社會多為自耕農的情形下，農民之地位實可與「自營作業主」相當。尤其在全民健保實施之後，辦理農民健康保險之「初衷」已不復存在，甚至一度於 2007 年國民年金保險立法時欲將其整合，惟其後又因政策考量而保留。因此，比起我國其他社會保險制度，現行農民健康保險之給付內容甚為陽春，也欠缺所得替代之功能，甚至亦無年金化之考量。其性質彷彿為農民之團體意外保險。

關於保險給付的要件，「農民健康保險條例」第 16 條有如下規定：

「被保險人或其受益人，於保險效力開始後、停止前，<u>發生保險事故者</u>，得依本條例規定，請領保險給付。」

按理，社會保險給付應當只論保險事故的有無，並不講求事故的原因「如何發生」或是「何時發生」，此點與商業保險的規定迥然不同。因此，只要是被保險人在保險有效期間內因為保險事故而申請給付，並且也符合該項給付的特別要件時，保險人即應依照規定發給給付。所以，社會保險的「保險事故」應當是指被保險人遭遇該項事故的事實本身，而不是該事故的發生原因。更不應將前述規定擴大解釋，從而排除被保險人於「保險效力開始前已生傷病」的情形。另外，也不應將社會保險的給付要件與「保

險法」第 127 條「保險契約訂立時，被保險人已在疾病或妊娠情況中者」的免責規定相提並論。我國農民保險實務上即曾經以此理由拒絕給付，實在有違社會保險的精神❾❼。

㈠農民健康保險的給付種類

依據農民健康保險條例第 2 條所定保險給付項目，共區分為生育給付、醫療給付、身心障礙給付及喪葬津貼四項。惟醫療給付現已由全民健保提供，故下文即不特別介紹醫療給付一項。農保與全民健保之差別，主要在醫療費用補助較多，例如本條例第 27 條關於門診給付費用之規定，由被保險人自行負擔 10%；第 28 條對住院給付費用之規定，除膳食費用 30 日以內補助半數外，其餘費用僅由被保險人自行負擔 5%。

1.生育給付

「農民健康保險條例」所規定的生育給付，主要乃是參考前述勞工保險的生育給付而設計的，但是二者之間仍然有若干的差距。依據該條例第 24 條的規定，被保險人或其「配偶」參加保險滿 280 日分娩、參加保險滿 181 日早產或參加保險滿 84 日「流產」者❾❽，得以申請生育給付。比較起前述勞工保險僅限女性被保險人方可請領生育給付的情形，此處則及於被保險人的配偶，而且給付內容還涵蓋到流產的情形。但是，如果夫妻兩人皆同為被保險人時，該次生育給付則僅限其中一人可以請領❾❾。另外，生育給付的額度則依據該條例第 25 條的規定，在當事人分娩或早產的情形給予投保金額 2 個月的給付，流產時則給予 1 個月的給付，雙生以上時也得以按比例增給。

---

❾❼ 內政部 (78) 臺內社字第 759083 號函以及臺灣花蓮地方法院 85 年度簡上字第 81 號判決仍採傳統見解，惟 86 年度判字第 2379 號判決即認為內政部該函釋已逾母法之規定。

❾❽ 依該條例施行細則第 40 條規定，乃指「自然流產」而言。若為人工流產者，當符合優生保健法第 9 條第 1 項之規定。

❾❾ 見陳綾珊，《社會保險》（前揭書），頁 222。

2.身心障礙給付

按照「農民健康保險條例」第 36 條的規定，被保險人遭受傷害或罹患疾病時，經過治療終止之後仍然存有身體障害者，適合依第 3 項授權訂定之「農民健康保險身心障礙給付標準」規定的項目，而且經過全民健保醫療機構診斷為永久身心障礙者，即可以依據同標準規定的身心障礙等級與給付標準請領「身心障礙給付」。另外，2010 年修法之前有關殘廢給付的標準乃依據該條例第 37 條的規定，其審核原則與前述勞工保險的殘廢給付雷同。惟因相關標準已於修法中授權以行政命令定之，故條例原先第 37 條之內容幾已盡皆刪除。新修正之條文僅留存關於被保險人再因傷害或疾病導致「身體同一部位加重」或「新部位發生」身心障礙之情形，此時保險人應按其加重或新增部分之身心障礙程度，依前述標準計算發給給付。但合計最高以第一等級給付之。

另外，為了符合行政程序之要求，條例第 38 條乃規定，保險人得遴聘具有臨床或實際經驗之醫學專家，審查農民健康保險身心障礙診斷書、檢查紀錄或有關診療病歷，作為核發給付之參考。必要時，並得另行指定醫院或醫師進行複檢程序。又因為身心障礙事件具有「提早退休」的性質，所以在條例第 39 條中也規定，被保險人領取該項給付之後，經保險人認定不能繼續從事農業工作者，其保險效力自保險人指定之醫療機構出具之農民健康保險身心障礙診斷書所載身心障礙日期之當日 24 時終止。於此令人質疑的是，本項給付既然未採年金模式，停止保險之後，其後續風險將如何因應，如喪葬津貼即無法受領。

3.喪葬津貼

「農民健康保險條例」第 40 條規定有喪葬津貼。但是其與前述勞保喪葬津貼的給付範圍不同，僅限於「被保險人死亡」的情形才可以請領，而且一次發給當月投保金額 15 個月的額度。該項津貼乃是由「支出喪葬費用之人」領取⑩，並且在請領的同時即應辦理退保。另外，農民健保也沒有

---

⑩　依該條例施行細則第 66 條規定，除被保險人之配偶或二親等以內親屬外，其他人等請領喪葬津貼時應出具支付殯葬費之證明文件。

類似勞工保險「遺屬津貼」的給付。

4.試辦農民職災保險

農民雖為職業團體之一環，但因性質類似「自營作業者」，故需自行承擔執行業務之風險，亦欠缺源自雇主責任之職災保障。然而，有鑑於農民團體仍有其工作之意外風險，德國乃藉由 1995 年「農業社會改革法」(das Agrarsozialreformgesetz) 之通過，該國原先僅適用於勞工之「意外保險法」亦於第 143a 條以下，增訂農民意外保險之相關規定。相較之下，近年我國政府為增進農民職業安全及經濟補償，完備農民社會保險制度，亦參考勞保職災保險模式，嘗試建立專屬農民之職災保險制度。因此，「農民健康保險條例」遂於 2018 年 5 月修法增訂第 44–1 條以下規定，由中央主管機關以試辦方式，辦理農民職業災害保險，以保障遭遇職業災害農民及其家屬生活，並依試辦情形於 3 年內開辦。

農民職災保險以勞動部勞工保險局為保險人，並以基層農會為投保單位。被保險人負擔 60% 保費，剩餘 40% 由政府補助，未來 116 萬農保人口，每個月多繳 14.4 元，就能有職災就醫給付、身心障礙給付跟喪葬津貼都增加，並於 2018 年 11 月開辦。

㈡不予保險給付的原因

依據「農民健康保險條例」第 20 條的規定，保險人在下列情形下將不予保險給付：

1.因戰爭變亂或因被保險人故意犯罪行為，以致發生保險事故。

2.被保險人無正當理由，不接受保險人自設或特約醫療機構之檢查，其本身或受益人不補具應繳證件者。

3.法定傳染病、麻醉藥品嗜好症、美容外科、義齒、義眼、眼鏡或其他附屬品之裝置、病人運輸、特別護士看護、非緊急傷病經醫師診斷認為必要之輸血、掛號費、證件費及醫療機構所無設備之診療費。

其中將有關戰爭及被保險人故意犯罪所生事故列為消極給付要件，此乃我國傳統社會保險常見的規範方式，主要是受到商業保險「保險人免責條款」的影響。對其不符合社會保險原則的情形，前文已有相關討論，於

此不再詳述。至於第 2 款的規定則屬於保險制度課與被保險人與受益人的一種「協力義務」，實屬保險給付行政上的必要手段，但在實施之時仍然應當注意到比例原則的遵守，不應貿然拒絕給付。最後第 3 款所列舉的情形乃是醫療給付中不予給付的項目，在醫療給付劃歸全民健保之後，即不在本保險的檢討範圍❶。

六、全民健康保險

㈠全民健康保險的給付種類

　　我國「全民健康保險法」第 40 條第 1 項規定，在保險對象發生「疾病、傷害或生育事故」時，由「保險醫事服務機構」依據「全民健康保險醫療辦法」，以及第 41 條授權訂定之「全民健康保險醫療服務給付項目及支付標準」、「全民健康保險藥物給付項目及支付標準」，給予當事人門診或是住院診療的服務。而且醫療所需藥品部分也得由醫師交付處方箋予保險對象至藥局調劑。此處所謂的保險醫事服務機構，如果是依據 2011 年 1 月該法修正前第 55 條的規定，其中應包含有「特約醫院及診所」、「特約藥局」、「保險指定醫事檢驗機構」以及「其他經主管機關指定之特約醫事服務機構」。對此，主管機關則訂頒有「全民健康保險醫事服務機構特約及管理辦法」，用以釐清保險人與提供給付的第三人間的權利義務關係。惟依修正後第 66 條之內容，已經刪除前述醫事服務機構之分類方式，該條授權有關「醫事服務機構種類與申請特約之資格、程序、審查基準、不予特約之條件、違約之處理及其他有關事項」之辦法。而依該辦法附表所示，現將醫事服務機構分成 11 類：醫院及診所、藥局、醫事檢驗所、醫事放射所、物理治療所、職能治療所、開業執照載有居家護理服務之護理之家、居家護理機構、助產機構、精神復健機構、居家呼吸照護所。

　　由於健康保險的給付內容繁多，以下僅就主要的法規擇要介紹。又新修正全民健保法第 40 條第 2 項授權主管機關訂頒「保險對象就醫程序、

---

❶　相關規範見「全民健康保險法」第 51 條以下及「全民健康保險醫療辦法」之規定。

就醫輔導、保險醫療服務提供方式及其他醫療服務必要事項」之醫療辦法，用以規範保險對象就醫時之重要程序與相關權利、義務。由於原先醫療辦法所規定之給付內容已不復見，為作體系性之介紹，下文仍採原醫療辦法之分類，但規範依據須參考各別之行政規則。

1. 醫療服務

醫療服務乃是健康保險中最主要的給付項目，其中包含問診、檢查、各項專業治療、手術以及用藥等等，內容十分專業而且繁雜。全民健保相關的法規範中，也以此項最為瑣碎。

主管機關為此訂有「全民健康保險醫療服務給付項目及支付標準」，其中概分為西醫、牙醫與中醫三大類。此一新定之醫療給付分類，符合國人就醫之社會通念，也能因應三者之特殊醫療過程。以下概要介紹其給付項目：

(1) 西　醫

西醫作為我國醫療發展之主流，其所建立之分工體系最為成熟，給付項目亦較其他兩類精細。前述標準將其服務內容分為「基本診療」與「特定診療」兩大項。基本診療包含門診、住院診察、精神科慢性病房住院照護與日間住院、管灌飲食、調劑給藥、住院安寧療護等。至於特定診療則包含各項醫學檢查、放射線診療、注射、復健治療、精神醫療、各科醫療處置、各部位手術、輸血及骨髓移植、石膏繃帶、麻醉等。

(2) 牙　醫

牙醫之醫療服務項目，包含門診診察、牙科放射線診療、牙科處置及手術以及牙科麻醉等。

(3) 中　醫

中醫之醫療服務項目，包含門診診察、調劑給藥、針灸治療、傷科治療、脫臼整復治療處置、特定疾病門診加強照護等。

(4) 居家照護及精神疾病患者社區復健

2. 藥事服務

有關醫療所需藥劑給付的方面，由於其中涉及藥劑的給予以及用藥指

導等知識，應當由專門機構與專業人士來從事。我國早期的醫療習慣皆是由從事醫療服務的醫師逕予病患藥劑，但是「全民健康保險法」於 2011 年 1 月修定前之第 31 條第 3 項則規定「藥品之交付，依藥事法第一百零二條之規定辦理」，期待能早日達成「醫藥分業」的理想⓽。至於修正後則於第 41 條第 2 項規定：「藥物給付項目及支付標準，由保險人與相關機關、專家學者、被保險人、雇主、保險醫事服務提供者等代表共同擬訂，並得邀請藥物提供者及相關專家、病友等團體代表表示意見，報主管機關核定發布。」主管機關亦訂頒「全民健康保險藥物給付項目及支付標準」，其給付項目涉及藥品專業且內容龐雜，於此不予介紹。至於健保藥事服務程序，修正後之全民健保法第 71 條亦規定，「保險醫事服務機構於診療保險對象後，應交付處方予保險對象，於符合規定之保險醫事服務機構調劑、檢驗、檢查或處置」。並就保險對象門診診療之藥品處方及重大檢驗項目，要求機構應存放於健保卡內，以供其他機構後續追蹤治療之需。

　　另外，依據全民健保醫療辦法第 15 條的規定，保險對象持有特約醫院或診所醫師交付的處方箋者，原則上即應於該醫療院所或者至健保特約藥局調劑。但持慢性病連續處方箋者，因故無法至原處方醫院、診所調劑，且所在地無特約藥局時，得至其他特約醫院或衛生所調劑。又依據該醫療辦法第 14 條之規定，保險對象罹患慢性病，經診斷須長期使用同一處方藥品治療時，除管制藥品管理條例所規定之第一級及第二級管制藥品外，醫師得開給慢性病連續處方箋。當事人前往保險特約藥局調劑時，除了前述處方箋之外，也應當出示保險憑證。而且依據醫療辦法第 22 條規定，全民健保之處方用藥，每次以不超過 7 日份用量為原則，甚至對於慢性病人，還可按病情需要，一次得給予 30 日以內之用藥量。另外，為使用藥更具彈性，該醫療辦法第 26 條且規定，藥品之處方，醫師如未註明不可替代者，

⓽　「藥事法」第 102 條規定：「醫師以診療為目的，並具有本法規定之調劑設備者，得依自開處方，親自為藥品之調劑。全民健康保險實施二年後，前項規定以在中央或直轄市衛生主管機關公告無藥事人員執業之偏遠地區或醫療急迫情形為限。」

藥師（藥劑生）得以相同價格或低於原處方藥品價格之同成分、同劑型、同含量其他廠牌藥品替代。但該辦法第 17 條亦規定，為了保障被保險人的用藥安全，有交付藥劑時，應依法規規定為藥品之容器或包裝標示，其無法標示者，應開給藥品明細表。

另外，為降低健保藥事服務之支出，全民健保法於 2011 年 1 月修正時亦增訂第 46 條之規定，要求保險人應依市場交易情形合理調整藥品價格。且藥品逾專利期第 1 年起即應開始調降，並於 5 年內依市場交易情形逐步調整至合理價格。

3.居家照護

我國在「照護保險」尚未開辦之前，全民健保制度仍然擔負著被保險人部分的居家照護服務，其法規依據原為全民健保醫療辦法第 36 條以下的規定。保險醫事服務機構的醫師或是護理人員得提供下列居家照顧的服務項目：「訪視及診察」、「給與治療器材」、「一般治療處置」、「呼吸、消化與泌尿系統各式導管及造口之護理」、「代採檢體送檢」以及「病人護理指導與服務」等。2011 年修法之後，已將前述居家照護規定整合於「全民健康保險醫療服務給付項目及支付標準」之第 5 部，其服務項目大致相同。同一規範除原有之居家照護項目外，亦提供精神疾病患者社區復健以及安寧居家療護之給付依據。由於項目內容繁雜，下文僅就居家照護之實施原則為介紹。依據現行全民健康保險醫療辦法第 3 條第 4 項之規定，「保險對象有接受居家照護服務必要時，應由保險醫事服務機構診治醫師先行評估，開立居家照護醫囑單，並由各該保險醫事服務機構逕向設有居家護理服務部門之保險醫事服務機構提出申請」，因此，前述醫事服務機構在取得居家照護特約之後，必須依照前述標準來辦理其照護業務。首先，提供居家照護的醫事服務機構，必須是經過衛生主管機關核准而且設有「居家護理服務業務項目」的醫療機構或者是護理機構。其收案條件為：

(1)病人只能維持有限的自我照顧能力，即清醒時，超過 50% 以上活動僅限制在床上或椅子上。

(2)有明確的醫療或護理服務項目需要服務者。

⑶罹患慢性病需長期護理之病人或出院後需繼續護理之病人。

　　另外，被保險人因病住院時，即可以經由醫師評估並且開立「居家照護醫囑單」，而後轉交給居家護理服務部門，或者是轉介至其他機構收案。至於非住院的被保險人有居家照護的需求時，也得以透過合格的保險醫療機構或是護理機構申請。有意收案的機構應當擬定完整的「居家照護護理計畫」，並且以 4 個月的時間為一期，必要時得以延長。但是在現行全民健保制度之下，如果護理人員要進行居家護理照護訪視時，每一個案每月僅限兩次，而由醫師進行的居家訪視更僅限每 2 個月一次，實在不敷現實情況所需⑩。

4.預防保健服務

　　依據 2011 年 1 月修正前全民健保法第 32 條規定，「為維護保險對象之健康及促進原住民暨山地離島地區之醫療服務」，主管機關應訂定預防保健服務項目與實施辦法，以及原住民暨山地離島醫療服務促進方案。針對預防保健的部分，衛生署原本有「全民健康保險預防保健實施辦法」的訂定。而依據該辦法規定，預防保健服務的項目依實施的對象而區分為：「兒童預防保健服務」、「成人預防保健服務」、「婦女子宮頸抹片檢查」、「孕婦產前檢查」以及「其他預防保健措施」等等。然而，現在該項業務已改由公務預算支應，並由衛生福利部之「國民健康署」主管，但依舊交由健保署協助辦理，主管機關衛生福利部為此亦訂有「醫事服務機構辦理預防保健服務注意事項」作為實施依據。至於各項預防保健服務在實施上仍然委由保險醫事服務機構來進行，機構在提供服務時則應當核對被保險人的身分以及相關證件。另外，按照該注意事項第 17 點的規定，醫事服務機構應當將檢查結果通知保險對象，而且於發現需要追蹤治療的病症時，更要通知當事人接受治療，或者是轉介至適當的醫療機構。由於此一預防保健的費用將由國庫負擔，該項服務亦不再是全民健保之保險給付範圍。

---

⑩　見全民健康保險醫療服務給付項目及支付標準第 5 部第 1 章有關「收案程序」、「照護期限」、「訪視次數」等規定。現行實務上多需搭配長照計畫之給付，方能滿足居家照護之需求頻率。

另外，全民健保為了促進預防醫學、落實轉診制度，並提升醫療品質與醫病關係，於 2011 年修法時新訂第 44 條，明訂中央健保署應訂定「家庭責任醫師制度」。關於該項家庭責任醫師制度之給付，依規定應採「論人計酬」，並依照顧對象之年齡、性別、疾病等校正後之人頭費，計算當年度之給付總額。

5.原住民地區暨山地離島地區醫療服務

由於原住民地區以及山地離島地區的地理環境特殊，生活條件也較一般地區為差，尤其是醫護人員的羅致困難，造成醫療資源普遍缺乏。如此一來，使得該地區被保險人雖然仍負擔相同的保費，卻無法享有與其他地區相同的保險給付資源，造成醫療給付「實質上」的不公平現象。有鑑於此，主管機關 2011 年 1 月修正前也根據當時全民健保法第 32 條的授權而訂有「山地離島地區醫療服務促進方案」。其用意是在藉此「整合醫療保健服務提供及保健財務等相關資源，以確保居民皆能獲得適當之醫療保健服務」。關於其適用範圍，該方案第 4 點乃以地方自治鄉、鎮作為區分單位，從而列有「山地離島地區一覽表」。至於在實施內容上則有「充實醫事人力」、「充實醫療設備」、「建立醫療照護體系」、「提高財務誘因」以及「提高納保率、降低就醫障礙」等種種具體措施[104]。惟前述授權依據業已刪除，相關方案之性質僅得以行政規則或行政計畫視之。現行依據主要為「全民健康保險保險對象免自行負擔費用辦法」第 8 條之規定，「保險對象於山地離島地區醫院、診所門診、急診、住院或接受居家照護服務者，免自行負擔費用。」此外，主管機關亦訂頒「全民健康保險申請山地離島地區醫療報酬作業須知」，以利健保特約醫事服務機構申請。

(二)保險醫事服務機構

由於健康保險的給付乃是以醫療服務的人力以及相關物質給付為主，

---

[104] 其中與被保險人直接相關之措施為(1)保費補助：55 歲以上、20 歲以下原住民，由原住民委員會全額補助保費(2)部分負擔減免：於該地區醫療院所接受門診、住院或接受居家照護服務者，免自行負擔費用；自離島轉診至臺灣本島就醫者，其門診、急診免自行負擔醫療費用。

因此除了前述給付的內容以外，實際提供被保險人醫療保健服務的醫事機構也是保險給付的重要環節。根據 2011 年 1 月修正前全民健保法第 55 條第 1 項的規定，本保險包含以下各類醫事服務機構：

　　1.特約醫院及診所。

　　2.特約藥局。

　　3.特約醫事檢驗機構。

　　4.其他經主管機關指定之特約醫事服務機構。

　　該條第 2 項並且授權由主管機關訂定「全民健康保險醫事服務機構特約及管理辦法」。按照修正後之全民健保法第 66 條第 1 項規定，原先之機構分類已遭刪除，仍授權主管機關訂頒相關辦法。依據特約及管理辦法第 3 條附表所示，將醫事服務機構分成 11 類：醫院及診所、藥局、醫事檢驗所、醫事放射所、物理治療所、職能治療所、開業執照載有居家護理服務之護理之家、居家護理機構、助產機構、精神復健機構、居家呼吸照護所。各醫事服務機構領有開業執照者，得檢具該附表所定相關文件，向保險人申請特約為保險醫事服務機構。

　　另外，按照修正後全民健保法第 68 條以下之規定，前述保險醫事服務機構於提供醫療給付時，除了全民健保法另有規定之外，不得自立名目再向被保險人收取費用。而且於被保險人發生保險事故時，應依專長及設備提供適當的醫療服務或協助其轉診，不得無故拒絕其以保險對象身分就醫。新法第 73 條以下且規定，醫事服務機構領取保險醫療費用超過一定數額者，負有「提報及公開財務報告」之義務。對於全民健保相關之「醫療品質資訊」，保險人及醫事服務機構亦應定期公開。

　　在醫事人員管制方面，根據前述特約及管理辦法第 4 條的規定，醫事機構或其負責醫事人員有下列情形者，保險人即不予特約：

　　1.違反醫事法令，受停業處分期間未屆滿，或受罰鍰處分未繳清。

　　2.違反全民健康保險有關法令，經停止特約或終止特約，期間未屆滿，或受罰鍰處分未繳清。

　　3.與保險人有未結案件，且拒絕配合辦結。

4.對保險人負有債務未結清，且不同意由保險人於應支付之醫療費用中扣抵。

5.負責醫事人員因罹患疾病，經保險人實地訪查，並請相關專科醫師認定有不能執行業務之情事。

6.負責醫事人員執業執照逾有效期限，未辦理更新。

7.容留受違約處分尚未完成執行之服務機構之負責醫事人員或負有行為責任之醫事人員。

除此之外，該特約及管理辦法第 5 條並且規定，前述申請特約之機構或其負責醫事人員在辦理健保業務的期間內，如果有下列情事之一者，5 年內不予特約：

1.同址之機構累計曾受停約或終止特約 2 次以上處分。

2.有受終止特約執行完畢後，再受停約或終止特約之紀錄。

3.有受停約執行完畢後，再受終止特約或再受應停約 2 次以上之紀錄。

尤有甚者，依據特約及管理辦法第 37 條之規定，保險醫事服務機構如有下列情事之一者，以保險人公告各該分區總額「最近一季確認之平均點值」計算，扣減其申報之相關醫療費用之 10 倍金額：

1.未依處方箋、病歷或其他紀錄之記載提供醫事服務。

2.未經醫師診斷逕行提供醫事服務。

3.處方箋或醫療費用申報內容為病歷或紀錄所未記載。

4.未記載病歷或未製作紀錄，申報醫療費用。

5.申報明知病人以他人之保險憑證就醫之醫療費用。

6.容留非具醫事人員資格，執行醫師以外醫事人員之業務。

此一類似「高額違約罰款」之設計，用意在防堵保險醫事服務機構之以不正當行為，或以虛偽之證明、報告、陳述而領取保險給付、申請核退或申報醫療費用。對此，釋字第 753 號解釋意旨亦認為，該規定並未逾越母法之授權範圍，與法律保留原則尚無不符。並且與憲法第 15 條保障人民工作權及財產權之意旨並無違背。

最後，依據該辦法第 11 條以下的規定，保險醫事服務機構在提供被保

險人醫療服務時，應開給符合醫療法施行細則規定的收據。對於全民健保
應給付的醫療項目，該機構也不得囑咐被保險人自費或是自行購買藥劑、
治療材料或自費檢查。尤其不得應被保險人的要求，提供不屬於醫療所需
的醫療服務並且申報相關費用。

(三)自行負擔費用

　　為了避免醫療資源遭濫用，並且建立被保險人正確的就醫觀念，全民
健保法第 43 條乃規定：「保險對象應自行負擔門診或急診費用之百分之二
十，居家照護醫療費用之百分之五。」而且若是當事人未經轉診而逕赴地
區醫院門診者，即必須自行負擔費用的 30%；逕赴區域醫院門診者則自行
負擔 40%；逕赴醫學中心門診者，更須自行負擔高達 50% 的相關費用。此
一規定的用意除了要落實「轉診制度」以外，還要藉此教導被保險人事先
徵詢「家庭醫師」的習慣。但為了平衡城鄉、本島東西部以及山地與離島
發展上的差距，同條第 2 項亦規定，於醫療資源缺乏地區，其自行負擔之
費用得予減免。

　　另外，全民健保法第 47 條也就「住院費用」規定當事人應負擔的自負
額，而且分別就「急性病房」與「慢性病房」以及住院期間之長短，而有
不同的自負額比例。但是，為了因應被保險人特殊的就醫情形，全民健保
法也在第 48 條規定有下列免自行負擔費用的情形❶❺：

　　1.重大傷病❶❻。

　　2.分娩。

　　3.山地離島地區之就醫。

　　又按照全民健保法第 50 條的規定，前述自行負擔的費用應當由當事人
向保險醫事服務機構繳納。假如當事人未依規定繳費，而且經由醫事服務
機構催繳之後仍未繳納者，得通知保險人。保險人並且於必要時，經查證
及輔導之後，得對有能力繳納而拒不繳納之保險對象，暫行拒絕保險給付。
此一程序在實施時仍須依據「比例原則」，並且注意有無其他配套措施。例

---

❶❺　見衛生署訂頒之「全民健康保險保險對象免自行負擔費用辦法」。

❶❻　見衛生署訂頒之「全民健康保險重大傷病範圍」。

如，該條第 2 項但書即規定，保險對象於依「家庭暴力防治法」之規定受保護期間內，不適用前述暫停保險給付之規定。

對於前述暫行拒絕給付的情形，全民健保法第 98 條又有規定，「於被保險人經濟困難資格期間，不適用之」。而就此資格的認定，主管機關並訂有「全民健康保險經濟困難及經濟特殊困難者認定辦法」。依據該辦法第 2 條、第 3 條的內容，主要是以家庭成員的平均收入，再配合社會救助制度的「最低生活費標準」作為認定依據。被保險人平均收入低於該標準 1.5 倍者為「經濟困難」，低於 1.2 倍者則為「經濟特殊困難」。另外，辦法中更列舉各種特殊情形，以作為個別認定的判別依據。尤有甚者，依照全民健保法第 99 條的規定，主管機關得編列預算設置紓困基金，以提供前述經濟困難者「無息申貸」保險費以及自行負擔的費用❿。此一措施的目的乃是在擴大全民健保的保障範圍，使得無力負擔保險費或是自行負擔費用的國民，皆不至於遭到排除於健保保障制度之外。政府如此的用意雖佳，但是已經混淆了社會保險與社會救助不同制度間的功能，而且容易形成社會保險「其他負擔」的問題⓰。

㈣不予保險給付的原因

全民健保在有關保險給付的消極要件上，區分為「對事」與「對人」兩方面。首先，基於醫療成本以及保險費用的平衡，健康保險即不可能負擔「所有醫療事項」的費用，否則只有宣告破產一途。是以，「全民健康保險法」第 51 條乃列舉不在保險給付範圍的事項，而且也授權主管機關得公告不給付的診療服務以及藥品。後者須先由保險人擬訂，經健保會審議後，再報主管機關核定公告。另外，全民健保法第 52 條仍然將「天災戰事」所生的保險事故排除在給付範圍之外，但是此一情形應當以政府已經有其他更好的配套措施為前提，否則對於被保險人來說無異是「落井下石」。

---

❿　衛生署就此訂有「全民健康保險紓困基金收支保管及運用辦法」及「全民健康保險紓困基金貸款辦法」。

⓰　有關「其他負擔」之討論，見本書第六章、壹、一「社會保險的財務來源」相關討論。

對於被保險人本身的行為方面，依據全民健保法第 53 條的規定，保險對象有如下的情形時不予給付：

1.經醫療院所通知出院，而仍然繼續住院之費用。

2.有不當重複就醫或其他不當使用醫療資源之保險對象，其未依保險人輔導於指定之保險醫事服務機構就醫者。但若情況緊急時，不在此限。

3.經保險人事先審查，非屬於醫療必需的診療服務及藥物。

4.違反本法規定之有關就醫程序者。

前述保險給付的消極要件，比起先前所介紹的公教人員保險、勞工保險等，已經不再有「道德性條款」或是沿襲自商業保險的「免責事由」，符合社會保險不講求事故原因的給付原則。有關保險不給付的事項或範圍，主要是基於「保險原則」的成本考量，而且必須經過詳細討論以及事先的公告。本於健康保險仍應具有「社會適當性」，機關不應只是單純地計算保險成本，而是要預估被保險人實際的負擔能力，避免將此「社會風險」又推還給個人或是家庭來承擔，例如許多高成本的「特殊用藥」。至於在事實認定上仍有待實務的補充，例如 2011 年 1 月修法前第 41 條第 1 款所涉及的是不同社會保險給付間的競合關係，主要在避免社會福利資源的重複請領，但是也不應造成社會給付的「缺口」。就所謂「同一傷病」的認定即不能過於嚴苛，因此實務上認為「不包括以此傷病引起之相關併發症及再復發」的情形。至於「慢性精神病患」也因為情形特殊而仍然給予保險給付 ❿。有鑑於此，此次修法即刪除該款之規定 ⓫。

七、國民年金保險

㈠國民年金保險的給付種類

國民年金保險乃我國首先採取「年金」給付模式之社會保險制度。依

---

❿　見行政院衛生署，衛署健保字第 83078496 與第 84056020 號函；中央健保局，健保醫字第 84001130 號函。

⓫　全民健保法第 53 條修正理由：「被保險人雖已領取殘廢給付，惟同一傷病如有繼續治療需求，原條文第一款規定似欠合理，爰刪除之。」

照「國民年金法」第 2 條的規定,保險事故包含老年、生育、身心障礙及死亡四種,分別提供老年年金、生育給付、身心障礙年金、喪葬給付及遺屬年金等保險給付。按理,其中的生育事故並非典型之長期性風險,惟為照顧為數眾多的女性被保險人,提供可與其他社會保險制度相比擬之保險給付,並因應近年生育率降低之情形,故國民年金保險乃在 2011 年 6 月修法增訂有關生育之給付。至於其他保險事故皆會形成被保險人所得中斷之情形,其相關給付亦具有「所得替代」之功能。因此,國民年金法第 20 條即規定,「同一種保險給付,不得因同一保險事故,重複請領」;第 21 條亦規定,「被保險人符合身心障礙年金給付、身心障礙基本保證年金、老年年金給付、老年基本保證年金及遺屬年金給付條件時,僅得擇一請領」,避免產生重複保障。

關於國民年金保險給付之內涵,乃依據該法第 19 條之規定,其各項給付額度的計算以保險事故發生當月之「月投保金額」為基礎,此乃因為採均一費率之故,並無平均投保薪資之問題。而若按第 11 條規定觀之,其實施第一年的投保金額以基本工資為基準,其後再隨著「消費者物價指數」而調整,以維持相當的給付水準。以下分就各類保險給付為介紹:

1.老年年金

老年年金乃是年金保險最典型的給付項目,依國民年金法第 29 條之規定,被保險人於年滿 65 歲時得開始請領該項給付。而依據該法第 30 條第 1 項之規定,其年金額度依照下列兩種計算方式擇優計給,且按月發給至死亡當月止:

(1)月投保金額 × 保險年資 × 0.65% + 3628。

(2)月投保金額 × 保險年資 × 1.3%。

由於影響年金額度的最主要因素在於「保險年資」,為了防止當事人因為年資不足而致年金額度過低,第一種給付方式就蘊含了「基本保證年金」的理念。另外,原先敬老福利生活津貼本為過渡性措施,其實施期間即明定至國民年金開辦前一日為止,故國民年金法也要有相關的銜接規定 ⓫。

⓫　見拙著,〈從敬老福利生活津貼看「社會促進」制度〉,《社會福利法制與基本

因此，本法第 31 條提供已年滿 65 歲，而無其他社會給付之國民，每月 3628 元的保證年金。至於年滿 55 歲的原住民，則依該法第 53 條規定，仍可繼續請領現行每月 3628 元的原住民敬老津貼，且應參加本保險，至其年滿 65 歲後再改領國民年金。

另外，國民年金亦具有「墊腳石」之功能，能填補勞工因長期失業所造成的年資缺口。故於該法第 32 條第 1 項也設有類似前述勞保老年年金之銜接機制，「被保險人符合本保險及勞工保險老年給付請領資格者，得向任一保險人同時請領，並由受請求之保險人按其各該保險之年資，依規定分別計算後合併發給；屬他保險應負擔之部分，由其保險人撥還」。

2.生育給付

雖然「生育」並非年金保險之典型風險，但以國民年金的保障對象觀之，本即在填補傳統職業團體保險未能涵蓋之族群。故此項保險給付之功能亦不在提供年金，而是令本保險之被保險人享有與其他保險團體類似的給付種類。依據國民年金法第 32–1 條之規定，被保險人分娩或早產，得請領月投保薪資 2 個月額度之生育給付。其為雙生以上之情形，按比例增給生育給付。又為了避免重複給付，若被保險人同時符合相關社會保險之生育給付或補助之條件時，僅得擇一請領。

3.身心障礙年金

身心障礙事故早年多以「殘廢」稱之，其後為避免當事人受歧視，並顧及不同的障礙類型，故現今多改為此用語。在社會保險中，單純的身心障礙並不當然成為給付原因，而是要填補當事人因此而喪失的工作所得，故學理上又稱為「早期老年」。依據國民年金法第 33 條規定，被保險人遭受傷害或罹患疾病，而且治療後仍無法回復，經審定為重度以上身心障礙而無工作能力者，即得請領身心障礙年金。此項年金額度的計算方式為：月投保金額 × 保險年資 × 1.3%。另外，同法第 34 條也設有 4872 元之基本保障。對於實施前已罹於身心障礙者，依據第 35 條之規定，也有每月 4872 元的基本保證年金，其亦得於年滿 65 歲時改領老年年金，合與現行

人權保障》，2004 年 9 月，頁 212 以下。

身心障礙者生活補助辦法銜接。

4.喪葬給付

「死亡」之所以作為年金保險的給付項目之一，主要是在填補因被保險人死亡所生的經濟損失。雖然死者本身已無保障之必要，但家屬首先即須面臨習俗上的喪葬費用。惟此一給付的性質較屬於一時性的社會扶助，而不在保障被保險人家屬的經濟安全。依本法第 39 條規定，被保險人死亡時，「實際支出殯葬費用之人」可以請領月投保金額 5 個月的喪葬給付。

5.遺屬年金

遺屬年金的目的在照顧原先依靠被保險人收入維生的家屬，其可能因被保險人的死亡而頓失經濟支柱。故國民年金法第 40 條也規定，當被保險人死亡，或於年金給付期間死亡時，其遺屬得請領遺屬年金。但申請人必須符合「無謀生能力」、「扶養子女」、「在學」及「收入門檻」等要件，而且要依照法定受領順序提出申請。又依據該法第 42 條的規定，遺屬年金的給付標準有三：

(1)被保險人死亡時，其年金額度計算方式為：月投保金額 × 保險年資 × 1.3%。

(2)於年金給付期間死亡者，則發給其所領年金之半數。

(3)被保險人符合第 29 條規定，年滿 65 歲而未及請領老年年金給付前死亡者：月投保金額 × 保險年資 × 1.3% × 1/2。

為調和各項給付的內容，此處同樣有 3628 元的基本保障。且為避免重複給付，第 43 條亦規定，具有受領二種以上遺屬年金給付之資格者，應擇一請領。

6.年金額度調整

為考量近年來物價明顯上漲，加強照顧領取前述各項給付之弱勢民眾基本生活，本法於 2011 年 12 月修正增訂第 54–1 條，明定「自中華民國一百零一年一月一日起，本法所定老年年金給付加計金額、老年基本保證年金、第四十二條第二項與第四項及第五十三條所定金額，調整為新臺幣三千五百元，身心障礙年金給付基本保障及身心障礙基本保證年金之金額，

調整為新臺幣四千七百元」。另外也規定，其後應照消費者物價指數每 4 年定期調整，惟消費者物價指數成長率為零或負數時則不予調降，以達本法照顧經濟弱勢民眾之立法意旨。故自 2016 年 1 月起，前述年金額度已分別調整為 3628 元以及 4872 元。

㈡不予保險給付的原因

按理，社會保險給付之行政程序，因涉及諸多當事人資料，並為減輕行政作業之負擔，大多附加申請人若干「協力義務」。例如，國民年金法第 24 條第 1 項即規定，「被保險人或其遺屬請領年金給付時，保險人得予以查證，並得於查證期間停止發給，經查證符合給付條件者，應補發查證期間之給付，並依規定繼續發給」。另為避免產生「道德風險」，該法第 26 條亦規定，如果被保險人、受益人或其他利害關係人，「故意造成保險事故者」，除喪葬給付外，保險人不予保險給付。至於因為被保險人或其父母、子女、配偶之「故意犯罪行為」，而導致發生保險事故者，除未涉案之當序受益人外，亦不給予保險給付。該條第 3 項也如同其他保險之規定，對於因戰爭變亂，而致發生保險事故者，不給予保險給付。

由於國民年金相較於其他社會保險，具有「補充功能」；對於若干社會津貼，亦發揮其「整合功能」，故其年金給付條件多少反映出類此特性。以下分就各項給付之消極要件介紹：

1. 老年年金的不給付原因

依據國民年金法第 30 條第 2 項之規定，有下列情形之一者，不得選擇前項第 1 款帶有保證年金之給付方式：

⑴具有欠繳保險費期間不計入保險年資情事。此乃避免被保險人因欠繳保費反而得以選擇保證年金。

⑵當事人已領取相關社會福利津貼。因為該項保證年金之功能即在整合原有之社會福利津貼，因此不應有重複發放之情形。

⑶當事人已領取相關社會保險老年給付。但若其僅請領過勞保一次性之老年給付者，仍得適用保證年金之模式。另若已請領過公教人員保險養老給付或軍人保險退伍給付者，則「自年滿六十五歲當月起以新臺幣三千

元按月累計達原領取給付總額」後，才有所適用。

另外，依據國民年金法第31條之規定，國民年金保險實施時年滿65歲之國民，如具有下列情形之一者，亦不得請領每月新臺幣3628元之「老年基本保證年金」：

(1)經政府全額補助收容安置。

(2)領取軍人退休俸（終身生活補助費）、政務人員、公教人員、公營事業人員月退休（職）金或一次退休（職、伍）金。

(3)領取社會福利津貼。

(4)個人綜合所得稅各類所得總額合計新臺幣50萬元以上。

(5)個人所有之土地及房屋價值合計新臺幣500萬元以上。

(6)入獄服刑、因案羈押或拘禁。

前述情形本為「敬老福利生活津貼暫行條例」之規定，其主要原因乃在確認其「需求性」，使有限的社會福利預算發揮效用。

2. 身心障礙年金的不給付原因

依據國民年金法第34條第2項之規定，有以下情形者，無法請領該項給付：

(1)有欠繳保險費期間不計入保險年資情事。

(2)領取相關社會福利津貼。

其理由與前述老年年金之情形相同，於此不再分析。

另外，由於保險對象身心障礙之程度仍有可能改變，故該法第37條第1項亦規定，保險人得每5年查核其身心障礙程度。如果有必要時，並得要求其提出身心障礙診斷書證明，所需複檢費用，則由國民年金保險之保險基金負擔。又若當事人未依規定檢附相關文件送保險人查核者，其年金給付即應暫時停止發給。此一規定亦如同前述，屬於申請人之「協力義務」。

3. 遺屬年金的不給付原因

由於遺屬年金之申請資格須具有「無謀生能力」、「扶養子女」、「在學」及「收入門檻」等要件，國民年金法第44條即規定，遺屬於領取遺屬年金

給付期間，有下列情形之一時，應停止發給：

(1)配偶再婚。按夫妻互負扶養義務，已故被保險人之配偶如再婚者，即應由其再婚之配偶扶養之。

(2)扶養子女之未滿 55 歲配偶，於其子女不符合第 40 條規定請領條件時。亦即該子女已然成年，或具有謀生能力時，即應成為該已故被保險人配偶之扶養義務人。

(3)配偶、子女、父母、祖父母、孫子女、兄弟、姐妹，於不符合第 40 條規定請領條件時。

(4)入獄服刑、因案羈押或拘禁。

(5)失蹤。

本章參考文獻：

中文部分：

1. 李建良等合著，《行政法入門》，2004 年 5 月

2. 吳凱勳，〈「高齡化社會」 與 「長期照護保險」 ──介紹德國長期照護保險法〉，《長期照護雜誌》第 1 卷第 1 期，1997 年 4 月

3. 柯木興，《社會保險》，1995 年 8 月修訂版

4. 古允文、詹宜璋，〈台灣地區老人經濟安全與年金政策：社會排除觀點初探〉，《人文及社會科學集刊》第 10 卷第 2 期，1998 年 6 月

5. 陳新民，《行政法學總論》，2000 年 8 月修訂七版

6. 鍾秉正，〈公教人員保險年金化之相關問題──以社會法學理為中心〉，《財產法暨經濟法》第 31 期，2012 年 9 月

7. 鍾秉正，〈年金改革引言──社會法觀點〉，於：臺灣行政法學會主編，《法治國原則與 2018 年金改革》，2018 年 6 月

8. 鍾秉正，〈年金財產權之憲法保障──從司法院大法官會議釋字第 434 號解釋出發〉，《中正大學法學集刊》第 10 期，2003 年 1 月

9. 李海峰，《軍人保險法制之研究》，國防管理學院法研所碩士論文，2003 年

10.馮芛芛，《軍人之老年經濟安全與年金改革》，國防大學管理學院法律系碩士論文，2015 年

11.陳綾珊，《社會保險》，2003 年

12.鍾秉正，〈從敬老福利生活津貼看「社會促進」制度〉，《社會福利法制與基本人權保障》，2004 年 9 月

外文部分：

1. Eichenhofer, Sozialrecht, 4. Auflage, 2003

2. Heinze, Sozialleistungen, in: von Maydell/Ruland (Hrsg.), Sozialrechtshandbuch (SRH), 2. Auflage, 1996

3. Gitter/Schmitt, Sozialrecht, 5. Auflage, 2001

4. Muckel, Sozialrecht, 2003

5. Bundesministerium für Arbeit und Sozialordnung, Übersicht über das Sozialrecht, 2008

6. Köbl, Tod als Versicherungsfall, in: Schulin, Handbuch des Sozialversicherungsrechts, Band 3, Rentenversicherungsrecht, 1999

7. Schulin/Igl, Sozialrecht, 7. Auflage, 2002

第六章　社會保險的財務

綱 要 導 讀

壹、社會保險的財務理論

┌ 一、社會保險的財務來源

　㈠以政府補助支持財源

　　　1.維持保險組織的運作

　　　2.保費補助與其他負擔

　㈡以保費收入作為主要財源

　　　1.社會保險保費的性質

　　　　⑴保險費與保險給付不成比例

　　　　⑵保險成本不容易估計

　　　　⑶風險分類較為粗略

　　　　⑷保費的負擔較輕

　　　　⑸保費常與工資相關

　　　2.社會保險保費的負擔

　　　　⑴所得比例制或是均等費率制

　　　　⑵個人保險或是家庭保險

　　　　⑶保險費的負擔比例

└ 二、社會保險的財務方式

　㈠基金制的保險財務

　　　1.優　點

　　　2.缺　點

　㈡賦課制的保險財務

　　　1.優　點

　　　2.缺　點

　㈢混合制的保險財務

貳、我國社會保險的財務

┌ 一、公教人員保險

　㈠公教人員保險的財源

　　　1.保險費的計算

　　　2.保險費的分擔

　㈡公教人員保險的財務方式

─ 二、軍人保險

　㈠軍人保險的財源

　㈡軍人保險的財務方式

─ 三、勞工保險

　㈠勞工保險的財源

　　　1.保險費的計算

　　　2.保險費的分擔

　　　　⑴一般受僱員工

　　　　⑵無一定雇主的職業工人

　　　　⑶無一定雇主的漁會甲類會員

　　　　⑷外僱船員

　　　　⑸被裁減資遣續保人員

　㈡勞工保險的財務方式

─ 四、就業保險

　㈠就業保險的財源

　㈡就業保險的財務方式

─ 五、農民健康保險

　㈠農民健康保險的財源

　㈡農民健康保險的財務方式

─ 六、全民健康保險

　㈠全民健康保險的財源

　　　1.保險費的計算

壹、社會保險的財務理論

一、社會保險的財務來源

㈠以政府補助支持財源

　　「財源」乃是社會保險與國家其他社會福利制度最大的差異處，社會保險以保險費的收入作為制度的主要財源，而其他福利制度則大多依靠政府編列預算來維持其運作與給付的支出。然而，這也不是表示社會保險的財務即可完全獨立，無須政府的幫助。尤其社會保險乃是由國家立法並藉此強制人民投保，倘若保險成立之後就任由它自生自滅，則前述國家公權力行為的正當性就有問題。一般而言，政府有下列兩種資助社會保險財源的方式：

1.維持保險組織的運作

　　在通常的情形下，國家仍然會負擔著社會保險行政所需的經費。尤其是以「公辦公營」的方式來營運的話，主管保險的機關以及承擔業務的機關，其相關行政運作上的費用自然要由國家負擔。我國歷來的社會保險制度都是由國家主導，再加上不同保險制度各自分政所造成的眾多主管機關，政府對於原有機關運作的維持，以及因應新的保險制度所增設的行政組織上，本身即佔有相當部分的年度預算❶。舉例來說，我國全民健保法第3條即規定，「政府每年度負擔本保險之總經費，不得少於每年度保險經費扣除法定收入後金額之百分之三十六。政府依法令規定應編列本保險相關預算之負擔不足每年度保險經費扣除法定收入後金額之百分之三十六部分，由主管機關編列預算撥補之」。

　　另以德國為例，其社會保險採取「公辦民營」的營運模式，保險人多以「公法社團」(Körperschaften des öffentlichen Rechts) 的形式出現，而且強調其擁有「自己行政」(Selbstverwaltung) 的權利。有關社會保險保險人

---

❶　有關勞工保險的勞保局或全民健康保險的中央健保署等組織的維持皆屬之。

的自己行政，還可以表現在團體成員參與決策的「政治性」(politische)，以及保險團體自主於國家之外的「法律性」(juristische) 兩方面❷。但是，該國仍然免不了在財政上資助社會保險的運作，尤其是對於具有長期特性的年金保險制度最為顯著。因此，德國年金保險法 (SVG VI) 第 214 條就規定，國家應當保證年金保險人的「償付能力」，填補保險準備金的不足。另外，該法第 215 條還要求國家應該負擔「礦工年金保險」(knappschaftliche Rentenversicherung) 的收支平衡，以擔保其持續給付的可能性。因為產業的轉型，礦工人數不斷減少，相關年金保費的收入早已無法支應龐大的年金支出。

2.保費補助與其他負擔

關於社會保險的財務，我國政府始終維持著若干比例的保費補助。不論是在早先的勞保、公保，或是後來的全民健保制度上，政府對於各類被保險人依法都應負擔不同百分比的保費補助。有關政府負擔保險費的理由，學者柯木興教授曾歸納有以下幾點❸：

⑴國家基於社會團結與社會安定的目的，對國民生活負起保護的責任。

⑵勞資雙方所繳保費不足以支應保險給付所需時，國家基於前述理由應給予補助。

⑶保險給付提高時，勞資雙方都無法負擔高額保費，政府為謀求勞工福利，所以補助不足的費用。

⑷政府負有促進安全衛生與改善生活條件之責，對於相關事故無法預防時，理應提供部分補償費用。

⑸政府縱使未實施社會保險，也要提供低收入戶最低保障。所以此一保費補助的費用應與社會救助的預算相當。

綜合以上這些政府補助的理由，不外是從社會保險的「社會性」出發，

---

❷ Rüfner, Einführung in das Sozialrecht, 2. Auflage, 1990, S. 146 ff.; Hendler, Organisation und Selbstverwaltung der Sozialversicherung, in: von Maydell/ Ruland (Hrsg.), Sozialrechtshandbuch (SRH), 2. Auflage, 1996, S. 207 ff., Rz. 42。

❸ 柯木興，《社會保險》，1995 年 8 月修訂版，頁 332 以下。

而強調它的「社會適當性原則」，但是仍然不能忽略其「保險原則」，使得保險與國家單方面的福利措施難以區分❹。而且如果從各國的制度比較來看，有關政府在社會保險中是否必須分擔保費的責任，也欠缺一致性。例如法國、德國以及日本的健康保險就沒有政府補助保險費的情形，至於南韓以及我國政府在社會保險上即須負擔若干比例的保險費❺。本書認為，我國政府之所以有分擔保險費的「慣例」，主要原因有下列兩點：

⑴早期社會保險「重福利而輕保險」。在國民政府來臺之初，社會保險只是籠絡人心以及鞏固政權的手段而已，所以保險費分擔比例大多偏向政府與資方。由於積習已久，此一責任一直到全民健保實施的時候，仍然無法完全擺脫❻。

⑵社會保險成為政府對勞工運動的「兩手政策」。礙於政治情勢，我國勞工運動始終未能成為氣候。而政府在限制勞工集體權利的同時，也提供勞工自付費率較低的保險。甚至我國有關勞工的退休金政策，都是由政府主導並且立法強制雇主提撥，而與外國交由勞資協議的情形不同，也應當是基於同一背景所產生的❼。

相對於我國政府直接對於保險費的補助，德國的社會保險則是透過「政府補助」(Bundeszuschüsse) 的方式，用以達成若干社會性的任務。該國在年金保險中就有許多措施是政府基於「團結共同體」的理念而承擔相關的費用，代表性的有「家庭負擔補助」(Familienlastenausgleich)、「戰爭結果負擔」(Kriegsfolgelasten) 以及各種減低勞動市場壓力的措施，例如鼓勵提早退休的補助等❽。近年來則考慮到如何因應人口老化所產生的財政問題。這些總額度佔了將近年金 1/5 的支出，主要法規依據為年金保險法 (SVG

---

❹　見本書第三章、貳「社會保險的原則」。

❺　羅紀瓊，〈健康保險財務制度〉，於：楊志良主編，《健康保險》，1996 年 1 月增訂版，頁 56 以下。

❻　見吳凱勳，《我國社會保險制度現況分析及整合問題》，1993 年 5 月，頁 112。

❼　事實上，德國當年由俾斯麥宰相所主導的社會政策，也是一方面打壓共產主義運動，另一方面推行社會保險，用以籠絡勞工。

❽　Rüfner, Einführung in das Sozialrecht（前揭書）, S. 242。

VI) 第 213 條 的 規 定 ， 而 且 經 常 被 看 作 是 保 險 的 「其 他 負 擔」
(Fremdlasten)❾。

　　前述各種政府補助的方式，不論是要維持社會保險運作所需，或是對
於保險費或保險財務的補助，都有賴國家以稅收的方式籌措所需費用。所
以，國家每增加一項新的社會保險制度，或是需要保險擔負新的社會任務
時，都勢必要面臨增稅的問題。我國傳統社會保險中經常出現前述社會法
學理上的「其他負擔」，例如兵役期間的加計以及遺屬給付等。這種其他任
務的收納將導致保費增加，而為了平衡被保險人之負擔，政府即必須補助
保費。然而這類財務上的補助並非毫無爭議，例如在早期非以全民為保險
對象的制度中，政府的補助就可能對於不在保障圈內的納稅義務人形成不
平等的現象。按理，政府在全民健保實施之初，即可藉機抽手，讓制度回
歸保險機制。但是有鑑於原有勞保制度仍存在，在原有勞保保費負擔之下，
勞資雙方又要合力分攤健保保費，將引起更大的反彈。因此，仍然維持政
府補助保費部分，而且為撫平雇主抗議的聲浪，減少其一成的保費負擔❿。

㈡以保費收入作為主要財源

　　社會保險主要是以保費收入作為財源，國家無須負擔保險給付支出所
需要的龐大經費，此乃社會保險為各國普遍接受的原因。然而，這種擷取
自商業保險的制度理念，其保險費的性質是不是與一般保險制度的保費相
同呢？就此，有必要先對社會保險保險費的性質作探討。再者，除了被保
險人之外，在社會保險相關法規中也經常加諸第三人（雇主、國家）繳納
保費的義務。其保費義務的合理性何在？尤其是如果由第三人負擔的保費
比例過高時，是不是會連帶影響到保費的性質，甚至使得社會保險與其他
社會福利制度相互混淆？例如我國社會保險就經常見到此一現象。

　　為了釐清以上諸多疑慮，下文概分做兩點來討論：

---

❾　Schulin/Igl, Sozialrecht, 7. Auflage, 2002, Rz. 585 ff.。

❿　我國勞保保費負擔比例為勞、資、政 (2: 7; 1)；健保保費負擔則是 (3: 6: 1)。見
　　羅紀琼，〈健康保險財務制度〉（前揭文），頁 58 以下。

1.社會保險保費的性質

保險費原本為被保險人發生事故時，請求保險人理賠的代價，在商業保險中即以保費的繳交作為享受保險給付的前提。再者，保費的收入乃是用以維持保險的支出，因此保費的高低即與保險事故的發生機率成正比，而被保險人也可以依據保險標的的價值，斟酌他所能夠承擔的保險費用。然而，由於社會保險的性質為強制性保險，被保險人本來就沒有選擇加保的餘地，所以保險費的性質也就不同於一般的商業保險。學者歸納其特性如下❶：

⑴保險費與保險給付不成比例

由於社會保險所重視的社會公平性，所以繳交相同費用的被保險人，其實際所享有的保險給付並不盡相同。例如在健康保險這種短期性的社會保險中，由於保險費的計算與被保險人的薪資相關，所以高收入的人就必須比低收入者繳交較多的保費，但是兩者所能接受的醫療服務卻是相同的。另外，以長期性的年金保險為例，我們假如將年金保險的比較值設定為一個「投保薪資永遠與平均工資相同的被保險人」❷，正常工作的勞工在初期納保時工資通常會少於此一標準，而後在他工作生涯中將會逐漸趕上此一比較值，最後在退休前的薪資更會超越此一數額。因此，若是以被保險人退休前的工資作為計算基數，則其退休金所得必然會大於先前所繳交的保險費。縱使如同德國般採用逐年計算的模式，仍然無法得出如同商業保險的給付比例。所以，年金保險往往強調「世代契約」，其所得重分配的情景也僅僅出現在世代與世代之間。

⑵保險成本不容易估計

一般而言，商業保險在訂定保險費額度時乃有賴於準確的「精算」。其乃依據某些事故發生的重複性以及規則性，再加上大數法則的效用，而對

---

❶ 柯木興，《社會保險》（前揭書），頁 324 以下。

❷ 德國年金學理稱此一虛擬的比較對象為 "Eckrentner"，由於他每年的「所得基數」都是 1，可以使年金額度的計算上較為簡化，便於作為比較不同給付制度時的參考。見 Schulin/Igl, Sozialrecht（前揭書），Rz. 705。

於該事故未來可能發生的機率有較為精確的預測。然而，有某些社會風險本身就含有較大的社會變數，例如失業、老年等事故，常常會使得估算較為困難。縱使是在短期性的健康保險制度中，相關的醫療給付方式也經常會受政府的社會政策所左右，在保險成本的精算上就更為不容易。

(3)風險分類較為粗略

商業保險對於每項事故發生的機率以及損害的多寡都有相當程度的細分，這些根據不僅在精算上較為準確，保險人也可以對某些高風險群拒絕承保。否則，也可以對大小不同的事故訂定高低差距的費率，屬於高風險群的被保險人就要負擔較高的保險費。相較之下，社會保險在風險評估上僅是做粗略的分項而已，例如醫療、工作意外、失業以及老年等社會風險❸。至於其他在商業保險上關鍵性的年齡、性別以及所在區域等因素，社會保險皆未加以考慮。

(4)保費的負擔較輕

商業保險乃是以營利為目的，所以保險費中除了保險給付的支出外，還要加上營運成本以及預估的利潤。至於社會保險則不以營利為目的，政府還經常要負擔保險行政以及人事的費用，甚至也會補助一部分的保費。相形之下，社會保險被保險人的保費負擔自然較輕。另外，由於社會保險乃是依據法律強制納保，被保險人的人數眾多而且源源不絕，運作上也比較能夠達到分攤風險、降低保險費的功用。例如德國的社會保險就只要求一種「總額的等價」(Globaläquivalenz)，也就是保險的整體支出必須由保險收入來支應，保險人不得透過借貸來維持保險財務❹。這可比喻為水庫的儲水狀況，在枯水期就要設法節約用水，而在儲水量過多時就得洩洪調節。當然，也可反方向地藉由調整保費收入來達成收支平衡的效果。

(5)保費常與工資相關

由於社會保險發展的前身乃是礦工保險，其後再以各領域的職業團體為基礎所逐漸建立的保障制度。而保險原本的主要目的就是在維持事故發

---

❸ 有關社會風險的討論，見本書第三章、壹、二「社會風險的種類」。

❹ Eichenhofer, Sozialrecht, 4. Auflage, 2003, Rz. 282。

生後被保險人的工作所得，而保險費的額度也以薪資水準來區分。所以，除了自營作業者、雇主或是其他擁有保險自由的人以外，勞工有關社會保險保險費的繳納程序通常就是從工資中扣除⓯。另外，再加上參考自社會主義的理念，雇主基於他的社會責任也應當負擔相當部分的保費。學者甚至認為，雇主負擔比例終究會轉嫁到工資或消費者身上，從而主張「保險費即為工資的一部分」⓰。

2.社會保險保費的負擔

社會保險保費的負擔應當兼顧「保障目的」與「社會適當性原則」。以年金保險來說，若是保障目的在維持退休前的「生活水準」時，被保險人的保費負擔自然較重。反之，如果年金僅是以保障「基本生活」為目的時，則被保險人就無須繳交高額的保費。這種情形在健康保險方面也是相同的。假如被保險人想要享有較為完善的醫療設施，以及獲得特別的給付項目時，例如單人病房、特別看護、假牙以及眼鏡等給付，就必須負擔較高的保費。此種情形在德國的私營健保基金中經常可以見到，至於公營的地方健保基金 (AOK) 則只提供一般性的必要給付。該國健保的平均保費即以被保險人的薪資百分比計算，大約是佔了 13% 到 14% 的薪資所得⓱。

政府在訂定社會保險的保費費率時，除了要依據保險法則所精算的結果以外，還必須考量以下不同的實施方式：

⑴所得比例制或是均等費率制

所得比例制主要乃是以被保險人的薪資收入為基礎，規定一定百分比的費率作為保險費。所得比例的保險費額度將因人而異，被保險人所得較高時就要負擔較多的保費，但是可以符合「社會互助」與「量能負擔」的精神⓲。尤其是在健康保險制度中，藉由被保險人繳交不同額度的保險費，但是卻可以享受相同的醫療資源，即可達到「所得重分配」的效果。學者

⓯　Eichenhofer, Sozialrecht（前揭書）, Rz. 285。

⓰　柯木興，《社會保險》（前揭書），頁 322 以下。

⓱　見 Schulin/Igl, Sozialrecht（前揭書）, Rz. 240 ff.。

⓲　羅紀琼，〈健康保險財務制度〉（前揭文），頁 45。

又將所得比例制細分為「固定比例」、「等級比例」與「累進比例」三類。第一類乃是以被保險人的個別收入為基礎，收取固定百分比的保險費，所以只要個人的薪資稍有差異，保費就會不同。第二類則是先依據收入的高低劃定若干等級，再依被保險人收入所屬等級規定應繳交的保險費，保費額度只有等級上的差異。第三類則是依據收入增加而累進保險費所佔的百分比，比較類似累進稅制，計算上也較為複雜。

我國勞工保險保費的訂定主要為第二類的等級比例制，而訂有所謂的「投保薪資分級表」，例如「勞工保險條例」第 14 條第 1 項即規定：

「前條所稱月投保薪資，係指由投保單位按被保險人之月薪資總額，依投保薪資分級表之規定，向保險人申報之薪資；被保險人薪資以件計算者，其月投保薪資，以由投保單位比照同一工作等級勞工之月薪資總額，按分級表之規定申報者為準。被保險人為第六條第一項第七款、第八款及第八條第一項第四款規定之勞工，其月投保薪資由保險人就投保薪資分級表範圍內擬訂，報請中央主管機關核定適用之。」

後來全民健保實施時也承襲此一精神，而於「全民健康保險法」第 19 條第 1 項規定：

「第一類至第三類被保險人之投保金額，由主管機關擬訂分級表，報請行政院核定之。」

並且為了落實量能負擔的精神，同條特別將勞委會公布之「基本工資」設為投保金額分級表的下限，並且隨著基本工資而調整。尤其是明文規定最高一級的投保金額與最低一級的投保金額要維持「五倍以上之差距」，主管機關並且得以適時加高最高一級投保金額的等級。此一調高分級表上限的機制，對於保險財務有正面的貢獻，但也要小心實施，避免衝擊過大[19]。因此，該條第 3 項即規定調整時機，明訂「適用最高一級投保金額之被保險人，其人數超過被保險人總人數之百分之三，並持續十二個月時，主管機關應自次月調整投保金額分級表，加高其等級」。另外，由於全民健保在保障對象上與我國傳統社會保險有所不同，其並不以「職業團體」為主，

---

[19] 羅紀琼，〈健康保險財務制度〉（前揭文），頁 52。

保障目的也不在「所得替代」，保險費的計算就不見得要受到薪資結構的拘束。尤其是對於「所得自主性」較高的自營作業者、自雇者以及「地區人口」等被保險人而言，其實際所得與健保應繳保險費的額度就有相當大的落差。

相對而言，採取均等制（或定額制）的保費政策，則是不論被保險人收入的多寡都要繳納相同額度的保險費，也就是俗稱的「人頭稅」。其雖然有計算與行政上的方便，而且也符合受益者付費的公平性。然而，均等制保險費所產生的爭議也頗多。首先是沒有考量被保險人的實際負擔能力，尤其對於低收入家庭可能有負擔過重的問題，有違社會保險保障基本生活安全的目的❷。另外，固定金額的保費不容易調整，若干額度的調整或許對高所得者無關痛癢，但是對於中低收入戶就有如雪上加霜了。政府如果採用這樣的保費政策，不但沒有考量社會互助的精神，也較難達到所得重分配的效果❷。例如我國近年開辦的「國民年金保險」即以「均等制保費」以及「定額給付」的方式來實施❷。

(2)個人保險或是家庭保險

所謂「個人保險」就是以個人作為保險的實施單位。一般而言，商業保險中的人身保險都是採取個人保險的方式，在保險給付以及保費的計算上都可以量身訂做，符合保險原則的要求。在社會保險中，如果制度實施的方式與個人的薪資相關，或者是像年金保險之類的長期性保險，通常也較會採行個人保險。在此一情形之下，不論家中成員有多少都應當個別加保，再按人計算保險費，保險行政上簡單易行。我國社會保險早期以職業

---

❷　低收入戶往往家庭人口也較多，整體保費負擔將更重。柯木興，《社會保險》（前揭書），頁 329。

❷　羅紀琼，〈健康保險財務制度〉（前揭文），頁 44。

❷　此為經建會於 1998 年的規劃原則，後來雖因「九二一震災」而暫緩實施，最後於 2007 年通過時仍採均等保費以及定額給付。見曾明發，〈階段性實施國民年金制度方案之研究〉，於：立法院法制局編，《社會福利政策及立法》，2002年 6 月，頁 577 以下。另見拙著，〈從「老年安全」看國民年金保險之實施〉，《月旦法學》第 154 期，2008 年 3 月，頁 35 以下。

團體作區分,保險實施上也以在職工作之人為對象,採取個人保險較無問題。後來改採「全民保險」之後,如果仍然以個人為納保單位時,累計下來的保費支出,對於低收入而且家中人口眾多的家庭則有負擔過重的情形。

相較之下,「家庭保險」則是以家庭為保險實施單位。通常被保險人就是家庭中主要收入的維持者,只要他已經加入了社會保險,其沒有工作的配偶以及未成年的子女皆無須再負擔保費,但是卻可以享有保險給付。例如德國的健康保險制度就是採取家庭保險制,而且還是基於傳統職業團體保險的理念所設計。因為,早期社會是由家長負擔主要家計的來源,一旦發生疾病、意外或死亡等社會安全事故時,針對他的職業所設計的保障制度也應當能發揮相同的作用[23]。德國現行的社會保險也承襲了這樣的理念,例如疾病保險法第 10 條 (§10 SGB V) 就規定,被保險人非專職的配偶或生活伴侶 (Lebenspartner)[24],還有未成年、尚在就學或自小罹患身心障礙的子女,都可以藉由家庭保險享受醫療給付。此一保險模式主要也是用以落實該國基本法第 6 條關於「家庭保護」的意旨。另外,透過強調家庭的社會安全功能,可以減輕經濟上較為弱勢或是子女眾多家庭的負擔,達到「家庭所得重分配」的理想。其他還有鼓勵生育的作用,可以減緩生育率下降與人口老化所帶來的影響。

我國社會保險中有關「眷屬保險」以及「遺屬津貼」的設計就是擷取自家庭保險的理念。至於全民健保則是參考前述兩種制度而採取折衷的方式,例如「全民健康保險法」第 18 條第 1 項規定:「第一類至第三類被保險人及其眷屬之保險費,依被保險人之投保金額及保險費率計算之;保險費率,以百分之六為上限。」根據此一規定,雖然眷屬在健康保險中仍然要繳交保費,但是眷屬保險的實施卻是依附在被保險人的保險途徑上。另外,該條第 2 項更規定:「眷屬之保險費,由被保險人繳納;超過三口者,以三口計。」我國雖然沒有像德國的健康保險一般,「一人保即全家保」,

---

[23] Knieps, Krankenversicherung, in: Sozialrechtshandbuch (SRH), S. 703 ff., Rz. 97。

[24] 此處所謂的「生活伴侶」是指同性戀結合的生活關係,該國自 2001 年 9 月正式立法保障。見 Schulin/Igl, Sozialrecht(前揭書), Rz. 188 ff.。

但也約略考量到人口眾多家庭的經濟負擔問題❷。

　　⑶保險費的負擔比例

　　社會保險的保險費應當如何分攤，這不僅是一個經濟問題，也是一個政治問題❷。以勞工保險為例，勞工既然身為享受保障的對象，就應當自行負擔保險費用。但是，在以「雇主責任」為基礎的企業年金中，卻反而由雇主負擔全數費用，例如我國的勞工退休金制度即是如此。足見雇主在社會保險的保費負擔上，有其脈絡可循。學者分析雇主負擔保費的理由有以下幾點❷：

　　A.社會保險的保險費為工資的一部份。為了避免勞工生活受到威脅，而且可以確保勞動力以及提高生產效率，雇主理應負擔預防意外事故的必要費用。

　　B.基於雇主責任以及員工福利的理念。維護勞工的工作安全原本就是雇主的契約義務，也因此必須分攤相關費用。

　　C.保費也是生產成本。勞動費用為生產成本之一，其中除了勞工應支領的工資以外，還包含維持安全保障的費用。

　　基於前述理由，在世界各國的社會保險制度中，雇主都要負擔一部分的保費。雖然說雇主負擔已經成為慣例，但是究竟要負擔多少保費比例，又是另一個難題。理想的情形應當是由勞工與雇主平均分攤保費，而如果是自營作業者則要自付全額保費，但是在訂定保費的政策上也不得不考量現存制度的狀況。尤其是我國以往保費負擔大多偏重政府與雇主，而且積習已久，想要有所變革的執政者必然是動輒得咎❷。至於政府是否負擔部分保費的問題，已經在前文討論過，於此不再說明。

---

❷　社會保險的「家庭保險政策」可以搭配其他家庭扶助措施，有助於減少家庭經濟負擔，且有利於政府人口政策的推行，因應我國近年少子化之問題。

❷　羅紀琼，〈健康保險財務制度〉（前揭文），頁 55。

❷　見柯木興，《社會保險》（前揭書），頁 332。

❷　見柯木興，《社會保險》（前揭書），頁 330；羅紀琼，〈健康保險財務制度〉（前揭文），頁 56 以下。

　　我國為了減輕被保險人的負擔，以利於社會保險的推行，同時也要強調雇主以及國家在保險制度中所扮演的角色，因此將保費分別由「勞方」、「資方」以及「政府」三方面來負擔。如上所述，社會保險的保險費原則上應由勞工與雇主各半負擔，如此固然能夠強調雇主的社會責任，但是經濟學上也認為雇主可以將保費負擔轉嫁到工資或是產品價格上，所以勞工實際上仍須負擔全數保費。至於由被保險人與政府共同負擔保費的情形，大多是政府為了照顧低收入戶或殘障人士等弱勢族群，還有就是附帶落實其他社會任務。我國社會保險的保費歷來皆以勞、資、政三者成比例分擔，而且從早期由資方與政府為主的情形，逐漸過渡到由勞方與資方負擔大部分的費用。但是距離理想的勞、資各半的狀況，仍有相當的差距。至於我國社會保險對於「自營作業者」的補助情形，曾經引發學界有關平等原則的批評[29]。論者則從被保險人以及眷屬的「整體負擔率」來觀察，認為我國各類被保險人的平均負擔比率約在四成左右，所以仍然支持政府對於「無固定雇主的勞工」要作相當程度的保費補助[30]。

二、社會保險的財務方式

　　社會保險所收取的保險費主要是用以支應保險給付的支出。因此，原則上只要保險財務在一定期間之內能夠維持收支平衡即可，而無須計較年度內保險數理上的平衡。至於在這段期間內的財務狀況已經有順差或逆差的情形時，就會以提高保費或者是降低給付來因應[31]。為了要維持社會保險制度不至於破產，立法者在此有相當大的形成空間，甚至可授權行政機關或保險人在一定額度之內作隨機性的調整。換言之，社會保險的財務只需要維持短期間內「粗略的」平衡即可，至於長期間的財務狀況則是藉由

---

[29]　此處應當區分「雇主、自營業主、專技人員」以及「無一定雇主、自營作業者」的差別。郭明政，《社會安全制度與社會法》，1997年11月，頁212；另見本書第四章、貳、三「勞工保險」之討論。

[30]　羅紀琼，〈健康保險財務制度〉（前揭文），頁58。

[31]　見柯木興，《社會保險》（前揭書），頁334。

「世代契約」的運作來做移轉。例如年金保險就是由年輕一代的或是未來工作的世代共同來負擔退休者的年金支出。相反的，在商業保險的經營上，保險人則依法必須提存比例相當高的保費收入，以作為保險給付的準備金，甚至也限制其據以投資的方式❸。

　　原則上，社會保險的財務模式可區分成「基金制」、「賦課制」以及「混合制」三種。這些財務模式表現在長期性的老年、失能及死亡等相關保險上特別不同，以下分就其優、缺點略加介紹：

㈠基金制的保險財務

　　基金制又稱「完全提存制」，乃是將被保險人長期所繳交的保費完全提存準備。此一財務制度對於被保險人而言比較具有安全感，國家在必要時還得以挪作其他建設用途。一般而言，商業保險大多是採取此一財務模式，只是為了要保證保險事故發生時的給付能力，相關法規常會限制保險人對基金的用途。

　　以下略為分析社會保險採取基金制財務的優、缺點❸：

1.優　點

　　保險費經常維持在穩定的水準，尤其是保險財務結構相當健全。另外，經由基金運用所收取的利息或投資的所得利益可以用來充實基金，如此也可以減輕被保險人的保費負擔。最後，龐大的基金累積之後，可以用以從事社會福利事業，並且對於國家經濟具有調節的功能，例如「國家金融安定基金」的設置就有部分是來自於勞工保險基金❸。

---

❸　「保險法」第 141 條規定：「保險業應按資本或基金實收總額百分之十五，<u>繳存保證金於國庫</u>。」第 146 條並規定保險業資金之運用僅限於存款、有價證券、不動產、放款、國外投資、保險相關事業以及經過主管機關核准之專案運用、公共投資、衍生性商品交易等等。

❸　見柯木興，《社會保險》（前揭書），頁 336 以下。

❸　依據「國家金融安定基金設置及管理條例」第 4 條之規定，本基金可運用資金之總額為新臺幣 5000 億元，其來源如下：「一、以國庫所持有之公民營事業股票為擔保，向金融機構借款；借款最高額度新臺幣二千億元。二、借用郵政儲金、郵政壽險積存金、<u>勞工保險基金</u>、<u>勞工退休基金</u>、公務人員退休撫卹基金

2.缺　點

此一保險財務模式在實施初期要累積高額的基金，因此被保險人必須負擔較高的保費。而且如果在未來保險給付增加時，仍然必須調整保費以為因應。還有就是龐大保險準備金所帶來的假象，被保險人經常據以要求提高給付而不是增加保費，導致「卯吃寅糧」的狀況。尤其重要的是，在長期間內所產生的通貨膨脹以及薪資水準的調高，無形中將使得保險基金的實際價值下降，以至於屆時仍無法達到完全給付的目的。除此之外，對於龐大基金的管理問題以及投資上的風險，也是保險人所無法承諾的。

㈡賦課制的保險財務

賦課制的保險財務又稱作「隨收隨付制」，也就是指當時的保費收入隨即用於當時的保險給付支出。在這種保險財務方式中，保險人就無須提存基金，充其量僅需維持少量的準備金即可。賦課制財務通常見於健康保險等短期性的社會保險制度，尤其是透過強制保險的實施，可以保證被保險人不斷地加入，保險收入也會源源不絕。例如我國「全民健康保險法」第78 條即有如下規定：

「本保險安全準備總額，以相當於最近精算一個月至三個月之保險給付支出為原則。」

相對而言，隨收隨付的財務對於年金等長期性的社會保險則爭論較大。另外，如果社會保險採取賦課制的財務模式時，為了要維持保險制度的營運，政府對於保費費率以及給付水準的調整空間更大，尤其是在給付採取「年金」的模式時，其所面臨的社會與經濟變數就更多了。

社會保險採取賦課制財務的優、缺點如下[35]：

1.優　點

賦課制財務在保險實施的初期，尤其是年金保險的給付較少，相對的被保險人的保費負擔就較輕，社會保險制度也比較容易推行。尤其是財務

所屬可供證券投資而尚未投資之資金；其最高額度新臺幣三千億元。三、其他經主管機關核定之資金來源。」

[35] 見柯木興，《社會保險》（前揭書），頁 335 以下。

衡平的期間較短，通常只有數個月的準備金，因此無須考慮利率因素以及複雜的精算技術。另外，由於保險不必累積龐大的基金，財務受到通貨膨脹等因素的影響程度也較小，甚至也沒有基金的管理以及投資等問題。一旦社會保險採取隨收隨付的財務模式，只要對於保險給付水準或保險費率進行調整就可以維持收支平衡。也因為需要考慮的期間較短，相關的調整措施也較為容易。

2.缺　點

賦課制的保險財務結構必須經常重新評估，尤其是在景氣低迷時更容易增加勞、資雙方的保費負擔。另外，保費政策時常會受到政治因素的影響，倘若無法及時作適當的調整時，也會導致社會保險的財務危機。另外，在長期性的社會保險中，賦課制的財務必須要搭配「世代契約」的觀念才能持續運作。此一契約乃是「假設」由工作世代與未來世代所締結，但是兩代之間並沒有實際的締約行為，只是憑藉政府法規範的一種理想性的約定。就算是契約已經成立了，但是現在的立法者也難以擔保未來的世代必然會依約履行，甚至這種「第三人負擔的契約」還可能會遭到被撤銷的命運。特別是在人口老化達到高峰，從而使被保險人必須負擔高額的保費時，此一承諾更將隨著立法形成空間的運作而形同具文。

㈢混合制的保險財務

綜合上述社會保險財務制度的優缺點，於是有了混合兩種模式的折衷類型產生❸❻。在混合制的保險財務中，原則上仍保有較為高水準的責任準備金，而且在基金不足以應付保險支出的時候，再以「階梯式的保險費率」逐年調整保費來補足。在保險實施的初期，保險費的費率會較低，而後再分期提高保費。如此一來，也可以將責任準備金的部分提存義務交由後代的被保險人來負擔，從而發揮「世代移轉」的作用。

由於這種混合的財務模式可以避免前述基金制無法因應通貨膨脹的缺憾，而且漸進式增加的保費也不至於對社會產生太大的衝擊，所以經常為開發中國家所採行。然而，在年金保險制度發展為時已久的國家，由於它

---

❸❻　見柯木興，《社會保險》（前揭書），頁 337 以下。

的人口結構漸趨成熟，再加上早年累積的基金還是會因為通貨膨脹影響而貶值，所以較常採行賦課制的保險財務。我們可以藉由以上三種財務模式作為思考基礎，再配合我國現實社會與經濟狀況，訂定適合本國的社會保險財務❸。

貳、我國社會保險的財務

一、公教人員保險

㈠公教人員保險的財源

1.保險費的計算

依照「公教人員保險法」第 8 條的規定，保險費的費率乃是以被保險人「每月保險俸（薪）額」的 7% 至 15% 之間來擇定。此一費率必須由承保機關委託專業人員進行精算，再經過主管機關（銓敘部）評估結果之後，報請考試院會同行政院釐定，現行保險費率中一般費率為 8.83%，年金費率為 13.4%❸。由於投保薪資的額度不僅關係到保險費的多寡，甚至也與保險給付額度的計算有關，所以該法第 8 條第 4 項特別規定，其額度依公務人員及公立學校教職員俸（薪）給法規所定「本俸」或「年功俸」為計算標準❸。

一般而言，保險人會依據不同公教人員的薪俸制度，訂有不同身分被保險人的保險俸（薪）給標準表，還有相關的保費分擔計算表。例如「一般行政人員」、「教育警察人員」、「私校教職員」、「金融保險事業機構」、

---

❸ 曾明發，〈階段性實施國民年金制度方案之研究〉（前揭文），頁 589 以下。

❸ 依據該法第 8 條第 2 項之規定，保險費率至少每 3 年辦理精算一次，每次精算 50 年；相關簡介見臺灣銀行網頁：http://www.bot.com.tw。

❸ 「公教人員保險法施行細則」第 20 條規定：「本法第八條第四項所定公務人員及公立學校教職員俸（薪）給法規所定本俸（薪）或年功俸（薪）額，依全國軍公教員工待遇支給要點所定俸（薪）額為準。」

「交通事業機構」以及「原省營事業機構」等等。另外，私立學校的教職員也得比照公立學校教職員的保險薪給為準❹。

2.保險費的分擔

依據「公教人員保險法」第9條所規定的保費負擔比例，原則上由被保險人自行負擔 35% 的保險費。但是，由於國家同時為公務人員與公立學校教職員的「雇主」，所以加上政府補助保費的部分，共佔保費 65% 的比例。相對而言，如果被保險人為私立學校的教職員時，則由政府與學校各負擔 32.5% 的保費。另外，為避免造成政府資源重複補貼，以及鼓勵退休再任、支領雙薪之不合理現象，2014 年修法增訂第 9 條第 4 項，明定依法退休（職）並已請領養老給付者，其再行任職加保時，須自行負擔 67.5% 之保險費。除了分擔保費之外，政府還要負擔保險人所需的事務費用，該法第 5 條第 5 項就規定，「承保機關辦理本保險所需事務費，由本保險主管機關編列預算撥付；其金額不得超過年度保險費總額百分之三點五」。有關政府補助部分的經費，自然必須以稅收支應並以編列預算的方式來核撥。

相較於我國其他的社會保險制度，公教人員保險在被保險人保費負擔上有特別的優惠措施。例如 2014 年 1 月修正前該法第 11 條之規定：

「本法修正施行前，原參加公務人員保險或私立學校教職員保險，已繳付保險費滿三十年或繳付保險費未滿三十年，繼續繳付本保險保險費屆滿三十年之被保險人，在本保險有效期間，其保險費及參加全民健康保險之保險費全部由各級政府或各私立要保學校負擔；如發生第三條所列保險事故時，仍得依本法規定，享受保險給付之權利。」

此一免繳保費的規定曾經受到學者強烈的批評，主要是違反了「保險原則」的要求❹。

雖然，在一般的商業保險中經常可以見到「期滿若干年後，不必再繳保費，仍可繼續享受保障」等業務宣傳，但是這應當以充足的保費以及孳

---

❹　見陳綾珊，《社會保險》，2003 年，頁 198 以下；相關簡介見臺灣銀行網頁：http://www.bot.com.tw。

❹　見吳凱勳，《我國社會保險制度現況分析及整合問題》（前揭書），頁 124。

息收入作為前提，而事實上公保老早就沒有基金可資運用了。尤其是年輕的被保險人薪資較少、生活負擔也重，卻需要繳交保費。反而是薪資較高的資深人員，子女已經長大而家庭負擔較輕，卻可免交保險費。相關補助費用自然要由納稅人吸收，嚴重違反「社會公義與所得重分配的理念」。因此，自 1999 年 5 月合併為「公教人員保險」，即於當時施行細則第 27 條明定，「中華民國八十八年五月三十一日以後新進加保人員，不適用本法第十一條規定」。由於該項繳費優惠經常成為其他團體之攻擊焦點，遂於 2014 年 1 月修法時加以刪除，如此方能落實年金給付之計算基礎，符合社會保險「自己給付」之要求。

㈡公教人員保險的財務方式

我們如果僅從「公教人員保險法」的規範條文中，實在難以辨別該項保險的財務方式究竟是採取基金制或是賦課制。然而，該法第 5 條規定有關「虧損責任」的區分，其中將修正之前的虧損以及潛藏負債交由政府負擔，而在 1999 年修正之後如果有虧損時，就必須「調整費率挹注」。同時，第 5 條第 3 項還規定，「本保險財務收支結餘，<u>全部提列為保險準備金</u>」。可見，我國公教人員保險制度一直都停留在基金制的思維當中。

主管機關對於該項準備金的管理與應用，也訂有「公教人員保險準備金管理及運用辦法」❷。另外，再從該法第 8 條「保費每三年精算一次」的規定來看，似乎又已經兼採若干賦課制的精神。綜合來說，其財務制度性質上應該為前述的混合制。

二、軍人保險

㈠軍人保險的財源

依據 2013 年 5 月修正後之「軍人保險條例」第 10 條規定，保險費乃是以被保險人每月的「保險基數金額」作為計算基礎，其費率訂在 8% 到

---

❷ 根據該辦法第 2 條規定：「公教人員保險準備金（以下簡稱本準備金）之主管機關為銓敘部，其收支、管理及運用，由<u>本保險承保機關辦理</u>，並由<u>公教人員保險監理委員會</u>（以下簡稱公保監理會）負責審議、監督及考核。」

12% 之間。如同前述公教人員保險的實施方式，該項費率的訂定以及調整同樣必須經過定期的精算程序，並且評估保險的實際收支情形之後，再交由行政院覈實釐定❹。目前軍人保險的保險費率為 9.94%，保險基數的金額則以被保險人的月支本俸為準❹。

關於保險費的分攤情形，依據該條例第 10 條第 5 項的規定，也是由被保險人自行負擔 35% 的比例，而由政府補助 65% 的保費。比較特殊的是，前述保險費的分攤責任僅限於志願役軍官、士官以及志願士兵，而有關「義務役軍官、士官及士兵」的保險費則由政府全額負擔。按理，義務役軍人乃是基於公益而依法履行兵役義務，其社會保險的目的即不在於「所得替代」。尤其是義務役士兵的薪餉甚低，從而保費負擔也較輕，甚至依法可以給付的情形也相當有限。例如，軍人保險退伍給付的等待期間就規定最少為 5 年，依現行義務役頂多兩年的期間，所以也只有志願役軍人可以滿足該項保險給付的要件。另外，該條例第 11 條仍如同前述公教人員保險的規定，以被保險人「已繳付保險費滿三十年」，其保費義務改由國庫負擔。此項規定並未如同前述公教人員保險一般限期修訂，足見軍人保險仍擁有較多的「福利性格」。惟以現行軍人退撫制度觀之，志願役服役滿 20 年即得按月請領退休俸終身，再加上「最大服役年限」之限制，能符合前述免繳保費之優待者亦不多矣。

㈡軍人保險的財務方式

我國「軍人保險條例」中有關財務方式的規定甚少，主要依據有第 5

---

❹　「軍人保險條例施行細則」第 18 條規定：「本保險之保險費率，由國防部評估保險實際收支情形及精算結果，報請行政院覈實釐定，並送立法院備查。

前項精算，由承保機構聘請精算師或委託精算機構每一年至三年辦理一次，每次精算五十年，所需經費，由本保險之事務費支付。但精算時，屬於本條例中華民國一百零五年一月一日修正生效前之財務責任歸屬，不計入本保險之保險費率。」

❹　該條例施行細則第 17 條規定：「本條例第十條第三項所稱每月保險基數金額，指依國防部陳報行政院核定之俸給表、俸額表、薪給表、薪津表所定之月支數額或俸額為準。」

條。該條於 2013 年 5 月修法之前規定如下：

「本保險，應設置<u>基金</u>；其基金數額，依實際需要，由國防部會同財政部呈請行政院核定由國庫撥充。

前項基金之<u>保管、運用辦法</u>，由國防部會同財政部定之。」

我們如果從軍人保險必須設置「基金」的規定來看，立法之初似乎是傾向於基金制或是混合制的保險財務。但是，後來實務的運作方式卻是由國防部「預估當年保險給付總額」來撥付保險費補助，如果給付支出沒有明顯的變化，保險財務就會呈現衡平的狀態。在此情形之下，累積的保險準備金偏低，機關甚至也未依前述條文設置基金，軍人保險財務竟成了名副其實的「隨收隨付制」 ❹⑤。

有鑑於前述名實不符之財務情形，2013 年 5 月修正條例第 5 條第 1 項為「本保險財務收支結餘，全部提列為保險準備金；其管理及運用辦法，由主管機關定之」。亦即比照公教人員保險制度，採「基金專戶模式」辦理相關保險準備金之管理及運用事宜。另外，為落實立法院「我國全部社會保險及退休待遇，由中央政府負最終財務支付責任」。之決議，同條第 3 項更規定軍人保險之財務責任。其中，屬於 2013 年 5 月修正前之保險年資，其應計給之退伍給付未提存保險責任準備金額，由中央政府審核撥補；而屬於修正施行後之虧損，則除戰爭、武裝衝突或其他不可抗力因素應計給之給付金額由中央政府審核撥補外，應經由調整費率挹注。為監督軍人保險財務，國防部亦成立監理會，再配合前述調控規定，或可較為落實「保險原則」。

三、勞工保險

㈠勞工保險的財源

1.保險費的計算

由於勞工保險分成「普通事故保險」以及「職業災害保險」兩大類，

---

❹⑤　李海峰，《軍人保險法制之研究》，國防管理學院法律研究所碩士論文，2003年，頁 100 以下。

在保險費率的訂定以及保險費的分攤上，也因為兩種保險種類而有所區分。依據「勞工保險條例」第 13 條第 1 項與第 2 項的規定，勞保普通保險的保險費，由主管機關按照被保險人當月的「月投保薪資」來訂定，費率在 7.5% 到 13% 之間。勞工保險改採年金給付的變革，必然影響其財務狀況，為了維持保險收支平衡，且避免對被保險人衝擊過大，只能逐步調高保費。因此，原先在 2008 年 7 月修正之前，普通保險的保險費率為 6.5%，修正後則調高為 7.5%，且於勞保條例第 13 條第 2 項明定，施行後第 3 年將調高 0.5%。其後，每年保險費率調高 0.5%，直至費率成為 10%；並自 10% 當年起，每兩年調高 0.5%，最後到達法定上限 13%。如此計算之後，勞保保險費率約於 2021 年將達到高點，但亦不保證未來即不用再修法調高上限，條文僅規定「保險基金餘額足以支付未來二十年保險給付時」，始不予調高保險費。

　　至於職業災害保險則採「差別費率」，對雇主課以不同責任，以有效改善工作場所之安全衛生，減少勞工職業災害的發生。依據勞保條例第 13 條第 3 項的規定，職業災害保險分為「行業別災害費率」以及「上、下班災害費率」兩種，每 3 年調整一次。因此，勞保職災保險費率即為前述兩種費率相加，並須依照主管機關公布的「職業災害保險適用行業別及費率表」來辦理，其中按各種不同行業別的風險程度而訂有多達 61 種費率❹❻。另外，為了鼓勵企業預防職業災害的發生，並對於疏於改善者加以懲罰，如果投保單位的員工達 70 人以上者，可以根據勞保條例第 13 條第 4 項的規定，實施「實績費率」。因此，機關得就企業前 3 年職業災害保險給付的總額，佔應繳職業災害保險費總額的比例高低，每年分別計算調整其職業災害保險的費率❹❼，對此還訂有「勞工保險職業災害保險實績費率實施辦

---

❹❻　見勞委會 (93) 勞保三字第 0930053553 號令。勞工局網頁：http://www.bli.gov.tw。

❹❼　實績費率調整方式如下：一、其比率超過 80% 者，每增加 10%，加收其適用行業之職業災害保險費率之 5%，並以加收至 40% 為限。二、比率低於 70% 者，每減少 10%，減收其適用行業之職業災害保險費率之 5%。

法」。

另外，同條例第 14 條第 1 項並就勞工保險的月投保薪資有所定義。其原則上為「由投保單位按被保險人之月薪資總額，依投保薪資分級表之規定，向保險人申報之薪資」。此一薪資分級表由主管機關擬定並公布，現在共分為 17 級距，其中月薪資總額低於「基本工資」者，其月投保薪資為第 1 級的 22000 元；最高的第 17 級為薪資總額 43901 元以上者，月投保薪資為 45800 元❹。然而，由於前述投保薪資上下限的差距僅為兩倍多，所以遭到學者批評為不符實際薪資結構，無法明顯反映所得重分配的效果❹。又有鑑於月投保薪資不僅關係保險費之多寡，更影響保險給付之額度，整體而言則帶動勞工保險財務狀況，實不宜聽任投保單位主動申報。因此，若被保險人為第 6 條第 1 項第 7 款、第 8 款及第 8 條第 1 項第 4 款規定之勞工，亦即屬於無一定雇主或自營作業之勞工，或受僱外籍輪船公司之海員，其月投保薪資由保險人就投保薪資分級表範圍內擬訂，報請中央主管機關核定適用之。如此規定之目的在於，這類被保險人之工作報酬不易查定，如果由所屬團體自行認定申報投保薪資，恐易滋生老弱者多報，而年輕力壯者反而少報之弊端。

由於投保薪資之認定乃勞工、雇主乃至於保險人關注之焦點，實務爭議頗多。故而勞保條例第 14–1 條復規定，投保單位申報被保險人投保薪資如有不實者，則由保險人按照同一行業相當等級之投保薪資額，「逕行調整」並通知投保單位。調整後之投保薪資與實際薪資不符時，則應以實際薪資為準。至於實際從事勞動之雇主，得依第 8 條第 1 項第 3 款規定加保，惟按條例第 14–2 條之規定，如其所得未達投保薪資分級表最高一級者，亦得自行舉證申報其投保薪資。但最低不得低於所屬員工申報之最高投保薪資適用之等級。前述兩條文乃原先載於施行細則，但因屬關係人民權益之重要事項，爰於 2003 年修正時移至條例本文，以避免規範位階過低的爭議。

---

❹ 見勞動部勞工保險局網頁：https://www.bli.gov.tw/sub.aspx?a=ASLtH7ABQ5M%3d；陳綾珊，《社會保險》（前揭書），頁 256 以下。

❹ 見吳凱勳，《我國社會保險制度現況分析及整合問題》（前揭書），頁 114。

2. 保險費的分擔

相較於前述軍、公、教保險在保費負擔比例上的均一性，我國勞工保險則因為被保險人的投保身分而有不同的分擔比例。依據「勞工保險條例」第 15 條的規定，保險費由被保險人、雇主以及政府共同的分擔比例如下：

(1) 一般受僱員工

此類被保險人在普通事故保險中自行負擔 20% 的保費，而由雇主負擔 70%，其餘的 10% 則由政府補助。至於職災保險的保險費則全數由雇主來負責。

(2) 無一定雇主的職業工人

被保險人透過「職業工會」參加勞工保險時，不論是普通事故或職業災害的保險費，都必須自行負擔 60% 的保費，而其餘的 40% 則由政府補助。

(3) 無一定雇主的漁會甲類會員

此類被保險人在普通事故以及職業災害保險中，都僅需自行負擔 20% 的保險費，而且可以獲得政府 80% 的保費補助。

(4) 外僱船員

這類被保險人參加了海員總工會或船長公會後，可以準用勞保條例的規定而投保勞工保險。其保險費則須自行負擔 80%，並享有政府 20% 的保費補助。

(5) 被裁減資遣續保人員

依據勞保條例第 9–1 條的規定，被保險人參加保險年資滿 15 年，被裁減資遣而自願繼續參加保險者，由原單位幫他辦理「普通事故保險」，直到符合請領老年給付為止。此時，被保險人應自行負擔 80% 的保險費，並有來自政府 20% 的保費補助。

前述各類被保險人之保險費，有一定比率係由政府補助，而原先係由中央政府及直轄市政府分別負擔。然而，因為對計算方式有所異見或財政困窘等理由，地方政府長期積欠所應分擔之保險費，亦對勞工保險財務造成嚴重衝擊。再加上近年地方制度法之修正，臺北縣、臺中縣與臺中市、

臺南縣與臺南市、高雄市與高雄縣單獨或合併升格,未來直轄市政府欠費問題,將更日趨嚴重。經過考量政府整體財政收支及資源配置規劃,並配合財政收支劃分法修正草案,於 2011 年 4 月將各款所定保險費政府補助款,修正統一由中央政府負擔,以使勞工保險財務更臻於健全,制度得以永續發展❺⓪。

從前述有關保費分攤的規定來看,被保險人必須自行負擔的比例各不相同,其所能享有的政府補助也不一樣。我們如果依照經濟學上的假設,將雇主負擔都歸為勞動成本,則一般受僱勞工就可能要負擔高達 90% 的保險費❺①。相較之下,在職業工人、漁會會員等被保險人方面,反而可以享有政府 40% 或 80% 的保費補助,當然也要由國家預算來支應。推估此一保費補助的優惠乃是勞保創立之初,為了鼓勵「自主性勞工」多多加入保險所設。尤其在全民健保尚未開辦之前,也有為數不少的國民藉由類似管道來取得加保資格。由於國外制度在自營作業者方面都須自負全數保費,學者乃質疑政府此一補助的公平性❺②。但是,由於給付行政「易放難收」的特性,只有在新制度建立的時候,逐漸修正保費負擔比例。

政府除了前述保費補助以外,還要負擔保險機構——「勞工保險局」的運作經費,因此勞保條例第 68 條仍有如下規定:

「勞工保險機構辦理本保險所需之經費,由保險人按編製預算之當年六月份應收保險費百分之五點五全年伸算數編列預算,經勞工保險監理委員會審議通過後,由中央主管機關撥付之。」

比較值得注意的是,勞保條例第 69 條還規定「勞工保險如有虧損……應由中央主管機關審核撥補」。事實上,此一規定已經種下勞保原本基金制財務逐漸惡化的遠因。再則是「綜合保險」的特性無法確實反映財務狀況,以及早年費率調整受限於政治因素等等,也使得勞保財務始終不夠健全❺③。

---

❺⓪　詳見立法院 2011 年 4 月修正理由。

❺①　此一假設有待進一步的實證,尤其要考量我國中小企業居多,而且科技產業又盛行員工持股的情況。另外,企業也有可能將保費負擔轉嫁在產品價格上。

❺②　郭明政,《社會安全制度與社會法》(前揭書),頁 212。

凡此種種問題，再加上勞保給付年金化，以及人口老化等變數，未來是否得因保險費之逐年調高而獲得解決？仍有待進一步精算以及較長期間之觀察。

㈡勞工保險的財務方式

在財務制度方面，我國勞工保險依據條例第 66 條以下的規定似乎是採「基金制」。勞工保險基金有下列四種來源：

　　1.勞保創立時政府撥付的金額。

　　2.當年度保險收支的結餘。

　　3.保險滯納金收入。

　　4.基金運用的收入。

經由前述管道所累積的數額固然十分龐大，近年基金額度已將近新臺幣 7000 億元。然而依據勞工保險實際運作的情形來看，勞保基金還不是全額的給付準備，所以財務方式上仍然屬於混合制中的「部分基金制」。

另外，勞保條例第 67 條第 1 項則規定該基金的運用範圍如下：

　　1.公債、庫券與公司債的投資。

　　2.存放公營銀行或中央主管機關指定的金融機構。

　　3.投資自設勞保醫院以及特約公立醫院整修勞保病房的貸款。

　　4.對於被保險人的貸款。

　　5.政府核准有利於基金收入的投資。

同條第 2 項並且規定，除了前述運用方式以及供作保險給付支出以外，勞保基金不得移作其他用途。但是，最後一款規定仍然給予政府極大的形成空間，根據現行狀況甚至可以將勞保基金充作「國家金融安定基金」的一部分，用以因應股市劇跌等重大經濟危機❺❹。事實上，此舉已經牽涉眾多被保險人的權利，應當受到「法律保留原則」的拘束，而有訴諸較為嚴謹依據的必要性。除此之外，主管機關訂有「勞工保險基金管理及運用辦法」，而且基金的收支與運用情形也要按年公告。為使龐大勞保基金之運用

---

❺❸　見吳凱勳，《我國社會保險制度現況分析及整合問題》（前揭書），頁 110 以下。

❺❹　有關「國家金融安定基金」的設置，見本章註❸❹。

能尊重專業，不受政治因素干擾，依據前述辦法第 2 條之規定，設有「勞動部勞動基金運用局」，專責辦理投資運用管理業務，以及擬定基金之投資運用管理計畫或規範。又基金之運用亦得委託專業投資機構經營。

為了使勞保基金的管理與運用能夠兼具保值與收益的效果，在前述辦法中也規定基金用於各種投資標的不得超過基金總額之一定百分比。關於基金之運用，明定勞保局應擬訂投資政策書，於年度開始前擬編基金運用計畫，經監理會審議通過，報請中央主管機關核定，並依法定程序辦理❺❺。辦法第 8 條更規定，基金運用於國外之金融商品不得超過總額的 60%，以避免類似金融風暴之過分影響。另外，為了積極提升基金運用的績效，還將部分資金委託證券投資專業機構，用以辦理有價證券的投資業務，期待基金運用的效益可以透過民間專業資源而充分發揮。政府甚至在 2003 年則為了紓解勞工被保險人一時性的經濟困難，而開辦「勞保基金紓困貸款業務」，以幫助勞工朋友渡過生活難關❺❻。

四、就業保險

「失業」原本屬於勞工保險普通事故保險之一，但在 2002 年「就業保險法」公布實施之後，已經成為一個獨立的保險體制。由於就業保險實施期間較晚，而且可以說是我國第二個「單一化」的社會保險制度，其相關財務制度應具有相當的代表性。

㈠就業保險的財源

就業保險的財源主要來自於被保險人繳交保險費的收入。依據「就業保險法」第 8 條規定，保險費率由中央主管機關按被保險人當月月投保薪資的 1% 到 2% 擬定，現行核定費率為 1%❺❼。另外，該法第 9 條還規定，

---

❺❺ 見「勞工保險基金管理及運用辦法」第 6、7 條以及第 10 條之規定。

❺❻ 機關訂有 「勞工保險未繳還之保險給付及貸款本息扣減辦法」，見勞保局 (http://www.bli.gov.tw) 關於勞工保險基金之簡介。

❺❼ 依據勞委會 (91) 勞保一字第 0910040515 號函，就業保險費率擬訂為被保險人當月之月投保薪資 1%。

保險人應當每 3 年精算一次保險費率，並且交由「精算小組」進行審查。至於保險費率調整的時機有下列三種情形：

1.前 3 年保險費率與當年度精算的費率相差幅度超過 5%。

2.保險基金累積餘額低於前一年度保險給付平均月給付金額的 6 倍，或是高於平均月給付金額的 9 倍[58]。

3.由於保險給付的項目、內容、標準或期限有所增減，以至於影響保險財務時。

由於就業保險原本為前述勞工保險普通保險的一環，所以「就業保險法」第 40 條特別有如下的規定：

「本保險保險效力之開始及停止、月投保薪資、投保薪資調整、保險費負擔、保險費繳納、保險費寬限期與滯納金之徵收及處理、基金之運用與管理，除本法另有規定外，準用勞工保險條例及其相關規定辦理。」

因此，就業保險有關被保險人投保薪資的計算，以及保險費的分攤方式都比照前述勞工保險的規定辦理。另外，因為就業保險與勞保失業保險的功能重複，本法第 41 條第 1 項即規定，自本保險開辦之後，勞保有關失業給付的部分不再適用。又由於新舊制在保費計算上也有重疊之處，所以該條第 2 項特別規定，本法被保險人關於勞保普通保險的費率應按月投保薪資調降 1 ％[59]。

除了前述保險費的收入以外，從本法第 33 條的規定來看，就業保險的財源還包含中央主管機關自勞工保險基金提撥的專款。此一「專款」應當為 1999 年 1 月勞保開辦「失業給付」之後，至就業保險實施之日為止所累積的保險費。因此，第 33 條第 2 項即規定其收支結餘應一次提撥。另外，由於就業保險的保險人同樣也是勞工保險局，政府即不再撥補業務費用，僅自保險收入自行編列預算。根據本法第 35 條規定，保險人辦理保險業務所需經費，「以當年度保險費收入預算總額百分之三點五為上限編列」。

---

[58]　雖然就業保險基金至 2017 年底已累積高達 1160 億元，早已超過每月約 16 億元給付金額之 9 倍以上，但因現行保險費率為最低之 1%，故無法再行調整。

[59]　相關討論，見黃越欽，《勞動法新論》，2001 年 3 月，頁 621。

㈡就業保險的財務方式

依據「就業保險法」第 33 條的規定，就業保險的基金來源如下：

1.保險開辦時，主管機關自勞工保險基金提撥的專款。

2.保險費與其孳息收入扣除保險支出的結餘。

3.保險費滯納金。

4.基金運用的收益。

5.其他有關收入。

乍看之下，就業保險似乎是採取基金制。然而，我們如果從本法第 9 條第 2 項第 2 款有關保險費率調整的規定來看，「本保險累存之基金餘額低於前一年度保險給付平均月給付金額之六倍或高於前一年度保險給付平均月給付金額之九倍」。是以，就業保險基金性質上應當為「較高額度的責任準備金」。如此一來，我國就業保險的財務制度應該是較傾向賦課制的「混合制財務」。又為因應就業保險開辦初期之財務運作需求，原先於第 33 條第 2 項規定，循預算程序自勞工保險基金提撥專款新臺幣 383 億元，作為保險基金之來源。其後因為該筆款項本即屬於勞工保險基金之責任準備金，而且於 2009 年 3 月時基金累存已達新臺幣 1000 億元，故修正就業保險法第 33 條第 2 項之規定，將前述專款一次全數撥還勞工保險基金❻。

另外，本法第 34 條則規定就業保險基金的運用方式。除了保險給付的支出，以及主管機關依照本法第 12 條第 3 項所提撥之相關經費以外❻，只限於以下幾種運用情形：

1.投資公債、庫券以及公司債。

2.存放於公營銀行或主管機關指定的金融機構及買賣短期票券。

3.其他經中央主管機關核准有利於本基金收益之投資。

相較於前述勞保基金運用之積極度，就業保險基金乃採較為保守之運

---

❻　如依 2009 年 3 月修正之立法理由，已認為就業保險係採「隨收隨付制」之財務模式。惟其財務相較其他社會保險健全之原因，實與「給付期間短」、「年資結算制度」有關。

❻　主管機關訂有「就業保險之職業訓練及訓練經費管理運用辦法」。

用模式，亦無專責運用單位。其主要原因在於就業保險係「短期保險」，基金之性質僅為因應短期給付之用，不似勞工保險有長期性的老年、失能給付。惟因現行失業率尚低，保險給付支出不多，而 1% 的保險費率又降無可降，以致累計有高額之準備基金。對此，就業保險財務未來或可斟酌下列幾個方向改進：

1.區分基金運用之比例。除保留法定月平均給付金額 6 至 9 倍作為保險準備金外，其餘基金可參考勞工保險基金作更積極之運用。

2.適度放寬失業給付之額度與期間。相較於現行為防止「道德風險」，而以平均投保薪資 60%、為期 6 個月之給付方式，失業給付或可採取更為信任當事人之態度。

3.加強依第 12 條第 3 項提撥經費之就業促進措施。相對於消極的失業給付面向，也可反向思考，著重於積極面的就業促進，甚至修法提高相關提撥經費。

五、農民健康保險

㈠農民健康保險的財源

我國農民健康保險的財源主要來自於保險費的收入。依據「農民健康保險條例」第 11 條的規定，月投保金額乃是按照「勞工保險前一年度實際投保薪資之加權平均金額」訂定，而後再報請中央主管機關核定，目前月投保金額為 10200 元。此一投保金額僅約基本工資之半數，除使農民保費負擔較輕之外，也反映該保險給付之目標為「部分保障」。另外，該條文也規定保險費率為月投保金額的 6% 到 8%，而且在全民健保尚未開辦之前核定保險費率為 6.8%。同法第 12 條並且規定保險費的分擔比例，由被保險人自負 30%，政府則補助 70%。有關政府補助的部分，在直轄市，由中央主管機關負擔 40%，直轄市負擔 30%；在縣（市），由中央主管機關負擔 60%，縣（市）負擔 10%。較之勞保與健保已改為全數由中央政府負擔之情形，農保仍保有地方政府負擔部分比例，此乃不外農民團體與地方有較深關係之故。

　　由於我國農民健康保險的保障內容不僅限於醫療保險部份，為了配合全民健康保險制度的實施，農民健康保險亦如同公保、勞保與軍保般，將「醫療給付」部分移撥給全民健保，故保險費率也應當配合修正。主管機關除了訂定修法前的權宜措施以外，現行月投保金額仍維持在 10200 元，而保險費率則降低為 2.55% [62]。如果以被保險人負擔 30% 的保費計算，農民每月僅需負擔 78 元而已 [63]。

　　如同我國其他社會保險制度，政府除了對農民健康保險給予保險費補助之外，還要對該保險制度的建立與維持作出財務上的補貼。例如本條例第 41 條第 1 款的規定，政府在保險創立之初就曾經撥付經費作為保險基金成立的基礎。另外，有關辦理保險業務所需的經費，本條例第 43 條也有如下規定：

　　「辦理本保險所需經費，由保險人按年度應收保險費總額<u>百分之五點五</u>編列預算，經農民健康保險監理委員會審議通過，在中央社會保險局未設立前，由辦理本保險業務機構之<u>主管機關撥付</u>之。」

　　尤其是條例第 44 條還規定，如果保險年度結算有虧損時，得申請由政府提供補助。雖然主管機關仍應立即檢討虧損發生原因，而且必要時可依程序調整保險費率。但是，保費的調整涉及到國家農業政策，通常並不容易遂行。

(二)農民健康保險的財務方式

　　如果從「農民健康保險條例」第 41 條以下的規定來看，保險財務仍是採取基金制。但是，如果保險有所虧損時，政府還是要撥補或是調整保險費率，所以較傾向「混合制」的財務方式。至於農民健康保險的保險基金則有下列幾種來源：

　　1.農民健康保險創立時，政府一次撥付的金額。

　　2.當年度保費與其孳息的收入，扣除保險給付支出後的結餘。

　　3.保險費滯納金。

---

[62]　見內政部 (84) 臺內社字第 8474079 號函。

[63]　相關訊息，見內政部社會司 (http://www.moi.gov.tw)。

4.基金運用的收益。

有關保險基金的運用途徑，條例第 42 條也規定如下：

1.投資公債、庫券與公司債。

2.存放於國家銀行或中央主管機關指定的公營銀行。

3.經過中央主管機關核准有利於基金收入，或是有利於農民健康保險業務的投資❻。

同條文並且規定，保險基金除了上述用途以及保險給付支出之外，不得移作其他使用方式或轉移處分。對於此一基金的運用與管理，機關訂有「農民健康保險基金管理及運用辦法」，相關措施必須經過「農民健康保險監理委員會」審核，並依有關法令規定辦理。為了降低基金運用的風險，根據該辦法第 7 條的規定，保險基金運用前述第 1 款及第 2 款的比例，不得低於運用當時基金總額的 70%。而投資於第 3 款的基金比例，最多也不可以超過運用當時基金總額的 30%。

六、全民健康保險

㈠全民健康保險的財源

全民健保乃是我國社會保險制度「全民化」的第一步。為了擺脫以往社會保險過度傾向「福利服務」的印象，尤其要避免國人對於保險財務的諸多批評，維持一個健全的保險財務就更形重要。依據「全民健康保險法」第 17 條以下的規定，全民健保主要是以保險費的收入來維持財務，保險費的計算原則上是根據「被保險人的投保金額」以及「保險費率」來計算。此外，在保費責任上，全民健保也延續前述勞工保險的經驗，由被保險人、雇主以及政府三方面共同分攤保險費用。

---

❻　依據「農民健康保險基金管理及運用辦法」第 6 條規定：「前條第三款所稱中央主管機關核准有利於本基金收入之投資，包括購買金融債券、銀行保證之商業票據及投資於其他有利於本基金收入之事業；所稱農民健康保險業務之投資包括自設醫療機構之投資及特約公立醫療機構農保病房整修之貸款等有關事項。」

1.保險費的計算

依據全民健保法第 18 條的規定，保險費率以 6% 為上限，現行費率為 2016 年 1 月公告的 4.69%。由於全民健保乃我國第一個「單一化」的社會保險，為累積經驗，開辦第 1 年先以 4.25% 計算保險費，第 2 年起再依修正前第 20 條的規定重新評估保險費率。為了落實「保險原則」，修正前全民健保法第 20 條規定保險費率至少每 2 年精算一次，每次精算 25 年。此一規定於 2011 年 1 月修正時，移至第 25 條，並改為至少每 5 年精算一次。另外，修正前第 20 條第 3 項亦規定，精算結果有下列情形之一時，即由主管機關重行調整費率，並報請行政院核定：

(1)前 5 年保險費率的平均值與當年費率相差幅度超過正負 5%。

(2)保險安全準備降到 1 個月的最低限額。

(3)保險增減給付的項目、內容或標準，以至於影響保險財務時。

然而，前述調整保險費率之時機，於 2011 年 1 月修法時有了重大變革。依據修正後全民健保法第 26 條之規定，前述第(2)與第(3)之情形反成為「調整保險給付」之時機。蓋因調整保費容易引發全民關注，調整給付則僅有保險醫事服務機構較易察覺，至於被保險人，除非是持續接受同一給付項目者，否則根本難以作出反映。調整程序由保險人擬定「調整保險給付範圍方案」，提交全民健康保險會（健保會）審議，再報主管機關轉報行政院核定後公布。至於保險費率的調整時機則依修正後第 24 條之規定，由保險人於健保會「協議訂定醫療給付費用總額」後 1 個月提出審議。健保會於進行費率審議時，應邀及精算師、保險財務專家、經濟學者及社會公正人士提供意見。並應於年度開始前 1 個月，完成該年度應計之收支平衡費率之審議，報主管機關轉報行政院核定後由主管機關公告之。如此一來，合併費協會與監理會而成的健保會，同時擔任了「保險給付」與「保險費率」調整的任務，並且將兩者的調整形成連動，力求保險收支平衡，充分展現保險原則之精神。

影響保險費的另一個因素為被保險人的投保金額。根據全民健保法第 19 條的規定，由主管機關將第一類至第三類被保險人的「投保金額」分級

表列，並且以勞工的「基本工資」作為分級表的下限。另外，為了加強保險制度中所得重分配的功能，該條第 3 項特別規定投保金額分級表的上下限至少要有 5 倍以上的差距。全民健保法第 19 條第 3 項也規定分級表的調整時機為：

(1)基本工資調整時，應調整最低等級的金額。

(2)適用投保金額最高級的被保險人，其人數持續 12 個月超過被保險人總人數的 3% 時，即應加高等級。

因此，全民健保自 2005 年 4 月起將投保薪資最高級距往上修訂，結果不僅增加保險收入，更加強所得重分配的效果。又由於近年基本工資之調高，現行月投保金額最低等級為 23100 元，最高第 48 級則為 182000 元，其間差距達 7 倍以上❻❺。

有關被保險人投保金額的訂定原則，根據全民健保法第 20 條的規定，受僱者的投保金額就是其「薪資所得」，至於雇主及自營作業者以其「營利所得」，專門職業及技術人員自行執業者則以「執行業務所得」來投保。如果被保險人沒有固定所得時，則由其依投保金額分級表所定數額自行申報，再由保險人查核❻❻。值得注意的是，早期軍、公、教人員的投保金額僅以「本俸」計算，大約是薪俸總額的 6 成，因此也造成與一般勞工之間的不公平現象。因此，健保於 2002 年修法時曾增訂第 22-1 條，規定軍公教人員之投保金額「應以第八條第一項第一款第二目及第三目被保險人最近一年參加本保險平均投保金額與行政院主計處發布之各行業受僱員工平均經常性薪資之比率，乘以其俸（薪）給總額計算之」❻❼。雖然此一規定已於 2011 年修法時刪除，但相關人員以全薪納保之政策已成定局。

除此之外，屬於第三類被保險人的農、漁民，由於其本身職業上的特殊性，在收入的計算上也較不容易。對此，全民健保法第 22 條就規定，以

---

❻❺　衛福部 (107) 衛部保字第 1070137953 號函。

❻❻　全民健保法施行細則第 46 條並規定各類被保險人之投保金額申報準則。

❻❼　2011 年修訂前之公告比率為 93.52%，見陳綾珊，《社會保險》（前揭書），頁 304。

第一類受雇者以及第二類職業工人與外僱船員的「平均投保金額」作為計算基礎。至於第四類被保險人的身分為義務役、軍費學生、軍眷以及軍人遺族,第五類被保險人則為社會救助的低收入戶成員,還有第六類被保險人為榮民、榮眷以及地區人口等,這些人的投保金額也於第 23 條規定,以「精算結果之全體保險對象每人平均保險費」來計算。此即俗稱之「虛擬所得」。

2.保險費的分擔

有關健保保險費的分擔方式,主要依據為「全民健康保險法」第 27 條,原則上以被保險人的類別作區分:

(1)第一類被保險人

其中公務人員以及公立學校教職員的本人與眷屬應自行負擔 30% 的保費,投保單位則負責 70%,因為政府就是其雇主。相對而言,在私立學校教職員的保費負擔上,就由學校與政府各負擔 35% 的保費。另外,在公、民營事業或機構的受僱者,還有其他有一定雇主的受僱者方面,被保險人與其眷屬自行負擔 30% 的保險費,投保單位負擔 60%,而由政府補助 10% 的保險費。如果被保險人為雇主、自營業主或自行執業的專技人員時,就要由本人及眷屬負擔 100% 的保費。

(2)第二類被保險人

此類被保險人為參加職業工會的自營作業者,還有則是參加海員總工會或船長公會的外僱船員,其本人與眷屬應自行負擔 60% 的保費,並享有政府補助保費 40%。

(3)第三類被保險人

此類為農民、水利會及漁民等農漁會的會員,其本人與眷屬應自行負擔 30%,而由政府補助 70% 的保費。

(4)第四類與第五類被保險人

被保險人為服義務役、替代役、軍校學生、受刑人以及無依軍眷等,及合於社會救助的低收入戶成員,其本人皆無須繳交保費,而由政府全額補助。

⑸第六類被保險人

此類被保險人為榮民以及榮眷，其本人可以享有退輔會全額補助保費。眷屬則要自行負擔 30%，而由退輔會補助 70%。另外，被保險人為地區人口時，本人及眷屬自行負擔 60%，而由政府補助 40% 的保險費。

由於我國全民健保採取按人課徵保險費的方式，對於成員眾多的家庭而言，保費負擔相當重。因此，全民健保法第 18 條第 2 項以及第 23 條第 2 項皆規定，眷屬的保險費由被保險人繳納，但是超過三口者，以三口計算。多少減輕前述家庭的些許負擔。另外，保險人在辦理全民健保業務上也需要若干經費，依據本法第 102 條規定，「本法中華民國一百年一月四日修正之條文施行前，本保險之累計財務短絀金額，由中央主管機關分年編列預算撥補之」。

由於前述六類被保險人主要以薪資所得作為投保薪資，故對於廣大受薪階級較能反映其經常性所得，但對於執行業務所得或是非受僱者之非經常性所得即有相當落差。對此，二代健保原擬以被保險人申報所得稅之「家戶所得」作為保費課徵基礎，惟此一改革未能取得財稅主管機關之配合，故 2011 年 1 月修法時採取折衷之「補充保費」機制。依照健保法第 31 條之規定，保險對象之下列所得須依規定之「補充保險費率」計收補充保險費，由扣費義務人於給付時扣取，之後向保險人繳納：

1.所屬投保單位給付全年累計逾當月投保金額 4 倍部分之獎金。

2.非所屬投保單位給付之薪資所得。但第二類被保險人之薪資所得，不在此限。

3.執行業務收入。但依第 20 條規定以執行業務所得為投保金額者之執行業務收入，不在此限。

4.股利所得。但已列入投保金額計算保險費部分，不在此限。

5.利息所得。

6.租金收入。

另外，依據健保法第 33 條規定，前述補充保險費率於施行第 1 年為 2%，第 2 年起則依其成長率調整，由主管機關逐年公告。現行費率為

2016 年 1 月公告的 1.91%。

㈡全民健康保險的財務方式

在有關保險的財務運作方式上，全民健保制度已經不稱為「基金」，而是稱為「安全準備金」。相關規範於「全民健康保險法」第 76 條以下，尤其依據第 78 條的規定，該項安全準備金僅須提撥相當於最近精算 1 至 3 個月的保險給付總額。由此看來，我國全民健保已經不像以往社會保險受制於基金制的財務理念，從而傾向賦課制的財務。根據全民健保法第 76 條的規定，安全準備金的來源如下：

1. 保險每年度的收支結餘。
2. 保險費滯納金。
3. 保險安全準備運用的收益。
4. 政府已開徵之菸、酒健康福利捐。
5. 依其他法令規定之收入。

另外，同法第 77 條則規定保險人對於前述安全準備金的運用方式如下：

1. 投資公債、庫券及公司債。
2. 存放於公營銀行或主管機關指定的金融機構。
3. 其他經主管機關核准有利於本保險的投資。

除了前述運用方式之外，我國健保制度還根據本法第 99 條的規定，設立「紓困基金」提供經濟困難無力繳費的被保險人申貸保險費以及自行負擔費用[68]。

七、國民年金保險

㈠國民年金保險的財源

由於國民年金以社會保險的型態實施，其財務主要即由保險費的收入來維持，其中政府仍須負擔法定比例的保險費補助。另外，由於社會保險

---

[68] 依據「全民健康保險紓困基金申貸辦法」第 4 條規定申貸項目如下：
「一、未依本法所定繳納期限繳納之保險費。二、依本法第五十條第一項規定，應向保險醫事服務機構繳納之應自行負擔之費用而尚未繳納部分。」

亦具有「社會衡平」(Sozialer Ausgleich) 的作用，尤其常配合政府諸多社會政策，故主管機關也要負擔相關行政費用以及各種非屬保險的支出。

1.保險費的計算

國民年金的主要財源為保險費的收入。依據「國民年金法」第 10 條規定，開辦第 1 年的保險費率訂為 6.5%，並於第 3 年調高 0.5%；而後每 2 年調整一次幅度，調整幅度為 0.5%，至 12% 為上限。現行保險費率為 9%。但是，假如「保險基金」的餘額足以應付未來 20 年的保險支出時，即不予調高。又依據該法第 11 條規定，國民年金保險之月投保金額，於施行第 1 年，依「勞工保險投保薪資分級表第一級」定之；第 2 年起，於中央主計機關發布之「消費者物價指數累計成長率達百分之五」時，再依該成長率調整之。如此一來，以 2008 年開辦時月投保金額 17280 元來計算，保險費約為 1123 元。且月投保金額自 2015 年調整為 18282 元，則現行保險費約為 1645 元 **⑥⑨**。

2.保險費的分擔

按照國民年金法第 12 條所規定之保費負擔比例，一般民眾須自付 60%，而由中央政府補助 40%。若被保險人是社會救助的低收入戶，在直轄市，由直轄市主管機關全額負擔；在縣（市），由中央主管機關負擔 35%，縣（市）主管機關負擔 65%。另外，被保險人若符合「法定身心障礙資格且領有證明」，其情形為極重度、重度身心障礙者，保費由中央政府全額補助。至於中度及輕度身心障礙者，其保費則依其障礙程度給予 70% 與 55% 的補助。縱使被保險人為未達低收入戶標準的「中低收入戶」 **⑦⓪**，也可依其所得享有 70% 或 55% 的補助。為使讀者易於了解保費分攤情形，

---

⑥⑨　雖然我國基本工資近年來已有調整，但國民年金保險仍維持月投保金額為 17280。直至 2015 年 1 月方提高至 18282，但亦未隨基本工資之成長調整。

⑦⓪　⑴中低收入戶 A 類指的是國民年金被保險人，其家庭總收入平均分配全家人口，每人每月未達當年度最低生活費一點五倍，且未超過臺灣地區平均每人每月消費支出之一倍者。⑵中低收入戶 B 類指的是國民年金被保險人，其家庭總收入平均分配全家人口，每人每月未達當年度最低生活費二倍，且未超過臺灣地區平均每人每月消費支出之一點五倍者。

分析整理如附表。

表 6-1：國民年金被保險人保費分攤比例一覽表 ⑦

被保險人身分 保費分攤比例	一般	低收入戶	中低收入戶		身心障礙者		
			A 類	B 類	重度、極重度	中度	輕度
被保險人	60%	0%	30%	45%	0%	30%	45%
政府	40%	100%	70%	55%	100%	70%	55%

　　由於國民年金保險的被保險人，為無法參加傳統社會保險者，與其他保險之投保單位皆無適當之關係可供連結。因此，這類被保險人於全民健保，主要係以眷屬依附該保險被保險人投保或以地區人口身分參加保險。如果以其參加健保之投保單位作為投保單位，並由該等單位申報參加國民年金保險，則依現行健保相關資料及經驗顯示，可能分散於數十萬之投保單位，平均每一投保單位辦理人數十分有限。再者，投保資料之異動申報及保險費之代為收繳顯將發生困難，徒然增加事業單位及鄉（鎮、市、區）公所負擔。而且被保險人如不願投保或不願主動投保，不僅投保單位責任難以釐清，亦難有效提高納保率。為了使國民年金保險業務順利運作，乃由採「保險人」主動向各相關主管機關索取資料，將符合規定之國民逕予加保，落實強制加保制度，並簡化作業。依據該法第 13 條第 2 項之規定，保險費由保險人按雙月計算，以書面命被保險人限期繳納。又因國民年金保險於 2008 年 10 月 1 日開辦，保險費按雙月計算，則保險人於計算保險費時，須將 12 月份及次年 1 月份保險費併為一期，於次年 2 月底寄發保險費繳款單。因同一期內保險費隸屬不同會計年度，且 12 月份保險費於次年 2 月底始計算確定，保險人將無法及早完整呈現前一年度相關數據，故於 2011 年 6 月增訂第 13-1 條，於 2012 年 1 月單獨開具 2011 年 12 月保險費，使後續調整為自 1 月份起，每逢單月底開具前 2 個月之保險費繳款單。

　　由於國民年金保險費係向個人課徵，且保險給付亦須待當事人年老、

---

⑦　周怡君、鍾秉正，《社會政策與社會立法》，2006 年 3 月，頁 181 以下。

身心障礙或死亡時方得請領，制度上乃採「軟性加保」之模式。故對於未依規定繳納保險費者，僅於國民年金法第 14 條規定，加收利息。並於第 16 條規定，被保險人未繳清保險費及利息前，保險人得暫行拒絕給付。

㈡國民年金保險的財務方式

由於我國社會保險皆採取「公辦公營」的模式，故通常會專設各個行政組織來辦理相關業務，例如勞保局、中央健保局等。對此所生之人事與行政管理費用，通常由政府編列預算撥付，故國民年金法第 46 條也規定此一費用以年度應收保險費總額的 3.5% 為上限。另外，國民年金還負有整合其他社會津貼的功能，故設有「基本保證年金」的機制，用以承接現有敬老福利津貼、老農津貼、原住民敬老津貼、身心障礙津貼等給付。而對於新舊制度銜接時所生年資不足的部份，也透過「基本保障」的設計來彌補。這些原本不屬於社會保險的給付項目，社會法學理上稱為「其他負擔」(Fremdlasten)，按理即應由政府負擔開支。因此，本法第 36 條即規定，前述基本保證年金所需經費，由中央主管機關按年編列預算支應；第 30 條、第 31 條、第 34 條也規定，保險給付計算結果與基本保障之間的差額，由中央主管機關負擔。

由於第 10 條但書規定，保險基金餘額足以支付未來 20 年保險給付時，保險費即不予調高。足見國民年金保險財務乃採「部分基金制」，保險人必須維持相當於未來 20 年支出的基金總額。因此，該法第 45 條亦規定基金來源如下：

1. 基金設立時政府撥入之款項。
2. 保費收入。
3. 中央依法應負擔及責任準備款項。
4. 利息及罰鍰收入。
5. 基金孳息及運用收入。
6. 其他收入。

對於政府依法應補助之保險費以及應負擔之款項，該法第 47 條也規定，中央除編列預算支應基本保證年金外，還可透過公益彩券盈餘、調增

營業稅 1% 等方式籌措財源。但是，一如我國其他社會保險制度的設計，國民年金保險之財務，依據該法第 49 條之規定，仍須由政府負最後的支付責任。

本章參考文獻：

中文部分：

1. 柯木興，《社會保險》，1995 年 8 月修訂版

2. 羅紀琼，〈健康保險財務制度〉，於：楊志良主編，《健康保險》，1996 年 1 月增訂版

3. 吳凱勳，《我國社會保險制度現況分析及整合問題》，1993 年 5 月

4. 曾明發，〈階段性實施國民年金制度方案之研究〉，於：立法院法制局編，《社會福利政策及立法》，2002 年 6 月

5. 鍾秉正，〈從「老年安全」看國民年金保險之實施〉，《月旦法學》第 154 期，2008 年 3 月

6. 郭明政，《社會安全制度與社會法》，1997 年 11 月

7. 陳綾珊，《社會保險》，2003 年

8. 李海峰，《軍人保險法制之研究》，國防管理學院法律研究所碩士論文，2003 年

9. 黃越欽，《勞動法新論》，2001 年 3 月

10. 周怡君、鍾秉正，《社會政策與社會立法》，2006 年 3 月

外文部分：

1. Rüfner, Einführung in das Sozialrecht, 2. Auflage, 1990

2. Hendler, Organisation und Selbstverwaltung der Sozialversicherung, in: von Maydell/Ruland (Hrsg.), Sozialrechtshandbuch (SRH), 2. Auflage, 1996

3. Schulin/Igl, Sozialrecht, 7. Auflage, 2002

4. Eichenhofer, Sozialrecht, 4. Auflage, 2003

5. Knieps, Krankenversicherung, in: Sozialrechtshandbuch (SRH)

第七章　前瞻——長期照護保險與相關法制

壹、前　言

因應老年社會之到來，「長期照護」(long-term care) 成為社會福利、社會工作之熱門議題。然而，學界在討論照護模式的改革、機構的設置以及人力的培養之餘，才發覺相關法制的紛雜、機關的各自為政，已成為我國推動長期照護改革的首要障礙。受到傳統家庭觀念的影響，國人長久以來皆以長期照護為家人之責任，而在「男外女內」的思維下，為人媳婦者即必須扛起此一任務。對此，社會上亦有諸多照護機構因應而生，惟其設備、人力水準差異極大，縱有口碑者，則費用不貲。另外，國內近年來亦引進眾多外籍看護人力，但其素質是否合於專業？受照護者之家庭空間、設備能否合於所需？皆是吾人應面對的事實。又不論是入住機構或居家照護，相關費用對於小康之家亦是筆負擔。作為一個民主法治國家，施政必須要切合民眾之需求，而完備的法制度又是行政的必要工具，法學上對於長期照護的研究即有著墨之處。

我國現行長期照護相關規範，基本上分散於社政、衛生以及退輔三大行政區塊，但機關各司其政，法規依據亦各擅其場。政府自 2007 年推出「長期照顧十年計畫」，似有意仿照日本實施「介護保險」前的「黃金十年」，藉以累積經驗籌辦長期照護保險。然而，整體政經環境並無法等到 2017 年計畫走完，故於二次政黨輪替後，政府接連規劃「長期照顧服務法」與「長期照顧保險法」草案，俗稱「長照二法」。前者可對照現行的「醫療法」，意即用於長照機構之管理以及長照服務體系之建立；後者則如同現行的「全民健康保險法」，以社會保險之模式，提供長照需求者相關的服務給付。如果對照我國健保實施經驗，則有關長照人力培養的法規，迄今仍舊未見端倪，而現行實務需求則僅靠「居家服務員」以及超過 25 萬的「外籍看護工」來支撐。

由於長期照顧保險法猶在規劃階段，唯有長照機構與長照人力管理的相關法律完成立法。其中「長期照顧服務法」已於 2015 年 5 月通過，而

「長期照顧服務機構法人條例」亦於 2018 年 1 月公告實施。另外，2016 年綠營執政之後更停止長照保險法的立法進程，而以延續長照十年計畫的「長照計畫 2.0」取代之。雖然長久以往，為求財源穩定以及保障圈之整體覆蓋，仍應開辦長照保險，惟在此前途未明之際，本章乃以「前瞻」為題，並不局限於長期照護保險的內涵，而是就現行法制與未來整體規劃方向加以介紹、評析。

貳、「長期照護」作為新興之社會福利課題

一、長期照護之意義與發展

長期照護乃是對於「缺乏自我照顧能力之人」所提供的連續性照顧服務。由於服務的對象通常為老年人，故相關問題在老年化的社會中較為凸顯。但若從客觀現象來說，長期照護的服務對象也會及於身心障礙者、重症病患以及末期病人等族群，所以照護需求者可能涵蓋各個年齡層。在服務輸送上，可分作機構式服務、日間照顧、居家照顧、臨終照顧、短期臨托等各種照護類型，至於服務內容則包含了醫療、個人護理與社會支持照護等具體措施❶。關於長期照護的給付制度，社會福利學者曾分析世界主要國家的發展經驗，而歸納出下列類型❷：

㈠「殘補模式」——將長期照護定位為家庭責任，政府僅針對貧窮家庭伸出援手，通常以社會救助為手段。

㈡「制度模式」——將長期照護措施作為基本人權之保障內涵，國家有責任滿足國民的長期照護需求。例如奧地利即採取「照護津貼」(Pflegegeld) 的模式，不作資產調查也不問因果關係，依國民之照護需求等

---

❶ 吳淑瓊，《配合我國社會福利制度之長期照護政策研究》，1998 年 5 月，頁 3 以下。

❷ 吳淑瓊，《配合我國社會福利制度之長期照護政策研究》（前揭書），頁 87 以下。

級給予定額給付❸。

　　㈢「工作成就模式」——由政府規劃長期照護之社會保險，提供與工作所得相關的保障制度，而於事故發生時給予保險給付。如德國自 1995 年實施「照護保險」；日本自 2000 年實施「介護保險」，皆是此一模式的代表。

　　由上述發展類型可以看出，長期照護之保障涉及社會福利多重面向，並非單屬社會保險之任務。然而，由於社會救助與津貼皆有賴政府預算支持，長此以往必然加重國庫負擔，故近年來德國、日本、韓國等國即選擇社會保險性質之長期照護保險制度。相較之下，我國於扁政府時期有「十年長照計畫」之實施，而自 2008 年馬政府執政之後，也開始積極規劃長期照護保險的開辦。凡此種種，除了政治性的考量以外，我國老年人口的增加、家庭結構的改變以及福利意識的抬頭等因素，也鞭策著執政當局必須採取因應之道。另外，前述給付之目的主要在保障國民之經濟安全，而整體長期照護法制的發展則更涉及照護機構之設置與專業人力之培訓。對此，我國現今長照機構分屬社政、衛生以及退撫，機關行政多頭馬車而設置標準亦不一，有待整合。至於長照相關人力培訓則未見規劃，且多由醫護與社工人員權充，未來仍有專業化與證照化之必要。

　　照理，長期照護涵蓋「經濟安全」、「照護機構」以及「照護人員」三大面向，後二者更涉及醫護、社政等專業，礙於學養之不足，本文主要以經濟安全保障為主軸，分析現行長期照護法制並提出檢討。值此改革之際，吾人除了擷取外國發展經驗，還要能對應本國法制環境之特殊性，並結合不同社會安全措施之功能，方能發展出適合且有效的照護體制。故以下乃嘗試從比較法的觀點，借鏡德國之發展經驗，作為分析我國長期照護法制以及相關改革的出發點。

---

❸　黃鼎佑，〈淺介奧國長期照護法制〉，《開南法學》第 3 期，2009 年 6 月，頁 54 以下。

二、以德國長期照護法制為借鏡

德國現行長期照護主要以社會保險為實施基礎,再加上社會救助之給付作為補充,並且對長期照護機構之設置與人員之培訓制定明確的規範依據。由於各類給付皆以「照護需求性」(Pflegebedürftigkeit) 作為基礎,故縱使涉及多數機關權責亦能收統一步調之功。再加上照護保險以全體人民為實施對象,能因應各種特別團體的照護需求風險,亦不致落入身分立法之缺憾。此一保險開辦之後,相形減輕該國社會救助制度的負擔,並能創造長期照護人力之就業機會❹。

㈠照護保險作為主要依據

1.以照護需求性為中心

德國現行長期照護之主軸為社會法典第 11 篇 (SGB XI) 之「照護保險」(Pflegeversicherung)。其於 1994 年 5 月立法通過,且至 1996 年分階段逐步實施,遂使照護保險與原有的疾病保險、年金保險、意外保險與失業保險並列為社會保險之「五大支柱」。該國之所以採行社會保險模式,主要乃因照護風險已經由家庭責任提升至社會風險的程度❺。在此之前,長期照護需求者與其所在家庭必須自行承擔相關費用,一旦其經濟上無法支撐時,就只有依靠社會救助的機制。因此,該國社會救助在照護保險建立之前必須負擔龐大的相關支出❻。在法制度的建立上,德國並非以老人、身心障礙者等「身分別」作為長期照護之保障對象,而係將長期照護之需求情形以法規範做出抽象的定義。依據照護保險法第 14 條第 1 項之規定,與保險

---

❹ Bundesministerium für Gesundheit, Zustandsinformation: Pflegeversicherung, 2006。資料來源網站:http://www.bmg.bund.de。

❺ 關於德國照護保險之發展歷史,見高文琦,〈家庭變遷與長期照護保險法制——以德國經驗為中心〉,《開南法學》第 3 期,2009 年 6 月,頁 113 以下。

❻ 當時照護費用曾高達德國地方政府社會救助預算的 30%,高文琦,〈家庭變遷與長期照護保險法制——以德國經驗為中心〉(前揭文),頁 115;陳君山,〈德國照護保險制度之探究〉,《社區發展季刊》第 78 期,1997 年 6 月,頁 107 以下。

給付至為相關的「照護需求性」有如下定義：「人們由於身體的、心理的或精神的疾病或傷殘，在日常生活中，就各種一般性的以及規律性重複的居家事務，長期或可預見6個月以上的時間中，需要明顯的或高程度的協助。」

2.照護需求性之要件與判定

吾人依據前述定義，可進一步就以下要件為分析❼：

⑴立法應兼顧身體與心理方面的失能原因，方能對應老人、身心障礙者、重症病患等人之需求。其中關於身體方面的照護需求，可由照護人員提供直接的協助。反之，若是對於心理失能者的照護，則服務人員僅能在日常生活事務的進行上給予看管 (Beaufsichtigung) 與指導 (Anleitung)。(§ 14 III SGB XI)

⑵內容僅限於「一般且規律性」之居家事務，其中可分為身體照顧（盥洗、沐浴、身體整潔、排泄等）；飲食幫助（備餐、進食等）；行動照料（上下床、穿脫衣物、行走、坐下、外出與返家等）；家務協助（採購、煮食、居家清潔、洗滌衣物等）。(§ 14 IV SGB XI)

⑶被保險人需要協助的期間應至少長達6個月以上，且該情形於給付決定前即可得預見。此一要件乃凸顯照護需求之「長期特性」，並藉以與疾病保險之醫療需求作區隔。

德國之照護保險即以照護需求性為依據，並於該法第15條依其輕重程度區分為三等級，明定各級實施照護服務之最低時間：

⑴第一級——明顯照護需求性（至少每日一次；90分鐘）

⑵第二級——重度照護需求性（每日至少三次；3小時）

⑶第三級——嚴重照護需求性（全日性；5小時）

對於照護需求性之要件與等級之判定，該法第16條乃授權健康主管機關會同相關部會訂頒法規命令，而第17條亦賦予保險人職權（保險基金）訂定相關之「照護需求性準則」(Pflegebedürftigkeit-Richtlinien)。另外，由於長期照護之原因不外疾病與傷殘，保險人在判定個案是否給付、相關照

---

❼　Gitter/Schmitt, Sozialrecht, 5. Auflage, 2001, S. 112 ff.。

護等級以及其他要件是否具備時，仍須借助疾病保險的醫療服務機制❽。

3.照護保險之給付模式

在長期照護的服務輸送模式上，德國照護保險乃以居家照護為優先。依據照護保險法第 29 條第 1 項之規定，保險給付應符合所謂的「經濟性原則」(Gebot der Wirtschaftlichkeit)，亦即給付必須是有效且經濟的，並且不得踰越必要之程度。相較於該國的疾病保險，此處並不要求照護給付須為「充足的」，因為照護保險之給付自始即有額度限制，其未受保險給付涵蓋之部分須由被保險人本身或其他部門來承擔❾。在給付模式上可以區分以下四種：

(1)「居家照護」(Häusliche Pflege)

規範依據為該法第 36 條以下。基於前述經濟性原則之考量，居家照護乃優先之給付模式，故德國現約有將近 2/3 的照護需求者透過「照護服務中心」(Pflegedienst) 派遣專業人員至居處提供服務。此一「居家」並不僅限於受照護者之自宅，尚且包括老人院、殘障庇護機構等處所。其給付項目包含前述之各項照顧或家務服務等「勞務給付」，保險也可提供「照護津貼」由需求者自行購買服務，尤其是自行實施照護的家屬也可因此而獲得經濟上的貼補。另外，照護需求者也可申請現金與勞務相混合的給付型態，可依個人需求量身訂做更人性化的服務內容❿。

(2)「半機構式與短期照護」(Teilstationäre Pflege und Kurzzeitpflege)

依據為該法第 43 條以下，其中包含日間與夜間照護。由於居家照護時或有不足以因應之情況，且為避免逕行實施費用較高之住院式機構照護，故設有此過渡模式。此一給付甚至包含住處與機構之間往返的費用。另一類似模式為短期照護，主要是在「短期間內」居家照護與半機構式照護皆

---

❽ 此即所謂之「疾病保險醫事鑑定服務處」(MDK)，Gitter/Schmitt, Sozialrecht（前揭書），S. 114。

❾ Gitter/Schmitt, Sozialrecht（前揭書），S. 111。

❿ 見拙著，〈德國長期照護法制之經驗〉，《長期照護雜誌》第 10 卷第 2 期，2006 年 7 月，頁 121 以下。

無法因應時，被保險人亦可在此期間中接受機構式照護，但年度內最多僅限 4 周。此種短期給付機制可以連結於住院治療或急性治療後與長期照護間之中途需求，但也可以對應到居家照護設施改建或照護人力中斷之情形❶。

(3)「全機構式照護」(Vollstationäre Pflege)

此給付模式之依據為該法第 44 條以下，當被保險人之照護需求無法由前述模式因應時，或由於個案之特殊需求考量，即必須居住於專業機構中接受照護。此類給付通常為對應照護需求性等級較高者，但也及於欠缺適當的照護人員、有傷害自我或他人傾向者以及其住處無法實施居家照護之情形。其給付成本較高，內容原則上也不包含住宿與用餐之費用。

(4)對照護人員之給付 (Leistungen für Pflegepersonen)

相關依據為該法第 44 條以下之規定。相較於前述以照護需求者為對象之給付，此處乃以實施照護之人員為接受者，目的在落實由「家屬、親戚、友人、鄰人、義工」來實施照護之可行性，故適用對象需先排除營利性質之企業受僱者或自營作業者。其給付首先為照護人員之社會保障，使得因實施照護而放棄就業之人亦享有年金保險與意外保險 ❷。另外，對於欠缺專業訓練之親友與義工等，照護保險法第 45 條亦提供相關之照護訓練課程❸。尤其自 2008 年起，該國訂有「照護假法」(Pflegezeitgesetz)，提供照護人員在選擇照護家人或工作之間一段緩衝的時間。當事人可申請 10 天以內的「短期休假」，且自 2015 年起增訂照護保險法第 44a 條第 3 項，由照護保險人提供該段休假期間的「照護支持津貼」(Pflegeunterstützungsgeld)。另外，當事人亦可選擇最長達 6 個月的「照護

---

❶ 類似情形，國內常提及的為「亞急性照護」，近日亦擬納入健保給付，但僅限於急症後期與長期照護間的過渡地帶。相較之下，德國則以給付時間為判斷，涵蓋範圍較廣。

❷ 由於德國之疾病保險與照護保險皆需以勞動關係為納保前提，當事人只能透過「家庭保險」的機制獲得相關保障。

❸ Gitter/Schmitt, Sozialrecht（前揭書）, S. 127。

假」，但此一期間即無工作收入，最多僅能間接享有發給受照護者的津貼。

㈡社會救助作為補充制度

德國行之有年的「聯邦社會扶助法」(Bundessozialhilfegesetz) 一直扮演著「最低社會安全網」的角色，且該法已於 2003 年納為社會法典之第 12 篇 (SGB XII)❹。其中第 68 條以下規定有「照護扶助」(Pflegehilfe) 之相關條款，亦以前述之照護需求性作為給付依據，內容涵蓋居家照護、輔助器材、機構照護以及照護津貼等項目❺。雖然德國已經實施照護保險，但當前之社會救助制度仍可發揮必要之「補充作用」。主要原因在於，該國社會保險以職業團體為保險對象，被保險人之眷屬雖可依「家庭保險」機制受到保障，但依舊存有若干「漏網之魚」。再者，當事人某些照護需求項目並不屬於保險給付之內容，故相關費用若導致其經濟發生困難時，亦只好求助於社會救助體系❻。

關於國民之長期照護需求，該國社會救助制度應在下列情形中提供必要的扶助❼：

1.國民中不符合照護保險的納保條件者，此一情形常見於長期失業者、離異婦女以及獨居老人身上。

2.當事人不符合保險給付條件者，一般是在照顧需求性屬於「零級照護需求」的情形。

3.當事人之障礙不屬於法定日常事務者，亦即不符合照護保險的給付前提。

4.不屬於照護保險之給付範圍者，例如照護機構中的食、宿費用等。

---

❹ Bundesminsterium für Arbeit und Soziales, Übersicht über das Sozialrecht, 2008, S. 671 ff.。

❺ Bundesminsterium für Arbeit und Soziales, Übersicht über das Sozialrecht （前揭書），S. 712 ff.。

❻ 見拙著，〈德國長期照護法制之經驗〉（前揭文），頁 123 以下。

❼ Waltermann, Sozialrecht, 3. neu bearbeitete Auflage, 2002, S. 211；見拙著，〈德國長期照護法制之經驗〉（前揭文），頁 123 以下。

㈢小　結

　　德國之長期照護以社會保險模式實施，首先即可保障大部分國民之「經濟安全」，令其不至於因長期照護支出過鉅而陷於生活困境。再則由社會救助制度作為補充機制，以彌補社會保險給付之不足。由於照護給付容許以勞務、津貼以及混合形式呈現，提供受照顧者不同的選擇，也能落實「在地老化」、「居家照護優先」或「照護社區化」之理念。在立法技術上以「照護需求性」為規範內容，故不因對象身分而有認定上的差異，不同機關之間也有相同的討論介面，不至流於各自為政。

三、我國長期照護給付之現況與衍生問題

㈠傳統多元而殘補之立法模式

　　相較於德國以照護保險為基礎之長期照護制度，我國向來將此當作是個人風險，而且傾向由家庭功能來承擔，甚至標榜「三代同堂」模式以為因應❶。因此，傳統長期照護法規仍流於「殘補模式」社會福利之思考模式，由不同主管機關針對各種身分團體立法，彼此欠缺基礎對話平臺。類似「制度模式」之國家照護責任僅見於榮民之就養福利，至於「工作成就模式」的長期照護保險仍在討論規劃之中。然而，近年來由於國民福利意識抬頭，加上全民健保、國民年金等社會保險制度之開辦，長期照護相關規範性質已逐步脫離「訓示性」，但仍存有機關各自為政的問題。以下分就重要法規為分析：

1.「老人福利法」之相關規定

　　老人福利法（老福法）自 1980 年立法以來，歷經數次修正，已然成為我國老年保障之基礎規範。按該法第 12 條之規定，領有中低收入生活津貼之老人❶，其「失能程度經評估為重度以上，實際由家人照顧者，照顧者

---

❶　學者批評此舉乃「公共問題之再度私化」，且容易形成「社會階級陷阱」、「性別陷阱」、「世代陷阱」甚至「文化陷阱」等問題。胡幼慧，《三代同堂──迷思與陷阱》，1997 年 4 月，頁 15 以下。

❶　依據「中低收入老人生活津貼發給辦法」規定，家戶平均收入未達社會救助最

得向直轄市、縣（市）主管機關申請發給特別照顧津貼」。而第 15 條亦規定，主管機關對於有接受長期照顧服務必要之失能老人，應依老人與其家庭之經濟狀況及老人之失能程度提供經費補助。第 15 條第 2 項並授權訂頒「失能老人接受長期照顧服務補助辦法」**❷**。政府自 2007 年起辦理之長照十年計畫，以及 2017 年起接續實施的「長照 2.0」，大抵也是依循此一授權辦法來辦理。關於長期照護之實施，第 16 條也律定了「全人照顧」、「在地老化」以及「多元連續服務」等原則。另外，第 17 條以下則規定了「居家式」、「社區式」與「機構式」等三種服務類型。

由此看來，老福法對於長期照護制度主要著眼於「津貼補助」、「原則律定」以及「機構管理」等項目上，其保障對象則限於「失能老人」。儘管老人族群為長期照護之主要服務對象，但前述津貼既以中低收入戶為門檻，在經濟安全的制度保障上即可能有遺珠之憾。再者，國民中面臨照護需求者不僅限於老人，若單以老人福利法作為長期照護之依據，亦顯有不周之處。另外，該法第 34 條所規範之機構類型亦無法涵蓋「護理之家」、「精神照護機構」等，難以依此對所有長期照護機構為行政管制。尤有甚者，此法於 2007 年修法時在機構名稱上以「長期照顧」律定，與傳統用法有異。然而，其後發展的長照十年計畫，以及 2015 年通過之長照服務法皆採「長期照顧」一詞，自此長期照顧已成專門用語，一般即以「長照」稱之。

2. 「身心障礙者權益保障法」之相關規定

我國於 1980 年立法通過「殘障福利法」，作為身心障礙者的保障依據，其間曾修訂名稱為「身心障礙者保護法」，並於 2007 年改為「身心障礙者權益保障法（身權法）」，以因應權利意識之抬頭。此一法規歷經數次修正，且有相關團體深入關心，保障內容較其他社會立法豐富。其保障對象乃合

低生活標準之 1.5 倍者，其家中老人每月發給 7200 元津貼；未達 2.5 倍者則發給 3600 元。見拙著，〈從敬老福利生活津貼看「社會促進」制度〉，《玄奘法律學報》第 1 期，2004 年 6 月，頁 14 以下。

❷ 見拙著，〈從老人福利法談我國老人保護相關法制〉，《長期照護雜誌》第 19 卷第 3 期，2015 年 12 月，頁 229。

於該法第 5 條所列項目中之「身體系統構造或功能，有損傷或不全導致顯著偏離或喪失，影響其活動與參與社會生活，經醫事、社會工作、特殊教育與職業輔導評量等相關專業人員組成之專業團隊鑑定及評估，領有身心障礙證明者」，此一定義雖稱完整，但仍與前述長期照護需求之情形不同。當事人須領有機關核發之「身心障礙證明」後，方能據以申請各項福利及服務❷❶。

　　該法關於長期照護之保障措施亦不少，例如身權法第 21 條要求政府「應規劃整合醫療資源，提供身心障礙者健康維護及生育保健」；第 26 條則規定「身心障礙者醫療復健所需之醫療費用及醫療輔具，尚未納入全民健康保險給付範圍者，直轄市、縣（市）主管機關應依需求評估結果補助之」。此外，更賦予主管機關應落實「協助身心障礙者獲得所需之個人照顧」、「提高家庭照顧身心障礙者之能力」、「改善公共設施」以及「管理身心障礙福利機構」等任務，從而訂頒諸多相關之行政命令。對於身心障礙者之經濟安全保障，該法第 70 條亦明定政府應採「生活補助、日間照顧及住宿式照顧補助、照顧者津貼、年金保險等方式，逐步規劃實施」，故 2007 年「國民年金法」通過時也將其納入保障範圍❷❷。對於前述經費補助相關辦法，現行第 71 條第 2 項則授權由中央主管機關定之❷❸。

　　由於關心團體之戮力推動，身權法對於建構長期照護需求者的福利保障，貢獻頗大，長此以往或可扮演「長期照護基本法」之性質。畢竟「身心障礙」乃產生長期照護需求的基礎，但仍須擴大適用對象及於身心障礙者以外之人。猶應強調者，現今之「身心障礙手冊」乃屬福利身分之證明，原則上並不等同於「失能」，亦與本文所稱長期照護需求性有別。

---

❷❶　有關身心障礙之定義，見周月清，《障礙福利與社會工作》，2000 年 7 月，頁 23 以下。

❷❷　見拙著，〈從「老年安全」看國民年金保險之實施〉，《月旦法學》第 154 期，2008 年 3 月，頁 35 以下。

❷❸　該條於 2007 年 7 月修正公布後 5 年方實施，故相關辦法一直沿用原規定：「身心障礙者生活托育養護費用補助辦法」；直至 2012 年 7 月方訂頒「身心障礙者日間照顧及住宿式照顧費用補助辦法」。

3.「護理人員法」之相關規定

此法於 1991 年始制定完成,然其前身可溯及 1936 年之「護士管理規則」,亦為衛生主管機關管理護理人員之主要依據。由於我國至今仍未細分如德國之長期照護人員,故長期照護實務上仍以護理人員為主要人力。關於長期照護,該法第 14 條即規定,「為減少醫療資源浪費,因應連續性醫療照護之需求,並發揮護理人員之執業功能,得設置護理機構」。另外,依據第 15 條之規定,護理機構之服務對象亦包含「罹患慢性病需長期護理之病人」以及「出院後需繼續護理之病人」,此皆屬典型之長期照護需求者。然而,此法主要規範對象為護理人員,乃至於管理機構以及執行業務等事項,並未直接涉及長期照護需求者之保障。

另外,我國現行實務上有所謂「照顧服務員」之考訓,由縣市政府委託培訓若干時數後發給證明書,職訓局並於 2004 年起開辦丙級證照考試。然而,其法規依據層級甚低,且至今仍欠缺明確之人員管理或設置基準,故可替代性高,未能形成產業❷。惟若就此基礎設計完善之養成教育以及機構設置標準,未來應可衍伸出「長期照護人力」之規範依據。

4.「精神衛生法」之相關規定

有長期照護需求之人不僅是老人或身體殘障者,對於社會中罹患精神疾病之人,亦須給與適當之醫療與照護。我國於 1990 年通過精神衛生法以為依據。按該法第 3 條之定義,「精神疾病:指思考、情緒、知覺、認知、行為等精神狀態表現異常,致其適應生活之功能發生障礙,需給予醫療及照顧之疾病;其範圍包括精神病、精神官能症、酒癮、藥癮及其他經中央主管機關認定之精神疾病,但不包括反社會人格違常者」;「嚴重病人:指病人呈現出與現實脫節之怪異思想及奇特行為,致不能處理自己事務,經專科醫師診斷認定者」。另外,第 16 條則規定有關「精神照護機構」之設立或獎勵,以提供相關之照護服務。有關精神醫療照護業務則規定於第 35 條以下,包含「全日住院」、「日間留院」、「社區精神復健」、「居家治療」

---

❷ 邱泯科、徐伊玲,〈老人居家照顧服務員考訓現狀與工作困境之探討〉,《社區發展季刊》第 110 期,2005 年 6 月,頁 284 以下。

以及「機構式照護」等。基於人性尊嚴以及精神醫療之特殊性，並考量對於社會之影響，政府編列預算設立機構或給予私人機構財政補助。

5.「全民健康保險法」之相關規定

我國全民健康保險自 1995 年開辦，統合不同團體性社會保險的醫療給付，並將保險適用對象「全民化」。與長期照護相關之保險給付，係由保險醫事服務機構提供之「居家照護」包含下列服務項目：「訪視及診察」、「治療材料之給與」、「一般治療處置」、「呼吸、消化與泌尿系統各式導管及造口之護理」、「代採檢體送檢」、「有關病人護理指導及服務事宜」等。此舉似乎已經將長期照護納入社會保險之給付內涵，惟依據「全民健康保險居家照護作業要點」之規定，該項保險給付以 4 個月為一期，且護理人員訪視每月限兩次，醫師則每兩個月一次，頻率全然不敷「長期」照護之需求。

關於未來長期照護之發展，實與醫療給付無法明確切割。除了長期照護需求性之核定程序需借助醫療專業以外，當事人之實際需求亦可能往返於「長期照護」與「醫療照護」兩端，甚至也有「亞急性照護」與「醫療復健」等個案需求處於二者之灰色地帶者 ㉕。是以，縱使未來得以建立長照保險，仍需與現行全民健保業務密切結合。

6.「國軍退除役官兵輔導條例」之相關規定

該法於 1964 年即立法通過，主要在輔導安置退除役官兵並保障其權益，性質上為兵役損害 (Dienstbeschädigung) 之社會補償制度 ㉖。關於長期照護之措施，依據該法第 16 條規定，「退除役官兵身心障礙或年老，無工作能力者，應專設機構，採全部供給制或部分供給制安置就養」，此即「榮民之家」之設置依據。主管機關並訂有「國軍退除役官兵就養安置辦法」，規定申請條件與資格。雖然相關措施堪稱完備，惟此一特殊補償制度之對

㉕　近來，國內全民健保擬在「急性醫療照護」和「慢性疾病照護」之外，新增「亞急性照護」給付。相關網站：https://www.nhi.gov.tw/Content_List.aspx?n=5A0BB383D955741C&topn=D39E2B72B0BDFA15。

㉖　有關社會補償制度之介紹，見拙著，〈「犯罪被害人保護法」之補償規定及其實務分析〉，《臺北大學法學論叢》第 52 期，2003 年 6 月，頁 42 以下。

象卻僅限於榮民，無法因應一般國民之長期照護需求。

觀諸現今國內長照機構設置與管理之紊亂情況，設若近年內即令長期照護保險倉促上路，則合於標準而能與保險人特約之機構亦恐有不足。屆時或可將經營有年且遍佈全國的榮民機構納入或轉型為長照機構，按理機構既然同為國家所有，即應將相關資源作有效利用才對。

7.「社會救助法」之相關規定

我國社會救助法並未像德國一般將長期照護列為給付內容。較為相關者為該法第 12 條對「領有身心障礙手冊或身心障礙證明」之低收入戶成員，最多增加 40% 之補助。另外，第 16 條對低收入戶之特殊項目救助，則有籠統規定「其他必要之救助及服務」。按低收入戶之認定乃以「家庭總收入平均分配全家人口」，其每月平均收入在最低生活費以下者，方能申請生活扶助。反之，一般受照護者或其家屬最多只能充作無工作能力者，使其所得無須列入家庭總收入之計算❷，但仍不足以反映長期照護家庭之經濟狀況。

從整體社會福利法制來看，社會救助理應扮演「最低安全網」的角色，但前述二處規定仍須以「低收入戶」之身分作為救助前提，無法對應身心障礙、居家服務等與長期照護相關的「特殊需求」。究其關鍵在於，長期照護所引發的經濟安全問題往往不在「所得不足」，而係家庭長期負擔照顧所導致的「支出過高」。故受照護者所在家庭如未能進入低收入戶門檻，其照護需求即無法受到保障。足見，在我國連社會救助制度都未能免於傳統思維，恐難提供長期照護需求者與其家庭應有的「最後防線」，故現今只能以「社會津貼」彌補此一福利漏洞❷。依此分析，我國現行長期照護制度仍

---

❷ 社會救助法第 5-3 條規定無需列計有工作能力之情形，與長照相關者有「二、身心障礙致不能工作。三、罹患嚴重傷、病，必須三個月以上之治療或療養致不能工作。四、因照顧特定身心障礙或罹患特定病症且不能自理生活之共同生活或受扶養親屬，致不能工作。七、受監護宣告。」。

❷ 見拙著，〈論社會法之生存權保障功能——以社會救助制度為例〉，《臺北大學法學論叢》第 54 期，2004 年 6 月，頁 29 以下。

不脫前述殘補模式之思考。

㈡長期照護法制的分析與變革

1.以社會法作為分析依據

　　我國的長期照護立法雖然多元，但若以社會法的體系（見附表）為基礎重新加以分析，更能釐清各給付間之關連性。但吾人必須強調，此一體系並非用以顛覆傳統社會福利以「身份團體」或「議題」為主軸的分類模式，而是藉此整合討論課題並加以抽象化，有助於法規範的訂定❷❾。按傳統社會政策習以老人、婦女、身心障礙者、兒童與少年、勞工、外籍配偶等作為討論課題，可稱為「縱向的」分類模式。但在制訂法規時即容易傾向以「特別法」量身訂做，彼此之間欠缺整合。相較之下，社會法體系則以行政行為的屬性為標準，例如保險、救助、津貼等，屬於「橫向的」分類方式，適合框架性或原則性的立法，至於規範對象的個別需求，仍可授權機關頒定行政命令作細節性的規定。

表 7–1：社會政策與社會法體系對照表

各種議題、國民身份團體 社會法概念體系	國民身份團體									議題
	兒童與少年	婦女	老人	身心障礙者	原住民	外籍配偶	外籍勞工	勞工	公務人員	醫療保健等其他議題
社會保險	•	•	•	•		•	•	•		•
社會救助		•	•	•		•				•
社會促進　社會津貼	•	•	•	•		•			•	•
社會促進　福利服務	•	•	•	•		•				•
社會補償	•	•	•	•						•

• 表示可制定相關法規來同時規範二者

　　社會法主要在解決「經濟安全」之問題，藉由社會給付填補社會性經濟損失。其原先的設計是藉社會保險承擔多數國民共通之照護風險；以社

---

❷❾　周怡君、鍾秉正，《社會政策與社會立法》，2006 年 3 月，頁 43 以下。

會津貼滿足特殊族群之福利需求；由社會補償撫平歷史傷口；最後令社會救助保證最低安全 ❸。由此看來，前述老福法的「照顧津貼」與身權法的「照顧補助」，性質上可歸類為社會促進之社會津貼；全民健保法的「居家照護」屬於社會保險之保險給付；退除役官兵之「就養安置」則為社會補償。另外還有來自社會救助制度之「特殊項目救助」。按理，各類長照給付之性質有別、目的也不同，應當要能發揮不同的功能，然則各給付之間卻又經常呈現互斥現象。例如，「中低收入老人特別照顧津貼發給辦法」第 7 條即規定，「領取本津貼者，其受照顧者不得重複申請居家服務、中低收入老人重病住院看護補助及政府提供之其他照顧服務補助」。然而該津貼額度僅每月新臺幣 5000 元，實無法滿足長期照護之實際所需。相較之下，社會救助法第 7 條則規定，「本法所定救助項目，與其他社會福利法律所定性質相同時，應從優辦理，並不影響其他各法之福利服務」。此固然符合最低安全網之要求，但於長期照護仍局限於前述給付要件，而未能發揮其作用。

2.「長期照顧十年計畫」的分析與檢討

有鑑於現行法制無法因應快速老年化後的長期照護需求，政府於 2007 年 4 月 3 日核定「長期照顧十年計畫」，堪稱我國長期照護專門規範的「首部曲」，除因應近年來高齡化社會所生之老人照護需求外，也希望藉此累積相當之經驗作為日後長照保險開辦之依據。此計畫之給付對象為經過「日常生活活動功能」(ADL) 或「工具性日常生活活動功能」(IADL) 之評估，其結果為日常生活需他人協助之失能者。故對象包含四類：(1) 65 歲以上老人 (2) 55 歲以上山地原住民 (3) 50 歲以上身心障礙者 (4) 僅 IADL 失能且獨居之老人。其經費主要由政府預算支應，類似奧地利之模式，但仍搭配我國社會促進常見的「中低收入戶」作為篩選機制。

該計畫將服務對象之失能程度分為輕、中、重度三級，以補助服務使用者為原則，並符合「實物給付優先」之原則。由於計畫性質屬於老人福利服務，故依失能者之家庭經濟狀況而提供不同比率之補助 ❸。然而，一

❸ 有關社會法各制度之角色功能，見本書第一章。

般民眾仍須負擔照顧費用的 30%，依然對許多家庭造成經濟上的壓力。我國十年長照補助項目涵蓋相當廣泛：⑴照顧服務（含居家服務、日間照顧、家庭托顧）⑵輔具購買、租借及居家無障礙環境改善服務⑶老人營養餐飲服務⑷長期照顧機構服務⑸交通接送服務⑹居家護理⑺喘息服務⑻社區及居家復健。若對照德國長期照護保險僅限於「一般且規律性」之居家事務而言，我國十年長照之給付範圍較廣。倘若未來實施長期照護保險，則輔具、環境改善、交通接送等項目可能無法列入保險給付，屆時尚須由原有的老人、身心障礙等福利機制承接。

為使服務輸送能有效發揮，落實長期照護之「可近性」，各縣市政府亦設有「長期照顧管理中心（照管中心）」提供單一窗口服務。此一單位性質屬任務性編組，附屬於各地衛生局或社會局，其任務為「核定補助額度、擬定照顧計畫、安排照顧服務、連結照顧資源」。按理，長期照護之服務輸送與傳統的醫療服務有別，其專業層次較低但給付期程又長，如仿照醫療模式皆由機構自行決定需求內容並提供服務的話，極可能產生「自肥現象」。是以，照管中心於長期照護的給付程序中扮演著關鍵角色，負有控管、協調以及諮詢之多種功能，整體上能降低給付支出。其所累積之行政經驗，更能提供我國未來開辦長期照護保險之重要參考。

如同前文所述，現行長照行政體系和法規十分分歧，縱使推出長照十年計畫，仍有未能因應之處。首先是長期照護服務輸送體系尚不夠健全，甚至扮演中間樞紐的照管中心都只是「任務性編組」，人員負擔大，流動性也高。另外，長期照護資源缺乏，且呈現分布不均的現象，尤其是社區及居家式照護，地區間差異甚大。如此一來，自然導致長期照護品質參差不齊，但此一經驗正好給予未來長照保險借鑑之處。由於長期照護的成敗重在服務品質，政府在機構式服務已建立了評鑑標準，但對於社區式及居家

㉛ 家庭總收入未達社會救助法規定最低生活費用 1.5 倍者，給予全額補助；家庭總收入符合社會救助法規定最低生活費用 1.5 倍至 2.5 倍者，補助 90%；一般戶補助 70%。超過部分仍由民眾自行負擔。參考內政部社會司網站：http://sowf.moi.gov.tw/04/new04.asp。

式服務標準則尚未建立。再者，由於外籍看護工之普遍運用，初估有近25萬個家庭透過此一機制減輕其負擔，但也影響了民眾使用長照服務的意向❸。

除了上述問題之外，長照十年計畫仍有下列困難有待克服：

(1)如同醫療資源的發展現象，長照在各縣市的服務資源差異亦甚大。相同的給付內容，在偏遠鄉區實施較為困難，亦使部分服務項目推展不易。

(2)因為勞動條件不佳，照顧服務的人力留任不易。通常只能吸引中高齡人士就業，其更因外籍看護人力的大量運用，競爭力始終不高。

(3)在十年長照計畫中，受照護者仍需自行負擔30%的費用，無形中也降低了民眾的使用意願。

(4)十年長照的補助需以個案方式辦理，此易導致未達經濟規模者，無法建立服務體系。

(5)計畫以稅收為財源，故財務的穩定性有所不足。

2016年政黨輪替之後，執政黨擬暫緩推動長照保險，而改以長照計畫2.0取代之。對於前述計畫實施問題亦作出如下改進：

(1)照顧服務：調整支付制度及方式，增加服務內容與頻率之彈性。

(2)交通接送：參酌各縣市幅員差異，規劃分級補助機制；並考量原鄉與偏遠地區交通成本，加成補助。

(3)長照機構：提高低收入戶、中低收入戶之中度及重度失能老人機構安置費。階梯式擴大提供非低收入戶、中低收入戶的相對經濟弱勢重度失能、失智老人機構安置費補助。

(4)喘息服務：A.提高每日補助金額。B.場域擴大至日間照顧中心以及

---

❸ 我國外籍看護工之管理一直為棘手問題。其雇主為受照顧者或其家屬，且與產業外勞之集中管理不同，故普遍有違反就業服務法之情形，雇主常違法令看護工從事其申請以外之事務。但因稽查不易，遂成執法之死角。惟倘若依勞基法規定切實保障外籍看護權益，諸如加班費、休假等，則其成本將與本國看護無異。每月近6萬元之看護費用，恐非一般家庭能負擔，屆時恐亦無法大量引進。

各服務據點。C.照顧失能者的家庭。

參、長期照護的憲法保障依據

由上文的比較法分析來看，德國以照護保險為中心的立法模式，可對相關法規範起帶頭作用。在目標上以經濟安全保障為主軸，規範內容務實且易於執行，並留予受照顧者及家屬對於照護方式之選擇自由。但不可諱言的是，以社會保險因應照護風險的國家並不多，德國的實施歷史也不過十餘年。相較之下，我國的法規範雖由各主管機關專業分工，但卻呈現「各自表述」、「各自為政」的亂象，亟待立法或修法加以整合。然而，立法者對於社會福利之立法方式仍擁有相當大的形成空間，而且容易在利益團體的關切下又走向傳統身分性立法的模式，統合的問題依舊存在❸。

另外，我國在社會福利立法的推動上，社福團體以及社福學者的影響力相當大，但也由於關心的重點不同，福利政策的著力點也不一。尤其是近年學者所引進的「社區照顧」或「在地老化」的模式，其立意雖佳，卻也將討論焦點置於實務性的「服務輸送」，從而現實性的「經濟保障」方面即受到忽略。觀諸我國近年社會立法之趨勢，在全民健保以及國民年金開辦之後，已有統合立法的雛形。而在國民福利意識日益抬頭之際，政策上亦無法獨厚若干團體。因此，對於長期照護相關法制的紛雜現況，下文再從憲法保障的角度討論分析，尋求更上位之規範基礎，以作為未來整合政策與統合修法之依循。

長期照護雖然是社會福利新興的課題，但在我國抽象的憲法規範上並非毫無跡象可循，尤其是「基本國策」一章中若干理想性的條款，能容許相關權利有寬廣的發展空間。再透過基本權學說的發展、實務見解的衍義以及增修條文適時的補充，仍可提供長期照護之憲法保障基礎。

---

❸　有關社會立法的分類模式，見周怡君、鍾秉正，《社會政策與社會立法》（前揭書），頁 46 以下。

一、生存權作為憲法保障基礎

(一)德國憲法相關學理之引介

1.基本權規範上之保障基礎

德國關於生存權保障主要是以「人性尊嚴」(Die Menschenwürde) 條款為基礎，關於人性尊嚴的保障內涵，可從該國基本法第 1 條第 1 項的規範中得知：「人性之尊嚴乃不可侵犯。國家之一切權力皆對其負有重視與保護之義務。」

後段條文中所謂的「重視」，乃指國家不得侵害人性尊嚴而言；至於「保護」則不僅是消極的不侵犯而已，國家還要扛起積極保障人性尊嚴的憲法義務。此一保障型態迥異於傳統基本權的「防禦功能」，而是責成國家履行其保障國民生存權之義務，強調其「給付功能」[34]。

除了人性尊嚴條款之外，德國憲法實務上在判斷生存權保障時也經常援引基本法第 6 條第 1 項關於「保護家庭」之規定：「婚姻與家庭應受國家秩序之特別保護。」

法條中所謂的「家庭」乃是指組成家戶團體 (Hausgemeinschaft) 所需的父母與成年或未成年之子女，亦即現代社會常見的核心家庭；而所謂的「保護」則不僅包含對於家庭侵擾的排除以及採取適當的促進措施，同時亦賦予個人對國家非法侵害時的「防禦權」(Abwehrrecht)[35]。如此一來，國家在實現生存權保障時不應只是注重「個體」的人性尊嚴與存在價值，還要將相對人的需求置於家庭組織的功能中加以檢驗。

2.基本權之保護義務

關於基本權之「憲法保護義務」(grundrechtliche Schutzpflichten)，主要是指「國家負有保護其國民之法益及憲法上所承認之制度的義務，特別是指國家負有保護國民之生命和健康、自由及財產等之義務」[36]。此一保護

---

[34] 見 Pieroth/Schlink, Grundrechte, Staatsrecht II, 14. überarbeitete Auflage, 1998, Rz. 351 ff.。

[35] 見 Pieroth/Schlink, Grundrechte（前揭書）, Rz. 642。

義務乃以法律規範之存在為要件，在行政法上稱為「保護規範」，另則以「基本權之第三人效力」來詮釋民法上的規範。惟相關保護措施仍須合於法律保留原則之要求**❸**，因為防止第三人侵害的保護措施往往也會造成對第三人權利之限制。對此，我國釋字第 443 號解釋亦提出「層級化法律保留」之概念，其見解認為給付行政雖容有較寬鬆之規範密度，但若涉及公共利益之重大事項者，仍應遵守法律保留原則**❸**。有別於傳統基本權的主觀作用，可逕以該基本權作為請求權基礎，此一作用必須透過立法機關制定相關規範、行政機關執行保護性法律以及司法機關援引保護義務作為依法審判之標準，用以間接落實人民的保護請求權 (Schutzanspruch)**❸**。

　　由於前述德國基本法第 1 條第 1 項以及第 6 條的規定已明文加諸國家保護義務，立法者自應透過相關法制度之建構盡此義務，惟其亦擁有相當之「自由形成空間」。學說就此亦提出「禁止保護不足」(Untermaβverbot) 之觀點，用以對照傳統基本權限制手段上的「禁止過度侵害」(Übermaβverbot) 之原則。由於此二者皆為比例原則之實踐，且彼此之間存有「內在之關連性」，立法者必須找出應受保護之法益，並選擇合於目的、有其必要性且合於期待可能性之手段。此外，施政者仍須注意，「不適於保護特定法益之手段，亦不得用來限制人民之自由」**❹**。例如，我國釋字第 485 號解釋即主張，社會立法必須考量國家之經濟與財政狀況，注意與一般人民間之平等關係。尤其在給付方式與額度上，亦應力求與受益人之基本生活需求相當，避免給與明顯過度之照顧**❹**。

3.租稅法上之優惠措施

　　國家要實現對人民之生存權保障以及各種保護措施，就要有足夠的財

---

❸　見 Starck，〈基本權利之保護義務〉，於：李建良，《憲法理論與實踐㈠》，1999 年 6 月，頁 105。

❸　Starck，〈基本權利之保護義務〉（前揭文），頁 144 以下。

❸　見吳庚，《行政法之理論與實用》，2003 年 8 月，頁 108。

❸　Starck，〈基本權利之保護義務〉（前揭文），頁 141。

❹　Starck，〈基本權利之保護義務〉（前揭文），頁 147。

❹　李惠宗，《行政法要義》，2002 年 10 月，頁 125 以下。

政來源，一般常見的手段即是租稅收入，另外還有特別公課、社會保險的
保費等。然而，現代各種名目的「公法上金錢給付義務」彷彿是政府的「兩
手政策」，若其結果已經侵及人民最低生活保障時，不僅國家必須再以社會
給付填補其所需，而且還可能造成過度侵害而有違憲問題。對此，美國經
濟學者於 1940 年代即提出所謂「負面所得稅」(Negative Einkommensteuer)
的概念，亦即相對於高收入者必須負擔繳稅的義務，收入不足者則可自國
家獲得補助。 其後德國的自由民主黨 (FDP) 也依此推出相關社會政策主
張❷。

　　對於現代國家的國民來說，各種社會保險的保費支出加總起來，已經
是稅捐以外的另一項重大負擔。例如，德國法定年金保險自 1957 年起改採
「世代契約」(Generationenvertrag) 的模式之後，即發覺家庭中沒有子女或
者子女較少者與擁有眾多子女的家庭之間將產生不公平的現象，其結果甚
至將導致生育率下降的問題❸。為因應這種現象，該國政府早先採取雙軌
政策： 一方面以積極的社會給付方式，按月發給父母一筆 「子女津貼」
(Kindergeld)； 另一方面則搭配消極的所得移轉，給予 「租稅減免額度」
(Steuerfreibeträge)。 其目的不外用以減輕父母經濟負擔，並鼓勵家庭生兒
育女。由於租稅優惠僅對高收入之家庭發揮作用，對於一般家庭則以現金
補助較為有利， 該國從 1996 年起將二者整合為 「家庭給付補助」
(Familienleistungsausgleich)， 國民僅能於子女津貼或租稅優惠選擇其一，
作為落實基本法第 6 條保護家庭的主要措施❹。德國聯邦憲法法院亦曾於
1998 年對此一議題有過一系列的判決，其主要的見解在於「養育兒女的費

---

❷　http://de.wikipedia.org/wiki/Negative_Einkommensteuer。

❸　在世代契約中， 現在工作的世代不僅須繳交保費以支應已退休世代的年金費
　　用，同時還要對未來世代（即自己的子女）負起養育的責任。相形之下，未婚
　　者或沒有小孩的家庭則只要負擔年金的保費。 見 Schulin/Igl, Sozialrecht, 7.
　　Auflage, 2002, Rz. 883 ff.；彼得・克勞哲，鍾秉正譯，〈老年安全〉,《中央警察
　　大學法學論集》第 6 期，2001 年 8 月，頁 439 以下。

❹　見 Igl, Familienlastenausgleichsrecht, in: Sozialrechtshabdbuch (SRH), 2. Auflage,
　　1996, S. 1437 ff., Rz. 9 ff.; Schulin/Igl, Sozialrecht（前揭書）, Rz. 887 ff.。

用不應與一般性的生活消費相提並論」，而且強調在家庭租稅減免上「至少
應以社會救助所定之<u>基本生存條件</u>為標準」。另外，相關判決中還特別說明
「此一基本生存條件之所需，應於所有納稅義務人之所得中<u>全額扣除</u>，而
且不需考慮納稅義務人個別的稅率問題」**❹** 。

4.長期照護與生存保障

　　當人民因傷病或年老而欠缺自我照顧能力時，首當其衝的即是個人尊
嚴的維持，影響所及的則是經濟安全以及家庭生活。因此，德國長期照護
法制之建立，主要亦在保障當事人之人性尊嚴，以及基此所衍伸的生存權
以及各種保護措施。傳統長期照護的實施方式通常需依靠家庭成員，而倘
若欠缺來自家屬的照護人力時，只好將當事人送入安養院 (Pflegeheim) 等
機構。惟不論是居家式或機構式的照護模式，必然嚴重增加當事人與其所
屬家庭之生活成本，且此一負擔實不亞於前述養育子女之費用，理應由國
家給予保護措施以及租稅上的優惠。縱使該國的社會保險制度有悠久的實
施歷史，但有關機構式照護 (stationäre Pflege) 的需求仍無法由健康保險或
年金保險來提供。該國在 1995 年建立「照護保險」之前，假如當事人無法
負擔相關費用時，其長期照護的需求就僅能依賴社會扶助體系 (System der
Sozialhilfe) 的幫助**❹** 。

　　德國的社會扶助制度自來即扮演最低社會安全網的角色，其所提供之
最低生活保障 (Existenzminimum) 與人性尊嚴有密切的關聯性**❹**，尤其在憲
法的保障之下，人類應成為受團體照顧的權利主體而非客體。因此，該國
的社會扶助措施在落實人性尊嚴保障時即秉持以下之理念：「不論何人，縱
使暫時無法作為經濟主體 (Wirtschaftssubjekt) 以維持自身之生計，仍然有
權依其權利主體性 (Rechtssubjektivität) 訴求基本需求之滿足。」 **❹**為了因

---

❹　相關憲法判決共有四個：BVerfGE 99, 216 f.; 246 f.; 268 f.; 273 f. ，見 NJW,
1999, S. 557 ff.。

❹　Eichenhofer, Sozialrecht, 4. Auflage, 2003, S. 207 ff.。

❹　該國聯邦憲法法院判決 BVerfGE 82, 60 首次明確提及二者之關聯性。

❹　Eichenhofer, Sozialrecht（前揭書），S. 287。

應當事人不同的需求性，德國在社會扶助上設計了兩種給付類型：

⑴生活所需扶助 (Hilfe zum Lebensunterhalt)——其目的在提供當事人維持生活所必需之基本條件，惟須檢視其全部收入、財產以及工作能力等實際狀況❹。

⑵特殊境遇扶助 (Hilfe in besonderen Lebenslagen)——縱使當事人可以自行維持生計，但仍可能因為遭遇疾病、懷孕、殘障或照護需求等特殊境遇，而有特別的需求。此時，僅需考量當事人之收入與財產狀況是否能滿足所需即可，其給付標準之門檻較前者為低❺。

⑵我國憲法相關學理之發展

1.憲法上之生存權保障

我國憲法關於生存權之保障依據主要在第 15 條，在性質上與工作權、財產權並列為「經濟自由權」。因為現代國民之生活不論是工作所得或資產收入都是用來維持其生活所需，故解讀三者之保障範圍時，亦應以生存權為中心。對於憲法第 15 條生存權之保障內涵，我國學界與實務見解大多否定有所謂的「社會基本權」❺，並將保障範圍概略區分為「生命權」與「生活權」 兩方面來介紹。 因此， 生存權是一種 「主觀權利」 (subjektives Recht)，人民可享有國家給予生活救濟之權利，且可於申請被拒時藉由社會救助法之規範提起行政救濟。另外，學說亦強調生活權應「合乎人性尊嚴」之所需，而且可從「最低水準之經濟生活」與「維持人民最基本生活之制度建制」兩方面來觀察❺。其提倡合乎人性尊嚴的生活應可從經濟上加以量化，例如勞動法之「基本工資」或社會救助之「最低生活費標準」等，符合條件之人民即擁有「主觀之權利」。其雖然將此生存權歸納為社會權，但並未否認其為基本權利，只是認為「社會權的實現不同於自由權，

---

❹ Waltermann, Sozialrecht, （前揭書）, S. 208 ff.。

❺ Waltermann, Sozialrecht（前揭書）, S. 211 ff.。

❺ 見陳新民，〈論「社會基本權」〉，《憲法基本權利之基本理論》上冊，1996 年 1 月四版，頁 95 以下。

❺ 李惠宗，《憲法要義》，2006 年 9 月，頁 225 以下。

端賴國家財政與行政能力，故此種『權利』，乃授與立法機關予以形成」❸。

　　對於生存權保障之具體措施，學界大多以社會救助為例。惟典型的生活扶助給付以低收入戶為救助對象，且救助標準之計算又深受傳統家庭觀念之影響，除非家庭平均收入合於標準，否則仍無法受到保障。究其原因，我國現行低收入戶之計算標準並未考慮因照護需求所增加之支出，再加上政府仍視照護為所屬家庭之責任，以致長期照護需求者往往成為「隱藏性救助人口」。政府最多就以特殊津貼之方式，多少貼補當事人之開銷。

2.租稅義務與生存保障

　　我國憲法第 19 條規定「人民有依法律納稅之義務」，傳統上對於憲法義務的理解乃是國家對於國民課與的「單方性」義務，前者可依法運用強制力達成其目的，後者僅有屈服、接受的可能，而且無法行使類似民法的「同時履行抗辯」。由於徵稅行為勢必造成財產權的限制，故憲法學說與實務主要在尋求此一侵害行為的合憲性，從而發展出「租稅法定主義」、「租稅公平原則」以及「禁止勒頸式稅捐」等檢驗標準❹。然而，基於基本權利之保障以及國家的保護義務，近來學說上已逐漸加入「義務相對性」的概念❺。亦即相對於納稅義務的履行，國民也有權要求國家保障其「生存權」，政府並負有積極推動社會福利的義務。例如，在稅捐制度的設計上，應採取累進稅制，對高所得者課徵較高的稅收；又除了要達到實質平等的要求外，亦須對於經濟上的弱勢族群給予必要的扶助。

　　關於租稅義務與生存保障之關係，學者即提出所謂的「主觀生存保障淨所得原則」，強調「根據量能原則，個人所得部分只有超出其個人及家庭最低生活所需費用始有負擔能力，故所得必須減除保障生存之必要費用及意外負擔，始得為課稅之起徵點，此亦為憲法上保障生存權之意旨」。❻其

---

❸　李惠宗，《憲法要義》（前揭書），頁 225。

❹　李惠宗，《憲法要義》（前揭書），頁 397 以下；陳新民，《中華民國憲法釋論》，2005 年 8 月修訂五版，頁 187 以下。

❺　許慶雄，《憲法入門 I》，1998 年 9 月，頁 52 以下。

原因在於，倘若國家對於人民所得徵稅已侵及最低生活所需時，其結果勢必又要透過社會給付加以填補，一來一往之間，擾民至極。另外，我國租稅法上之家庭保護措施主要為「本人及配偶免稅額」與「扶養親屬免稅額」兩項，惟其免稅額度與適用範圍往往與實際扶養情形有所差距，憲法實務上即有釋字第 415 號解釋作出相關見解❺。葛教授亦對此提出批評，認為扶養親屬免稅額之設定並不是一種租稅優惠措施，因為該項扶養費用乃納稅義務人所無法支配之「非稅所得」，故不應落入立法裁量權之範圍。國家猶不應以行政成本為由而僅承認定額免稅，此乃不符實質課稅原則且與租稅負擔平等有違。尤其在家庭結構丕變之今日，政府更應就各家庭實際之扶養支出加以類型化，並不使納稅義務人有過度負擔之情形❺。因此，家庭關於長照費用的相關支出亦應於租稅義務中扣除，且不得以開立費用證明之長照機構屬性有所不同，而於所得稅申報減免時有所差異。此亦為釋字第 701 號解釋之意旨。

　　由此觀之，人民實施長期照護之開銷乃維持生存保障之必要費用，扶養親屬中有受照護者之家庭，更應於租稅制度上反映此一情形。對此，我國現行之租稅優惠措施仍不足以平衡當事人之實際負擔，國家責任於此甚為退縮❺。

---

❺　葛克昌，〈綜合所得稅與憲法〉，《所得稅與憲法》，1999 年 2 月，頁 92。

❺　按民法第 1119 條之規定，扶養程度應按受扶養權利者之需要與負扶養義務者之經濟能力定之。但 2007 年綜合所得稅之扶養親屬免稅額每人僅為 77000 元，受扶養人超過 70 歲者則為 115500 元。此一額度實不足以支應現代社會之基本生活所需。

❺　葛克昌，〈綜合所得稅與憲法〉（前揭文），頁 94 以下。

❺　依據我國現行所得稅法規定，納稅義務人及受扶養親屬中領有「身心障礙證明」者，於申報綜合所得稅時可享有「特別扣除額」。惟此證明之發給與照護需求性仍有不同，亦未能反映長期照護之支出。

二、基本國策作為委託立法依據

㈠憲法本文之相關規定

我國憲法基本國策主要仿自德國早先之「威瑪憲法」，雖然其中有諸多社會安全條款，但其留存痕跡僅於該國現行基本法第 20 條第 1 項之「社會國原則」(das Sozialstaatsprinzip) 可資追尋。此一原則雖可作為社會立法之依據，但卻僅具有國家方針條款 (Staatszielbestimmungen) 之性質。其功能在授權國家以立法落實制憲者之目的，人民卻無法引為請求權之基礎，從而要求國家為一定之作為或不作為[60]。關於憲法基本國策之規範，學者曾依其效力區分為「方針條款」、「憲法委託」、「制度性保障」以及「公法權利」等類型[61]。其中僅提及第 160 條第 1 項關於「基本教育」之規定可視為公法權利，至於其他條文則最多只有「憲法委託」或「制度性保障」之效力，而且須以立法者之行為為前提。然而，憲法解釋亦常援引基本國策為「解釋之基準」，但仍必須搭配其他基本權利之保障。

縱使如此，憲法基本國策中亦不乏與長期照護相關者，其中尤其以憲法第 155 條之規定最為直接：

「國家為謀社會福利，應實施社會保險制度。人民之老弱殘廢，無力生活，及受非常災害者，國家應予以適當之扶助與救濟。」

該條文前段常被引為我國舉辦各項「社會保險」之依據，而後段則為建構「社會救助制度」以及各項福利或服務措施之基礎，故此條款應已具備制度性保障之性質。另外，憲法第 153 條對於「保護農民、勞工」以及第 156 條有關「婦幼福利」之規定，亦皆能導引出社會福利立法之憲法委託依據[62]。但相關法規之主導權仍掌握在立法機關手中，國民對於立法怠惰

---

[60] Papier, Der Einfluß des Verfassungsrechts auf das Sozialrecht, in: Sozialrechtshandbuch (SRH), 2. Auflage, 1996, S. 73 ff.; Ipsen, Staatsrecht II (Grundrechte), 4. überarbeitete Auflage, 2001, Rz. 42 ff.。

[61] 陳新民，《中華民國憲法釋論》（前揭書），頁 905 以下。

[62] 見拙著，〈社會福利之憲法保障——兼論相關憲法解釋〉，於：湯德宗主編，

之情形仍無法訴諸司法訴訟。

㈡憲法增修條文之相關規定

相較於憲法本文教條式的規範，歷次修憲過程中已較能關注到現代社會之福利需求。儘管增修條文第 10 條之規範仍為基本國策，但應設法自第 7 項、第 8 項、第 9 項規範文字間推導出具體之長期照護制度。

1.身心障礙者之保護

依據第 7 項規定：「國家對於身心障礙者之保險與就醫、無障礙環境之建構、教育訓練與就業輔導及生活維護與救助，應予保障，並扶助其自立與發展。」其已改變憲法本文「殘廢」之歧視語句，並具體指出身心障礙者之福利需求，但保障對象仍無法遍及所有長期照護需求者。惟條文中的生活維護、自立與發展等句，皆能作為長期照護制度之憲法依據。

2.社會救助預算優先編列

第 8 項之規定為：「國家應重視社會救助、福利服務、國民就業、社會保險及醫療保健等社會福利工作，對於社會救助和國民就業等救濟性支出應優先編列。」此一條文雖然涵蓋甚廣，但就內容而言卻僅可當成「訓示規定」。國家對於社會福利本應「重視」，固不待言，而政府預算之編列則視歲入之多寡，人民對於「優先編列」所指具體內容，實難置喙。惟就長期照護而言，其經濟來源實為關鍵因素，國家若欲承擔此一責任，必然要有相關預算為後盾。

3.退役軍人保障

第 9 項規定：「國家應尊重軍人對社會之貢獻，並對其退役後之就學、就業、就醫、就養予以保障。」此為退輔會實施「榮民就養」等福利措施之憲法依據。依據現行狀況分析，此一措施似為我國長期照護制度較為完善者，但也與其特殊成因有關，難以一概論之。

《憲法解釋之理論與實務㈣》，2005 年 5 月，頁 23 以下。

三、憲法實務見解作為補充

㈠長期照護制度之憲法委託

　　憲法解釋作為「憲法變遷」之一環，應致力使抽象之條文能符合當代社會之需求，故釋憲者亦經常透過解釋文建議立法者為必要之修法。這類呼籲性之決議文性質上屬於「憲法委託」，對立法者並無多大拘束力❻❸。例如，釋字第 324 號解釋關於「公法契約」相關規範之教導，即是典型的指導立法，惟我國仍遲至行政程序法制定之時方納入行政契約之規範。

　　關於長期照護制度，釋字第 316 號解釋亦曾有過類似之呼籲。該號解釋主要在解決「植物人」已請領公保殘廢給付後，其併發症得否再申請醫療給付之爭議。大法官會議在指出殘廢給付不應與醫療給付混為同一保險事故之餘，解釋文中又多出以下神來一筆：「惟『植物人』之大腦病變縱可終止治療，其所需治療以外之專門性照護，較殘廢給付更為重要，現行公務人員保險就專業照護欠缺規定，應迅予檢討改進。」此號解釋作成於 1993 年，當時之釋憲者已然察覺既有社會保險之給付項目無法因應長期照護之風險，故而提出前述見解。然而，時至今日，不僅不見照護保險之提議，現行社會保險制度中仍舊欠缺相關之給付內涵。

㈡優待立法之原則與界線

　　我國憲法雖然於第 15 條以及基本國策部分皆有關於「生存權」之規定，但學界在討論時仍大量引用德、日憲法學理，主要仍因為我國憲法實務上相關案例較少之故。倒是生存權所標榜的合乎人性尊嚴之最低生活標準，必須探求「個案具體需求」，此一理念常見於我國憲法實務關於「平等原則」之解釋中，例如釋字第 211 號、第 477 號、第 485 號、第 571 號等皆有類似之見解。一般而言，憲法中對於弱勢族群的保護上也傾向以「良性特權條款」委託立法，用以達到「實質平等」的目的❻❹。是以，我國傳統長期照護相關規範以老人、身心障礙者或榮民等為立法對象，並予以特

---

❻❸　陳新民，《中華民國憲法釋論》（前揭書），頁 737 以下。

❻❹　陳新民，《中華民國憲法釋論》（前揭書），頁 201 以下。

別之服務與津貼之情形，並非無據。

　　憲法生存權之保障雖有待社會立法加以落實，但身分別立法又難免產生「厚此薄彼」的情形。對此，吾人亦不妨從眾多援引平等原則的解釋中，推測此一立法形式之界線。例如釋字第 485 號解釋曾揭示：「鑒於國家資源有限，有關社會政策之立法，必須考量國家之經濟及財政狀況……注意與一般國民間之平等關係……。」關於社會給付之方式與額度，該解釋亦認為「應力求與受益人之基本生活需求相當，不得超過達成目的所需必要限度而給予明顯過度之照顧」，此乃憲法第 23 條「比例原則」在給付行政上所衍生的「禁止過度侵害原則」。而相同的原理在落實國家保護義務上即應轉換為「禁止保護不足原則」，要求國家應採取積極性的立法或給予人民足夠的行政給付，否則即無法實現相關之基本權利，而有違憲之虞❻❺。因此，現行相關規範除需因應該族群之特殊需求外，更應就長期照護需求性給予統一之定義，避免機關各自為政所造成之「福利歧視」。

(三)生存保障之具體化

　　生存權既然屬於人民之基本權利，性質上即為主觀公法權利，而相關立法亦應呈現出具體之請求內容。例如，釋字第 422 號解釋對於生存權保障之具體內容，首先引用憲法第 15 條以及第 153 條之規範為依據，強調「國家負有保障農民生存及提昇其生活水準之義務」。並於解釋理由書中針對行政院關於「承租人全年家庭生活費用」逕行準用臺灣省「最低生活費支出標準金額」一事，認為乃「以固定不變之金額標準，推計承租人之生活費用，而未就不同地域物價水準之差異作考量，亦未斟酌各別農家具體收支情形或其他特殊狀況，諸如必要之醫療及保險相關費用之支出等實際所生困窘狀況……」，而宣告其與憲法保護農民之意旨有所不符。因此，長期照護雖以抽象之法規範為依據，而且「重質」之照護服務內容亦難僅以數量定之，但仍應授權機關就個案類型訂定給付標準，以符實際需求並避免不平等之現象。

---

❻❺　程明修，〈論基本權保障之「禁止保護不足原則」〉，《憲法體制與法治行政㈠——城仲模教授六秩華誕祝壽論文集》，1998 年 8 月，頁 219 以下。

　　雖然我國現行社會救助制度已就給付標準與內容有明確之規定，惟其以低收入戶為給付門檻，實難因應長期照護需求之實情。對此釋字第280號解釋之見解或可供參考。該號解釋文中提及，公務員退休後如再任政府約僱員工時，「其退休金及保險養老給付之優惠存款每月所生利息，如不能維持退休人員之<u>基本生活</u>」時，即不應停止其優惠存款❻。就「基本生活」之定義，該解釋乃以「編制內委任一職等一級公務人員月俸額」為標準。固然，有關優惠存款的規定乃政府照顧公務人員之「特別措施」，且該解釋中以公務員之月俸為例，亦與社會救助之標準不同。但是，從國家應積極立法落實生存權，以保障「所有人民」享有合乎人性尊嚴的「基本生活條件」之憲法義務來看，此號憲法解釋之理念亦頗值得參考。政府未來如欲訂定長期照護基本法規時，亦應嘗試將此需求具體化，以作為特別法給付內容之參考。

㈣社會保險之生存保障功能

　　我國憲法實務上對社會保險與「生存權」相關的案例，直至晚近才提出較為具體之內容。例如釋字第549號解釋即就勞工保險之「遺屬津貼」提出以下見解：「有關遺屬津貼之規定，雖係基於倫常關係及照護扶養遺屬之原則，惟為貫徹國家負<u>生存照顧義務</u>之憲法意旨，並兼顧養子女及其他遺屬確受被保險人生前扶養暨無謀生能力之事實……。」此外，釋字第560號解釋則闡明勞保「喪葬津貼」之性質與社會扶助有關：「被保險人之父母、配偶、子女死亡可請領喪葬津貼之規定，乃為減輕被保險人因至親遭逢變故所增加財務負擔而設，自有別於一般以被保險人本人發生保險事故之給付，<u>兼具社會扶助之性質</u>……。」

　　前述措施雖然形式上為社會保險之給付項目，但實質上乃在發揮社會救助與生存保障之作用。其原因在於，有些原本屬於其他社會福利的任務，但卻藉由社會保險制度來落實，此即社會保險中「社會衡平」（sozialer Ausgleich）之作用。一般而言，其所需之費用乃透過不同制度間的「財務

---

❻　有關優惠存款之討論，見拙著，〈從「老年安全」談公務人員退休金改革〉，《玄奘法律學報》第7期，2007年6月，頁99以下。

衡平」(Finanzausgleich)，甚至藉由政府補助款來填補，學理上稱之為「其他給付」(Fremdleistungen) 或「其他負擔」(Fremdlasten)。例如德國的法定年金保險，據估計即約有 25% 到 30% 的給付是屬於此一用途的，其方式大抵上是將被保險人未繳費之期間計入年資，或者是給予「育兒年資」等額外的給付❻❼。

縱使我國現行社會保險給付亦不乏生存保障之作用，但是就長期照護來說還需要更為有力的支撐點。當事人在醫療需求上可以依靠全民健保之給付，但該保險有限之居家照護給付仍無法提供長期照護足夠之保障。在經濟安全方面，傳統公、勞保僅有一次性現金給付，難以因應長期之需求。近來雖有國民年金保險之開辦，惟其對象僅限於部分國民，且依其基礎年金之水準亦難以支應長期照護之開銷。未來仍應就照護風險規劃相關社會保險給付，以對應此一新興之社會福利問題。

肆、我國長照立法雛型

一、「長照服務法」的立法概況

㈠長照服務法的定位

由於現行長照機構分屬社政、衛生以及退撫三種體系，為建立未來長照保險的實施基礎，有必要先行整合。又為保障受照護者權益，也要藉由保險給付的誘因，提升現有照護機構的品質。因此，「長期照顧服務法」的規劃乃定位為「機構管理法」，用意在建立長照服務體系，至於服務的提供則要搭配長照保險的給付才行。規劃初期，關於機構管理法制的初步構想

---

❻❼ Ruland, Rentenversicherung, in: Sozialrechtshandbuch (SRH), 2. Auflage, 1996, S. 877 ff., Rz. 58 ff.；另 BVerfGE 97, 271 (285) 亦將缺乏「自己給付」要件的遺屬年金排除於財產權保障範圍之外，見拙著，〈年金財產權之憲法保障——從司法院大法官會議釋字 434 號解釋出發〉，《中正大學法學集刊》，第 10 期，2003 年 1 月，頁 128。

有三：

　　1.以現行「身心障礙者權益保障法」為基礎，再擴充保障範圍，建構長照機構的設置與管理依據。

　　2.延續現行「長期照顧十年計畫」之基礎，其主要依據為「老人福利法」。再將護理之家、榮民之家等其他機構加以整合。

　　3.制定「長照服務法」，以「長照保險」之給付為誘因，篩選合格之機構再行特約。

　　現今主要立法方向為第三案，除了業務主管機關為衛福部之外，仿照「醫療法」與「全民健康保險法」相互關係之軌跡甚為明顯。

㈡長照服務法的內涵

　　關於定位為長期照護機構管理依據之長照服務法，已於 2015 年 6 月完成立法作業，並於 2017 年 6 月施行。礙於篇幅，故以下僅就其內容為簡略介紹❻❽：

1.總　則

　　⑴長照服務法之立法目的、用詞定義、目的事業主管機關及主管機關權責。其中，主管機關於中央政府組織改造之後應為「衛生福利部」，在地方則為直轄市、縣市政府。其中，第 1 條第 2 項特別表彰「長期照顧服務之提供不得因服務對象之性別、性傾向、性別認同、婚姻、年齡、身心障礙、疾病、階級、種族、宗教信仰、國籍與居住地域有差別待遇之歧視行為」。又從第 3 條第 1 款之名詞定義觀之，「長期照顧（以下稱長照）：指身心失能持續已達或預期達六個月以上者，依其個人或其照顧者之需要，所提供之生活支持、協助、社會參與、照顧及相關之醫護服務」。其已超出字面之內涵。惟今長照專法既作此定義，業已賦予照顧一詞新的內涵，未來可能實施的「長照保險法」即應從之。

　　⑵第 4、5、6 條明定中央與地方主管機關之職掌，乃至涉及中央各目的事業主管機關之權責劃分事宜。

---

❻❽　陸敏清，〈淺論我國長期照護服務法草案〉，《長期照護雜誌》第 17 卷第 3 期，2013 年 12 月，頁 285 以下。

⑶第 7 條長照諮詢代表之規定。其中應包含長照相關專家學者與長照機構、接受長照服務者及各目的事業主管機關之代表。

2.長期照護服務體系

⑴有關長照服務方式、發展計畫之訂定、獎助、長照服務發展基金之設置及服務資源過剩區限制之規定。初分為「居家式」、「社區式」、「機構收住式」以及「家庭照顧者支持服務」等四類。其服務項目分別規定於第 10 條至第 13 條。

⑵明定中央主管機關應定期辦理長照有關資源與需要之調查,並據以訂定長照服務發展計畫及採取必要之獎助措施。尤其要能仿照「醫療服務網」的概念,劃分「長照服務網區」,以利機關辦理健全長照服務體系相關事項據以訂定「長照服務發展計畫」及採取必要之獎助措施。

⑶第 15 條第 1 項明訂中央主管機關為提供長照服務、擴增與普及長照服務量能、促進長照相關資源之發展、提升服務品質與效率、充實並均衡服務與人力資源及補助各項經費,應設「特種基金」,且於第 15 條第 2 項規定各種基金之來源。又為符合財政收支劃分法之規定,關於第 1 款及第 2 款遺產稅及贈與稅、菸酒稅菸品應徵稅額,特於 2017 年 1 月修法❻❾。

3.長照人員的管理

長照服務法第 18 條規定機關公告之長照服務特定項目,應由「長照人員」為之;第 19 條更明定非經登錄於長照機構之人員,不得提供長照服務。而且授權主管機關對於長照人員的訓練、認證、繼續教育及登錄等,訂頒管理依據。由於長照人員的素質,對於居家式與社區式照護格外重要。其可能以「公司」或「合作社」之型態,派遣專業人力至受照護者住所提供服務,故仍應以登錄方式管理之。長久以往,更應另立專法,以利長照專業領域之形成。

---

❻❾ 第 15 條第 2 項修法理由如下:「依財政收支劃分法規定,遺產稅、贈與稅及菸酒稅為國稅,惟部分劃歸為地方財源。為充裕第一項所定特種基金財源,爰增訂第三項定明依第二項第一款及第二款增加之稅課收入,不適用該法稅收劃分規定。」

4.長照機構的管理

明定長照機構之分類、設立、擴充、遷移、登記事項變更、停業、歇業及復業等，應有機關訂頒之管理規定。此模式為仿照醫事服務機構的管理方式，然對於傳統依「非營利組織精神」經營的社福機構，可能產生不小衝擊。但若為提升機構之服務品質，建構符合保險特約的基礎，仍應「棍棒與胡蘿蔔兼施」。

由於機構管理乃該法之重心，故第 22 條第 1 項規定長照機構應以財團法人或社團法人設立之。同條第 4 項亦規定有關長照法人之設立、組織、管理及其他應遵行事項，再另以法律定之。故有 2018 年 1 月「長期照顧服務機構法人條例」之公告施行。對於施行前已經從事本法所定長照服務之機關（構）、法人、團體、合作社、事務所等，立法之初原於第 62 條定有 5 年內須申請許可、改制或申請換發之「落日條款」。此舉實為現行各類機構經營者之關注焦點，關係著其是否仍繼續經營之命運。因此，在業者大力遊說之下，該法竟於通過後尚未施行前即又修法，是於 2017 年 1 月修正第 22 條第 3 項規定，改為「本法施行前，已依老人福利法、護理人員法及身心障礙者權益保障法設立從事本法所定機構住宿式長照服務之私立機構，除有擴充或遷移之情事外，不受第一項之限制」 ❼ ；第 62 條亦改為「本法施行前，已依其他法律規定，從事本法所定長照服務之機關（構）、法人、團體、合作社、事務所等，仍得依原適用法令繼續提供長照服務」 ❼ 。

---

❼　第 22 條第 3 項修法理由如下：「按原已依老人福利法、護理人員法及身心障礙者權益保障法設立從事本法所定機構住宿式長照服務之私立機構，本即得由原設立許可法律予以管理監督，且其管理密度並不亞於本法之規定，為維護接受服務者之權益，並保障現存長照有關機構穩定經營之機制，爰增訂第三項定明於本法施行前，已依相關法律設立從事本法所定機構住宿式長照服務之私立機構，不受法人化之限制。」

❼　第 62 條修法理由如下：「為保障現有服務對象權益，並使現有相關長照服務提供單位賡續提供服務，同時因應長照十年 2.0 計畫之資源佈建及提升服務量能，對於本法施行前，已依老人福利法、護理人員法及身心障礙者權益保障法

按理，立法政策裁量上雖可採不溯既往之「日出條款」模式，使原已立案之機構援用原先的設立標準繼續經營，但如此即與長照服務法之立法目的相左，亦無法藉此整合業已分歧之長照體系。然而，2015 年 6 月公布的版本仍舊對現狀衝擊過大，最後只能妥協修法。另外，為將現行榮民之家納入長照體系，第 63 條亦規定其設立標準、業務負責人資格及長照人員訓練認證標準、評鑑等，應適用本法之規定。

5.長照服務品質

長照服務法第 37 條要求長照機構將名稱、廣告、負責人、收費及相關訊息揭示之規定。此外，第 41 條還有規定長照機構於歇業、停業時，有安置接受長照服務者之義務。尤其，第 39 條律定各級主管機關對所轄長照機構應定期評鑑，必要時得委託相關機構或團體辦理。而長照機構有義務接受評鑑、輔導、監督、考核、檢查及配合提供資料。主管機關得依評鑑或監督、考核結果，令長照機構限期提出改善措施。

6.接受長照服務者的權益保障

長照服務法第 42 條以下明定接受長照服務者權益保障之規定。其中，長照機構於提供長照服務時，應與接受長照服務者或其代理人簽訂書面契約。而中央主管機關亦應訂定相關之「定型化契約範本」以及「應記載及不應記載之事項」。

7.罰則與附則

為求管理有其拘束力，長照服務法第 47 條以下明定違反本法規定之罰則。但顧及信賴保護，就本法施行前已從事長照服務之人員及已依其他法律規定從事長照服務之機關（構）、法人、團體、合作社、事務所等，應有

> 相關規定，提供本法所定長照服務之機關（構）、法人、團體、合作社、事務所等，可不受本法長照機構設立許可之規範，而須改變機構人員配置及設施、設備等，並無須申請改制為長照機構，而得以依原設立許可或提供服務之規定，繼續提供長照服務，除可形成長照服務之多元性外，亦減少因申請設立及改制所產生之行政成本，爰刪除第一項後段有關本法施行後五年內應申請長照機構設立許可，或完成改制及長照機構許可設立文件之換發之緩衝期規定，並定明仍得依原適用法令繼續提供長照服務，俾使長照服務不致中斷。」

於本法施行後一定期間內仍得提供長照服務之過渡規定。

(三)長照服務法的立法困境

由於長照服務法的定位以及名稱，一開始即與傳統社福的思維差異甚大。再加上機構、團體人心惶惶，以致眾說紛紜，立法進程困境重重。其中主要之癥結如下：

　1.草案為衛政主導，未能拉近與社政體制間之歧異，導致反彈力道甚鉅。而社福與社工的學者也多有異見。

　2.採取醫療法之「開業制」機構管制模式較嚴；不似社福以非營利組織 (NPO) 為主所採「許可制」。後者強調宗旨、理念，嚴格管制自易引發其危機感。

　3.由於長照服務法先行推動乃比照醫療法，但亦予人欠缺給付面的印象。例如，老人與身障者之權益、居家照顧者權益等，皆引發相關團體反彈。

　4.行政院版之草案未能顧及居家照護之問題，而現行外籍看護工之附加功能仍難以被取代，但又難以融入規劃中之長照法制。

如今長照服務法雖已通過，但前述相關問題仍待繼續研究，找尋妥適解決途徑。

二、「長照保險法」的立法概況

(一)長照保險法的定位

現行規劃中的長照保險乃採社會保險模式。如果對照德國社會保險的五大支柱：年金、疾病、意外、失業以及照護，我國繼勞保年金化之後，也將藉由長照保險的實施，達到所有社會風險的對應保障。長照保險的實施目標，在於建構高齡化社會完善之長期照護制度，藉由社會自助互助，分擔長期照護財務風險。從而帶動長照服務資源發展，提高服務可近性，以維護與促進失能者獨立自主生活。其選擇以社會保險為實施模式，即希望能落實全民互助精神，並且採取全民納保模式，業務則由健保局來承辦。因此，在保險財務上，健保與長照呈現雙保一致，但仍應強化各自的財務

責任制度，保持業務分立。在保險給付的提供上，必須經過評估而有長照需求者，始能獲得給付。而且保險僅提供基本的長照服務，故超過的部分仍需自付，或藉由其他社會福利機制來滿足。

㈡長照保險法的內涵

長照保險法乃仿照全民健保法的構想，以下亦簡略介紹其內涵❷：

1.總　則

⑴明定長照保險的主管機關為衛福部。另外，首先應界定「長期照護需求」：係指因先天或後天因素致身體上或心智上健康功能受限制，而造成日常生活事務之一部或全部需要他人協助，且持續存在至少6個月者。在需求認定的審查程序上，應有法定之審查組織、審查基準以及審查程序，授權主管機關訂頒。對此，仍應參考現行十年長照的審查程序，尤其是「照管中心」的功能；「照管計畫」的擬定程序等。

⑵在行政組織上應設「長期照護保險委員會」，如同全民健保整併以往「監理會」與「費協會」之功能。另外還要設置「長期照護保險爭議審議委員會」，然而其審議程序應定位為「特別訴願程序」，改善現行健保須另行訴願之疊床架屋現象。

2.保險人、保險對象以及保費

⑴長照保險的保險人預定為「中央健保署」，主要是因為長照與健保關係密切。另亦避免因增設保險機關，而增加行政費用。此例如 2008 年開辦的國民年金保險時，主管機關亦未增設保險人，而係委由勞保局為之。本書也主張，我國社會保險之保險人未來可分成兩大類，其中屬於實務給付之健保與長照，可由健保署為之；其餘屬現金給付者，則由勞保局為之即可。

⑵關於長照保險的保險對象，其規劃方向為比照全民健保制度，亦即以全體國民為納保範圍，此亦是仿照德國之模式。相較之下，日本則僅限40 歲以上國民，但40 歲以下國民之相關保障卻無著落，故不足為取。

---

❷ 見拙著，〈長照法制及相關法律爭議——社會法觀點〉，《月旦法學》第 257 期，2016 年 10 月，頁 10 以下。

⑶未來長照保險給付將設等待期為 3 年。此乃由於長期照護具有長期給付之特性，為了避免產生「福利移民」的現象，乃仿現行健保 3 個月等待期之設計。

⑷有關保費的收取，原則上亦準用全民健保的規定。亦即被保險人應與健保保費合併繳納長照保險費，其額度初估約為健保費用的 1/5 至 1/4。

3.保險給付

⑴在給付申請程序方面，保險對象一旦有受照護需求，即應填具申請書，向保險人指定之「受理單位」提出申請，後者應於 30 日內完成審查。其後，申請人必須與保險人或其委託單位共同擬定「照顧計畫」(careplane)，才能依該計畫接受保險給付。照顧計畫之內容應符合經濟及有效之原則，此乃實物給付優先所必須遵守的，主管機關需透過行政命令作細部規定，例如全民健保醫療辦法即是。由於給付為長期性，故須定期複評；一旦審查結果改變，即應修正照顧計畫。

⑵長照保險的給付內容，主要採取實物給付。其中包含社區式服務、居家式服務及機構式服務，而以社區式服務及居家式服務為優先，因後者費用較省。另外，保險仍可提供現金給付，以經評估「具有能力」之家屬，並「親自實施照顧者」為限。然而，此處仍應考量實際查核的可能性，否則家屬亦不免運用外籍看護人力。

⑶長照保險的給付項目有三：

　　A.社區式：日（夜）間照顧、社區復健、喘息服務。

　　B.居家式：居家護理、居家復健、居家服務及喘息服務。

　　C.機構式：全日（住宿）型照護、喘息服務。此類給付應僅限照護需求第 3 級，或有特殊需求者。

⑷有關長照的服務費用，乃由保險人依據「保險費用支付標準」，核給服務提供單位。前述服務費用支付標準，由保險人依照護需求等級擬訂之。另外，設有長期照護服務審查委員會，以控管服務品質。此處亦課與計畫擬定單位擔保責任，對於審查核定不予給付，且屬不當照護計畫者，其費用由該照顧計畫擬定單位自行負責。

4.保險財務

　　長照保險應成立長期照護保險安全準備基金，其資金得以法定方式運用。初步律定基金總額，不得低於相當於最近精算 8 個月之保險給付支出。另外，在保險行政管理經費方面，則以當年度給付費用總額 3.5% 為上限，由主管機關編列預算。並明定主管機關依本法規定應補助之保險費及應負擔之款項，其所需可藉由調增營業稅來支應。

5.服務提供單位

　　明定長照服務提供單位需經主管機關指定「特約」後，始提供保險給付。主管機關並應訂定相關設置基準、特約及管理辦法。另要求服務提供單位應查核服務對象之保險資格，且應依專長及設備提供適當之服務，不得無故拒絕。為求管理所需，明定服務提供單位有義務配合主管機關，或保險人因業務需要所為之訪查或查詢。

6.罰則與附則

　　此處應注意，違反長照保險規定之罰則應符合「比例原則」。又主管機關或保險人，得向財稅機關或其他有關機關查詢，洽取保險對象與保險有關之文件資料。另外，如同全民健保之規定，因職業災害事故所發生之長期照護費用，應由職業災害保險償付。至於保險人對第三人有損害賠償請求權者，於提供保險給付後，亦得依規定代位行使損害賠償請求權。

㈢長照保險問題分析

　　依原先規劃情勢，政府有意於 2016 年即開辦長照保險，並且直接複製全民健保實施模式。然因 2016 年執政黨更易，暫緩長照保險之推動，而以長照計畫 2.0 取而代之。惟長久之計仍應採行社會保險模式為宜，姑且不論現行健保的諸多爭議，未來長照保險本身仍可能面臨下列問題，應及早討論並提出因應：

　　1.保險與福利的分工合作——因為現行長照 2.0 採取福利服務模式，且主要以老人為保障對象，一旦長照保險開辦，勢必將承接主要業務。然而，長照保險僅提供基本服務，故屬於老人、身心障礙等福利服務之業務，仍須依「補充性原則」，提供個案必要協助。當此業務移轉時，最令人擔心

的是有無權益遺漏或減損，本書前文所提「無縫性」的理念應在此踐行。

　　2.長照與醫療的分工合作——長照與醫療雖有 6 個月的形式切割，但仍有諸多灰色地帶，例如「亞急性個案」、「復健」等即是。未來長照保險與全民健保除了在給付上要有明確分割之外，亦應考量二者性質上的差異，提供保險對象足夠的服務。另外，在有關照護需求性的審定上，仍須借重醫療機構的專業。

　　3.長照法律關係的釐清——比起全民健保所呈現的法律關係，長照保險更多了一項「照顧計畫」的擬定（見附圖）。此乃因為我國長照機構至今仍良莠不齊，如果任由服務機構自行擬定計畫，則難免有「高估」的情形。故開辦初期仍須有中立單位承擔此任務，目前十年長照計畫下的「長期照顧管理中心」應可繼續該功能。照管中心在此一法律關係中扮演著承上啟下的關鍵，其間包含「初篩」、「訪視」、「需求核定」以及「照管計畫擬定」等程序。然而，現今照管中心仍屬任務編組，人員不足，流動率也高。政府在規劃長照保險的同時，亦應先鞏固照管中心的地位與任務，其於長照計畫的經驗也得以傳承。

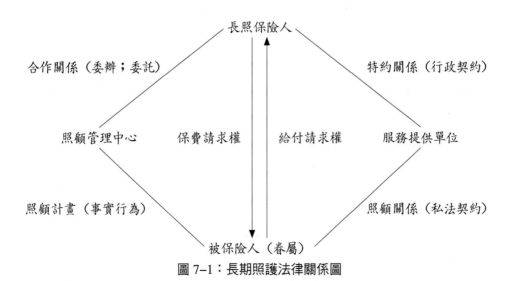

圖 7-1：長期照護法律關係圖

伍、結　論

　　長期照護需求之滿足乃憲法生存權保障以及相關基本國策之落實，亦為一個現代法治國家責無旁貸之任務。惟我國至今社會福利法制依舊不脫「殘補式」之思維，政府主管機關各自為政，相關法規範制度亦處於待整合之階段，未來尚有努力之空間。改善之策首先應歸納法規與實務現況，並參考他國經驗，將長期照護之定義統合，以作為未來長照相關服務與給付之基礎。繼則應將長期照護法規之層級提升且使給付內容具體化，避免流於訓示性規定，方能落實憲法保障之實質內涵。

　　近來國內引進英國的「社區照顧」(community care) 政策，希望將長期照護與社區營造結合。然而，該項政策乃是該國「去機構化運動」之延伸，目的在抑制福利預算之增加，學者亦批評此舉將導致「由社區照顧」、「由家庭照顧」乃至「由女人照顧」等結果，成為政府推卸責任之幫兇[73]。其實，我國向來的長期照護思維即傾向為子女及家庭的責任，如今提倡此說當然一拍即合，但國家應負之生存保障義務卻也因此撇清，頗有讓社會福利「開倒車」之嫌。然而，基於受照護者的選擇自由以及人性化的觀點，筆者並不反對此一照護實施模式，但應列為選項之一，且就近要有醫療資源以及專業人力等配套措施。對此，我國未來除建立長期照護保險制度外，並加強現有社會福利措施之給付功能，給予受照護者選擇現金給付之可能性，也能提高家人自行實施照護之意願，如此或可使社區照顧或在地老化的反對聲音降低[74]。

　　長期照護與醫療服務一樣，著重在服務的品質。故而機構水準的提升，

---

[73]　周月清，〈英國社區照顧——「在社區內照顧」＝「由社區來照顧」〉，《社區發展季刊》第 87 期，1999 年 9 月，頁 271 以下；陳燕禎，〈社區老人照顧支持體系及政策之探討〉，《社區發展季刊》第 110 期，2005 年 6 月，頁 158 以下。

[74]　王育瑜，〈英國社區照顧的批判——身心障礙者的觀點〉，《社區發展季刊》第 97 期，2002 年 3 月，頁 249 以下。

以及長照人力的培訓，攸關著長照保險給付的成敗。政府試圖藉由長照服務法的立法，對現行分歧的機構類型加以整合，其努力值得肯定。然而，長久之計仍在專業人力的訓練，其更需要教育、勞動等主管機關的協助。對此，似乎仍未見相關立法規劃，倒是許多大專院校已積極投入這塊領域。

本章參考文獻：

中文部分：

1. 吳淑瓊，《配合我國社會福利制度之長期照護政策研究》，1998 年 5 月
2. 黃鼎佑，〈淺介奧國長期照護法制〉，《開南法學》第 3 期，2009 年 6 月
3. 高文琦，〈家庭變遷與長期照護保險法制——以德國經驗為中心〉，《開南法學》第 3 期，2009 年 6 月
4. 陳君山，〈德國照護保險制度之探究〉，《社區發展季刊》第 78 期，1997 年 6 月
5. 鍾秉正，〈德國長期照護法制之經驗〉，《長期照護雜誌》 第 10 卷第 2 期，2006 年 7 月
6. 胡幼慧，《三代同堂——迷思與陷阱》，1997 年 4 月
7. 鍾秉正，〈從敬老福利生活津貼看「社會促進」制度〉，《玄奘法律學報》第 1 期，2004 年 6 月
8. 鍾秉正，〈從老人福利法談我國老人保護相關法制〉，《長期照護雜誌》 第 19 卷第 3 期，2015 年 12 月
9. 周月清，《障礙福利與社會工作》，2000 年 7 月
10. 鍾秉正，〈從「老年安全」看國民年金保險之實施〉，《月旦法學》第 154 期，2008 年 3 月
11. 邱泯科、徐伊玲，〈老人居家照顧服務員考訓現狀與工作困境之探討〉，《社區發展季刊》第 110 期，2005 年 6 月
12. 鍾秉正，〈「犯罪被害人保護法」之補償規定及其實務分析〉，《臺北大學法學論叢》第 52 期，2003 年 6 月

13.鍾秉正，〈論社會法之生存權保障功能——以社會救助制度為例〉，《臺北大學法學論叢》第 54 期，2004 年 6 月

14.周怡君、鍾秉正，《社會政策與社會立法》，2006 年 3 月

15. Starck，〈基本權利之保護義務〉，於：李建良，《憲法理論與實踐㈠》，1999 年 6 月

16.吳庚，《行政法之理論與實用》，2003 年 8 月

17.李惠宗，《行政法要義》，2002 年 10 月

18.彼得·克勞哲，鍾秉正譯，〈老年安全〉，《中央警察大學法學論集》，第 6 期，2001 年 8 月

19.陳新民，〈論「社會基本權」〉，《憲法基本權利之基本理論》上冊，1996 年 1 月四版

20.李惠宗，《憲法要義》，2006 年 9 月

21.陳新民，《中華民國憲法釋論》，2005 年 8 月修訂五版

22.許慶雄，《憲法入門 I》，1998 年 9 月

23.葛克昌，〈綜合所得稅與憲法〉，《所得稅與憲法》，1999 年 2 月

24.鍾秉正，〈社會福利之憲法保障——兼論相關憲法解釋〉，於：湯德宗主編，《憲法解釋之理論與實務㈣》，2005 年 5 月

25.程明修，〈論基本權保障之「禁止保護不足原則」〉，《憲法體制與法治行政㈠——城仲模教授六秩華誕祝壽論文集》，1998 年 8 月

26.鍾秉正，〈從「老年安全」談公務人員退休金改革〉，《玄奘法律學報》第 7 期，2007 年 6 月

27.鍾秉正，〈年金財產權之憲法保障——從司法院大法官會議釋字 434 號解釋出發〉，《中正大學法學集刊》第 10 期，2003 年 1 月

28.陸敏清，〈淺論我國長期照護服務法草案〉，《長期照護雜誌》第 17 卷第 3 期，2013 年 12 月

29.鍾秉正，〈長照法制及相關法律爭議——社會法觀點〉，《月旦法學》第 257 期，2016 年 10 月

30. 周月清，〈英國社區照顧——「在社區內照顧」＝「由社區來照顧」〉，《社區發展季刊》第 87 期，1999 年 9 月

31. 陳燕禎，〈社區老人照顧支持體系及政策之探討〉，《社區發展季刊》 第 110 期，2005 年 6 月

32. 王育瑜，〈英國社區照顧的批判——身心障礙者的觀點〉，《社區發展季刊》第 97 期，2002 年 3 月

外文部分：

1. Bundesministerium für Gesundheit, Zustandsinformation: Pflegeversicherung, 2006

2. Gitter/Schmitt, Sozialrecht, 5. Auflage, 2001

3. Bundesminsterium für Arbeit und Soziales, Übersicht über das Sozialrecht, 2008

4. Waltermann, Sozialrecht, 3. neu bearbeitete Auflage, 2002

5. Pieroth/Schlink, Grundrechte, Staatsrecht II, 14. überarbeitete Auflage, 1998

6. Schulin/Igl, Sozialrecht, 7. Auflage, 2002

7. Igl, Familienlastenausgleichsrecht, in: Sozialrechtshabdbuch (SRH), 2. Auflage, 1996

8. Eichenhofer, Sozialrecht, 4. Auflage, 2003

9. Papier, Der Einfluß des Verfassungsrechts auf das Sozialrecht, in: Sozialrechtshandbuch (SRH), 2. Auflage, 1996

10. Ipsen, Staatsrecht II (Grundrechte), 4. überarbeitete Auflage, 2001

11. Ruland, Rentenversicherung, in: Sozialrechtshandbuch (SRH), 2. Auflage, 1996

第八章　社會保險的爭訟

壹、前　言

　　二次世界大戰之後，「社會安全」(soziale Sicherheit) 成為現代國家的主要任務。例如，英國自從「貝佛里奇報告書」(Beveridge Report)❶的提出後，即以「福利國家」自許，發展出全民性的社會安全制度；德國則在戰後的「基本法」(Das Grundgesetz) 中確立「社會國」為國家目標，延續自俾斯麥宰相以來的社會保險機制，而且由於戰後重整的需要，使得相關社會立法有長足的躍進❷。對於德國的情形，該國前勞動部長 Norbert Blüm 即曾在相關報告中提及，德國社會安全制度持續發展的原因在於三個原則的堅持❸：

　　一、保險原則──亦即由被保險人繳交保費，並因而取得對於保險給付的請求權。

　　二、國家框架立法與社會自我行政之原則──由國家立法訂定框架原則，社會保險內部則由被保險人與雇主透過代表會議自治。

　　三、保險種類與保險組織的多樣性原則──德國始終維持著多樣化的團體性保險，彼此保持著競爭與互補的態勢。

　　今日，社會保險已經成為法治國家因應社會安全任務的典型制度。在

---

❶　貝佛里奇爵士於 1942 年發表名為「社會保險與相關服務」之報告，引發戰後英國社會福利系統的重大改革。其報告內容主要在宣揚「國民保健服務」、「老年安全」以及「家庭津貼」等三大社會安全任務。見林萬億，《福利國家──歷史比較的分析》，1994 年 10 月一版，頁 51 以下。

❷　德國社會保險自戰後一直到 80 年代為止，不斷地擴充被保險人與請求權人的範圍，而保險給付也有全面性的改善。Eichenhofer, Sozialrecht, 4. Auflage, 2003, Rz. 48; Gitter/Schmitt, Sozialrecht, 5. Auflage, 2001, S. 12; Tennstedt, Geschicht des Sozialrechts, in: von Maydell/Ruland (Hrsg.), Sozialrechtshandbuch (SRH), 2. Auflage, 1996, S. 52 ff.。

❸　Blüm, Einführung, in: Bundesministerium für Arbeit und Sozialordnung, Übersicht über das Sozialrecht, 1997, S. 24。

實施對象上通常以某一職業別的受僱者為主，同時也開放予其他自營作業者加入，但例如我國的趨勢則是以全體國民作為納保的對象。在手段上則是以法律規範為依據，強制被保險人及其雇主繳交保險費，並以此保費收入支付保險事故發生時的給付支出。社會保險雖然名為「保險」，但只是借用商業保險的觀念來達到損失填補與財務自主的目的，所以保險費不必與個人的風險相當。尤其是在保險團體內部所形成的 「社會衡平」 (sozialer Ausgleich) 作用，使得社會保險在本質上仍是一種以「所得重分配」為目的之公權力行政❹。

在社會保險的實施過程中，經常會涉及到人民財產權、工作權、平等權以及一般自由權的限制問題，但由於國人以往對於社會保險的認識不足，以致進入訴訟或申請大法官釋憲的案例並不多。歷來雖有若干大法官解釋，但也是以全民健保開辦後所作成者居多，較諸我國社會保險制度原本即涵蓋公保、勞保、軍保、農保等範圍而言，總有見樹不見林之感。尤其在社會保險的案例上，論者往往以商業保險的觀念為分析基礎，不僅未能察覺社會保險的實施特性，更缺乏社會法學理全面的探討。有鑒於此，本文並不以特定之實務爭訟案例為研究中心，而是希望以較為宏觀的方式探討社會保險爭訟之相關問題。

在討論順序上 ， 首先介紹德國社會法實務發展獨特的 「社會法院」(Sozialgericht)，以及社會爭訟之審理程序。繼而以保險對象與保險給付兩者為綱，分析我國現行社會保險實施概況，並探討相關的法律問題。除點出社會保險爭訟途徑的多樣性外，並就實務爭訟之代表性案例，對照學理為剖析。本文礙於篇幅，可能無法涵蓋所有爭訟案例，僅期待於學界發揮拋磚引玉的作用，並提供實務上適當之參考。

---

❹ 見 Gitter/Schmitt, Sozialrecht（前揭書），S. 36 ff.。

貳、從專業法院的設立看社會法院

一、從智慧財產法院的設置談起

　　如果講到我國司法史上近年來重要的紀事，那「智慧財產訴訟新制」可以算得上一筆。隨著 2007 上半年立法院所通過的「智慧財產案件審理法」與「智慧財產法院組織法」，以及 2008 年 7 月司法院「智慧財產法院」的掛牌運作，在傳統「二元體制」的普通法院與行政法院之外，也針對智慧財產案件之特殊性而量身訂做特別的審判機構與制度。根據司法院的研究報告，智慧財產法院的設置目的在於「改善目前民、刑事與行政訴訟制度分軌進行所生訴訟延滯問題，亦期望法官能累積經驗，處理案件專業化；再因引進技術審查官，協助法官精確判斷技術問題，增益法官處理技術之能力，相信能提高裁判品質及效能，進而增加企業在本國訴訟的意願，促進產業競爭力」。❺對於此一官方說法，吾人不禁有些疑問。按理我國二元訴訟的體制由來已久，故受到制度分軌影響所及的也不僅限於智慧財產案件而已，如今政府單就此領域創設訴訟新制，說服力似乎不夠。另外，國內的訴訟體制原先即已對於相關案件設有專庭或由專股法官負責，大可在此基礎上力求改善，而且法官的專業能力乃涉及法曹養成教育之問題❻，更不是特別法院設立後即可迎刃而解的。

　　針對前述質疑，兼具司法與行政經驗之官員亦為文說明其背景因素為❼：㈠智慧財產案件涉及科技或專業知識，傳統法學教育出身之法官較

---

❺　《智慧財產案件審理法新制問答彙編》，司法院行政訴訟及懲戒廳，2008 年 6 月，頁 1。查詢資料網址，司法院：www.judicial.gov.tw。

❻　近年來國內已有多所大學設有「科技法律研究所」、「智慧財產權研究所」，提供法官在職進修以及非法律系人才學士後法學教育。

❼　盧文祥，〈我國智慧財產法院之理想與實現〉，《政大智慧財產評論》第 4 卷第 1 期，2006 年 4 月，頁 3 以下。

難上手；㈡相關案件於法院不同體系與審級間搖擺延宕，頗受民間產業界訴病；㈢外國權利人團體指責著作侵權案件量刑過輕、賠償過輕。其中第三點尤其是影響立法政策的關鍵，政府為了因應來自外商以及外國政府的訴求，智慧財產法院的籌設已經成為對外經貿談判有利的擋箭牌。學者亦指出時間點上的巧合，認為我國政府在訴訟新制的立法過程以及相關訊息的發布多集中於 3、4 月，主要即在於美國貿易代表署於每年 4 月底會公布「特別三〇一名單」❽。這種連司法制度的發展都要看人家臉色的情形，實乃身為貿易出口國的宿命。

　　然而，不論是智慧財產法或是訴訟法皆不是筆者所長，如果再講下去就會露出破綻。因此，趕緊略過令人氣餒的畫面，回到司法權的組織分工上面，也就是順著我國智慧財產法院設立的趨勢，似乎也宣告著「專業法院」時代的到來。由於我國傳統法曹養成教育大抵以「通才」為目標，設想只要是法官就能審理各種案件，而律師更是甚麼案子都得接。論者經常拿醫師做比較，提出「律師專長分科」與「法學專業教育」等改革方向，當然也及於法院審判的專業分工。而現實的法學教育也面臨困境，按照現今大學法律系的課程設計，學生最多只能打好基礎學能，以因應國家考試諸多科目，繼而面對傳統民、刑、行政案件的需求。若要處理特別法或跨領域的問題，通常要藉助專業鑑定，又如果法官或律師對於相關專業一知半解時，往往變成鑑定人主導或所謂「鑑定人法官」的情況。除了法學教育改革、法官在職進修之外，審判機構的專業分工也是因應之道。就拿德國為例，依據該國基本法第 95 條第 1 項的規定，分別設置了五類法院體系：「普通法院」、「行政法院」、「財政法院」、「勞動法院」以及「社會法院」。其中的財政與社會兩個法院體系可理解為特別行政法院的性質❾。對此，該國法曹養成教育以及國家考試也將社會法列為教學重點與選考科目

---

❽　章忠信，〈智慧財產法院的建立與未來〉，《全國律師》，2007 年 4 月，頁 62 以下。

❾　Bundessozialgericht, Bundessozialgericht und Sozialgerichtbarkeit, 2008, S.7. Internet: www.bundessozialgericht.de。

之一。

本文之目的在設想此一專業法院的發展趨勢是否會繼續，而我國現在設立社會法院 (Sozialgericht) 的可能性又有多少。為了藉此機會讓讀者了解社會法院的性質，故先針對筆者比較有把握的社會法部分略加說明，並介紹德國社會法院以及相關之「社會審判權」(Sozialgerichtsbarkeit)，還有社會法訴訟程序的若干特點。

二、德國訴訟體系中的社會法院

㈠專門的社會法院

社會法領域所涵蓋的法規範「跨距」甚廣，有其發展的淵源以及時代的特殊性。為了因應相關社會案件爭訟的複雜性與專業性，德國在一般的行政法院之外，自 1954 年起即設有「社會法院」作為專門法院。社會法院的前身可以上溯至 1884 年作為社會保險爭議管轄的 「帝國保險局」(Reichsversicherungsamt)；當時主管戰爭撫卹爭議的則是「帝國撫卹法院」(Reichsversorgungsgericht)[10]。如今德國雖設有專門的社會法院，但並不意味該國關於社會法案件的審理必然專屬於 「社會法院審判權」(Sozialgerichtsbarkeit)。 該國一般行政訴訟程序之依據為 「行政訴訟法」(Verwaltungsgerichtsordnung; VwGO)，按該法第 40 條第 1 項第 1 句規定，倘若聯邦法律未明確指定由其他特別法院審理時，行政訴訟程序仍適用於所有公法上而非屬憲法上之爭議案件。而德國在社會法案件訴訟的主要依據則為「社會法院法」(Sozialgerichtsgesetz; SGG)，該法曾於 2008 年 3 月修定，其中第 51 條關於管轄案件類型有詳細的規定。但是，迄今有關教育促進、殘障者之整合與照顧、住屋補助、兒童與青少年扶助等爭議案件，並未於該法第 51 條明確指定由社會法院管轄 ， 而關於戰爭受害者救濟 (Kriegsopferfürsorge) 則於該條第 1 項第 6 款明文排除，故相關爭議仍然歸一般行政法院之審判權[11]。

---

[10] Bundessozialgericht, Bundessozialgericht und Sozialgerichtbarkeit （前揭文）, S. 8。

依據德國現行社會法院法第 51 條規定，社會法院職司下列公法爭議案件之審理業務❶：

1.社會保險案件，其中涵蓋年金保險、老農保障、疾病保險、照護保險以及意外保險等。另外，也及於保險團體的自治行政 (Selbstverwaltung) 以及藝術工作者社會保險 (Künstlersozialversicherung)。

2.勞動促進案件，其中包含職業介紹、失業津貼等措施，另自 2005 年亦及於覓職者的基礎保障 (Grundsicherung für Arbeitsuchende)。

3.社會救助以及難民保護措施。

4.社會補償案件，其中包含戰爭受害者、士兵以及服替代役者的撫卹、受迫害者的扶助、預防注射損失補償以及暴力犯罪被害補償等。

5.有關殘障等級的認定，以及各種殘障證明的相關事項。

6.有關工資續付法上的公法爭議。

7.疾病保險中與第三人間的私法爭議，另外還包含私人照護機構與被保險人間之爭議❸。

德國的社會法院共分三級，分別為「社會法院」(Sozialgericht)、「邦社會法院」(Landessozialgericht) 與「聯邦社會法院」(Bundessozialgericht)。其審理法庭的組成包含專業法官以及兩位榮譽法官 (ehrenamtlicher Richter)，前者由第一審到第三審分別為一、三、三位，後者則始終為兩位，且係由被保險人、雇主、醫師、疾病保險基金以及其他受撫卹者中選任❹。另外，該國社會審判業務上還有更細部的專業分工，例如現行聯邦

---

❶ Schulin/Igl, Sozialrecht, 7. Auflage, 2002, Rz. 1121 ff. 德國有關社會救助案件原屬行政法院之審判權，惟自 2005 年 1 月起改屬社會法院，見 Erlenkämper/Fichte, Sozialrecht, 6. Auflage, 2007, S. 979 ff.。

❷ Gitter/Schmitt, Sozialrecht（前揭書）, S. 343 ff.; Bundessozialgericht, Bundessozialgericht und Sozialgerichtbarkeit（前揭文）, S. 9; Bundesministerium für Arbeit und Soziales, Übersicht über das Sozialrecht, 2008, S. 1000 ff.。

❸ 儘管此一法律關係乃基於私法上的照護契約，但仍可藉由社會法院的管轄，使該被保險人享有與社會保險被保險人相當之法律保障。

❹ 社會法院的榮譽法官絕少為業餘性質的陪審員，其大多係具有專業之人。見

社會法院就有 42 位專業法官，依據業務分配計畫 (Geschäftsverteilungsplan) 分屬下列 14 個專業審判庭❺：

1.疾病保險。

2.意外保險。

3.疾病保險中非由醫生提供的輔助給付；藝術工作者社會保險；照護保險。

4.覓職者的基礎保障。

5.法定年金保險。

6.特約醫生法 (Vertragarztrecht)。

7.失業保險以及其他聯邦勞工業務；有關罷工停止給付之爭議。

8.關於社會救助以及難民給付法的爭議。

9.戰爭受害者與士兵撫卹；殘障者保護法；替代役法、預防注射法、暴力犯罪被害補償、受迫害者扶助法中的相關爭議；視障津貼與視障者扶助法。

10.農民之老年保障與疾病保險；聯邦教育津貼、父母津貼、兒童津貼之相關爭議。

11.失業保險以及其他聯邦勞工業務；破產津貼 (Insolvenzgeld)。

12.疾病保險、照護保險、年金保險以及失業保險的保費法 (Beitragsrecht) 與保險團體成員法 (Mitgliedschaftsrecht)。

13.法定年金保險。

14.覓職者的基礎保障。

㈡社會訴訟的特殊類型

在社會法的訴訟類型上，一般分作「撤銷訴訟」、「課與義務訴訟」、「給付訴訟」以及「確認訴訟」四大類，另外還有各種混合的訴訟類型。與行政訴訟相似，撤銷訴訟用在對抗機關的侵害，通常是機關對於已發放

Gitter/Schmitt, Sozialrecht（前揭書），S. 341。

❺　Bundessozialgericht, Bundessozialgericht und Sozialgerichtbarkeit（前揭文），S. 30。

給付的追討或持續性給付的取消決定，例如年金或失業津貼等。但是，這種單純訴求的案例在社會法訴訟中較為少見。常見的情形是，當事人在撤銷不利處分之餘，還要求更高額的現金給付或是更多的年金保險年資，此時即需要進行「撤銷合併課與義務訴訟」。至於確認訴訟的提起，只在當事人有即受確認之法律上利益，而且無法透過另外的訴訟類型達成時才能發動，例如社會保險關係之確認以及職業病有無之確認❿。

較諸德國一般的行政訴訟類型，社會訴訟的特色在於社會法院法第 54 條第 4 項所規定的「撤銷合併給付訴訟」。此乃該國社會法之主要訴訟類型，學理上又稱為「不真正給付訴訟」(unechte Leistungsklage)。然而，這類訴訟僅限於「羈束處分」的情形，也就是說如果相關法律要件成就時，當事人即應當擁有該項社會給付的請求權。一旦其請求權無法實現時，就可以訴請法院撤銷保險人或機關駁回申請的決定，並且據以請求特定的給付❿。在社會保險中常見的案例是，保險人駁回當事人關於保險給付的申請，法院對此不利益之處分可以透過撤銷訴訟加以排除，並同時判決保險人應為特定之給付。而類似此一情形，在一般行政訴訟程序中，通常是要提起課與義務訴訟。反之，如果該保險人或機關在法律上擁有裁量空間（裁量處分），或是基於行政規則所為的給付時，除非有「裁量限縮至零」的情形，否則當事人僅得以撤銷訴訟，或是撤銷合併課與義務訴訟為之❿。

在德國社會法中所謂的「真正給付訴訟」(echte Leistungsklage)，則是依據社會法院法第 54 條第 5 項之規定，其請求權不待行政處分之作成。當事人可以透過此類訴訟，向給付義務人請求所有「非屬行政處分」的物質或現金給付。然而，這種訴訟類型難以適用於社會保險的被保險人或社會給付的接受者，原因是其給付必須先向主管機關申請，而機關則須以行政處分對此作成決定。實務上通常以撤銷訴訟合併他類訴訟來因應相關爭議。

---

❿ Bundesministerium für Arbeit und Soziales, Übersicht über das Sozialrecht （前揭書），S. 1003。

❿ Schulin/Igl, Sozialrecht（前揭書），Rz. 1132。

❿ Gitter/Schmitt, Sozialrecht（前揭書），S. 350。

相較之下，單純的給付訴訟較常適用於具有平等關係的當事人間之爭訟，例如社會保險不同保險人之間的「返還請求權」(Erstattungsanspruch)，還有保險人對於被保險人的損害賠償請求權**⑲**。

(三)社會法的爭訟程序

　　依據德國社會法院法第 77 條以下的規定，當事人在提起撤銷訴訟、課與義務訴訟或是二者之合併訴訟之前，原則上必須踐行「異議」(Widerspruch) 之先行程序，異議應於機關作成處分或決定後 1 個月內提出。其目的在提供行政內部自我審查之機會，並可減輕法院的案件負擔，以期發揮所謂的「過濾功能」(Filterwirkung)。該法第 78 條也規定，在當事人提起撤銷訴訟程序之前，機關得於此一異議程序中審查其所為行政處分之合法性 (Rechtmäßigkeit) 與合目的性 (Zweckmäßigkeit)**⑳**。

　　在社會法院的審理程序上，也採納了行政訴訟常見的職權調查主義 (Untersuchungsgrundsatz)。依據社會法院法第 103 條的規定，法院不受當事人所提證據之拘束，依其職權研判相關事實。如法院無法釐清案件事實時，亦可藉由專家佐證，例如醫學上的鑑定報告。在調查證據程序上，社會法院並不採取類似於民事訴訟的「當事人訊問制度」(Parteivernehmung)，但當事人應享有依法聽審之程序 (Recht auf Anhörung)，並配合法官澄清事實問題**㉑**。在審理過程中，除遵行言詞審理原則之外**㉒**，社會法院還特別融入了許多社會保護的理念。例如儘量減少強制規定，以及允許程序瑕疵的彌補、重複或改善等，其目的在達成所謂「原告友善性」(Klägerfreundlichkeit) 的原則。另外，社會法院不僅免除私人（含私法人）的訴訟費用，其律師費用也較一般訴訟節省**㉓**。但自 2002 年起，除了被保

---

⑲　Gitter/Schmitt, Sozialrecht（前揭書），S. 351。

⑳　Gitter/Schmitt, Sozialrecht（前揭書），S. 353 ff.; Bundesministerium für Arbeit und Soziales, Übersicht über das Sozialrecht（前揭書），S. 1002。

㉑　Bundesministerium für Arbeit und Soziales, Übersicht über das Sozialrecht（前揭書），S. 1004。

㉒　見吳庚，《行政爭訟法論》，1999 年 5 月修訂版，頁 69 以下；張文郁，《權利與救濟——以行政訴訟為中心》，2005 年 9 月，頁 43 以下。

險人、社會給付請求者以及殘障人士之外，其餘原告仍需於各審級繳交 150、225 以及 300 歐元的訴訟費用❷。另外，對於社會法爭訟中經常見到的醫學或專業證據，當事人就必須自行承擔費用。

參、我國社會保險爭訟實務

一、各保險制度的爭議審議機制

由於改革方興未艾，我國社會保險組織至今仍處於「團體性保險」與「全民性保險」並存的狀態。早期在公教人員保險與軍人保險是委由中央信託局來承保，現則由主管機關指定臺銀人壽保險作為承保機構❷，其性質仍為金融事業單位。反之，在勞工保險自始即專門設有勞保局，後來的全民健保也有中央健保局（現為中央健康保險署）。早先兩者之組織、人事與職務亦比照「公營金融保險事業機構」，惟自 2013 年後陸續改組為行政機關。比起德國「公辦民營」的情形，我國的社會保險始終是「公辦公營」，而且為單一的保險人。因此，不僅被保險人與締約機構的選擇性甚小，而有關保險法律關係之成立與否，也只能遵照法規規定的要件辦理。

由於我國社會保險種類仍高達七種之多，且仍欠缺農保條例第 4 條所定之「中央社會保險局」，故個別保險人依法皆設有「爭議審議」之機制，以作為解決保險業務紛爭之途徑❷：

1.公教人員保險：公保法第 4 條第 2 項為保險監理委員會之設置依據，且主管機關訂頒有「公教人員保險監理委員會組織規程」，其中第 3 條第 5

---

❷ Schulin/Igl, Sozialrecht（前揭書），Rz. 1131。

❷ Bundessozialgericht, Bundessozialgericht und Sozialgerichtbarkeit（前揭文），S. 12。

❷ 見公教人員保險法第 5 條；軍人保險條例第 4 條之規定。

❷ 謝榮堂，〈社會法之行政救濟途徑〉，於：臺灣社會法與社會政策學會主編，《社會法》，2015 年 1 月，頁 423 以下。

款即規定該會「關於保險各項給付及其他爭議之審議事項」之職掌。

2.軍人保險：依軍保條例施行細則第 6 條規定，由國防部主管政策、法制、預算及計畫督導，並委任「國防部後備指揮部」辦理各項保險業務，該條第 9 款即明定「糾紛案件之調查及審議」。

3.勞工保險：依據勞保條例第 5 條第 3 項授權，訂頒有「勞工保險爭議事項審議辦法」，且依該辦法第 9 條以下規範設置「勞工保險爭議審議會」及其運作程序。

4.就業保險：依據就保法第 3 條第 2 項之規定，「被保險人及投保單位對保險人核定之案件發生爭議時，應先向勞工保險監理委員會申請審議」。惟依施行細則第 5 條第 3 項之規定，案件仍準用勞保爭議審議辦法，且由勞保爭議審議會負責。

5.農民健康保險：依據農保條例第 4 條第 2 項之規定，由「農民健康保險監理委員會」作為監督本保險業務及審議保險爭議事項之單位。機關訂頒有「農民健康保險及農民職業災害保險爭議事項審議辦法」，該辦法第 9 條以下規定「農民健康保險及農民職業災害保險爭議審議會」之設置與運作程序。

6.全民健康保險：該法第 6 條規定「本保險保險對象、投保單位、扣費義務人及保險醫事服務機構對保險人核定案件有爭議時，應先申請審議，對於爭議審議結果不服時，得依法提起訴願或行政訴訟」；另亦設有「全民健康保險爭議審議會」並訂頒「全民健康保險爭議事項審議辦法」，以作為專責單位與程序依據。

7.國民年金保險：依據該法第 5 條之規定，由監理會掌理「監督本保險業務及審議保險爭議事項」。然依「國民年金爭議事項審議辦法」第 9 條規定，仍應由中央主管機關遴聘審議委員，以合議制方式審理爭議事項。

二、社會保險的爭訟實務與爭議

㈠社會保險的審判權爭議

前文談到德國設有特別的行政法院——社會法院，專門審理社會保險

等相關爭議案件，但關於社會救助以及津貼等公法上之爭議，其「審判權」(Gerichtsbarkeit) 仍歸屬於一般行政法院。相較之下，我國行政法院雖然不似德國分工之細，但依據現行行政訴訟法第 2 條之規定，除非是因為特別法律之規定而歸其他法院審判者，有關公法上的爭議仍以行政訴訟為救濟原則❷。

另外，關於社會保險給付爭議的審判權，早期實務上仍有爭執，再加上我國行政爭訟制度的不完備，民眾只能向民事法院提起給付訴訟❷。但在行政訴訟法修正之後，業已有給付訴訟之救濟途徑可循。對此舊法時期的爭議，憲法實務上也有釋字第 466 號解釋可資參考。雖然該號解釋僅論及「公務人員保險」之保險給付爭議，但相關見解亦應當及於勞保、軍保、農保以及健保等其他社會保險制度。是以，不論是傳統團體性的或是後來全民性的社會保險，其性質上應為公法事件，相關爭議應循行政爭訟途徑解決。至於其他社會法上之公法爭議，例如社會救助、社會補償、社會津貼等，亦應歸屬於行政法院之審判權❷。惟吾人亦不免關心，我國現行行政訴訟制度如果不儘快為分工之設計，如何因應各領域專業審判上質與量的需求。

㈡社會保險的行政爭訟途徑

雖然社會保險爭議的審判權原則上歸屬於行政法院，但由於當事人間法律關係發生原因之不同，也會影響其行政爭訟途徑的差異。學者歸納行政法律關係發生之原因可分為如下幾點❸：

1.因法規規定發生。

---

❷ 例如憲法爭議、選舉訴訟、交通裁罰事件、國家賠償與公務員懲戒等，見吳庚，《行政爭訟法論》（前揭書），頁 39 以下。

❷ 對於勞工保險之性質，早期行政法院即持公法之觀點，惟普通法院仍視之為民事契約而受理。見吳庚，《行政法之理論與實用》，2003 年 8 月增訂八版，頁 441。

❷ 相關實務代表案例，見最高行政法院 94 年度判字第 513 號（社會救助）；93 年度判字第 747 號（犯罪被害人保護）；88 年度判字第 3871 號（老農津貼）。

❸ 見吳庚，《行政法之理論與實用》（前揭書），頁 148 以下。

2.因行政處分發生。

3.因行政契約發生。

4.因事實行為發生。

5.因行政法院裁判而發生。

其於社會保險爭訟上的癥結點在於，相關行政訴訟是否須經訴願等「先行程序」，或者逕由當事人提起行政訴訟即可。

國人對於我國公保、勞保等傳統社會保險的公法性質雖已有所體認，但可能囿於商業保險契約的影響，早期學說多主張保險人與被保險人間之關係為「行政契約」，而實務上亦有採此見解者❸。然而，行政契約之締結仍須以「當事人合意」為要件，此一情形在依法強制實施的社會保險中難有存在的空間。例如，符合「勞工保險條例」第 6 條規定之勞工，即應經所屬投保單位強制投保，當事人並無締約自由，違者更須受到條例第 70 條以下規定之處罰。另外，依據該條例第 5 條之規定，有關勞工保險之爭議事項，機關應組成相關委員會並依辦法為審議。而實務上亦肯認當事人對於遭駁回之審定處分，得提起訴願及行政訴訟❷。是以，不論是以法律規範的性質或是從爭訟程序來看，都難以認定社會保險關係的形成原因為行政契約。

三、社會保險對象的爭議

㈠從團體保險到全民保險

我國社會保險發展的初期為團體性保險，其強制保險對象以特定團體為限，保險團體以外的國民甚至連自願投保的機會都沒有。例如「勞工保

---

❸　林明鏘，〈行政契約〉，於：翁岳生編，《行政法》下冊，2000 年 3 月，頁 653；施文森，釋字第 524 號解釋之「部分不同意見書」，於：《司法院大法官解釋續編（十四）》，2001 年 12 月，頁 609。另見 84 年度判字第 920 號（公保事件）。

❷　見 79 年度判字第 291 號（雇主於勞工到職應通知保險人）；81 年度判字第 515 號（勞保以受僱專任員工為限）；85 年度判字第 1027 號（勞保以受僱專任員工為限）。

險條例」第 6 條主要即以「僱用 5 人以上之列舉行業」的員工為強制保險對象，其餘之勞工或實際從事勞動之雇主則可依第 8 條之規定自願加保。由於保險對象必須以「在職身分」加保，當時甚至在施行細則中還限定只有「專任員工」才有資格，因此有釋字第 456 號解釋之作成❸❸。類似的情形還有釋字第 398 號解釋，關於農民健康保險資格之爭議❸❹。

前一案例中的爭點在於原勞保條例施行細則第 25 條規定投保資格以「專任員工」為限。故釋字第 456 號解釋即稱相關規定在「排除非專任員工或勞動者之被保險人資格，防杜不具勞工身分者<u>掛名加保</u>，巧取保險給付，以免侵蝕保險財務為目的」。所以，對於符合同條例所定被保險人資格之非專任員工或勞動者，也要能顧及其權益，以符合保護勞工之意旨。此一爭議常見於民間企業僱傭契約上的「短期工時」、「適用期」等，因雇主未按規定投保，而使勞工於工作期間之意外風險未能受到保障，甚至影響其保險年資、退休金等之計算基礎。近年大專院校關於「研究助理」是否納保之爭議，即可參考釋字第 456 號解釋之見解❸❺。

至於後一案例則是由於農保條例第 5 條規定以「所屬或所在基層農會」為投保單位，導致被保險人遷出農會組織區域即喪失保險資格。因此，釋字第 398 號解釋亦闡明相關規定「僅係對基層農會受託辦理農民健康保險時應負責任範圍之特別規定，不得因而認為農民健康保險權益之享有，以維持農會會員或在原投保單位所在地設有戶籍為要件。是以農會會員住址遷離原農會組織區域，如仍<u>從事農業工作</u>，其為農民健康保險被保險人之地位不應因而受影響，仍得依規定交付保險費，繼續享有同條例所提供之保障」。

足見，我國早期關於保險對象之爭議，當事人主要在訴求取得保險資

---

❸❸ 系爭案件事實，見 85 年度判字第 1027 號。

❸❹ 系爭案件事實，見 83 年度判字第 999 號。

❸❺ 由於各大專院校對勞健保雇主保費負擔之爭執，教育部乃將擔任研究助理之學生區分為「學習型」與「勞務型」，惟此處仍應回歸勞動法上關於勞動從屬性之判斷。見臺灣高等教育產業工會網頁：https://www.theunion.org.tw。

格，以享受社會保險之保障。故早期經常有不具勞工身分之國民，藉由加入「職業工會」的管道以取得保險資格，但其必須自行負擔較高比例的保險費❸❻。當時通常係為了取得醫療保險的資源，因此在全民健保開辦之後，此一情形即有明顯改善。另外，在勞工保險年金化之後，以自營作業者身分投保者往往於退休前將投保薪資調高，以利年金之計算。此一情形除非延長平均月投保薪資之計算期間，否則依現行制度實在難以杜絕❸❼。相較之下，依據現行全民健保法第 8 條以下之規定，除了受僱者以及工會成員以外，還以國民之「設籍」與「居留」等事實為加保要件，目的在達成全民保險。而且，國民除了有第 11 條之情形外，皆一律強制參加保險，以往「自願加保」的可能性已不復存在。因此，全民健保有關保險對象的爭議反而在訴求強制保險的合法性❸❽。而釋字第 472 號解釋即是對此爭議的回應：「關於強制全民參加全民健康保險之規定，係國家為達成全民納入健康保險，以履行對全體國民提供健康照護之責任所必要，符合憲法推行全民健康保險之意旨。同法第三十條有關加徵滯納金之規定，係為促使投保單位或被保險人履行公法上金錢給付之義務，與前述強制納保均係實現全民健康保險之合理手段。」

㈡全民健保保險關係的爭議

　　前述社會保險關係的爭議問題，在全民健保實施之後更加升高，因為健保涵蓋了至少以下三面性的法律關係❸❾：

---

❸❻　依據勞保條例第 15 條之規定，一般受僱勞工須負擔 20% 之保費，但無一定雇主或自營作業者加保則須負擔 60% 之保費。見 74 年度判字第 772 號；78 年度判字第 939 號；82 年度判字第 38 號；82 年度判字第 262 號；83 年度判字第 824 號等。

❸❼　見拙著，〈勞工保險自營作業者之投保薪資爭議──最高行政法院 102 年度判字第 633 號判決〉，於：臺北大學法律學院勞動法研究中心主編，《勞工保險條例精選判決評釋》，2016 年 8 月，頁 8 以下。

❸❽　系爭案件當事人主張健保為私法契約，自行退出保險，並拒絕繳納保費與滯納金。見臺灣臺中地方法院 86 年度保險簡上字第 2 號。

❸❾　蔡茂寅，〈社會保險之法律關係〉，於：《各級行政法院法官 93 年度在職研修資

1.健保署與被保險人間的「保險關係」。

2.健保署與醫事服務機構間的「特約關係」。

3.保險對象與醫事服務機構間的「醫療關係」。

由於社會保險給付以實物給付為主，主管機關或保險人經常要藉由第三人達成其給付義務，像健保這類多面向的法律關係在社會保險中實為典型，未來「照護保險」的實施也會有相同的情形。而依據「全民健康保險法」第 6 條之規定，被保險人與投保單位不服爭議案件之審議時，得依法提起訴願及行政訴訟，且釋字第 473 號解釋也肯認繳交保險費之性質為「公法上金錢給付義務」。又關於社會保險的法律關係屬性，釋字第 472 號解釋理由書即曾強調：「此種強制性之社會保險，其保險之條件係由法律規定，一體實施，與依個人意願參加之保險契約有間……。」

雖然如此，對於健保署與被保險人間保險關係的「發生原因」，我國學說至今仍然存有相當的岐異。有些學者認為二者之間的法律關係係依「單方行政行為」所生❹，也有從行政行為之外觀判斷，而將它歸類為「須當事人協力之行政處分關係」❹。更有學者參考德國社會法的見解，主張其法律關係內容直接依法律規定而生，相關權利義務完全交由法律規定，欠缺當事人以契約合意的自由空間，所以是一種「公法上債之關係」(öffentlich-rechtliches Schuldverhältnis)❹。但是，批評者也認為判定健保為公法關係已足，而不應再區分為債權或物權上之法律關係。主要係考量保險費之性質、被保險人權益等，而對於當時全民健保法第 69-1 條（現行

料彙編——保險爭訟理論與實務》，2005 年 6 月，頁 207 以下；有些學者還將投保單位（雇主）與健保署間的「保費義務關係」列入，見蔡維音，《社會國之法理基礎——法學專論 1》，2001 年 9 月，頁 170。

❹ 見吳庚，《行政法之理論與實用》（前揭書），頁 445。

❹ 林明鏘，〈行政契約與私法契約——以全民健保契約關係為例〉，於：臺灣行政法學會主編，《行政契約與新行政法》，2002 年 6 月，頁 222。

❹ Bley/Kreikebohm, Sozialrecht, 7. Auflage, 1993, Rz. 53; Muckel, Sozialrecht, 2003, S. 55；蔡維音，《社會國之法理基礎——法學專論 1》（前揭書），頁 172。

法第 91 條）的「追溯補保」規定提出質疑**❸**。另外也有學者主張應在法定關係以外，適度引進契約關係，增加當事人的協商空間。但亦承認，在我國單一保險人以及當事人地位懸殊的情況下，契約關係的發展空間仍然有限**❹**。

㈢德國學理的參考

關於德國社會保險學理的引進，首先要注意該國至今仍非「全民性」的社會保險，因此仍有許多民眾享有「保險自由」，可以自願參加保險並負擔全數的保險費。其健保制度在實施上採取「公辦民營」的方式，由政府立法規範保險義務人之範圍，再由各個職業團體依法成立保險團體，所以有為數眾多的保險人（保險基金）**❺**。也因此，該國在談到疾病（健康）保險的法律保險關係時，經常會先提及保險基金的「成員關係」(Mitgliedschaftsverhältnis)。而這種保險成員的產生則來自具有法定保險義務之「勞動關係」(Beschäftigungsverhältnis)，原則上即為從事於非自主性工作的受僱勞工**❻**。被保險人即以此一成員關係為基礎，而後衍生出其與保險人之間的「保險關係」，以及雙方的保險給付與保費繳交義務，乃至於家庭保險的法律關係等等**❼**。又為了強調社會保險給付的這種雙務性，學說上才將它比喻為「債之關係」，甚至還將政府填補特別損失的社會補償比喻為「侵權行為關係」**❽**。

---

❸ 蔡茂寅，〈社會保險之法律關係〉（前揭文），頁 236 以下。

❹ 林明鏘，〈行政契約與私法契約──以全民健保契約關係為例〉（前揭文），頁 224。

❺ 在德國早期僅是健保就有將近 1300 個保險人，近年整合仍有近 100 個保險人。見 Rüfner, Einführung in das Sozialrecht, 2. Auflage, 1991, S. 144 ff.。

❻ 此時只要勞工有從事勞動的事實已足，而不問勞資關係是否生效。Schulin/Igl, Sozialrecht（前揭書）, Rz. 120 ff.。

❼ 家庭保險 (Familienversicherung) 為德國健保制度的特點。沒有工作的配偶或未成年的子女可以附隨著身為保險成員的主要被保險人 (Stammversicherte) 享有給付請求權，而且不會增加其保費義務。Schulin/Igl, Sozialrecht（前揭書）, Rz. 188 ff.。

依據德國「疾病保險法」(SGB V) 第 186 條第 1 項的規定，負有保險義務之勞工，自其進入前述勞動關係之日起，即成為保險團體之成員。而且不論其是否已經繳交保險費，也不管被保險人是否向保險基金為登記。另外，依據該法第 188 條第 1 項規定，擁有保險自由之人，其成員關係則開始於加入健保之日。而其加入健保僅須透過單方的意思表示即可，既無需保險人的承諾或確認，也不論其是否已經繳交保費。所以，此時當事人並非締結公法契約，而是行使一種「公法上的形成權」(öffentlich-rechtliches Gestaltungsrecht)[49]。由於保險法律的成立皆依「法定要件」，不論是保險人或被保險人都只能被動地受到拘束而已。

㈣檢視我國社會保險相關實務

就我國社會保險的保險對象而言，至今仍處於「團體性保險」與「全民性保險」並存的狀態。而關於保險人的設置模式，在公教人員保險與軍人保險乃是由臺灣銀行來承保，其性質為金融事業機構。反之，在勞工保險則設有勞保局，以及後來全民健保的中央健保署（局），但其組織、人事與職務原先比照「公營金融保險事業機構」，近年則已改制為行政機關。立法者對於這種社會保險行政組織上不同調的情形，在農保開辦之時即有所回應[50]。而規劃中甚至也不排除得以「行政法人」的方式來設置。雖然保險人的公法性質稍弱，但比起前述德國的情形來說，我國的社會保險卻始終是「公辦公營」，而且為單一性的保險人，故被保險人締結行政契約的選擇性甚小。有關保險關係之成立與否，更只能遵照法規規定的要件辦理。當事人只有在保險人取消其保險資格，或者遭查獲未依法申報時，對於保險人所為之不利益處分，先經訴願等先行程序之後，再提起行政訴訟。

我國縱使在全民健保實施之後，保險對象也僅是將「非就業人口」納入而已，其分類模式則深受傳統團體保險之影響。社會保險中具有不同保險資格的被保險人，不僅其間的保險費自付額有差異，所得享有的政府保

---

[48] Bley/Kreikebohm, Sozialrecht（前揭書），Rz. 54。

[49] Schulin/Igl, Sozialrecht（前揭書），Rz. 212 ff.。

[50] 農保條例第 4 條規定應由「中央社會保險局」為保險人，但至今仍未實現。

費補助比例也有不同，故關於保險對象的爭議多為「投保類別」之適用問題，此一情形在全民健保實施後亦不見減少❺。例如全民健保法第 11 條即規定，第一類被保險人不得為第二、三類被保險人；第二類被保險人不得為第三類被保險人；第一至第三類被保險人亦不得為第四、第六類被保險人，而且具有被保險人身分者也不得以眷屬身分投保。另外，同法施行細則第 17 條更規定，被保險人在前述同一類被保險人分類中具有兩種以上資格時，也應當以「主要工作身分」參加保險。但此一遷就傳統保險身分的分類方式也引發不少詬病，其中尤其以第六類被保險人之爭議最大。

另外，團體性社會保險之目的在保障被保險人「在職期間」的經濟安全，故保險資格的存在必須以其仍從事該工作為要件。例如，依據我國「公教人員保險法」第 6 條以及施行細則第 26 條、第 28 條之規定，保險有效期限自被保險人到職起薪之日起，於其離職之日或死亡次日終止。被保險人在這期間內發生保險事故者，保險人應給予保險給付。類似情形亦見於農保條例第 9 條之規定，投保單位於被保險人投保資格審查通過或喪失資格退保之當日，負有列表通知保險人之義務。保險效力之開始或停止，均自「應為通知當日」起算。投保單位如果有所遲誤者，必須對保險人所為之保險給付，負擔賠償責任。

相較之下，我國勞工保險至今仍採取「申報主義」，被保險人之加、退保均依投保單位所送之表單作業。勞保條例第 11 條雖然加諸投保單位「通知」義務，期使保險效力自「應為通知當日」起算。但若投保單位未於勞工到職當日列表通知者，保險效力卻只能自「通知之翌日」起算❺。雇主雖會遭到條例第 72 條之處罰，但勞工因此所受之損失卻僅能當作「勞資關係」之爭議，自行對雇主提起民事訴訟❺。又如果投保單位有積欠保費的

---

❺　見臺灣宜蘭地方法院 80 年度訴字第 162 號（經職業工會投保）；88 年度判字第 62 號、88 年度判字第 4137 號、89 年度判字第 668 號、93 年度裁字第 1158 號（投保類別）。

❺　74 年度判字第 1675 號；81 年度判字第 1460 號。

❺　相關案例，見 87 年度台上字第 2281 號（投保薪資以多報少）；87 年度台上字

情形時，早期保險人更得依據當時條例施行細則第 18 條之規定，將其員工全數退保❸。此一情形，無非使「保險原則」凌駕「社會衡平原則」之上。而且與勞工保險作為社會保險之一環，相關爭議應循行政爭訟程序之理念即有所不合。推究其原因，可能是勞保條例制定時間較早，受到早期私法契約說之影響較深的緣故吧？對於前述施行細則之規定，釋字第 568 號解釋即以「增加勞工保險條例所未規定保險效力終止之事由，逾越該條例授權訂定施行細則之範圍」而宣告其違憲。

四、社會保險給付的爭議

㈠實物給付的原則

社會保險給付以實物給付為優先，其中的典型領域為醫療保險與長照保險的給付。又由於實物給付在種類與數量上的選擇差異，不僅會影響到保險給付的品質，也關係到保險的整體支出，進而影響保險財務。因此，德國健保制度特別強調「經濟性原則」(Wirtschaftlichkeitsgebot)❺，規定所有的保險給付均應符合必要性與經濟性。其中雖然也涉及行政法上的「不確定法律概念」，但是保險人卻不因此即擁有「判斷餘地」，而是要交由法院作全面性的審查。另外，該國也要求醫療給付的品質與效用，應符合醫學知識上普遍認知的標準，同時還要注意到醫學上新的發展情形❻。但是，社會保險所能規範的乃是「何項醫療上之給付屬於保險給付」的問題，至

第 2540 號（請求時效）。

❸ 系爭案例，見 91 年度判字第 156 號。孫迺翊，〈再探勞工保險之法律關係——以最高行政法院 91 年度判字第 156 號判決為出發點〉，於：臺北大學法律學院勞動法研究中心主編，《勞工保險條例精選判決評釋》，2016 年 8 月，頁 35 以下。

❺ 德國疾病保險法第 12 條第 1 項：「所有的給付應是足夠的、合目的的以及經濟的（ausreichend、zweckmässig u. wirtschaftlich），其不得超出必要之範圍。被保險人既不能要求非必要的或不經濟的給付，而給付提供者與健保基金亦不得發給或批准該項給付。」

❻ Gitter/Schmitt, Sozialrecht（前揭書）, S. 63。

於「疾病與醫療需求間的關係」則屬於醫學的範疇❺❼。在我國全民健保實務上，保險人也會選擇以「評鑑」的方式來篩選醫事服務機構，並依評鑑結果擇優與之特約。另外，在長照保險之被保險人與長照機構之間，亦可藉由「定型化契約」之簽訂，使前者獲得消費者保護法上的相關保障。

其實，健康保險的給付原因也不只是疾病而已，例如我國全民健保法第 1 條即規定，保險對象在保險有效期間，發生「疾病、傷害、生育」等事故時，皆可依本法規定給與保險給付。然而，由於保險人的醫療資源有限，所以必須借助第三人來履行其保險給付義務。所以，全民健保法第 40 條第 1 項也規定，保險給付由「保險醫事服務機構」依據「全民健康保險醫療辦法」，給予當事人門診或是住院診療的服務，並依第 41 條授權訂定的醫療給付項目及支付標準辦理。而醫療所需之藥品部分，也得由醫師交付處方箋予保險對象，由後者至藥局調劑。

㈡全民健保給付的爭議

關於前述給付經濟性的適用上，現行全民健保法第 51 條即明列不給付之項目，其中第 12 款並規定就不給付之診療服務及藥品，需經由保險人擬訂，經健保會審議，報主管機關核定公告。由於保險給付關係到人民因社會保險所生之權利義務至鉅，對於健保給付與否的相關規定，釋字第 524 號解釋即強調應遵守「明確性原則」與「法律保留原則」❺❽。例如，2011 年該法修訂前第 31 條第 3 項規定有關藥品之交付，以「依藥事法第一百零二條之規定辦理」，釋字第 524 號解釋即認其內容指涉過於廣泛，有違法律明確性原則。至於當時第 41 條第 3 款規定，「經保險人事前審查，非屬醫療必須之診療服務及藥品」不予給付，該號解釋亦認為欠缺明確規定。

---

❺❼　Eichenhofer, Sozialrecht（前揭書），Rz. 361。

❺❽　釋字第 524 號解釋理由書認為：「主管機關自應參酌同條其他各款相類似之立法意旨，對於不給付之診療服務及藥品，事先加以公告，尚不能捨棄該款而發布規章另作其他不為給付之除外規定。若為避免醫療資源之濫用或基於醫藥科技之發展，認上開法律第三十九條第十二款之規定仍有不足，自得於法律中增訂或另立具體明確之授權條款，以應實際需要並符法律保留原則。」

　　全民健保爭訟案例通常為「高科技診療項目」之給付問題，按規定特約醫院需事前報備與取得同意後，始得為之❺❾。對此，釋字第 524 號解釋更指出「全民健康保險醫療辦法」訂定之適法性，因為「不僅其中有涉及主管機關片面變更保險關係之基本權利義務事項，且在法律無轉委任之授權下，該辦法第三十一條第二項，逕將高科技診療項目及審查程序，委由保險人定之，均已逾母法授權之範圍」。故有關特殊診療項目及藥材，包括所謂危險性高的醫療服務、易為醫療人員不當或過度使用之醫療服務、高科技診療項目、特殊原因之醫療服務、價格昂貴或有明顯副作用之藥物等等。因為相關之醫療法、藥事法均有所規範，主管機關即應就全民健康保險特殊診療項目及藥材給付範圍，以法律或法律具體明確授權條款預為規定，並加以事前公告。

　　另外，在必要性原則方面，主要係指該醫療服務行為應屬保險給付所必要者。故全民健保法第 55 條第 1 款也規定保險對象因情況緊急，須在非保險醫療機構就醫時，可在事後向保險人申請核退醫療費用❻⓿。

㈢全民健保特約關係的爭議

　　由於健康保險中實物給付的種類相當多樣，包含診療服務、提供設備、給予藥物以及醫療輔具等等，故保險人得與不同之人締約，委託其實際提供給付。以德國健保制度為例，其保險給付主要是建立在保險人聯盟與各類醫生團體、醫院聯盟以及藥局間一系列的公法契約。在聯邦層級訂有框架性的契約或共同建議事項，在邦的方面則締結「綜合契約」(Gesamtvertrag) 或供給契約❻❶。除此之外，該國保險人亦有權核可各種「復健治療」(Heilmittel) 以及「醫療輔具」(Hilfsmittel) 的提供者❻❷，此一核可

---

❺❾　87 年度判字第 1763 號；89 年度判字第 926 號；89 年度判字第 1382 號；90 年度判字第 2394 號。

❻⓿　此一費用以健保前一季特約醫院之平均費用為限，見 88 年度判字第 4316 號。

❻❶　德國醫生須加入職業團體成為會員，受到團體契約約束較多。在醫療院所方面則無組織強制性，所以僅簽署邦的共同建議事項而已。Gitter/Schmitt, Sozialrecht（前揭書），S. 88 ff.; Schulin/Igl, Sozialrecht（前揭書），Rz. 267。

❻❷　前者如身體復健、發聲治療、電療等；後者則如義肢、眼鏡、助聽器、導盲犬

的性質為行政處分。但較為特殊的是，保險人與提供給付的業者之間乃締結私法契約❻。

　　依照我國全民健保法第 66 條的規定，醫事服務機構得向保險人申請同意特約。對此，主管機關則訂頒有「全民健康保險醫事服務機構特約及管理辦法」，以及各種類型之定型化契約，用以釐清保險人與實際提供給付的第三人間的權利義務關係。惟依該法於 2011 年修正前第 5 條第 3 項的規定，只有被保險人及投保單位對爭議案件之審議有所不服時，才得提起訴願與行政訴訟，故早期實務認為健保特約關係為民事契約❻。此一情形直至釋字第 533 號解釋則從契約標的與契約目的兩方面判斷，而有較明確之界定：

　　「中央健康保險局依其組織法規係<u>國家機關</u>，為執行其法定之職權，就辦理全民健康保險醫療服務有關事項，與各醫事服務機構締結全民健康保險特約醫事服務機構合約，約定由特約醫事服務機構提供被保險人醫療保健服務，以達促進國民健康、增進公共利益之行政目的，故此項合約具<u>有行政契約之性質</u>。」

　　縱使健保特約關係的成立基礎為行政契約，但由於健保署同時又具有機關之身分，其亦得以行政處分否准特約之申請或停止特約，甚至為契約履行以外之處罰。例如全民健保法第 81 條規定，「以不正當行為或以虛偽之證明、報告、陳述而領取保險給付、申請核退或申報醫療費用者，處以其領取之保險給付、申請核退或申報之醫療費用二倍至二十倍之罰鍰」。然而，現行合約範本又引用「全民健康保險醫事服務機構特約及管理辦法」有關停止特約之規定，並對於違約醫師於停止特約期間，至其他保險醫事服務機構，對保險對象提供之醫療保健服務不予給付。對此，行政法院訴訟實務上有主張該合約僅係重申公法上應罰之強制規定，故停止特約性質上仍為行政處分。但亦有認為該規定既已成為契約條款之一部分，停止特

　　　等。

❻　Gitter/Schmitt, Sozialrecht（前揭書）, S. 94。

❻　86 年度裁字第 985 號。

約屬於違約之處罰，故仍應依行政訴訟法第 8 條提起給付訴訟❻❺。

　　若依學界之看法，凡是機關已經選擇以行政契約之方式形成彼此之法律關係者，即不宜再以行政處分的單方高權變更之。縱使將法規規定重複為契約內容亦不影響其為行政契約，如有相關爭議，仍應循行政訴訟之途徑解決❻❻。如此亦符合釋字第 533 號解釋所為之闡明：

　　「保險醫事服務機構與中央健康保險局締結前述合約，如因而發生<u>履約爭議</u>，經該醫事服務機構依全民健康保險法第五條第一項所定程序提請<u>審議</u>，對審議結果仍有不服，自得依法提起<u>行政爭訟</u>。」

　　然而，此處乃涉及行政法上所謂「契約與處分禁止併用」之原則，該原則較常適用於機關以行政契約取代「一次性」之行政處分，目的在禁止機關與人民締約後又翻臉採取強制作為。相較之下，在「持續性」之行政法律關係上，則多有併用之情形。例如，公立學校教師之聘約關係、公費生之法律關係以及社會法之法律關係中，皆常見於行政契約所構築之基礎法律關係上，機關仍因行政管制之需要，在個別事項另行採取行政處分之行為樣態。如此並未違背禁止併用之目的，也能達到行政任務之要求。因此，吾人對於前述全民健保之特約管理模式，即不妨如此檢視之❻❼。

---

❻❺　93 年度裁字第 1249 號；93 年度裁字第 1538 號。成本鈞，《全民健保虛報醫療費用之違約管制爭議研究》，國立臺北大學法律學系碩士論文，2017 年，頁 85 以下。

❻❻　林明鏘，〈行政契約與私法契約——以全民健保契約關係為例〉（前揭文），頁 218；吳庚，《行政法之理論與實用》（前揭書），頁 446；吳庚，釋字第 533 號解釋之「協同意見書」，於：《司法院大法官解釋續編（十五）》，2002 年 12 月，頁 36 以下。

❻❼　黃瑞明大法官於釋字第 753 號解釋協同意見書中即有如下見解：「政府機關與民間機構訂立契約後，政府機關同時具有管理者之角色與契約相對人之角色，政府機關固不能濫用其主管機關之地位，但並不因此而喪失其管理監督之角色，與行使行政處分之權能，因此本件健保署依特管辦法行使停止特約之權利並不違法。」

㈣現金給付的原則

　　我國社會保險中除了醫療給付以外,大多採取現金給付的型態,其目的在填補被保險人因保險事故所受的經濟損失。尤其在職業團體保險中,此一現金給付不外寓有「所得替代」的意味,故請領資格必須以「在職者」為限❻❽。在諸多社會風險中,又以傷病、失能、老年、失業等事故,經常採取現金給付的方式。由於給付額度與被保險人的薪資相關,其投保薪資與年資如何計算,亦為保險給付爭訟上的焦點。

　　另外,前述風險的發生經常有前後階段的連續性。例如,勞工遭遇傷病事故初時,藉由傷病給付能填補其就醫其間無法工作之損失,但若醫療終止仍然無法恢復工作能力時,就應以失能給付承接此風險。然而,除了給付銜接上的問題外,也要避免發生重複給付的問題。例如,依據我國勞保條例第 57 條的規定,如果「被保險人經評估為終身無工作能力,領取失能給付者,應由保險人逕予退保」。又同條例第 65-3 條也規定,「被保險人或其受益人符合請領失能年金、老年年金或遺屬年金給付條件時,應擇一請領失能、老年給付或遺屬津貼」。另外,釋字第 310 號解釋亦有下列的闡明:

　　「勞工保險條例規定之傷病給付,乃對勞工因傷病不能工作,致未能取得原有薪資所為之補助,與老年給付係對勞工因退職未能獲取薪資所為之給付,兩者性質相同,其請領老年給付者,自不應重複請領傷病給付。」

㈤現金給付的爭議

1.投保薪資的爭議

　　我國社會保險的現金給付一般是以「事故發生當月薪資」或「事故前平均薪資」為計算基礎,此亦源自於其所得替代的理念。例如,我國「公教人員保險法」第 12 條規定,養老給付與死亡給付之額度,以被保險人發生事故「前十年投保年資之實際保險俸(薪)額平均計算」為計算基準;其餘則以保險事故發生當月「往前推算六個月保險俸(薪)額之平均數計

---

❻❽　87 年度判字第 2698 號、89 年度判字第 3090 號、91 年度判字第 241 號 (公保);76 年度判字第 1534 號、84 年度判字第 1914 號、87 年度判字第 679 號。

算」。而勞保條例第 19 條第 2 項也規定，現金發給之保險給付，按被保險人發生保險事故之當月起「前六個月實際月投保薪資平均計算」，而老年給付則按被保險人退休之當月起「加保期間最高六十個月之月投保薪資予以平均計算」。其之所以採計一段較長期間，除了避免臨時調高投保薪資的「道德風險」外，亦寓有落實「保險原則」之意。

有關「投保薪資」的計算也是實務爭議的重點，主要在於各種加給與津貼是否計入之問題。一般而言，公教人員、軍人皆有法定保險俸（薪）給標準表，爭議較小。但也曾有釋字 246 號解釋之作成，闡明關於公務人員退休金以及保險養老給付的計算上，未將相關加給列入計算基礎，「係斟酌國家財力、人員服勤與否或保險費繳納情形等而為者，尚未逾越立法或立法授權之裁量範圍」❻⑨。反之，民營企業的薪資結構則相當複雜，核定上也較具爭議。此處涉及勞動法上關於「工資」之認定，其中涵蓋本薪、職務津貼、技術津貼等經常性給與，以及延長工時加給、例休假加給、績效獎金、值班費、誤餐費等非經常性之給付，對此學說與實務亦多所討論❼⓪。又早期雇主經常會以多報少，用以規避其依法應負擔之保費義務❼①。惟此一情形在勞保投保薪資與企業納稅資料勾稽之後，已較少發現，如今較難查證的是透過職業工會投保的勞工。對於後者，職業工會僅能掌握會員名冊，至於其出勤工作紀錄與薪資所得則非經個人提供無從得知❼②。然而，此一投保薪資的確定，不僅關係到勞保現金給付的額度，同時也會影響保險費以及保險收入的情形。

---

❻⑨　系爭案件事實，見 74 年度判字第 437 號；75 年度判字第 599 號。

❼⓪　侯岳宏，〈工資之定義與投保單位不依法辦理勞工保險之責任——最高行政法院 93 年度判字第 1031 號判決〉，於：臺北大學法律學院勞動法研究中心主編，《勞工保險條例精選判決評釋》，2016 年 8 月，頁 199 以下。

❼①　75 年度判字第 599 號（公保）；81 年度判字第 1282 號、84 年度判字第 1297 號、87 年度判字第 131 號、87 年度判字第 282 號；87 年度判字第 994 號（勞保）。

❼②　見拙著，〈勞工保險自營作業者之投保薪資爭議——最高行政法院 102 年度判字第 633 號判決〉（前揭文），頁 7。

　　另外，實務上亦出現過關於「生育給付」計算基準之爭議❼，其「平均月投保薪資」究應以被保險人「懷孕時」，還是以「生育時」為準？尤其是當事人參加職業訓練期間，能否將就業保險之「生活津貼」擬制為工資？凡此種種都有待進一步檢討相關規範。

2.失能給付的爭議

　　有關現金給付的實務爭訟案例相當多，本書礙於篇幅，僅舉其中較具代表性之爭議問題。首先是失能給付中關於「保險事故」的爭議。社會保險中所指的「失能」乃是當事人遭遇傷病事故，經過治療終止之後，仍然無法回復原本工作能力的情形❼。失能事故的發生經常與勞工的職業有關，而且直接影響其謀生能力，所以社會保險的目的就是在補償個人因為失能所降低或喪失的收入。在通常的情況下，遭遇重大傷病的勞工必須被迫提早退出職場，所以學者也稱其為「早期老年」或「傷病延長」❼。又因為失能給付與老年保險性質上的相似，當事人皆會因為退出職場而喪失工作收入，所以二者常合併於同一保險制度來實施，本質上也是互斥的❼。

　　由於失能給付的作用在填補被保險人的收入損失，故當事人如果沒有因為該事故而產生收入減少，或被迫退出職場的情形時，理論上即無須發給失能給付。然而，由於受到商業保險影響的緣故，我國早期社會保險之「殘廢給付」卻僅考慮「殘等」標準，而忽略了「所得替代」的問題。例如，修正前公教人員保險法第 13 條與軍人保險條例第 15 條所規定的殘廢

---

❼　黃鼎佑，〈論勞工保險生育給付其平均月投保薪資之計算──以臺北高等行政法院 100 年簡字第 170 號判決為例〉，於：臺北大學法律學院勞動法研究中心主編，《勞工保險條例精選判決評釋》，2016 年 8 月，頁 128 以下。

❼　勞工保險條例第 53 條：「被保險人遭遇普通傷害或罹患普通疾病，經治療後，症狀固定，再行治療仍不能期待其治療效果，經保險人自設或特約醫院診斷為永久失能，並符合失能給付標準規定者……。」

❼　柯木興，《社會保險》，1995 年 8 月修訂版，頁 46。

❼　78 年度判字第 1200 號；79 年度判字第 1048 號；84 年度判字第 175 號；91 年度判字第 241 號。又失能給付有專屬性，當事人如於生前未及申請給付者，即不得成為繼承標的，見 92 年度判字第 636 號。

給付,即逕以「殘廢給付標準」認列,而未考慮當事人是否有所得損失,即有相當的疑義❼。按理,公務人員享有身分保障,除非有不能勝任而被迫退休之情形,當事人並不會因為失能而損及其法定俸給。另外,有關因公或因病傷殘的軍人,亦同時可享有相關的撫卹給付❼。至於勞工保險條例第 53 條以下雖然也以「失能給付標準」斟酌給付額度,但在市場法則之下,應可認為其工作能力與收入皆已因失能而受影響❼。前述失能保險給付目的之疑義,於勞保 2008 年年金化之後已大致獲得釐清。是以,依條例第 53 條第 1 項規定請領一次性之「失能補助費」,其性質應為失能津貼。至於依同條第 2 項規定,「前項被保險人或被保險人為身心障礙者權益保障法所定之身心障礙者,經評估為終身無工作能力者」所得請領之「失能年金」,其給付以終身無工作能力為條件,自寓有「所得替代」之性質。適用上即與其他如老年年金、遺屬年金等產生競合。

另外,由於我國職災保險尚未單獨立法,於勞工保險中將職災保險與普通保險並列,故諸多認定程序與給付規範皆有共用之情形。惟職災保險之實施有其特殊背景,在保險事故認定上亦應作不同處理,現行規定即有所缺漏。例如,依勞保條例第 20 條第 1 項規定,「被保險人在保險有效期間發生傷病事故,於保險效力停止後一年內,得請領同一傷病及其引起之疾病之傷病給付、失能給付、死亡給付或職業災害醫療給付」。故勞工於離職退保後,於就職期間罹患之疾病方始發作,即無法請領職災保險給付❽。

---

❼ 實務爭訟之典型爭議為「洗腎」是否符合殘廢標準。見 81 年度判字第 708 號;85 年度判字第 3260 號;87 年度判字第 2698 號;88 年度判字第 613 號;88 年度判字第 3466 號。並有最高行政法院 86 年 3 月庭長評事聯席會之決議。

❼ 這種重複給付的情形常見於我國社會保險制度,例如我國的老年安全就是以「社會保險」與「雇主責任」兩種制度所建立的。

❼ 78 年度判字第 1130 號;81 年度判字第 1350 號;91 年度裁字第 1302 號;91 年度判字第 1533 號;91 年度判字第 1840 號;91 年度判字第 1845 號;91 年度判字第 1904 號。

❽ 黃鼎佑,〈論勞工保險失能給付請求權消滅時效之起算點〉,於:臺北大學法律學院勞動法研究中心主編,《勞工保險條例精選判決評釋》,2016 年 8 月,頁

其後為因應退保後始診斷出罹患職業病之情形，增訂第 20-1 條，其第 1 項規定：「被保險人退保後，經診斷確定於保險有效期間罹患職業病者，得請領職業災害保險失能給付。」**❸**亦即此一情形之職災給付僅限於失能給付，至於傷病、死亡以及醫療給付即可能於職業病發作時已離職超過 1 年，以致無法獲得給付。對此，德國社會法典第 7 編第 9 條第 2 項即規定，可依據「判斷時點」當時之醫學新知，判斷職業病之有無，且無年限規定。對於職業病之「長期持續」特性，該規定能容納後續發作之因應措施。

　　至於職災保險之判定乃勞工保險實務爭議之大宗， 議題涉及 「過勞死」、「通勤職災」、「職業病」等。勞動法相關論述頗多，於此不再深究**❷**。

3.保險年資的爭議

　　社會保險中另一個影響保險現金給付的因素為「年資」，而且以計算老年給付時最常發生爭議。例如公教人員保險法第 12 條與勞保條例第 59 條，皆以保險年資作為計算給付基數的依據。由於保險年資的計算與被保險人繳交保費的期間有關，故老年給付的計算較符合「保險原則」。實務爭議主要為前後保險年資是否得合併之問題。依據現行勞保條例第 12 條規定，保險人退保後再參加保險時，其原有年資得一併計。但應注意舊法第 15 條第

---

116 以下。

❸ 該條增訂理由：「為保障勞工保險被保險人離職退保後，診斷確定於加保有效期間罹患職業病者，得請領職業災害保險殘廢給付之權益，本院勞工委員會訂有『勞工保險被保險人離職退保後始診斷確定罹有職業病者請領職業災害保險殘廢給付辦法』，其內容涉及人民權利義務，依行政程序法之規定，其訂定應有法律之授權依據，爰配合行政程序法之施行，增列訂定辦法之授權依據。」

❷ 相關論述，陳建文，〈勞工公差期間之過勞職災給付認定──行政法院 90 年度判字第 432 號判決評釋〉；郭玲惠，〈工作壓力與職災之認定──臺北高等行政法院 99 年度訴字第 1535 號判決〉；侯岳宏，〈憂鬱症與職業病──臺灣高等法院 99 年度勞上字第 25 號判決〉；鄭傑夫，〈勞基法上職業病因果關係的認定與舉證責任──以腦血管及心臟疾病為中心並兼評臺灣高等法院 96 年度勞上字第 57 號判決〉，於：臺北大學法律學院勞動法研究中心主編，《勞工保險條例精選判決評釋》，2016 年 8 月，頁 143 以下。

2 項規定「停保兩年後再加入保險者，以新加入之被保險人論」，此時其原有年資即無法被保留 ❽。另外，該法第 76 條也規定，勞保被保險人轉投軍保、公保或私校保險時，其勞保年資應予保留，待其依法退休時依法請領。但此一情形也以該條文修正後之後退職者方有適用 ❽。

再者，老年給付的爭議還可能發生在「請領條件」。例如釋字第 434 號解釋即對於當時公務人員養老保險給付未包含「離職」原因，認為與憲法財產權保障有所牴觸 ❽。由於早先社會保險在不同制度間欠缺年資併計的機制，被保險人每每在轉換保險制度時，喪失其原有的保險年資。當時僅有的保障為前述勞保制度的「前後年資併計」以及「年資保留」❽，但都不符老年保險的原意。本書即建議參考德國的「補加保險」(Nachversicherung) ❽，使被保險人在轉職時不僅可以攜帶其年資，還可避免不同制度重複給予退休金的現象。對此，自 2008 年起勞工保險與國民年金保險之年資已可併計，而依 2018 年金改革之共識更應將此理念落實。亦即於所有老年安全制度設計「年資併計」（成就請領年金條件）、「年金分計」（分別給付）之機制，使被保險人於年滿年金請領年齡（65 歲）時，依規定請領老年年金。

---

❽ 見拙著，〈勞工保險年資保留之爭議——最高行政法院 92 年度判字第 267 號判決〉，於：臺北大學法律學院勞動法研究中心主編，《勞工保險條例精選判決評釋》，2016 年 8 月，頁 12 以下。

❽ 78 年度判字第 2241 號；89 年度判字第 3668 號；91 年度判字第 690 號；92 年度判字第 267 號。

❽ 相關討論，見拙著，〈年金財產權之憲法保障——從司法院大法官會議釋字434 號解釋出發〉，《中正大學法學集刊》第 10 期，2003 年 1 月，頁 101 以下。系爭案例為 84 年度判字第 499 號。

❽ 79 年度判字第 1577 號；83 年度判字第 2445 號。

❽ 「補加保險」乃是藉由不同制度承保機關間的協調，使被保險人在各保險制度的年資得以合併計算，而於退休時領取全數工作年資應有之給付額度。

五、社會保險財務的爭議

　　財務自主性乃是社會保險普遍受各國採行的主要原因。透過被保險人繳交的保費，保險人可以應付保險給付的支出。然而，有關「保費」的爭議雖多，但是被保險人可以著力的卻甚少，其原因在於其政策性往往高於法律性。保險費率固然可以透過精算法定，但是有關保費負擔的部分卻是為了實踐「社會衡平」的原則。例如釋字第 473 號解釋即曾闡明，保費負擔差異是「鑑於全民健康保險為社會保險，對於不同所得者，收取不同保險費，以符量能負擔之公平性，並以類型化方式合理計算投保金額，俾收簡化之功能」。

　　另外，有關保費負擔比例的爭議更是與勞動政策相關。理想的保險費比例應當是勞資各半，但是經濟學上也認為雇主可以將保費負擔轉嫁到工資或是產品價格上，所以勞工實際上仍須負擔全數保費。至於由被保險人與政府共同負擔保費的情形，大多是政府為了照顧低收入戶或殘障人士等弱勢族群，還有就是附帶落實其他社會任務（其他給付）❽❽。我國社會保險的保費歷來皆以勞、資、政三者成比例分攤，而且從早期由資方與政府為主的情形，逐漸過渡到由勞方與資方負擔大部分的費用。但是距離理想的勞、資各半的狀況，仍有相當的差距。至於我國政府對於「自營作業者」的保費補助，論者則從被保險人以及眷屬的「整體負擔率」來觀察，認為我國各類被保險人的平均負擔比率約在四成左右，所以仍然支持政府對於「無固定雇主的勞工」要作相當程度的保費補助❽❾。

　　又我國社會保險關於政府保費分攤之部分，原係由中央與地方按比例分配。例如，2011 年修法前勞保條例第 15 條第 1 款即規定「普通事故保險費由被保險人負擔百分之二十，投保單位負擔百分之七十，其餘百分之

---

❽❽　關於其他給付的爭議，釋字第 549 號解釋（遺屬津貼）與釋字第 560 號解釋（死亡給付）皆有涉及。

❽❾　羅紀琼，〈健康保險財務制度〉，於：楊志良主編，《健康保險》，1996 年 1 月增訂版，頁 58。

十，在省，由中央政府全額補助，在直轄市，由中央政府補助百分之五，直轄市政府補助百分之五」。然而，臺北市、高雄市皆長期積欠應繳交之保費補助，主張勞保係中央立法並執行，不應由地方買單❾。類此情形亦見於全民健康保險，依據當時全民健康保險法第 27 條各款關於保費分攤之規定，由政府負擔之保費亦係分別由中央政府與直轄市政府依比例分攤。對此，臺北市政府提出聲請大法官會議解釋，遂有釋字第 550 號解釋之作成。該號解釋認為全民健康保險法「第二十七條責由地方自治團體補助之保險費，非指實施全民健康保險法之執行費用，而係指保險對象獲取保障之對價，除由雇主負擔及中央補助部分保險費外，地方政府予以補助，符合憲法首開規定意旨」。但解釋文卻指出「法律之實施須由地方負擔經費者，如本案所涉全民健康保險法第二十七條第一款第一、二目及第二、三、五款關於保險費補助比例之規定，於制定過程中應予地方政府充分之參與……。」相關條文亦於 2011 年修法時將政府分攤保費部分改由中央全數補助。

　　最後，我國關於社會保險的財務制度始終傾向「基金制」，而對於「世代契約」的理念總有所顧忌。國人固然已能夠接受全民健保，發揮「此時」的同舟共濟，但是對於年金制度的「未來承諾」，卻大多抱持懷疑的態度。事實上，保險基金的管理並不容易，其期待收益並不易達成，而所謂的「完全基金」更只是天方夜譚而已，因為再多的基金也只是求個心安罷了。但若換個角度來看，一個完整的年金制度必然是跨世代的，而且仰賴持續的公權力作用。從被保險人加保開始，工作達 3、40 年之久，退休後還有數

---

❾ 2011 年勞保條例第 15 條修正理由如下：「依現行各款規定，被保險人之勞工保險保險費一定比率係由政府補助，而由中央政府及直轄市政府分擔。惟因對計算方式有所異見或財政困窘等由，臺北市政府、高雄市政府及依地方制度法第四條第二項準用直轄市規定之臺北縣政府，長期積欠所應分擔之保險費，截至九十八年十月底已達五百六十八億之鉅，對勞工保險財務造成嚴重衝擊。……經考量政府整體財政收支及資源配置規劃，爰配合財政收支劃分法修正草案，將各款所定保險費政府補助款，修正統由中央政府負擔，俾使勞工保險財務臻於健全，制度得以永續發展。」

十年可活。在這之間都要有明確的官方紀錄以及制度持續的承諾。這對處在一個政策搖擺年代中的國人來說，要他們相信政府的永續承諾，似乎說服力還不太夠。

肆、設置社會法院的必要性

從前文的學理體系以及實際爭訟案例的介紹，相信讀者多少可以體會社會保險爭訟的專業性。然而，我國現今到底有無針對社會法設立專業法院或專業法庭之必要性？就此有以下幾個觀察重點：㈠社會法案件所涉及的專業知識是否超出法曹訓練範圍；㈡社會法爭訟案件的數量或程序是否延滯審判的進度；㈢有無國內外壓力團體之介入。

前述第一點的關鍵在於社會法是否已列為法曹教育的科目之一？讀者由前文可以略知社會法案件並不僅有社會保險，其涉及法規的跨距之大，案件的複雜度之高，已然超越各傳統法學領域所可以想像的範疇。當然，社會大眾實無法要求法官必須對於眾多社會法規範有充分了解，況且專家、學者也可於審理過程中提供專業見解。但若審判法官僅能依照法規文義強作解釋，而毫無學理體系的基礎訓練的話，筆者亦無法苟同。例如，實務上即經常以「保險法」之學理來理解「社會保險」相關案件，殊不知後者乃借用保險之外觀而行社會福利之目的，所謂保險也僅止於財務上的收支平衡罷矣。由於各校法律系的課程設計仍多半停留在「考試領導教學」上，光是現行律師、法官的考試科目，就讓必修課程高達 70 餘學分，至於非國家考試科目通常僅能安排為概論性的選修課程。所幸律師國家考試自 2013 年改採兩階段考試並增加選考科目，其中亦將勞動法與社會法並列一科，如此才能使社會法於各校持續開設。此一改革實乃參考前述德國專業法院之發展軌跡。只是在「百家爭鳴」的情況下，考試科目不減反增，如何在有限的學分數應付考試需求？實在考驗著各校法律系以及教師的智慧。另外，制度上也可透過法官在職訓練，增加社會法相關學識，但仍需看司法官訓練計畫有無此一認知。

　　至於第二個重點則要參考司法的統計數據。依據司法院 2017 年的業務統計報告，在高等行政法院的案件類別數量上，還是以 「稅捐」 案件佔 1/5 為大宗，其餘的土地、商標、（社會）保險、考銓、勞工、福利等類案件數量大抵未有超過 1/10 者❾❶。如此看來，反而是財稅相關專業法院更有設置的迫切性。吾人如果進一步觀察，以該年度案件量約 3000 餘件，雖然稅捐案件高達 560 餘件，但勞工、保險、福利案件合計亦有 250 件以上。較之以往僅將後者列為其他類型而言，司法機關對於勞社相關案件之認知已有加強。值得注意的是，自從增加地方法院行政訴訟庭之後，勞工相關案件已躍居首位。此一情形應歸功於法律扶助基金會之支持，也與近年勞工意識抬頭有關，進而催生 「勞動專業法庭」。而相較之下，保險、福利案件之數量亦有增加之趨勢。由於社會法爭訟之標的金額通常不高，故地方法院之簡易行政訴訟適可以發揮其功能。

　　最後，壓力團體在專業法院的設置上也扮演了重要的角色。正如前文所述，縱使專利、商標案件並非行政法院之大宗，但政府迫於國際壓力還是催生了智慧財產法院。就此，在我國社會福利立法史上，也有多次受到國際影響的情形。根據學者研究指出，1973 年的 「兒童福利法」 主要在回應聯合國兒童基金會 (UNICEF) 的贊助；1984 年的 「勞動基準法」 則在消除美國對於臺灣低工資政策的質疑❾❷。然而，相同的情形是否也會出現在社會法領域？筆者對此仍是持較為保留的態度，畢竟社會立法主要還是以本國人民為保障對象。外國人通常是因為在臺工作或是基於互惠原則而適用，能引起國際關切的例子可能是 「外籍勞工」，但此與前述我國政府 「有求於人」 的情形又不盡相同❾❸。關於外勞案件除了主管機關事後的政策檢討外，社福團體也呼籲改善外勞人權與薪資問題，並推動 「家事服務法」

---

❾❶　見司法院，司法業務概況。查詢資料網址：www.judicial.gov.tw/juds/95all.pdf。

❾❷　林萬億，《福利國家》（前揭書），頁 183 以下。

❾❸　例如 「高雄捷運外勞事件」 所引發的人權問題，必然遭致外勞輸出國政府的抗議，也會成為國際人權保護組織的負面紀錄。近年臺灣引進高達 25 萬的 「外籍看護工」 以及 「外籍漁工」，其間的 「血汗」，都使臺灣的人權紀錄蒙塵。

的立法❿，但亦僅止於實體法層面的檢討，較難想像其影響可及於訴訟制度之變革。

本章參考文獻：

中文部分：

1. 林萬億，《福利國家——歷史比較的分析》，1994 年 10 月一版

2. 盧文祥，〈我國智慧財產法院之理想與實現〉，《政大智慧財產評論》第 4 卷第 1 期，2006 年 4 月

3. 章忠信，〈智慧財產法院的建立與未來〉，《全國律師》，2007 年 4 月

4. 吳庚，《行政爭訟法論》，1999 年 5 月修訂版

5. 張文郁，《權利與救濟——以行政訴訟為中心》，2005 年 9 月

6. 謝榮堂，〈社會法之行政救濟途徑〉，於：臺灣社會法與社會政策學會主編，《社會法》，2015 年 1 月

7. 吳庚，《行政法之理論與實用》，2003 年 8 月增訂八版

8. 林明鏘，〈行政契約〉，於：翁岳生編，《行政法》下冊，2000 年 3 月

9. 施文森，釋字第 524 號解釋之「部分不同意見書」，於：《司法院大法官解釋續編（十四）》，2001 年 12 月

10. 鍾秉正，〈勞工保險自營作業者之投保薪資爭議——最高行政法院 102 年度判字第 633 號判決〉，於：臺北大學法律學院勞動法研究中心主編，《勞工保險條例精選判決評釋》，2016 年 8 月

11. 蔡茂寅，〈社會保險之法律關係〉，於：《各級行政法院法官 93 年度在職研修資料彙編——保險爭訟理論與實務》，2005 年 6 月

12. 蔡維音，《社會國之法理基礎——法學專論 1》，2001 年 9 月

13. 林明鏘，〈行政契約與私法契約——以全民健保契約關係為例〉，於：臺灣行政法學會主編，《行政契約與新行政法》，2002 年 6 月

---

❿ 「劉俠事件」引發對外籍看護工基本工作條件的檢討，乃至於「家事服務法」的推動。參考網頁，臺灣國際勞工協會：www.tiwa.org.tw。

14. 孫迺翊，〈再探勞工保險之法律關係——以最高行政法院 91 年度判字第 156 號判決為出發點〉，於：臺北大學法律學院勞動法研究中心主編，《勞工保險條例精選判決評釋》，2016 年 8 月

15. 成本鈞，《全民健保虛報醫療費用之違約管制爭議研究》，國立臺北大學法律學系碩士論文，2017 年

16. 吳庚，釋字第 533 號解釋之「協同意見書」，於：《司法院大法官解釋續編（十五）》，2002 年 12 月

17. 侯岳宏，〈工資之定義與投保單位不依法辦理勞工保險之責任——最高行政法院 93 年度判字第 1031 號判決〉，於：臺北大學法律學院勞動法研究中心主編，《勞工保險條例精選判決評釋》，2016 年 8 月

18. 黃鼎佑，〈論勞工保險生育給付其平均月投保薪資之計算——以臺北高等行政法院 100 年簡字第 170 號判決為例〉，於：臺北大學法律學院勞動法研究中心主編，《勞工保險條例精選判決評釋》，2016 年 8 月

19. 柯木興，《社會保險》，1995 年 8 月修訂版

20. 黃鼎佑，〈論勞工保險失能給付請求權消滅時效之起算點〉，於：臺北大學法律學院勞動法研究中心主編，《勞工保險條例精選判決評釋》，2016 年 8 月

21. 陳建文，〈勞工公差期間之過勞職災給付認定——行政法院 90 年度判字第 432 號判決評釋〉，於：臺北大學法律學院勞動法研究中心主編，《勞工保險條例精選判決評釋》，2016 年 8 月

22. 郭玲惠，〈工作壓力與職災之認定——臺北高等行政法院 99 年度訴字第 1535 號判決〉，於：臺北大學法律學院勞動法研究中心主編，《勞工保險條例精選判決評釋》，2016 年 8 月

23. 侯岳宏，〈憂鬱症與職業病——臺灣高等法院 99 年度勞上字第 25 號判決〉，於：臺北大學法律學院勞動法研究中心主編，《勞工保險條例精選判決評釋》，2016 年 8 月

24. 鄭傑夫，〈勞基法上職業病因果關係的認定與舉證責任——以腦血管及心臟疾病為中心並兼評臺灣高等法院 96 年度勞上字第 57 號判決〉，於：臺北大學法

律學院勞動法研究中心主編，《勞工保險條例精選判決評釋》，2016 年 8 月

25. 鍾秉正，〈勞工保險年資保留之爭議——最高行政法院 92 年度判字第 267 號判決〉，於：臺北大學法律學院勞動法研究中心主編，《勞工保險條例精選判決評釋》，2016 年 8 月

26. 鍾秉正，〈年金財產權之憲法保障——從司法院大法官會議釋字 434 號解釋出發〉，《中正大學法學集刊》第 10 期，2003 年 1 月

27. 羅紀琼，〈健康保險財務制度〉，於：楊志良主編，《健康保險》，1996 年 1 月增訂版

外文部分：

1. Eichenhofer, Sozialrecht, 4. Auflage, 2003

2. Gitter/Schmitt, Sozialrecht, 5. Auflage, 2001

3. Tennstedt, Geschicht des Sozialrechts, in:von Maydell/ Ruland (Hrsg.), Sozialrechtshandbuch (SRH), 2. Auflage, 1996

4. Blüm, Einführung, in: Bundesministerium für Arbeit und Sozialordnung, Übersicht über das Sozialrecht, 1997

5. Bundessozialgericht, Bundessozialgericht und Sozialgerichtbarkeit, 2008

6. Schulin/Igl, Sozialrecht, 7. Auflage, 2002

7. Erlenkämper/Fichte, Sozialrecht, 6. Auflage, 2007

8. Bundesministerium für Arbeit und Soziales, Übersicht über das Sozialrecht, 2008

9. Bley/Kreikebohm, Sozialrecht, 7. Auflage, 1993

10. Muckel, Sozialrecht, 2003

11. Rüfner, Einführung in das Sozialrecht, 2. Auflage, 1991

▋ 海商法論　林群弼／著

　　本書係作者多年來於國立臺灣大學法律系講授海商法之講義。修訂二版之內容，除以我國現行海商法法規作為論述對象外，更於各章節正文論述之後，加強實務問題之探討，並於各實例演習中，探討「學界之各種見解」、「學界之通說」、「實務界之見解」、「個人之意見及理由」，加強對於海商爭點問題之具體瞭解。相信對於初學者之入門頗有助益；對於研究者之思考，亦深具參考之價值。

▋ 行政法要義　劉建宏／著

　　本書共四編十六章，系統性介紹行政法之基本概念與原則、行政組織法、行政作用法與行政救濟制度。作者留學德國，返國後長年在法學院教授行政法相關科目，並在各級政府擔任法規委員會、訴願審議委員會、國家賠償委員會委員，擁有豐富實務經驗。本書之內容，理論與實務並重，不僅有行政法學基礎知識之介紹、實務案例之分享，亦有行政法學最新發展趨勢之評介。

▋ 行政法導論　李震山／著

　　本書共分為基礎、組織、人員、作用、救濟五大部分。就篇幅最大的作用部分，論述內容除尊重以行政處分為中心之既有研究成果外，並強烈呼應以人權保障為重心，重視正當行政程序的現代行政法學思緒。因此，除傳統行政法議題之介紹外，行政指導、行政契約、行政計畫、行政資訊公開、行政判斷與預測、行政聽證、行政調查等皆有所著墨。就公務員法制部分，則特別分成數章個別探討，期望在揮別「特別權力關係」時代之後，能激發從事行政實務工作者之自我權利主體意識，進而重視行政法之研究，發揮鞏固實質法治國的關鍵力量。

▌憲法理論與政府體制　吳庚　陳淳文／著

　　書中除憲法基本學理及我國憲法規範內容之介紹外，更以憲法爭訟實務貫穿全書，將憲政實際運作與憲法解釋或裁判結合在一起，並透過憲法爭訟案件之闡述與分析，一方面呈現中華民國憲法之具體規範效力，另一方面也彰顯動態的憲法實踐軌跡。全書除詳細介紹我國憲政實務發展與相關爭議問題外，也大幅引介外國法制；亦即在本土關懷之外，更有寬廣的國際觀與比較法視野。

國家圖書館出版品預行編目資料

社會保險法論／鍾秉正著.－－修訂四版二刷.－－臺
北市：三民，2024
　　面；　公分.－－（新世紀法學叢書）

　　ISBN 978-957-14-6577-7 （平裝）
　　1. 社會保險 2. 法規 3. 論述分析

548.9023   108000304

社會保險法論

作　　者	鍾秉正
創 辦 人	劉振強
發 行 人	劉仲傑
出 版 者	三民書局股份有限公司 (成立於 1953 年)

三民網路書店
https://www.sanmin.com.tw

地　　址	臺北市復興北路 386 號　　（復北門市）　(02)2500–6600
	臺北市重慶南路一段 61 號 (重南門市)　(02)2361–7511
出版日期	初版一刷 2005 年 11 月
	修訂三版一刷 2014 年 9 月
	修訂四版一刷 2019 年 9 月
	修訂四版二刷 2024 年 4 月
書籍編號	S585560
I S B N	978-957-14-6577-7

三民書局